TEORÍA DE LAS CONDICIONES
Y LOS SERVICIOS GENERALES DE LA PRODUCCIÓN

CENTRO DE ESTUDIOS DEMOGRÁFICOS,
URBANOS Y AMBIENTALES

TEORÍA DE LAS CONDICIONES Y LOS SERVICIOS GENERALES DE LA PRODUCCIÓN

Gustavo Garza

En colaboración con Jaime Sobrino, Normand Asuad, Carola Conde y Conrado Jiménez

EL COLEGIO DE MÉXICO

307.76
G245t Garza Villarreal, Gustavo
Teoría de las condiciones y los servicios generales de la producción / Gustavo Garza ; en colaboración con Jaime Sobrino ... [*et al.*] - - 1a. ed. - - México, D.F. : El Colegio de México, Centro de Estudios Demográficos, Urbanos y Ambientales, 2013.
382 p. ; 21 cm.
ISBN 978-607-462-450-2

1. Economía política urbana. 2. Economía política urbana - - México - - Ciudad de México. 2. Infraestructura (Economía). 3. Infraestructura (Economía) - - México - - Ciudad de México. I. Sobrino, Jaime 1962- coaut. II. t.

Primera edición, 2013

Camino al Ajusco 20
Pedregal de Santa Teresa
10740 México, D. F.
www.colmex.mx

ISBN 978-607-462-450-2
Impreso en México

ÍNDICE

Segunda Parte
Competitividad y financiamiento de la Ciudad de México

A
Gustavo Garza Lerma, mi padre,
conmemorando su vuelta 100
alrededor del Sol

PRÓLOGO

Es consustancial al capitalismo expandir la fuerza de trabajo, el capital y la tierra cultivable para elevar incesantemente la producción de mercancías y la masa de plusvalía. Este proceso conforma un circuito ascendente de acumulación de capital que es interrumpido periódicamente por crisis moderadas en periodos de corto plazo, así como por profundas recesiones que se suceden en ciclos de hasta cinco décadas. La ciencia regional neoclásica y la economía política urbana explican la dinámica espacial capitalista incorporando a la ciudad como factor imprescindible en el proceso productivo, partiendo del axioma de que toda actividad económica requiere un *donde* localizarse, o *locus standi*, para usar un latinismo. Sin embargo, ambos enfoques difieren sustancialmente sobre el carácter y la función que desempeña la ciudad en la producción de bienes y servicios.

La visión neoclásica actual, representada por la "nueva economía urbana", mantiene el viejo argumento de que las ciudades son meramente *lugares para estar* de un conjunto grande de empresas y que la concentración de actividades económicas y trabajadores resultante genera "externalidades", denominadas principalmente economías de aglomeración y urbanización, las cuales explican por qué las firmas se localizan en ciertos sitios y, en especial, en las grandes ciudades. La perspectiva de la economía política, por su parte, intenta desentrañar un conjunto de categorías históricas que determinan la concentración urbana del capital y, con ello, la expansión de las ciudades y su vínculo con el desarrollo económico. Dentro de este último enfoque se ha propuesto como categoría central al andamiaje infraestructural que constituye un conjunto de condiciones generales de la producción (CGP).[1] El capital social

[1] La definición original de las CGP establece que se trata de "... todas aquellas *condiciones materiales* que han de concurrir para que el proceso de trabajo se efectúe", pero que no forman parte de los medios de producción internos a las empresas

que dichas condiciones representan se transforma en un verdadero factor de producción que subsume al trabajo y al capital privado en el ámbito urbano.[2]

A pesar de la cardinal importancia de las CGP para la comprensión de la dinámica y organización espacial del aparato productivo, no han sido sujetas a una investigación conceptual y empírica rigurosa, ni en el ámbito internacional ni en México. Con el fin de contribuir a resolver esta deficiencia, el 18 y 19 de agosto de 2011 se realizó en El Colegio de México, con la coordinación de quien esto escribe, un seminario titulado *Condiciones generales de la producción en la Ciudad de México. ¿Cuánto vale la Ciudad de México?* El objetivo del seminario fue impulsar, en su primera parte, el desarrollo teórico y conceptual de las CGP como categoría histórica, así como las cuestiones inherentes a su financiamiento en México. En una segunda parte, más extensa, se realizó un esfuerzo significativo para cuantificar el valor de las principales CGP de la Zona Metropolitana de la Ciudad de México (ZMCM) en las últimas tres décadas. Sumando el valor de dichas condiciones, se intentó demostrar su importancia fundamental para entender la concentración y la dinámica macroeconómica de la principal ciudad del país y una de las más grandes del mundo. Ello permitiría evidenciar la relevancia científica de promover la investigación de esta categoría con la mayor profundidad estadística y teórica posible.

Considerando la unidad temática de cada una de las dos partes mencionadas, así como la gran extensión que significaría su presentación conjunta en la que quedaría diluida la parte teórica dentro de la amplitud de la empírica, se decidió realizar tres libros por separado. En esta oportunidad se presenta el primero de ellos, titulado *Teoría de las condiciones y los servicios generales de la producción*. La obra está constituida por dos partes estructuradas en siete capítulos. La Primera Parte, *Evolución de una categoría histórica espacio-sectorial*, contiene los tres primeros capítulos: I, "Las condiciones generales de la producción en la teoría del capital"; II, "Evolución histórica de las condiciones generales de la producción";

(Marx, 1971: 133). Estas condiciones constituyen un capital constante fijo socializado que, junto con el privado, conforman los medios de trabajo requeridos por el proceso productivo.

[2] El desarrollo conceptual de esta propuesta puede verse en Garza (2008: 91-126).

III, "Conceptualización del binomio condiciones y servicios generales de la producción". La Segunda Parte, *Competitividad y financiamiento de la Ciudad de México,* los restantes cuatro: IV, "Infraestructura, economías de aglomeración y competitividad urbana"; V, "Colapso de la inversión pública federal en la Ciudad de México"; VI, "Finanzas e inversión de los gobiernos locales en obras de infraestructura en la Ciudad de México", y VII, "Dialéctica de las condiciones generales de la producción (conclusiones)".

El que esto escribe es autor único de los capítulos I, II, III y VII, así como coautor del V junto con Normand Asuad. El capítulo IV fue escrito por Jaime Sobrino, con las correcciones y modificaciones solicitadas por el firmante a una primera y a una segunda versión, así como la revisión general a la última. Finalmente, el capítulo VI es de la autoría de Carola Conde y Conrado Jiménez, con una serie de arreglos efectuados a un par de versiones por quien suscribe. Las conclusiones generales del libro en el capítulo VII, finalmente, son un esfuerzo de articulación de los temas y obtención de sus peculiaridades más relevantes. En cuanto a los capítulos IV y VI, se derivan implicaciones conceptuales más allá de las obtenidas por los autores, por lo que son de la única responsabilidad del suscrito. Como parte sustantiva de este prólogo, a continuación se incluye una descripción sintética de cada capítulo, así como la secuencia temática que presentan en su conjunto, excluyendo sus conclusiones esenciales que, como se ha dicho, forman parte del capítulo final.

CONCEPTUALIZACIÓN Y FINANCIAMIENTO DE LAS CONDICIONES GENERALES DE LA PRODUCCIÓN

El capítulo I, "Las condiciones generales de la producción en la teoría del capital", se propone demostrar que en el curso de la historia, las CGP se trasforman en un factor de producción cada vez más importante que paulatinamente remplaza a la tierra y subsume a la fuerza laboral y a los medios de producción. Se formula, por ende, como imperativo metodológico incorporar a las CGP dentro de las categorías constitutivas de la teoría marxista del capital o, en el enfoque neoclásico, como variable independiente en las funciones de producción. En ambos paradigmas científicos las CGP deben constituir uno de los determinantes fundamentales para explicar la dinámica de las fuerzas productivas que conducen al desarrollo económico. Para fundamentar tal aserción se recurrió a un método hermenéutico de autores representativos que permitieron ir descifrando la evolución de las peculiaridades de las CGP según las diversas épocas históricas consideradas: Aristóteles, Adam Smith, Friedrich List y Carlos Marx. A partir de ello fue posible establecer una relación histórica entre las CGP y el capital privado, la cual adquiere el rango de una categoría que se constituye en la base metodológica sobre la cual se construye una teoría unificada del desarrollo económico y su organización espacial, la cual ya había sido planteada (Garza, 2011: 711-848).

La "Evolución histórica de las condiciones generales de la producción", título del capítulo II, se inicia con la primera obra monumental construida, de naturaleza religiosa, que se constituyó en la génesis de la erección milenaria de las CGP. Su máxima expresión en la actualidad es la construcción exponencial de ciudades y megaurbes, así como un conjunto de renglones infraestructurales de transporte, energéticos, comunicaciones, hidráulicos, entre los más relevantes. Al inicio de la segunda década del siglo XXI revisten tal magnitud que han trasformado la faz del planeta, dando lugar a una época geológica denominada antropoceno. A partir de la premisa histórica anterior, el capítulo II establece como primer objetivo realizar una síntesis de la evolución histórica de las CGP desde los inicios de la civilización en el neolítico temprano, hasta las obras medievales más representativas. Como segundo propósito, elabora un inventario de los grandes ensambles infraestructurales desde principios del capitalismo hasta los sistemas económicos contemporáneos más evolucionados, que parecen dirigirse hacia sociedades poscapitalistas. Ello redimensiona la perspectiva de los autores clásicos analizados en el capítulo I y establece las premisas histórico-estructurales que permitirán avanzar en la teorización de las condiciones generales de la producción.

El capítulo III, "Conceptualización del binomio condiciones y servicios generales de la producción", se propone sistematizar las principales características de las CGP, así como proponer una definición comprensiva que refleje su naturaleza histórica como categoría económica. En las sociedades contemporáneas, se considera que emergen en un carácter dual, esto es, como condición general de la producción en forma de ensambles infraestructurales físicos y como un servicio general de la producción representado por todo el aparato de gestión financiero, administrativo y estratégico requerido para su usufructo. Existe, por ende, una categoría que conforma un binomio entre las condiciones y los servicios generales (CGP-SGP), que está orgánicamente articulado y constituye una unidad indivisible que se define como sigue:

> El binomio condiciones y servicios generales de la producción está conformado por una combinación de medios de producción naturales e infraestructurales (CGP) y de trabajadores e insumos (SGP), los cuales proporcionan un bien o servicio, como la electricidad y las carreteras, que son indispensables para la realización del proceso general de producción de mercancías y reproducción de la fuerza de trabajo, pero que se realiza de manera externa a las empresas individuales.

Se agrega en el capítulo III una tipología del binomio CGP-SGP que, junto con la definición anterior que desarrolla la conceptualización original de Marx, permite afirmar que se constituye en la principal categoría de la economía política urbana, por ser el determinante fundamental de la distribución espacial de las actividades económicas y la reproducción de la fuerza de trabajo.

Partiendo del axioma que establece un vínculo necesario, aunque no suficiente, entre la construcción de infraestructura y el crecimiento económico espacial, el capítulo IV, "Infraestructura, economías de aglomeración y competitividad urbana", se plantea relacionar conceptualmente la infraestructura con la competitividad urbana, a partir de lo cual se realiza un ejercicio estadístico que demuestra su existencia en las ciudades de México.

Para ello, en una primera sección del escrito se presenta una minuciosa revisión bibliográfica del concepto de competitividad y la función de la infraestructura dentro de las ventajas competitivas de empresas y ciudades. En una segunda se analiza el desempeño competitivo de México en el mundo para, en la tercera, introducir la posición competitiva de las principales ciudades al interior del país y su situación infraestructural. Esto último es evaluado según el potencial aprovechamiento de las urbes de las denominadas "economías de aglomeración". Esta visión conceptual de corte neoclásico contrasta con la introducción analítica de las CGP, pero se dejará al lector obtener sus propias cavilaciones al respecto, en espera de que tenga a bien leer las conclusiones finales del trabajo.

El capítulo V, "Colapso de la inversión pública federal en la Ciudad de México, 1959-2010", retoma del capítulo III la premisa que establece como una característica fundamental de las CGP el requerimiento de cuantiosas inversiones para la construcción de las obras de infraestructura que constituyen su base material. El financiamiento para ello suele ser público, privado o mixto, pero aunque México tiene uno de los más bajos niveles de participación gubernamental en la economía en el mundo, ello no implica lo insoslayable de la inversión del gobierno federal para la edificación de los andamiajes infraestructurales en las regiones y ciudades de la república. En ese contexto, el propósito del capítulo V fue analizar el comportamiento de la inversión pública federal entre 1959 y 2010 en el ámbito nacional, a partir de lo cual se determina la tendencia histórica de las cantidades invertidas en la ZMCM en ese periodo. Se trata de sistematizar una base estadística que muestre las fluctuaciones de la inversión federal en la urbe en los nueve sexenios gubernamentales que comprenden el medio siglo estudiado. Es crucial identificar la prioridad que se le concede a la urbe como nodo motriz de la economía nacional para apoyar su inserción competitiva en el actual proceso de mundialización económica.

Específicamente, el capítulo V analiza la asignación, tendencia histórica, composición sectorial y prioridades espaciales de la inversión pública en las nueve administraciones federales estudiadas, tanto para el país como para la ZMCM. Se agrega la relevancia macroeconómica de ambas instancias según su producto interno bruto, así como los niveles de la inversión pública per cápita. Se considerarán las fluctuaciones absolutas y relativas de la inversión, los cambios en la participación de los sectores de actividad económica a los que se le asigna, así como las prioridades gubernamentales en la función de conformar a la ciudad como una fuerza productiva imprescindible para la competitividad de países y empresas.

El capítulo VI, "Finanzas e inversión infraestructural de los gobiernos locales en la Ciudad de México", se plantea como propósito investigar la tendencia, entre 1980 y 2009, de los montos y renglones constitutivos de los ingresos y egresos de los gobiernos que administran directamente la Zona Metropolitana de la Ciudad de México (ZMCM), esto es, las administraciones centrales del Distrito Federal y del Estado de México, así como los de las delegaciones del primero, y los municipios mexiquenses metropolitanos dentro de la ZMCM, del segundo. Conforme a la estructura conceptual de este libro y los que le seguirán, el objetivo principal es determinar el grado en que las finanzas locales participan en la construcción del conjunto de condiciones generales de la producción que constituyen el soporte material de viviendas y actividades económicas, lo que en conjunto transforma a la urbe en una colosal fuerza productiva, la más importante de la nación.

Finalmente, en el capítulo VII, "Dialéctica de las condiciones generales de la producción (conclusiones)", se hace un esfuerzo por articular la temática de los capítulos de las dos partes del libro para obtener un conjunto de conclusiones generales y específicas adicionales a las presentadas en los capítulos. La tesis que guía esta labor establece que la evolución de las CGP se ajusta a un proceso dialéctico por medio del cual dichas condiciones sufren una metamorfosis que las convierte en una fuerza productiva que subsume a los medios de producción privados.

Valor de las condiciones generales de la producción

En la segunda parte del seminario *Condiciones generales de la producción en la Ciudad de México* se realizó un insólito esfuerzo por cuantificar el valor de la casi totalidad de las CGP de la ZMCM en las ultimas tres décadas. Se expuso un conjunto de trabajos empíricos sobre los elementos constitutivos de cada uno de los renglones infraestructurales y el grado de cobertura con que cuenta la Ciudad de México, agregando su valor en términos de la inversión neta acumulada en su construcción, esto es, a precios de adquisición comparables en el tiempo. Las CGP consideradas fueron el sistema eléctrico, la red vial, el aparato de hidrocarburos, el sistema hidráulico, el andamiaje telemático, el transporte (Metro, Metrobús), el equipamiento de áreas verdes, parques y plazas, los sistemas educativo y de salud y, finalmente, se describe y valoriza el conjunto habitacional como núcleo central de los medios de consumo colectivos. Hasta donde se puede vislumbrar, quedarían por incorporarse, y así se hará, el equipamiento cultural y el aparato de la administración pública, con lo que se completará una imagen integral de la complejidad, extensión, concentración espacial y valor de los alrededor de 2 000 kilómetros cuadrados que comprende la superficie del tejido urbano de la metrópoli. Se trata, en verdad, de la obra monumental de mayor importancia realizada en México en toda su historia, cuyo análisis inédito se presentará en los dos libros que continuarán a la presenta obra.

Contribuciones que posibilitaron la cristalización del proyecto

La participación sustantiva en la realización de esta obra es de Jaime Sobrino, quien escribió el capítulo IV, Normand Asuad como coautor del V, Carola Conde y Conrado Jiménez del VI. A ellos se manifiesta un sincero agradecimiento por haber elaborado sus trabajos siguiendo con gran diligencia y destreza profesional las indicaciones del que esto escribe. Se trató de imprimirle al libro una estructura unificadora en su interior, así como articuladora con las obras que le siguen. Se queda en deuda con ellos, además, por su cordial aceptación a participar en el seminario de 2011, al igual que a los colegas que fueron sus comentaristas: de los capítulos I, II y III, Emilio Pradilla de la UAM-X; del IV, Roberto Eibenschutz, también de la UAM-X; del V, José Luis Hernández Mota, de esa misma institución, y del VI, Horacio Sobarzo, de El Colegio de México. A los participantes de las ponencias de la segunda parte del seminario se les manifestará el reconocimiento en el prólogo de los siguientes libros.

Se hace patente nuestra gran deuda profesional al Conacyt por el apoyo financiero para la realización del proyecto titulado *Estructuración intrametropolitana del sector servicios en la Ciudad de México, 1960-2008*, dentro del cual se insertó la reunión y la publicación del libro. Se deja constancia del importante apoyo logístico proporcionado por Silvia Giorguli, directora del CEDUA, sin el cual el encuentro no habría podido realizarse adecuadamente, así como de la amabilidad de Manuel Ordorica, secretario general de El Colegio de México, quien tuvo a bien inaugurarlo.

En la ardua etapa de uniformar cuadros y gráficas estadísticas de todos los documentos participó Amós Hernández, investigador asistente del proyecto, así como Rosa María López en la parte del formato e impresión del escrito. A ambos se les agradece su inestimable apoyo para plasmar en este libro todo el esfuerzo intelectual desplegado por los autores.

La crisis de la actual etapa de supercentralización del capital trasnacional conducirá indefectiblemente a la metamorfosis de las actuales economías hacia modelos poscapitalistas que podrían variar, en un primer momento histórico que abarcaría todo el siglo XXI, entre el socialismo de mercado chino y los sistemas socialdemócratas y estatistas nórdicos. En cualquiera de los casos, la concentración espacial de las condiciones generales de la producción conformará colosales fuerzas productivas que serán indispensables para el ulterior desarrollo económico y social de los nuevos sistemas. Por ende, el conocimiento en profundidad de esta categoría histórica es imprescindible para visualizar los escenarios de la evolución futura de las naciones del planeta.

Gustavo Garza Villarreal
México, D.F., mayo de 2012

Bibliografía

Garza, Gustavo (2008), *Macroeconomía del sector servicios en la Ciudad de México, 1960-2003*, El Colegio de México, México.

——— (2011), "Teoría unificada del desarrollo económico y la organización espacial del proceso productivo", en Gustavo Garza (coord.), *Visión comprensiva de la distribución territorial del sector servicios en México*, El Colegio de México, México.

Marx, Carlos (1971), *El capital, Tomo I*, 4a. reimp., Fondo de Cultura Económica, México.

PRIMERA PARTE

EVOLUCIÓN DE UNA CATEGORÍA HISTÓRICA ESPACIO-SECTORIAL

I. LAS CONDICIONES GENERALES DE LA PRODUCCIÓN EN LA TEORÍA DEL CAPITAL

*Gustavo Garza**

La ciencia económica analiza, como tema fundamental de interés cognoscitivo, los determinantes del desarrollo económico y de la remuneración a cada uno de los tres principales factores productivos: tierra, trabajo y capital. El objetivo de este primer capítulo del libro es investigar el origen de las condiciones generales de la producción (CGP) para demostrar, en éste y los dos capítulos siguientes, que durante su evolución histórica se transforman paulatinamente en un factor de producción que remplaza a la tierra y subsume la fuerza laboral y los medios de producción. Como corolario, se formula el imperativo metodológico de incorporar las CGP dentro de las categorías constitutivas de la teoría marxista del capital, así como de las funciones de producción en los enfoques neoclásicos.

Para alcanzar tales propósitos, mediante un estudio hermenéutico de autores relevantes se descifran las peculiaridades de las CGP según las diversas épocas históricas consideradas. Ello se inicia con Aristóteles en el mundo griego, pues Atenas, y posteriormente Roma, fueron las ciudades más avanzadas del modo de producción esclavista y precursoras en la construcción de grandes obras urbanas. Sería recomendable incluir las teorizaciones sobre la infraestructura en la ciudad comercial en las postrimerías del feudalismo, como Venecia, Londres, Estambul y Ámsterdam, pero ello quedó fuera de las posibilidades del trabajo y se hará en otra

* Profesor-investigador del Centro de Estudios Demográficos, Urbanos y Ambientales, El Colegio de México.

oportunidad. Se decidió, por ende, pasar directamente a investigar el papel de la infraestructura en las ciudades durante la Revolución Industrial, cuando se inicia su desarrollo acelerado y adquiere mayor importancia en comparación con las ciudades medievales. En esta etapa se parte de la obra de Adam Smith, se sigue con Friedrich List y se termina con Carlos Marx, intercalando sus visiones de la función de la infraestructura con los elementos que constituyen el capital.

Un primer objetivo de este capítulo es, por ende, analizar la génesis de las obras de infraestructura dentro de la teoría del capital desarrollada por los anteriores pensadores. Marx es quien las conceptualiza, junto con los recursos naturales, como condiciones generales de la producción (CGP), expresión con la que se conocen dentro de la economía política de la urbanización actual. El segundo objetivo principal es establecer la existencia de una relación histórica entre las CGP y el capital de las empresas privadas, categoría que ha permitido esbozar una teoría unificada del desarrollo económico y la organización espacial del proceso productivo, la cual se resume en esta oportunidad (Garza, 2011: 711-848).

ARISTÓTELES: CAPITAL COMERCIAL E INFRAESTRUCTURA EN LA CIUDAD ESCLAVISTA

En la sociedad esclavista avanzada de Grecia y Roma existían dos factores de producción fundamentales: la tierra para la agricultura y los esclavos como fuerza de trabajo. Estos últimos eran utilizados en todas las actividades productivas, desde las haciendas como unidades dominantes, hasta las minas, la construcción y la producción artesanal.

Jenofonte fue uno de los primeros filósofos que reflexionó sobre cuestiones económicas y, en su libro *El económico,* desarrolla las características de la economía esclavista, mencionando que la agricultura constituía la actividad más ventajosa. El florecimiento del sector primario sólo podría descansar en el trabajo esclavo, además de que esta modalidad de fuerza laboral participaba en las restantes actividades económicas, básicamente la producción artesanal, la minería y el comercio marítimo. El trabajo artesanal no era digno de los hombres libres, al igual que el comercio, por lo que recomendaba que lo hicieran los extranjeros. En Grecia existía una economía monetaria desarrollada, por lo que Jenofonte aconseja la acumulación dineraria para contingencias futuras, pero condena su circulación como capital mercantil, lo mismo que Aristóteles. Finalmente, señala la necesidad de la división del trabajo en físico e intelectual, siendo el primero para el esclavo y el segundo para el esclavista (Karataev, Ryndina, Stepanov y otros, 1964: 20-23).

El concepto de la división del trabajo fue también desarrollado por Platón y Aristóteles. El primero afirma en *La República* que "… las cosas se hacen en mayor número, mejores y con más facilidad, cuando cada cual ejecuta la que le es propia, dentro del tiempo requerido, y sin preocuparse de las otras" (Silva Herzog, s.f.: 9). La división del trabajo en dirigentes (filósofos), militares (guardia encargada de proteger al Estado) y artesanos (agricultores y pequeños comerciantes, pertenecientes todos a la categoría de ciudadanos libres) es, para Platón, la base natural de la ciudad-Estado. En el Estado perfecto, proponía que las mujeres, los niños y la propiedad fueran comunes (Karataev, Ryndina, Stepanov y otros, 1964: 25-26). A este respecto se agrega la afirmación de Jenofonte sobre la forma de aumentar los recursos de la ciudad: "… así como individuos privados se han asegurado un ingreso constante con la posesión de esclavos, el Estado debería poseer esclavos públicos en número tres por cada ciudadano ateniense" (Silva Herzog, s.f.: 7). Este planteamiento de una mayor intervención del Estado para procurarse recursos públicos para sufragar los requerimientos generales de los ciudadanos constituye un presagio visionario sobre la futura cristalización de la ciudad como fuerza social productiva en el capitalismo avanzado, cuyo análisis será el propósito del presente escrito.

Aristóteles profundiza en el análisis de los temas económicos anteriores. Los divide en dos partes: *1)* la economía propiamente dicha, que es la ciencia de la administración doméstica, y *2)* la ciencia del abastecimiento o crematística, que indaga sobre la adquisición de bienes y riquezas. La primera estudia el desarrollo de la ciudad a partir del hogar y la aldea, y establece que la esclavitud es una forma natural del proceso productivo (Roll, 1975: 35; Hernández, 2002: 28).

Aunque se le suele recriminar por esta posición retardataria, convendría recordar que en países que se proclaman democráticos, como Estados Unidos, se abolió la esclavitud más de dos milenios después de la vida de Aristóteles, esto es, en 1865, además de que continúa en forma ilegal en muchas partes del mundo. Entre los siglos XVI y XIX al menos 12 millones de africanos fueron enviados a América por Portugal, España, Inglaterra y Holanda, entre los principales, que traficaron con seres humanos que vendían como esclavos en América, principalmente en Brasil, Estados Unidos y Cuba, actividad que constituía un lucrativo negocio (http://es.wikipedia.org/wiki/Esclavitud_en_los _Estados_Unidos). En los inicios del siglo XXI, la informalidad laboral, el desempleo estructural y el trabajo precario de la mayor parte de la población de los países del Tercer Mundo, además de un buen número en las naciones desarrolladas, constituye una forma igualmente abismal e insalvable de desigualdad social, esto es, una forma de esclavitud atenuada. Quizás a Aristóteles únicamente se le pueda acusar de ser fríamente realista y poco diplomático en su aseveración sobre el carácter "natural" de la esclavitud en las sociedades humanas, lo cual persiste hasta los inicios del siglo XXI. En fin, quedaría por determinar si el esclavo es capital constante o capital variable, cuestión de cierto interés dentro de la lógica de la descomposición del capital según sus principales componentes.

La economía de Grecia tenía como su principal actividad la agricultura, que constituía su base productiva fundamental y se concentraba en tres productos mediterráneos: cereales, olivos y viñas. El sector primario absorbía 80% de la población y el 20% restante se distribuía entre la clase política, los militares, los hombres que realizaban trabajo intelectual —filósofos, matemáticos, historiadores, dramaturgos, poetas, escultores, etc.—, los artesanos y los comerciantes.

Aristóteles estudia, dentro de la crematística, el proceso de cambio de bienes entre las distintas actividades económicas y en su interior, pues ante el crecimiento de la población de Atenas, cada vez era más necesario intercambiar productos para enfrentar las necesidades del hogar, dada la notable evolución de la división del trabajo artesanal. En su época de mayor esplendor, en los siglos V y IV a.C., Atenas y sus suburbios tenían alrededor de 300 mil habitantes, aunque la gran mayoría eran esclavos o extranjeros y sólo aproximadamente 2% de los pobladores eran ciudadanos masculinos adultos, elegibles para reunirse y votar en la Asamblea y ser elegidos (http://es.wikipedia.org/wiki/Antigua_Atenas).

El filósofo estagirita distingue entre una forma natural y una antinatural del cambio comercial. La primera es tan sólo una rama de la economía doméstica destinada "a satisfacer las necesidades naturales de los hombres" (Roll, 1975: 35). Este tipo de intercambio se puede sintetizar con la fórmula M-D-M, esto es, mercancía que se vende por dinero para comprar otra mercancía para su consumo. Ello se origina por la incipiente acumulación de bienes y la ampliación del mercado dentro de la ciudad-Estado. En cierta etapa de avance del intercambio simple, nace el comercio con el fin de acrecentar la riqueza dineraria en la forma de D-M-D´, es decir, se compra mercancía con dinero, no para consumirla, sino para venderla con una ganancia que permite aumentar la riqueza, dando nacimiento al capital mercantil, aunque en forma incipiente.

Aristóteles consideró que sólo el primer tipo de intercambio es moralmente aceptable, mientras que el segundo no es virtuoso ni encomiable. Con independencia del ingrediente ético que guía el pensamiento de los filósofos griegos, sus reflexiones constituyen un análisis precursor de las dos formas en que se manifiesta el dinero: como medio de cambio cuya función termina con la adquisición del bien necesario para la satisfacción de una necesidad, y en la forma de capital-dinero, que conduce a los hombres al deseo egoísta de acumulación ilimitada (Roll, 1975: 36-37). Por primera vez en la historia de las doctrinas económicas se distingue entre dinero y capital, aunque los economistas futuros eliminarían todo rastro de implicaciones éticas.

Este gran pensador, fundador del análisis científico, distinguió algunos componentes del capital que en la actualidad cobran una relevancia revolucionaria para comprender la economía capitalista contemporánea, aunque le era imposible advertirlo en su época. Por cuestiones de estructura del presente capítulo, sin embargo, se dejará hasta introducir la concepción del capital en Marx para abordar el problema del tipo de capital que constituirían los esclavos.

Es central para los propósitos de este trabajo agregar que del libro cuarto de la *Política, La teoría general de la ciudad perfecta,* en el capítulo VII, "De los elementos indispensables a la existencia de la ciudad", Aristóteles introduce los elementos necesarios para la existencia de la ciudad: *1)* las subsistencias; *2)* las artes y los instrumentos que requieren; *3)* las armas para apoyar a la autoridad pública y enfrentar a los enemigos; *4)* cierta riqueza para atender necesidades internas y para la guerra; *5)* el culto divino o sacerdocio (Aristóteles, s.f.: 62).

Es notable que entre los elementos indispensables para la existencia de la ciudad no mencione sus funciones económicas, la infraestructura urbana ni algún monto de población, características indispensables en la definición de las ciudades, máxime cuando en capítulos anteriores había señalado algunas de estas cuestiones. Efectivamente, en el capítulo IV, "De la extensión que debe tener el Estado" (concebía la ciudad como ciudad-Estado), señala que "Los primeros elementos que exige la ciencia política son los hombres en el *número y con las cualidades naturales* que deben tener, y *el suelo con la extensión y las propiedades debidas*" (Aristóteles, s.f.: 59). Adicionalmente, señala que "Una ciudad de la que saliesen una multitud de artesanos y pocos guerreros no sería nunca un gran Estado, porque es preciso distinguir un gran Estado de un Estado populoso" (p. 59). Sobre las características geográficas de las ciudades, menciona que su emplazamiento debe ser "bueno a la vez por mar y por tierra", y especifica: "Pero en algunos países y en algunos Estados la rada y el puerto hecho por la naturaleza están maravillosamente situados con relación a la ciudad, la cual, sin estar muy distante, aunque sí separada, domina el puerto con sus murallas y fortificaciones" (Aristóteles, s.f.: 61).

Cabría destacar que Aristóteles introduce en el anterior pasaje lo que se denominarán las *condiciones naturales de la producción;* además, incorpora algunos elementos infraestructurales, como son las murallas y fortificaciones. Se puede derivar, por tanto, la existencia de las murallas y fortificaciones como condiciones construidas para la defensa, edificaciones que serían comunes en todas las ciudades esclavistas y las feudales que le siguieron. Se está ante un elemento infraestructural de la ciudad antigua, fundamental para su existencia y sobrevivencia.

Sobre las condiciones construidas, autores posteriores han resumido una serie de inventos griegos y romanos que van desde el desarrollo general de las ciencias y los sistemas de gobierno, hasta "la formación de grandes ciudades", e invenciones como el ladrillo cocido a fuego, la rueda hidráulica, el puente, el acueducto, la cloaca y las cañerías de plomo, lo cual junto con el gran desarrollo de la arquitectura representaron un gran impulso a la construcción de la infraestructura necesaria para el funcionamiento de las ciudades (Morgan, 1946: 46).

En el capítulo VIII, "Elementos políticos de la ciudad", el filósofo estagirita introduce los *bienes raíces*, y señala que deben pertenecer sólo a la clase guerrera y la deliberante (gobernante), esto es, básicamente para los ciudadanos, por lo que excluye de esta posibilidad a los artesanos y a las otras "clases extrañas a las nobles ocupaciones de la virtud" (Aristóteles, s.f.: 63). A las obras infraestructurales militares se les agregan, por tanto, los bienes raíces y las residencias de las clases dominantes, que constituyen una parte importante de la extensión física de la ciudad.

Es significativo que en el capítulo IX, "Antigüedad de ciertas instituciones políticas", mencione algunas funciones de las ciudades que actualmente se podrían considerar antecedentes remotos del concepto de *servicios generales de la producción*, como se analiza en el capítulo III de esta obra. Al respecto señala la necesidad de que la clase gobernante proporcione *comidas comunes, gastos de culto y gastos de defensa*, así como *espacios públicos* (Aristóteles, s.f.: 64). Este último elemento agrega un nuevo componente a la visión del espacio urbano que se está construyendo a partir de la interpretación del estudio aristotélico de la ciudad.

En el capítulo X, "De la situación de la ciudad", agrega a los muros y fortificaciones ya mencionados, algunos reglones infraestructurales importantes para el servicio de sanidad que se debe atender, tales como fuentes, aljibes, drenajes (Aristóteles, s.f.: 65). Finalmente, en el capítulo XI, "De los edificios públicos y de la política", se incorpora un elemento más representativo de la ciudad esclavista teocrática al mencionar que los "edificios consagrados a las ceremonias religiosas serán tan espléndidos como sea preciso..." (Aristóteles, s.f.: 66). A ellos se agregan las plazas públicas ya mencionadas, más la "plaza de contratación", donde se facilitan las relaciones comerciales para respetar la solemnidad de la plaza pública.

Los vestigios más significativos de la antigua Atenas son, precisamente, los de carácter religioso. Los grandes logros durante el siglo de oro del gobierno de Pericles se cristalizan en los monumentos inmortales de la Acrópolis (templo dedicado a Atenas), el Templo de Hefesto y el Templo de Zeus Olímpico o El Olimpeión, que fue el mayor templo de Grecia y actualmente está en ruinas (http://es.wikipedia.org/wiki/Antigua_Atenas).

En síntesis, aunque no lo conceptualiza explícitamente, se puede concluir que Aristóteles introduce varios elementos característicos de las condiciones generales de la producción, tanto naturales como construidas, además del concepto del capital comercial. En la sociedad esclavista no era, sin embargo, el momento histórico de vincular teóricamente ambas categorías, esto es, el capital con las condiciones generales de la producción. La infraestructura que caracteriza a la ciudad antigua son los elementos de defensa y los monumentales edificios religiosos, lo cual se explica por el carácter esencialmente parasitario de las urbes griegas en una sociedad fundamentalmente teocrática, agrícola y guerrera, cuya cristalización se plasma en la ciudad esclavista. Aristóteles es, por ende, el filósofo que establece los fundamentos de lo que constituiría la categoría de capital y las concomitantes condiciones generales, naturales y construidas, indispensables para el funcionamiento de las futuras ciudades capitalistas.

A partir del surgimiento histórico de las condiciones generales de la producción como un componente necesario de la *polis* esclavista griega, en el siguiente apartado se sintetizarán los planteamientos sobre el concepto de capital de algunos de los principales economistas clásicos en los siglos XVIII y XIX, con el fin de delinear la génesis de los elementos que constituyen el capital fijo cristalizado en el andamiaje infraestructural de las ciudades industriales con el advenimiento y apogeo del capitalismo.

ADAM SMITH: RELACIÓN CAPITAL-TRABAJO, OBRA PÚBLICA Y EXPANSIÓN COMERCIAL CAPITALISTA

Smith establece que "el número de obreros útiles y productivos... se halla siempre en proporción a la cantidad de capital empleada en darles ocupación..." (Smith, 1984: 5). Esto último lo analiza en el libro segundo, donde trata de la naturaleza del capital, de su acumulación y de la incorporación de nuevos trabajadores al proceso productivo.

En algunos pasajes de su obra, Smith equipara el ahorro de una persona con el capital, pero en otros lo diferencia señalando que es capital si permite obtener un ingreso, pero cuando se utiliza para "consumo ordinario" no lo es (Smith, 1984: 252). ¿Cuál es la concepción de capital en la obra de Smith? ¿Menciona la existencia de un capital externo a las empresas?

En el libro segundo, capítulo I, "De la división del capital", Smith nuevamente incluye el consumo inmediato dentro de los tres componentes del capital general de la sociedad, que serían los mismos que los del capital individual (Smith, 1984: 254):

> La primera está constituida por aquella porción que se reserva para el consumo inmediato y se caracteriza porque no produce renta ni provecho alguno. Consiste en el cúmulo de alimentos, ropa, utensilios, etc., que han sido comprados por los consumidores, pero que éstos no han consumido aún por completo [Smith, 1984: 254].

Los otros dos componentes forman parte de la porción cuyo propietario "espera obtener un ingreso":

> La segunda... es lo que llamamos *capital fijo*, y se caracteriza porque proporciona una renta o un beneficio, sin necesidad de circular ni cambiar de dueño. Consta principalmente de los cuatro rubros siguientes [maquinaria e instrumentos, edificios, mejoras en la tierra y destreza del operario] [Smith, 1984: 255; cursiva incorporada].
>
> La tercera... es el *capital circulante*, cuya característica consiste en proporcionar un ingreso o renta con motivo de su circulación o cambio de dueño [dinero; "repuesto de provisiones"; materias primas e inventario de productos terminados] [Smith, 1984: 256; cursiva incorporada].

Quizás por haber vivido en los albores del régimen capitalista, Smith tiene una concepción de acumulación de capital como medio de potenciar el consumo futuro: "Conservar y aumentar el acervo que sirve para el consumo inmediato es el exclusivo objeto de los capitales, lo mismo fijos que circulantes" (Smith, 1984: 256). En fin, Smith clasifica el capital en *fijo* y *circulante* —lo cual mantendrá Marx al analizar el proceso de circulación del capital—, pero mezcla el ahorro de la sociedad y de los individuos con el capital como generador de ingreso.

En el capítulo III del libro segundo, "De la acumulación del capital, o del trabajo productivo e improductivo", incluye el concepto de trabajo productivo "que añade valor al objeto a que se incorpora", mientras que el improductivo no lo hace (Smith, 1984: 299). Se pone como ejemplo del primero al artesano que trabaja con un maestro que le paga su salario, pero este último lo recupera con la venta del objeto, y obtiene además una ganancia; mientras el mantenimiento de criado doméstico "jamás le es restituido al amo de ese modo" (Smith, 1984: 299).[1] La proporción de ambos tipos de trabajo en un país depende de la parte del producto anual que se destine a reponer el capital (Smith, 1984: 302). A mayor proporción de trabajo productivo, por ende, es posible una mayor acumulación del capital.

Para propósitos de este capítulo cabe mencionar que Smith no incluye en su clasificación de los elementos que constituyen al capital fijo y circulante, los renglones infraestructurales que son indispensables para el proceso productivo, pero que no son parte del capital fijo de las empresas. No obstante, en el libro quinto, *De los ingresos del soberano o de la república*, un estudio de finanzas públicas, introduce los gastos en infraestructura, tema central para los propósitos de este escrito.

En el capítulo I, "De los gastos del soberano o de la república", Smith menciona los gastos de defensa y de impartición de la justi-

[1] Smith confunde la función que desempeña quien contrata el servicio, esto es, si lo hace como productor en el caso de un hostelero, o como consumidor que contrata un servicio doméstico. El primero genera ganancia, esto es, acumula capital, mientras que el segundo es un mero gasto (véase la crítica completa en Garza, 2008: 45-47). Por ello se ha señalado que su afirmación sobre la "improductividad" de los servicios es un "... notable error de Smith" (Ochel y Wagner, 1987: 27).

cia, elementos que en este trabajo se denominarán servicios generales de la producción (SGP) y que Aristóteles ya había mencionado para la sociedad griega.[2] En la parte III del capítulo, "De los gastos de obras públicas e instituciones públicas", Smith introduce la limitada infraestructura de la época como una función más del Estado, no obstante vislumbrar la importancia de ciertas obras "que sirven para facilitar el comercio de la nación" (Smith, 1984: 639).

Smith tiene una clara conciencia de la necesidad de facilitar el desarrollo del comercio general de la sociedad mediante la inversión en medios de transporte adecuados:

> Que la creación y sostenimiento de las obras públicas que facilitan el comercio de un país, como son *buenas carreteras, canales navegables, puentes, puertos, etc.*, requieren efectuar gastos de diversa índole en los diferentes periodos de la sociedad, es algo tan evidente que no necesita demostración [Smith, 1984: 640].

En los albores de la Revolución Industrial inglesa, según el párrafo anterior, la infraestructura dirigida a promover el crecimiento económico fue esencialmente orientada a facilitar el comercio, esto es, la circulación espacial de los productos. Esta peculiaridad histórica durante la génesis de la construcción de la infraestructura permite concluir que en sus orígenes emerge como condición general de la circulación de mercancías.

Como buen economista, además de caracterizarse muy seguramente por la frugalidad escocesa, Smith se preocupa tanto por la inversión para la construcción de las obras públicas, como también por su mantenimiento y forma óptima de gestión. Sobre estos temas elabora una serie de lúcidas argumentaciones aplicables hasta la actualidad.

En primer lugar, las obras públicas pueden ser autofinanciables, al menos en sus gastos de operación:

[2] Cabría agregar que sobre los gastos de defensa Smith afirma: "La aparición de las armas de fuego, que a primera vista parecía ser tan perniciosa, es en realidad favorable tanto a la seguridad como a la permanencia de la civilización" (Smith, 1984: 614). No señala que la expansión imperial inglesa se realizó gracias a esas armas de fuego que permitieron el colonialismo, la piratería y el saqueo de las sociedades indefensas, lo que hizo posible una inmensa "acumulación originaria" de capital que consolidó su dominio del comercio mundial.

> La mayor parte de estas obras públicas pueden ser administradas de tal forma que rindan una renta lo suficientemente amplia para enjugar sus propios gastos, sin constituir una carga para la renta general de la sociedad.
>
> No parece posible encontrar un método más equitativo de sostener las obras públicas. Además, este derecho, aunque lo anticipe el transportista, quien en realidad lo paga finalmente es el consumidor, puesto que el costo se le carga en el precio de los bienes [Smith, 1984: 640].

En los anteriores párrafos Smith considera implícitamente las obras para el transporte de productos comerciales (caminos, puentes y puertos), pero no especifica si su autofinanciamiento se refiere a los gastos de operación o también a la inversión para su construcción. Para otros renglones dirigidos a la población, como se verá en lo que sigue, esto no sería posible y tendrán que sufragarse con los ingresos generales del Estado.

Sobre la gestión de la infraestructura, considerando el postulado general de Smith sobre la "mano invisible" que conduce al bienestar general cuando se persiguen los intereses individuales, sorprende su siguiente argumentación de que no es recomendable dejarla a empresarios individuales:

> Los derechos destinados a la conservación de una carretera de primera clase no pueden convertirse, sin riesgo, en propiedad particular de personas privadas. Debido a esto, es más conveniente encomendar los derechos que se pagan para la conservación de estas obras a comisionados o fiduciarios [Smith, 1984: 642].

El riesgo es que las personas privadas puedan dejar deteriorar la carretera con el fin de maximizar sus ingresos, sin importar que se perjudique al comercio en general. Como se verá, Smith percibe claramente el carácter necesario, general, de las obras infraestructurales.

Con una correcta gestión efectuada por un organismo comisionado, además:

> Consideran algunos que el dinero recaudado en los distintos fielatos de la Gran Bretaña excede con mucho a la cantidad que sería necesaria para la reparación de carreteras, de tal suerte que, con los ahorros

resultantes de una buena administración, se conseguirían fondos lo suficientemente abundantes para atender en determinadas ocasiones a las necesidades del Estado [Smith, 1984: 642].

Al menos las obras públicas para el tránsito de mercancías, pueden por lo tanto ser autofinanciables en su operación y generar excedentes cuya óptima utilización sería para continuar ampliando la red de transportación de mercancías y de personas.

Smith se oponía a que las empresas particulares fueran sociedades de responsabilidad limitada, modalidad jurídica que en su época era más una excepción que la forma general que caracteriza al capitalismo contemporáneo.[3] Sin embargo, en el caso de firmas que construyeran o administraran —o ambas cosas— alguna obra pública, aceptaba que por la naturaleza de este tipo de inversiones:

> Una vez construido un canal de navegación, la administración del mismo es una empresa fácil y sencilla, susceptible de normas y métodos precisos. Aun la construcción misma puede concertarse con empresarios, a tanto por milla o por esclusa. Otro tanto se puede decir de un canal, de un acueducto o de una gran conducción para surtir las necesidades de agua de una gran ciudad. Tales empresas frecuentemente se administran con éxito mediante compañías por acciones, aunque no gocen de ningún privilegio de exclusiva [Smith, 1984: 669].

Sin embargo:

> Para que semejantes establecimientos se puedan considerar convenientes, además de cumplir con el requisito de poder reducirse su administración a reglas y métodos de estricta observancia, es preciso que concurran en ellos otras dos condiciones: la primera, que sobre-

[3] Antes de la invención de las sociedades de responsabilidad limitada (y anónimas), "el inversionista tenía que arriesgar todo cuando empezaba un negocio" (Chang, 2010: 12). Cuando se instauró esa figura jurídica, su utilización requería un permiso real, por lo que era muy infrecuente su existencia hasta que se generalizaron durante la segunda parte del siglo XIX. Smith se oponía a su uso, puesto que permitía tomar riesgos excesivos, toda vez que el dinero invertido no era todo propio. Así, "Smith, el padre de la economía y el santo patrón del capitalismo de libre mercado, se oponía a las empresas de responsabilidad limitada sobre esas bases" (Chang, 2010: 13).

> salga, en forma tal que no deje lugar a dudas, el *aspecto de utilidad pública y general de la obra*, en relación a la mayor parte de las habituales empresas de comercio; la segunda, *que requieran un capital tan cuantioso que no le sea fácil reunirlo a una compañía particular* [Smith, 1984: 669-670; cursivas incorporadas].

En este párrafo se señala nítidamente que Smith confiere a la infraestructura la función de ser de *"utilidad pública y general"*, además de requerir un *"capital cuantioso"*. Ello se acerca mucho a la categorización de dicha infraestructura que haría Marx casi un siglo después al bautizarla como *condición general de la producción*. Smith le agrega, además, una de sus principales peculiaridades, esto es, que requieren grandes inversiones para su construcción.

Finalmente, el economista escocés agrega otro tipo de obra pública que se orienta más a la fuerza de trabajo que a las empresas, tales como la dotación de agua potable y la educación, que por su naturaleza tenderían a ser, al menos en parte, públicas:

> Los canales navegables y las *obras necesarias para abastecer de agua a los habitantes de una gran ciudad*, son obras públicas de utilidad común y, por regla general, requieren inversiones muy grandes, que sobrepasan la capacidad de las personas particulares [Smith, 1984: 670; cursivas incorporadas].

Sobre la cuestión de las instituciones dedicadas a la educación pública, se pregunta si el Estado no debe prestar atención a la educación del pueblo. Y en el supuesto de que deba hacerlo, ¿cuáles han de ser las partes principales de esta educación, en consideración a las distintas clases sociales, y cuál es la manera de atenderla? Ante estas interrogantes afirma:

> Hay casos en que la situación misma de la sociedad coloca a la mayor parte de los individuos en condiciones de adquirir por su cuenta, sin la intervención del Gobierno, todas aquellas técnicas y virtudes que el Estado exige o admite. En otras circunstancias, la sociedad no coloca a la mayor parte de los individuos en semejantes condiciones, y entonces *es necesaria la atención del Gobierno para precaver una entera corrupción o degeneración en la gran masa del pueblo* [Smith, 1984: 687; cursivas incorporadas].

> *La educación de las clases bajas requiere acaso más atención* en una sociedad civilizada, que la de las personas de cierta jerarquía y fortuna [Smith, 1984: 689; cursivas incorporadas].

Nuevamente, Smith no imprime una perspectiva teórica a sus concepciones sobre los servicios públicos, pero explícitamente señala el abastecimiento de agua y la educación como necesidades que se deben cubrir, al menos en parte, por el Estado, las cuales constituyen, en la terminología que se introduce más adelante, *medios de consumo colectivos*.

Smith muere en 1790, casi dos décadas antes de que aparecieran en Inglaterra los primeros prototipos de locomotoras, entre ellas la *South Wales*, que recorría ocho kilómetros por hora. Además, fallece 72 años antes de que se estableciera el servicio de tren entre Edimburgo y Londres en 1862, que recorría en 10 horas y media el trayecto (www.nrm.org.uk/RailwayStories/thetrainthe1000.aspx). El desarrollo de este revolucionario medio de comunicación amplía enormemente la infraestructura para el transporte de mercancías y personas, tal como lo visualiza nítidamente un economista de la época.

FRIEDRICH LIST: INFRAESTRUCTURA COMO FUERZA PRODUCTIVA

En 1841 se publica la primera edición en alemán del libro de Friedrich List, *Sistema nacional de economía política*, 65 años después de *La riqueza de las naciones* y 25 años antes del tomo I de *El capital*. Su propósito es analizar en forma crítica las tesis del libro de Smith, a las que denomina "la teoría dominante en economía política" o "las escuelas", estableciendo la diferencia entre la *teoría de los valores* smithiana y su *teoría de las fuerzas productivas*, con el fin de resolver "el falso juego que las escuelas desarrollaban en torno a la palabra capital" (List, 1997: 64).

List se traslada a Estados Unidos y queda sorprendido por la rápida evolución del país al estadio de la manufactura y del comercio, puesto que "En ningún sitio como allí se conoce la naturaleza de los medios de transporte y su influencia sobre la vida material y espiritual de los pueblos" (List, 1997: 65). De esta vivencia deduce una idea crucial para el planteamiento de su teoría de las fuerzas productivas:

> Anteriormente, la importancia de los medios de transporte sólo me era conocida a través de la *teoría del valor;* hasta entonces yo había observado tan sólo el efecto de las organizaciones de transporte en sus detalles, teniendo en cuenta únicamente la expansión del mercado y la disminución de los precios de los bienes materiales. Pero entonces empecé a considerarlas desde el punto de vista de la teoría de las fuerzas productivas y en su *efecto de conjunto* como sistema de transporte nacional... Sólo entonces advertí la recíproca influencia existente entre la *energía industrial* y el *sistema de los transportes nacionales,* y que ninguno de estos elementos puede prosperar plenamente sin la cooperación del otro. Esto me obligó a tratar dicha materia —o por lo menos así lo pretendía— con mayor amplitud que cualquier otro economista, y en particular advertí la necesidad y utilidad de esclarecer todo lo relativo al sistema de los ferrocarriles nacionales, antes aún de que nadie en Inglaterra, Francia o Norteamérica pensara en considerarlos desde un punto de vista tan elevado [List, 1997: 67].

List avanza significativamente, de la sencilla visión aristotélica y smithiana que consideran a la infraestructura "obra pública", a conceptualizar la infraestructura de transporte como una fuerza productiva. Además, establece que se debe analizar como parte del sistema económico nacional, no en forma individual (List, 1997: 83). El autor evidencia la necesidad de establecer, en términos conceptuales actuales, una metodología holística para analizar el progreso o retroceso de las naciones. List centra su análisis en el comercio internacional y en la política mercantil de los países, pues cuando escribe su libro Inglaterra ejercía tal supremacía económica que tendía a "monopolizar todas las industrias manufactureras, todos los grandes negocios mercantiles, toda la navegación, todas las colonias importantes, todo el dominio de los mares, y a hacer vasallos suyos a todas las naciones, como los indios, en el orden manufacturero y comercial" (List, 1997: 89). No obstante la relevancia de su planteamiento para el estudio histórico de las doctrinas económicas, por los objetivos de este escrito, a continuación se sintetizan sus ideas sobre la infraestructura como fuerza productiva.

En el libro primero, *La historia*, explica la situación económica de Italia, Alemania, Holanda, España, Inglaterra, Francia, Rusia y Estados Unidos. Destaca que el poderío naval y vigor industrial inglés supera al de todas las naciones anteriores juntas. Esto se logró, en parte, por las políticas proteccionistas inglesas en los albores de su industrialización, por su fuerza naval que derrotó a la holandesa y la española anteriormente hegemónicas, junto con el *"inusitado fomento de sus medios interiores de transporte utilizando caminos, canales y ferrocarriles"* (List, 1997: 148). Es decir, el desarrollo de la infraestructura de transporte en Inglaterra se constituyó en uno de los factores de su supremacía industrial mundial en el siglo XIX, esto es, por su carácter de fuerza productiva. Ello se conceptualiza como condiciones generales de la circulación, según se analizará en el capítulo III de esta obra.

En su libro segundo, *La teoría*, List analiza las fuerzas productivas. En el capítulo XII menciona que Smith estaba dominado por la idea de los fisiócratas sobre los beneficios de la "libertad general del comercio", junto con su énfasis en la "división del trabajo".[4] Ello "impidió a Adam Smith desarrollar la idea de la 'fuerza productiva' expresada por él en la introducción" (List, 1997: 219). De haberlo hecho, según List, habría dado a su teoría "una estructura mucho más perfecta" (List, 1997: 219).

List observa holísticamente que el progreso de las naciones depende sólo en parte del desempeño individual de sus empresarios y trabajadores, pues éste se halla subordinado a las peculiaridades generales de la nación en lo que respecta a su promoción de la ciencia y las artes, la existencia de instituciones públicas que garanticen la moralidad social y la seguridad de personas y propiedades, el desarrollo armónico de la agricultura, las manufacturas y el comercio, la valoración de las reservas naturales, entre

[4] Se mencionó en el inciso anterior que la división del trabajo es un concepto establecido por Platón y Aristóteles desde la Antigüedad, por lo que no es propiamente un descubrimiento de Smith. No obstante, él fue quien le asignó una gran relevancia para explicar la riqueza de las naciones. List mismo critica esta supuesta función de la división del trabajo al preguntarse, "¿Se razona científicamente al señalar como causa de un fenómeno lo que, en sustancia, es el resultado de causas más profundas?" (List, 1997: 220). Es decir, la división del trabajo es un mero reflejo del desarrollo de las fuerzas productivas impulsadas por las innovaciones tecnológicas, no su causa.

otros determinantes macrosociales. Smith, afirma, no tuvo en cuenta la naturaleza conjunta de estas fuerzas, ni asignó importancia al trabajo intelectual de aquellos que "cultivan la enseñanza y la religiosidad, la ciencia y el arte. Sus investigaciones se limitan a la actividad humana susceptible de producir valores materiales" (List, 1997: 221).

De esta suerte, la riqueza de los países depende del desarrollo de las fuerzas productivas, entre las que se encuentran la ciencia y las innovaciones tecnológicas, y no de una de sus manifestaciones más visibles, esto es, la división social del trabajo. Entre dichas fuerzas productivas List explícitamente incluye los medios de transporte que incluyen caminos, puertos, canales y ferrocarril:

> La religión cristiana, la monogamia, la abolición de la esclavitud y de la servidumbre, la monarquía hereditaria, la invención del alfabeto, de la prensa, del correo, del dinero, de las pesas y medidas, del calendario y del reloj, la policía, la institución de la libre propiedad territorial y *los medios de transporte*, son fuentes abundantes de energía productiva [List, 1997: 223; cursivas incorporadas].

El conjunto de las anteriores fuerzas productivas "forman el capital espiritual de la humanidad viviente", al cual cada nación agrega las energías naturales de su territorio, la extensión y posición geográfica del mismo, su número de habitantes y el poder político (List, 1997: 224). Destaca, por tanto, que además de las fuerzas productivas socialmente producidas, se agregan los recursos naturales que en la terminología actual conforman, como se señalará en el capítulo III, las condiciones naturales de la producción.

Conforme a su teoría de las fuerzas productivas, List critica que "la teoría dominante en economía política" ha asignado al comercio exterior la promoción de la riqueza nacional mediante los conceptos de valor de cambio y trabajo material, "confundiendo con ello al intermediario con el creador" (List, 1997: 225):

> Quien cría cerdos es, según la escuela, un miembro productivo de la sociedad; quien educa hombres, un miembro improductivo... Un Newton, un Watt, un Kepler, no son tan productivos como un asno, un caballo o un animal de labranza [List, 1997: 225].

> En efecto, los que crían cerdos, fabrican gaitas o preparan píldoras son productores, pero los maestros..., los virtuosos, los médicos, los jueces y los administradores, lo son todavía en mayor escala. Aquéllos producen *valores en cambio*, éstos *fuerzas productivas* [List, 1997: 226].

En el capítulo XVII del segundo libro, List especifica lo que considera la fuerza productiva industrial:

> La fuerza mecánica, en unión con los perfeccionamientos del transporte, asegura en los tiempos recientes al Estado manufacturero una incomparable superioridad sobre el simple Estado agrícola. Es evidente que los canales, ferrocarriles y la navegación a vapor sólo prosperan por medio de la *energía industrial*, y que sólo por ésta logran extenderse a toda la superficie del territorio [List, 1997: 274].

De esta suerte, aunque Inglaterra tenía en 1842 alrededor de 70% de la fuerza de trabajo y del producto interno bruto en agricultura, List percibe que las manufacturas constituían las actividades motrices e innovadoras por excelencia. En esa época, le era imposible visualizar el advenimiento de la Revolución Terciaria en las postrimerías del siglo XX. No obstante, agrega una peculiaridad territorial crucial de las manufacturas y los servicios:

> En todas las épocas y en todos los lugares, la libertad y la civilización han partido de las ciudades: en la Antigüedad, en Grecia y en Italia; en la Edad Media, en Italia, Alemania, Bélgica y Holanda; posteriormente, en Inglaterra, y en los tiempos más recientes, en Norteamérica y Francia [List, 1997: 276].

> Obsérvese la situación de una gran ciudad en la que los industriales son numerosos, independientes, liberales, cultos y acaudalados; en que los comerciantes comparten sus intereses y su posición; los rentistas se consideran obligados a merecer el respeto público... fácilmente nos convenceremos de que frente a las ciudades, que, como ya hemos indicado, hacen descansar toda su energía en la prosperidad de las manufacturas y del comercio a ellas vinculado, la influencia de la población agraria, desparramada por el resto del país, significa muy poco [List, 1997: 278].

List no imaginó la articulación entre la infraestructura del transporte y las ventajas de aglomeración de las ciudades, lo cual las transforma en colosales fuerzas productivas. Establece, sin embargo, el vínculo entre las "energías naturales" y el "perfeccionamiento de la sociedad", según el cual, a medida que avanza el desarrollo económico, se utilizan en mayor escala "las energías naturales que se hallan a su alcance, y va ampliando su ámbito cada vez más" (List, 1997: 281):

> Todos los minerales, todos los metales que... permanecían ociosos en la tierra se utilizan y valoran, y materiales que hasta entonces sólo permitían un transporte de pocas millas, como la sal, la hulla, las piedras, el mármol, la pizarra, el yeso, la cal, la madera, la corteza, etc., pueden ser ahora distribuidos por todos los ámbitos de un país [List, 1997: 282].

Este interesante planteamiento permite derivar la idea de que las CGP naturales se van utilizando con mayor intensidad gracias a la expansión de las CGP construidas: por ejemplo, una presa permite la expansión de las tierras cultivables y generar electricidad; nuevos caminos para llegar a regiones anteriormente inaccesibles y explotar sus recursos naturales, como maderas y minerales; puertos para utilizar el mar como medio de transporte; y, más en los inicios del siglo XX, infraestructura petrolera para extraer y transportar hidrocarburos. En el esquema conceptual que se presenta en el capítulo III sobre la tipología de las CGP se establecerán las interrelaciones de las condiciones naturales y las construidas.

Para los propósitos de esta investigación interesa también sintetizar la concepción de List sobre el capital. Siguiendo con el libro segundo de la obra, en el capítulo XIX, "La energía manufacturera y las energías instrumentales (capital material de la nación)", el autor aclara:

> Lo que nosotros conocemos bajo la expresión de *energías instrumentales*, es lo que la Escuela denomina capital... conservaremos el término *capital*, pero distinguiremos entre capital espiritual y material; entre capital material agrícola, manufacturero y mercantil; entre capital privado y capital nacional [List, 1997: 293].

List no fue un investigador universitario, pues aunque empezó su carrera como profesor, pronto entró a la política y en Estados Unidos se hizo empresario en minas y en ferrocarriles, por lo que no llegó a alcanzar la sistematicidad analítica ni la rigurosidad conceptual de Smith, pero fue indudablemente un hombre académicamente preparado y con gran intuición científica. De esta suerte, criticó acremente la idea smithiana del aumento del capital por la frugalidad individual, pues el economista escocés

> Reduce el proceso de la formación de capital en la nación a las operaciones de un rentista cuyos ingresos varían según el valor de sus capitales, y que solamente pueden ser aumentados por los ahorros que convierte en capital [List, 1997: 296].

Por el contrario:

> La formación de los capitales materiales de la nación se lleva a cabo por caminos completamente distintos de los del simple ahorro del rentista; concretamente, por los de las *energías productivas,* mediante la acción recíproca entre el capital espiritual y material de la nación, y entre el capital agrícola, manufacturero y comercial [List, 1997: 296].

Hermenéuticamente hablando, List conceptualiza el capital como un conjunto de medios de producción (energías productivas), más el capital humano (espiritual). Más importante aún, tiene una concepción holística de la economía al considerar que las relaciones intersectoriales del *todo* —el capital de la nación— implican un sistema cualitativamente diferente de la suma de sus partes: el capital individual.

El economista y empresario germano no sistematiza más su teoría del capital, pero presenta un balance de la riqueza de Inglaterra que es sumamente revelador, no sólo de los elementos constituyentes del capital, sino de una serie de relaciones macroeconómicas que le son completamente ajenas (cuadro I.1).

List infiere, de las estadísticas del cuadro I.1, que el desarrollo de las manufacturas "da lugar a una demanda diez a veinte veces mayor de productos agrícolas…, y produce un efecto diez a veinte veces más importante en cuanto a incremento de la renta y valor en cambio de la tierra, que la exportación más floreciente de semejantes productos" (List, 1997: 312). Esta argumentación es un tanto falaz, pues él mismo explicó que Inglaterra desarrolló originalmente la producción de lana para su exportación y, posteriormente,

Cuadro I.1
Inglaterra: capital nacional y producción por sectores, hacia 1840
(millones de libras esterlinas)

Sectores	*Total*	*Cálculos propios (%)*
I. Capital nacional	4 305.5	100.0
1. Agrícola	3 311.0	76.9
2. Manufacturero y comercial	994.5	23.1
a. Inventarios [circulante]	218.0	(a/2) 21.9
b. Capital fijo	776.5	(b/2) 78.1
i. Construcciones urbanas y ed. ind.	605.0	(i/b) 77.9
ii. Puentes, canales y ferrocarriles	118.0	(ii/b) 15.2
iii. Buques y caballos no agrícolas	53.5	(iii/b) 6.9
II. Producción nacional bruta	798.5	100.0
1. Agrícola	539.0	67.5
2. Manufacturera [y comercial]	259.5	32.5
III. Coeficientes [de este trabajo]		
Producto/capital total (II/I)		18.5
Producto/capital agrícola		16.3
Producto/capital no agrícola		26.1

Fuente: List, 1997: 304-305 (List cita como fuente a McQueen, *Edinburgh Magazine*, sin proporcionar año ni número).

estableció una serie de políticas proteccionistas para estimular la industria textil, esto es, que en un inicio la producción primaria hizo posible el desarrollo de las manufacturas. Además, es un poco exagerada, pues la producción manufacturera y comercial es un tercio del total y no una décima parte, ni siquiera suponiendo que la producción industrial sea mucho menor que la comercial, puesto que ambos sectores están juntos.

A lo anterior agrega que la circunstancia de que el capital agrícola sea de diez a veinte veces más importante que el capital industrial

> Pudo haber inducido también a los fisiócratas a sobreestimar la agricultura frente a las manufacturas. En su examen superficial parece, evidentemente, como si la agricultura enriqueciera diez veces más, esto es, que mereciese una atención diez veces mayor y que fuese diez veces más importante que las manufacturas. Pero esto no ocurre sino en apariencia. Si investigamos hasta el fondo las causas de esta prosperidad de la agricultura, las encontramos principalmente en la industria [List, 1997: 315].

La valiosa información del cuadro I.1, no sólo para su época, pues aún en los inicios del siglo XXI muchos países no disponen de esa información, permite inferir otras cuestiones sobre la estructura macroeconómica de Inglaterra y la productividad intersectorial, lo cual no fue abordado por List.[5] En primer lugar, tanto en lo que respecta al capital como al producto, Inglaterra es hegemónicamente primaria hacia la primera mitad del siglo XIX, aun siendo la nación en la vanguardia de la Revolución Industrial y la más avanzada en esa época en importancia manufacturera. En segundo lugar, se tiene que 76.9% del capital nacional es agrícola, mientras que este sector solamente absorbe 67.5% del producto, por lo que el coeficiente producto-capital agrícola es de 16.3% (con un capital de 100 libras se producen 16.3 libras), mientras el coeficiente no agrícola es de 26.1%. Ello implica una productividad 60% superior en las actividades manufactureras y comerciales, lo cual constituye una argumentación sólida en apoyo de lo que List postula sobre la superioridad de la industria.

Es muy relevante para esta investigación observar la participación de la infraestructura (2.b.ii) y el capital fijo privado (2.b.i y 2.b.iii) en el capital fijo (2.b), siendo que este último representa 78.1% del total manufacturero y comercial (cuadro I.1). El capital

[5] En México el Sistema de Cuentas Nacionales no incluye la cifra del capital nacional, ni su monto total ni —aún— por sectores económicos. Incluye, sin embargo, la formación bruta de capital anual. Los censos económicos sí incorporan la magnitud del capital fijo de los sectores que consideran, pero en su metodología se advierte que las estadísticas que presentan no son diacrónicamente comparables.

fijo privado está compuesto por las "construcciones urbanas y edificios industriales", más los buques y caballos no agrícolas, mientras que los puentes, canales y ferrocarriles son el capital en infraestructura (condiciones generales de la producción). Ésta representa 15.2% del capital fijo manufacturero y comercial y únicamente 2.7% del capital nacional total (cuadro I.1). Ante la bien avanzada industrialización inglesa en la primera mitad del siglo XIX destaca la elevada importancia que aún conservaban las actividades agrícolas y la casi insignificante magnitud de las CGP en el capital nacional (2.7 por ciento).

Marx no cita en *El capital* el libro de List a pesar de haber sido publicado 25 años antes que su tomo I.[6] Sin embargo, le corresponderá establecer la importancia de las CGP, así como acuñar y definir la expresión. No obstante, Marx sólo la plantea, sin llegar a analizar históricamente dicha categoría, ni incluirla en su concepción general del sistema capitalista, como se verá en el siguiente inciso.

KARL MARX: INFRAESTRUCTURA COMO CONDICIÓN GENERAL DE LA PRODUCCIÓN

La acumulación de capital en magnitudes suficientes para transitar de un nivel meramente cuantitativo a una trasformación cualitativa del modo de producción se inicia en el siglo XVI con la expansión del comercio y el mercado mundial. Por esta razón dialéctica, la concepción del capital de Karl Marx adquiere una doble naturaleza. En primer lugar, se comprende su propuesta sobre las diferentes formas históricas que adquiere, por lo que el autor utiliza diversas expresiones sobre el capital: mercantil o comercial, financiero, dinero, usurario, bancario, ficticio, productivo, social, etc. En segundo lugar, en el centro de su teoría del capital establece sus componentes en el proceso de producción: *capital constante* y *capital variable;* en el proceso de circulación: *capital fijo* y *capital circu-*

[6] Sin embargo, cita un artículo de mucho menor importancia: Friedrich List, "Die Ackervergfassung, die Zwergwirtschaft und die Auswanderung" (La agricultura, el atraso económico y la emigración; trad. libre), Tir. Sep. de la *Deutsche Vierteljahreschrift (El Trimestre Alemán)*, 1842, cuad. IV, núm. XX, Stuttgart y Tubinga, 1842 (Marx, 1968: 852).

lante. Las diferentes connotaciones de los anteriores elementos se explicarán más adelante al analizar la fórmula general del capital, que Marx desarrolla en el capítulo IV, segunda sección, del tomo I de *El capital*.

Fórmula genérica del capital

Marx inicia la explicación de su concepción del capital estableciendo la diferencia entre M-D-M (mercancía-dinero-mercancía, o vender para comprar) y D-M-D (comprar para vender). Para que tenga sentido el segundo circuito, se tendría que obtener D-M-D´; donde D'= D + ΔD (ΔD es dinero excedente o incremento del dinero inicial, que denominó *plusvalía*) (Marx, 1971: 107). Esta modalidad es propia del *capital mercantil*, aunque también el *capital industrial* es dinero que se convierte en dinero. D-M-D´ es, por tanto, la *fórmula genérica del capital*, tal como existe en la órbita de la circulación (Marx, 1971: 111).

El poseedor de capital dinero (D), para incrementarlo, requiere poder adquirir

> una mercancía cuyo *valor de uso* posea la peregrina cualidad de ser *fuente de valor*, cuyo consumo efectivo fuese, pues, al propio tiempo, *materialización de trabajo*, y, por tanto, *creación de valor*. Y, en efecto, el poseedor de dinero encuentra en el mercado esta mercancía específica: la capacidad de trabajo o la fuerza de trabajo [Marx, 1971: 121].

De esta suerte, el capital industrial surge cuando el poseedor de medios de producción y capital-dinero contrata al *obrero libre* como vendedor de su fuerza de trabajo, y e*sta condición histórica* "marca, desde su aparición, una *época* en el proceso de la producción social" (Marx, 1971: 123). Históricamente, ello ocurre cuando la acumulación del capital mercantil adquiere tal magnitud cuantitativa que logra la metamorfosis cualitativa del régimen comercial al modo de producción manufacturera, una vez que se generaliza la venta de fuerza de trabajo: emerge como modo de producción hegemónico el capitalismo fabril.

El capital adquiere una nueva naturaleza esencial al convertirse en una relación social entre la clase capitalista y la fuerza de trabajo. Ésta se caracteriza por la producción de plusvalía que emana del consumo de la fuerza de trabajo, a la cual se le paga, según Marx, una parte del valor que genera. El capital, así, se diferencia de los medios de producción y de consumo que lo caracterizan en la conceptualización de Smith y en la teoría de las fuerzas productivas de List.

Todos los economistas políticos de la época de Marx (así como los neoclásicos contemporáneos) estuvieron aferrados a considerar el capital como los objetos materiales con que se lleva a cabo la producción. En el capítulo VI inédito, pues en su tiempo lo excluyó del tomo I por el temor de que no fuera publicado, presenta las siguientes definiciones de capital según diversos autores (Marx, 1978: 27-28):

> El *capital* es aquella parte de la riqueza de un país empleada en la producción, y consiste en los alimentos, ropas, herramientas, materias primas, maquinaria, etc., necesarios para llevar a cabo el trabajo [Ricardo].

> El *capital* es una parte de la riqueza nacional, empleada o destinada a emplearse en promover la reproducción [Ramsay].

> El *capital*... un tipo particular de riqueza... destinado... a la obtención de otros artículos útiles [Torrens].

> El *capital*... producido... como medio de una nueva producción [Senior].

> Cuando se dedica un fondo a la producción material, *toma el nombre de capital* [Storch].

> No existe diferencia alguna entre un *capital* y cualquiera otra parte de la riqueza: una *cosa* se trasforma en *capital* tan sólo por el uso que se hace de ella, esto es, cuando se la emplea en una operación productiva como materia prima, como instrumento o como medios de subsistencia [Cherbuliez].

Marx contrapone a las anteriores definiciones, que consideran la manifestación más visible del capital, su notable visión holística que le permite desentrañar el carácter quintaesencial del capital como relación social, lo cual rompe completamente con las concepciones del siglo XIX y la neoclásica contemporánea:

> Este absurdo, el de considerar que una relación social de producción determinada que se presenta en cosas es una propiedad natural de estas cosas mismas, nos salta a la vista apenas abrimos el primer manual de economía que nos venga a las manos y leemos ya en la primera página que los elementos del proceso de producción, reducidos a su forma más general, son la tierra, el capital y el trabajo [Marx, 1978: 28-29].
>
> De inmediato se apreciaba, empero, que era éste un método muy cómodo para demostrar la eternidad del modo capitalista de producción o para hacer del capital un elemento natural imperecedero de la producción humana [Marx, 1978: 29].[7]

Ello explica por qué, para el capitalista, el obrero y el economista, los elementos materiales del proceso laboral pasan por ser capital, y por qué el economista no es capaz de separar su materialidad como meros factores del proceso laboral, de la propiedad social amalgamada a ellos, que los convierte en capital (Marx, 1978: 40).

Una vez esquematizada la fórmula genérica del capital marxista, es necesario agregar sus partes constitutivas para determinar en qué medida las condiciones generales de la producción (CGP) pueden ser incorporadas en ellas, así como sus peculiaridades.

Elementos integrantes del capital: constante, variable, fijo y circulante

Las fuerzas productivas capitalistas están constituidas por los medios de producción y la fuerza de trabajo.[8] Su contribución al valor de las mercancías elaboradas es, sin embargo, diferente. El plantea-

[7] Marx agrega la siguiente cita: "El capital es una especie de palabra cabalística como iglesia o estado u otro de esos términos generales que, para esconder la mano que esquila al resto de la humanidad, han inventado aquellos que la despojan" (Hodgskin) (Marx, 1978: 31).

[8] Marx usa indistintamente las expresiones medios de producción o medios de trabajo para referirse a la maquinaria, instrumentos, edificios, recipientes, etc. (Marx, 1971: 153). Hoy se podría agregar el equipo de transporte, de cómputo y mobiliario, que junto con lo anterior constituiría el capital fijo de la empresa.

miento ortodoxo marxista establece que mientras los medios de producción sólo trasfieren a la mercancía el valor que pierden en el proceso productivo (depreciación), el trabajo añade *valor nuevo* representado por la diferencia entre el tiempo de trabajo socialmente necesario para la producción y el pago salarial que recibe (Marx, 1971: 151, 152 y 157-158).[9]

Se suele criticar que Marx, más que demostrarlo, *supone* que la fuerza de trabajo valga menos que una jornada de trabajo y el diferencial sea la única fuente de la plusvalía. Independientemente de la posible validez de este planteamiento, es incuestionable que el capitalista conduce el proceso de producción con el único propósito de generar una ganancia, y aunque parte de ella podría atribuirse a su trabajo y al riesgo que asume, otra parte correspondería al obrero. Para maximizar la plusvalía, el empresario tiende a otorgar al obrero el menor salario posible que permita la situación político-social existente, con lo cual maximiza la parte que se le asigna al capital.[10]

Marx señala que los medios de producción y la fuerza de trabajo son "las partes integrantes del capital en su propio proceso de valorización", que dentro de la etapa de la producción se definen como

[9] Existen una serie de cuestionamientos de la teoría del valor de Marx y su influencia en la determinación de los precios. A todas las críticas válidas al respecto, se ha señalado que "Marx considera la teoría del valor, no como el medio conducente a la determinación de los precios, sino como medio conducente al descubrimiento de las leyes del movimiento de la sociedad capitalista". A ello se agrega que "el nivel absoluto de los precios no pasa de ser un asunto de importancia secundaria, y sólo nos concierne el estudio de la ley de su variación" (Hilferding, 1975: 156).

[10] En los grandes corporativos financiados por acciones, la clase gerencial no corre ningún riesgo personal y se apropia de parte de las ganancias extraordinarias que logre generar en el plazo de su gestión. Actualmente se habla de la "muerte de la clase capitalista" ante la emergencia de "burócratas corporativos de carrera". Para incentivarlos a maximizar las ganancias, en los años ochenta Jack Welch, el legendario ejecutivo de la General Electric, propuso establecer una compensación proporcional a la magnitud que elevaran el "valor accionario". Para lograrlo, los gerentes tendieron a no invertir en el largo plazo, ni en gastar en investigación y desarrollo, lo cual ha provocado una baja en la actividad económica y ha afectado a los mismos corporativos. Recientemente Welch declaró que el criterio de maximización del "valor accionario" es, probablemente, "la más tonta idea en el mundo" (Chang, 2010: 11-22). La actual crisis sistémica que emerge desde 2008 en los países capitalistas desarrollados parece demostrar esta conclusión.

> la parte del capital que se invierte en *medios de producción*, es decir, materias primas, materias auxiliares e instrumentos de trabajo, *no cambia de magnitud de valor* en el proceso de producción. Teniendo esto en cuenta, le doy el nombre de *parte constante del capital*, o más concisamente, *capital constante* [Marx, 1971: 158].
>
> En cambio, la parte del capital que se invierte en *fuerza de trabajo cambia de valor* en el proceso de producción. Además de reproducir su propia equivalencia, crea un remanente, la *plusvalía*, que puede también variar, siendo más grande o más pequeña. Por eso le doy el nombre de *parte variable del capital*, o más concisamente, *capital variable* [Marx, 1971: 158].

En el análisis de la circulación del capital desde la producción hasta la venta de la mercancía que Marx presenta en el tomo II, se distingue el *capital constante* en *fijo* y *circulante*, según transfieran íntegra o parcialmente su valor a las mercancías en un ciclo productivo.

El capital fijo está constituido básicamente por la tierra, los edificios, la maquinaria y el equipo de transporte, y tiene la peculiaridad de que

> no circula en forma útil, pues lo que circula es simplemente su valor y circula, además, gradualmente, fragmentariamente, a medida que se va transfiriendo al producto que circula como mercancías. Durante todo el tiempo que funciona, una parte de su valor permanece fijada a él, con existencia independiente de las mercancías que contribuye a producir. Esta característica peculiar da a esta parte del capital su forma de *capital fijo* [Marx, 1968: 141].

Por el contrario, el capital circulante se conforma básicamente por las materias primas y productos auxiliares, que se gastan en su totalidad dentro del proceso productivo:

> Todos los demás elementos materiales integrantes del capital desembolsado en el proceso de producción forman, por oposición a aquél, el *capital circulante* [Marx, 1968: 141].

Capital constante y capital variable, y el primero dividido en capital constante fijo y capital constante circulante, son las tres formas en que Marx clasifica los diversos integrantes del capital según las características que presentan en la transferencia y creación de valor en la producción de mercancías.

Condiciones generales de la producción como capital constante fijo socializado

La acumulación ampliada del capital implica una masa creciente de *medios sociales de producción*, entendidos por Marx como la suma de los medios de producción individuales de los capitalistas (Marx, 1971: 443). Además, existen otros medios de producción socializados cuya existencia Marx sólo menciona tangencialmente en el tomo II de *El capital* al analizar el periodo de trabajo:

> En la fase aún incipiente de la sociedad capitalista, las empresas que requieren un largo periodo de trabajo, y por tanto una gran inversión de capital para mucho tiempo, sobre todo cuando las obras sólo pueden ejecutarse en gran escala, no pueden llevarse a cabo, como ocurre, por ejemplo, con los canales, las carreteras, etc., más que al margen del capitalismo, a costa del municipio o del Estado [1968: 207].

Sin embargo, señala que el capital inmobiliario evolucionó de construir pocas casas para clientes directos, a producir cientos de ellas para el mercado mediante fondos hipotecarios, y concluye:

> La producción capitalista sólo puede hacerse cargo casi por completo de la ejecución de obras que exigen un periodo de trabajo un poco largo y se realizan a gran escala a partir del momento en que la concentración del capital es ya muy considerable y en que, por otra parte, el desarrollo del sistema de crédito brinda al capital el cómodo recurso de poder emplear, y por tanto, arriesgar, capital ajeno en vez de propio [1968: 208].

En *El capital*, por ende, aunque Marx menciona la existencia de grandes obras como canales y calles caracterizados como *condiciones generales de la producción* (CGP) por situarse fuera de la órbita directa del capital industrial, no considera necesario desarrollar el concepto. Sin embargo, en el amplio borrador que realizó antes de la redacción final del tomo I de *El capital* lo explica con mayor detalle.

Efectivamente, en el volumen I de *Elementos fundamentales para la crítica de la economía política (borrador)*, Marx afirma que los estudios de economía de su época se inician con una sección "en la que se trata de las condiciones generales de toda producción", entre las que menciona "ciertas disposiciones raciales, climas, condiciones naturales, como la proximidad del mar, la fertilidad del suelo, etc., son más favorables que otras para la producción" (Marx, 1971a: 6-7).

Marx agrega que en todos los estadios de la producción se tienen características comunes que se consideran determinaciones generales, "pero las llamadas *condiciones generales* de toda producción no son más que esos momentos abstractos que no permiten comprender ningún nivel histórico concreto de la producción" (Marx, 1971a: 8). El propósito de este trabajo es, precisamente, argumentar que dichas condiciones generales de la producción sí tienen una especificidad concreta que es imperativo considerar en el análisis del capitalismo en cualquier estadio de su desarrollo, como se espera demostrar en lo que sigue. Marx insinúa la existencia de las CGP construidas al señalar que mientras en las formaciones económicas precapitalistas, donde rigen la renta del suelo y la propiedad de la tierra, "la relación con la naturaleza es aún predominante. En cambio, en aquellas donde reina el capital [predomina] el elemento socialmente, históricamente, creado" (Marx, 1971a: 28).

En el volumen II de *Elementos fundamentales* Marx analiza el proceso de circulación del capital que se manifiesta en cuatro momentos (Marx, 1972: 8). Tanto cuando el capitalista compra medios de producción y trabajo recorriendo el acto de circulación (D-M), o al momento de retornar al mercado como vendedor de las mercancías producidas (M-D), el costo y la velocidad de la circulación tienen "que ver con la mayor lejanía del mercado en el espacio". Además, el tiempo de trabajo requerido en la transportación pasa a formar parte de los costos de producción (Marx, 1972: 9). Por otra parte, además del tiempo requerido para la circulación de capital, la producción demanda ciertos gastos:

> En la medida, empero, de que la circulación misma trae aparejados costos, en la medida que requiere plustrabajo, aparece ella misma incluida en el proceso de producción. En este aspecto la circulación aparece como momento del proceso inmediato de producción [Marx, 1972: 12].

Lo que es más importante:

> Cuanto más se funda la producción en el valor de cambio, y por tanto en el intercambio, tanto más importante se vuelven para ella las condiciones físicas del intercambio: los medios de comunicación y de transporte. El capital, por su naturaleza, tiende a superar toda barrera espacial [Marx, 1972: 13].

Marx analiza el caso de los caminos, y señala que originalmente estuvieron a cargo de "la entidad comunitaria, y más tarde, por largo tiempo, de los gobiernos como simples deducciones de la producción". Sin embargo, en la medida en que "la producción de medios de circulación y de transporte más baratos se convierte en una condición de la producción fundada en el capital, y por consiguiente éste la lleva a cabo", el camino puede ser construido en forma mercantil: "la cuestión es, precisamente, si el capitalista puede valorizar el camino, y si podría realizar el valor de éste mediante el intercambio" (Marx, 1972: 14).

Independientemente de que sea construido por un capitalista o por el gobierno, lo central es que el camino, o cualquier otra CGP, adopta una forma diferente de la de las mercancías que se orientan al consumidor individual: *1)* en la medida en que el camino facilita el intercambio es una fuerza productiva; *2)* como obra necesaria para el individuo, se trata de un "trabajo que es imprescindible para que él se reproduzca como miembro de la comunidad y con ello reproduzca la entidad comunitaria misma, la cual es a su vez una condición general de la actividad económica del individuo" (Marx, 1972: 15).

Para que la clase capitalista emprenda la construcción del camino se requiere básicamente que "el modo de producción fundado en el capital se haya desarrollado hasta su más alto nivel":

> Primero: se da por supuesta una magnitud del capital… como para poder emprender trabajos de tales proporciones y de rotación y valorización tan lentas. Segundo: se exige de él que reditúe intereses, no beneficios. Tercero: como supuesto, un tráfico tal —comercial ante todo— que haga rentable el camino, esto es, que el precio que se exija por el uso del camino *valga* tanto valor de cambio para los productores. Cuarto: que ha de gastarse en esos artículos de locomoción

una parte de los réditos obtenidos por la riqueza que los aprovecha [Marx, 1972: 19-20].

Cuando la ventaja inmediata de una obra de transportación es muy exigua y se tiene el riesgo de que sea "pura pérdida", "Entonces el capital echa la carga sobre los hombros del estado". Éste puede "compeler la colectividad *[sic]* [a invertir] una parte de su rédito, no de su capital, en tales trabajos de utilidad pública... que se presentan como condiciones generales de la producción". Mientras el capital no generaliza la sociedad por acciones, las obras colectivas "las transfiere al país entero en calidad de necesidades nacionales" (Marx, 1972: 21).[11]

Marx concluye, como resultado de su digresión en este tema, que "la producción de medios de comunicación, de las condiciones físicas de la circulación, entra en la categoría de capital fixe, por lo que no constituye caso particular alguno":

> Sólo que, paralelamente, se ha abierto ante nosotros la perspectiva —que a esta altura de las cosas aún no podemos trazar rigurosamente— de una *relación específica entre el capital y las condiciones generales, colectivas de la producción social*, a diferencia de las del *capital particular y de su proceso particular de producción* [Marx, 1972: 23-24].

Finalmente, volviendo al tomo I de *El capital*, al explicar Marx cómo el *propio trabajo*, su *objeto* y sus *medios* intervienen en el proceso productivo, menciona que los objetos están constituidos por la tierra y las materias primas, mientras que los medios son los instrumentos requeridos para la trasformación de la materia prima en valores de uso.

[11] Al analizar más adelante el tiempo de rotación del capital que se eleva en la medida en que aumente el capital fixe, éste "no se presenta como mero instrumento de producción dentro del proceso productivo, sino como forma autónoma del capital, por ejemplo bajo la forma de ferrocarriles, canales, carreteras, alcantarillado, como capital enraizado en la tierra, etc." (Marx, 1972: 210). En esta parte Marx introduce los ferrocarriles que se habían empezado a construir en Inglaterra desde la segunda década del siglo XIX y que, curiosamente, dada su fundamental importancia en la integración del mercado y el revolucionario abatimiento del tiempo de circulación, no había mencionado. List, como se vio, centró su análisis de las fuerzas productivas de la sociedad en los ferrocarriles, y escribió su libro 25 años antes de que apareciera el tomo I de *El capital*.

Es de fundamental importancia para esta investigación destacar que entre los objetos que sirven de medios de trabajo Marx incorpora "Todas aquellas condiciones materiales que han de concurrir para que el proceso de trabajo se efectúe" (Marx, 1971: 133). Es de igual relevancia subrayar que dichas condiciones no forman parte de los medios de producción internos a las empresas, esto es:

> Trátase de condiciones que no se identifican directamente con dicho proceso, *pero sin las cuales éste no podría ejecutarse*, o sólo podría ejecutarse de un modo imperfecto. Y aquí, volvemos a encontrarnos, como medio general de trabajo de esta especie, con la tierra misma, que es la que brinda al obrero el *locus standi* y a su actividad el campo de acción *(field of employment)*. Otros medios de trabajo de este género, pero debidos ya al trabajo del hombre, son, por ejemplo, los locales en que se trabaja, los canales, las calles, etc. [Marx, 1971: 133].

La articulación analítico-deductiva entre la evolución de las CGP desde la ciudad esclavista hasta el nacimiento de la ciudad industrial, y las concepciones sobre la naturaleza del capital de Smith, List y Marx, permiten entrever la existencia de una categoría histórica que vincula el capital fijo privado con el que representan los renglones infraestructurales. En el siguiente inciso se analizan las características de tal categoría y sus implicaciones en la teoría del capital y de la organización espacial de la actividad económica.

Nueva teoría económica espacio-sectorial

La economía política de la urbanización ha formulado una serie de proposiciones conceptuales fundamentales para avanzar en el conocimiento científico de la naturaleza y evolución de las ciudades, pero aún no constituye un cuerpo teórico sistémico que desplace a los enfoques neoclásicos de la economía urbana, aunque ha contribuido significativamente a falsearlos. Un gran logro hacia la constitución de una concepción holística de la economía política espacial se puede obtener avanzando en el análisis de la categoría de las CGP que ha sido ampliamente utilizada en el estudio de la reproducción de la fuerza de trabajo, la producción de la vivienda, los servicios urbanos y la gestión y planeación de las ciudades (Lefebvre, 1969 y 1976a; Castells, 1974; Singer, 1975; Holland, 1976; Harvey, 1977; Broadbent, 1977; Lojkine, 1979; Topalov, 1979; Lipietz, 1979; Slater, 1983; Pradilla, 1984; Harvey, 1989; Smith, 1990; Lefebvre, 1991; Soja, 1996; Edel, 2001). Lefebvre, siguiendo un método lógico-deductivo, instituye el carácter social de la producción del territorio que, con el fin de alcanzar una teoría unificada, clasifica el espacio en tres "campos": físico, mental y social (Lefebvre, 1991: 11). Esta conceptualización parece constituir un avance significativo en la comprensión de la naturaleza del espacio urbano, pues establece su consumo y utilización como *medio de producción* que modifica las relaciones sociales, así como que produce cierta "plusvalía" que antecede históricamente a la plusvalía capitalista (Lefevbre, 1991: 76 y 85). Las anteriores proposiciones son algunas de las múltiples reflexiones filosóficas que Lefebvre realiza sobre la naturaleza de la ciudad, pero este autor quedó muy lejos de establecer la función de la ciudad dentro del sistema económico en su conjunto. En lo que sigue se intenta avanzar en esa dirección haciendo hincapié en el carácter de las CGP como un nuevo factor de producción socializado, independientemente de que se produzca en forma capitalista o en forma desvalorizada por parte de empresas del Estado.

Composición interna del capital constante fijo

La infraestructura se transformó históricamente desde sus orígenes como centros de culto, fortificaciones, acueductos y puertos de la ciudad esclavista y medieval, hasta la construcción del ferrocarril como medio de comunicación revolucionario en la ciudad industrial del siglo XIX, como se verá en detalle en el capítulo II de este libro. A las urbes de los siglos XX y XXI se les ha dotado de un número creciente de renglones infraestructurales, tales como los sistemas de transportación de Metro, redes de hidrocarburos y de energía eléctrica, complejas vialidades de acceso controlado, culminando con las instalaciones telemáticas de fibra óptica de banda ancha que logran neutralizar las distancias espacio-temporales de los diferentes agentes de la sociedad.

Lo anterior justifica establecer la proposición de que la cantidad y el valor de las CGP aumentan con el avance del capitalismo hasta alcanzar niveles equiparables al capital privado, e incluso superarlo. Se deriva, por ende, la existencia de una ley tendencial según la cual el capital fijo socializado, representado por las CGP, tenderá a superar cada vez más al capital fijo de las empresas privadas. Ello es compatible con la teoría del capital marxista que establece que el proceso de acumulación ampliada conlleva una tendencia creciente de la composición orgánica del capital.

En el análisis de la Ley general de la acumulación capitalista (tomo I, capítulo XXIII), Marx divide el capital en constante y variable, como se vio en el inciso anterior. La composición del capital en estas dos clases puede expresarse en valores o en sus formas materiales, pero como están muy interrelacionadas, denomina composición orgánica del capital a la relación que se calcula en valores (Marx, 1971: 517).

De este modo, la *composición orgánica del capital* (COC) sería la relación entre el valor del capital constante total (c_t) y el capital variable (v), esto es, los sueldos pagados a la fuerza de trabajo:

$$\text{COC} = c_t \,/\, v$$

Para aumentar la plusvalía relativa derivada del aumento de la productividad del trabajo y facilitar el proceso de acumulación ampliada, ocurre un "aumento del capital constante a costa del capital variable", hecho que se confirma y que constituye una ley (Marx, 1971: 526-527).[12]

[12] Rosa de Luxemburgo señala que "hay que tener presente, además, otra ley descubierta por Marx: la parte constante del capital, siempre olvidada por la economía clásica, aumenta de continuo en relación con la parte variable empleada en salarios. Ésta es sólo la expresión capitalista de los efectos generales de la productividad creciente del trabajo" (Luxemburgo, 1967: 76). El aumento de la parte constante del capital respecto a la variable está, sin embargo, sobredimensionada por el sesgo que representa la categoría de las COC al mezclar una magnitud de *stock* (capital fijo acumulado en la empresa) por una de flujo (salarios pagados por rotación de la producción). Además, la COC incorpora una parte considerable del capital circulante, como son los gastos de operación (materias primas y materiales auxiliares), cuyo monto es necesario en cada rotación del proceso productivo, al igual que el capital variable. Una alternativa a la medición de la COC podría ser la siguiente relación: COCF = c_f / c_c; donde COCF es la composición orgánica del capital fijo, c_f es

Como se señaló antes, Marx percibió la existencia de "una relación específica entre el capital y las condiciones generales, colectivas de la producción social, a diferencia de las del capital particular y de su proceso particular de producción", pero agregó que no estaba en posibilidad de "trazar rigurosamente" dicha relación (Marx, 1972: 23-24). Posteriormente nunca lo hizo, pero quizás pensó que no era un asunto muy importante, puesto que hacia mediados del siglo XIX las CGP representaban únicamente 2.7% del capital nacional total en Inglaterra, como se vio en el inciso anterior sobre el pensamiento de List. Más de un siglo después, la proporción del capital fijo socializado respecto al capital fijo privado ha aumentado en proporciones no imaginadas por Marx y List. En México, para 1950, el coeficiente entre ambos tipos de capitales fue de 126%, para elevarse a 197% en 1970 (Garza, 1985: 297). En los dos libros que siguen a esta obra será posible actualizar estos cálculos, pero con los datos anteriores se puede decir que la relación ha aumentado asombrosamente desde el siglo XIX en Inglaterra a los niveles que se muestran en México en la década de 1970. Se tiene que para este último país el capital social representado por el valor de las CGP crece a lo largo del tiempo y más que duplica a su contraparte privada en 1970, apoyando empíricamente el planteamiento de una ley tendencial sobre su incremento.

En concreto, se ha denominado a la relación entre el capital social y el privado *coeficiente composición interna del capital constante fijo global.*[13] Por simplificación, se abreviará como CCI-CFG, y está definido por la siguiente relación:

$$\text{CCI-CFG} = \text{KS} \;/\; \text{KP}$$

el capital constante fijo y c_c es el capital circulante (salarios + materias primas y productos auxiliares). Se denomina fijo porque incluye en el numerador solamente el capital constante fijo, siendo que el capital circulante se pasa al denominador y se dejan en el primero sólo las magnitudes de *stocks*. El segundo queda en el denominador, donde están los flujos, con lo que se reduce el valor absoluto del coeficiente COCF respecto al COC.

[13] Se denomina global, pues en la investigación donde se propuso el CCI-CFG se definen adicionalmente coeficientes *parciales* para un conjunto de cuatro renglones infraestructurales e *internos* para cada uno de ellos (Garza, 1985: 294-295). Para los propósitos de este escrito, sólo es de interés el global.

donde KS es el capital fijo social representado por el valor de las CGP, mientras que KP es el capital fijo privado.

El CCI-CFG tenderá, como se ha establecido, a elevarse históricamente. Su creciente importancia y alta magnitud obliga a replantear la teoría del capital por la emergencia del monumental capital fijo social no considerado ni por los teóricos clásicos ni por los contemporáneos.[14] Igualmente, es un imperativo metodológico introducir esta nueva categoría en la teoría del valor, ya que su existencia tiene implicaciones importantes en dicha teoría pues las CGP trasladan valor al proceso de producción de mercancías.[15] Por añadidura, es de gran importancia conceptual para la ciencia económica que las CGP y el CCI-CFG constituyan categorías con implicaciones sustantivas para la teoría del crecimiento económico y la de la distribución territorial del proceso productivo, tema del siguiente y último inciso de este capítulo.

Teoría unificada del desarrollo económico sectorial y espacial

Las CGP constituyen un conjunto de complejos sistemas interconectados de renglones de infraestructura que transforman las ciudades en colosales fuerzas productivas, de tal suerte que el tejido urbano sustituye a la tierra como factor de producción. La introducción de las CGP como nuevo factor productivo en los esquemas analíticos del desarrollo económico permite, heurísticamente, concebir una

[14] Lejos de ello, por ejemplo, las controversias sobre la teoría del capital entre Robinson, Kaldor, Pasinetti y Sraffa, como economistas "neokeynesianos", y Samuelson, Solow y Meade como "neoneoclásicos", versan sobre el renovado interés en las causas y consecuencias del desarrollo económico centrando las polémicas en temas como la teoría marginalista del valor en el análisis de la distribución del ingreso de los factores, *versus* la noción de que el problema de la distribución no puede ser entendido independientemente de las características institucionales del capitalismo (Harcourt, 1972: vii-x).

[15] Mediante el análisis de las tasas de ganancia de las diferentes ramas manufactureras para el periodo 1930-1970 en la Ciudad de México se encontró que "La socialización de medios de producción surge claramente como un mecanismo para elevar las tasas de ganancia y contrarrestar su tendencia decreciente" (Garza, 1985: 316). Considerando los objetivos de este capítulo, no es posible analizar estas importantes implicaciones en la teoría del capital y la del valor, aunque algo se desarrollará en el tercer capítulo de esta obra.

teoría que explique simultáneamente la dinámica y la distribución espacial del desarrollo económico.[16]

Considerando las limitaciones de los enfoques neoclásicos del desarrollo económico y la dinámica urbana, se propuso una teoría unificada entre ambos procesos para países, regiones y ciudades, centrada en la creciente función que cumplen las CGP y la acción del CCI-CFG, además de los servicios públicos y privados necesarios para la operación de todo el aparato productivo, o servicios generales de la producción (SGP), cuya naturaleza se verá en el capítulo III del presente libro. Estas categorías constituyen los

> Elementos rectores de una función de producción urbana que incluye los otros factores que determinan el nivel de producción de la ciudad, explicando simultáneamente su crecimiento económico y la distribución territorial de las actividades productivas. La teoría resultante unifica ambos procesos, los cuales observan en el mundo real una relación orgánica articulada, que obliga a descartar el énfasis en determinar las relaciones de causalidad entre ellos [Garza, 2011: 721].

A diferencia de la tierra agrícola, en primer lugar, el tejido urbano y las CGP que lo estructuran pueden crecer prácticamente en forma indefinida en la medida en que aumenten las fuerzas productivas de la sociedad. En segundo lugar, las funciones de producción de la teoría neoclásica del desarrollo son aespaciales, ignorando que la producción se realiza en ciudades que constituyen verdaderas fuerzas productivas. Estas dos realidades se pueden considerar en una función de producción que incorpore en forma articulada el crecimiento y la organización territorial de la economía (Garza, 2011: 722):[17]

[16] En una reciente publicación del que esto escribe se plantea conceptualmente una teoría unificada del crecimiento económico y su conformación territorial (Garza, 2011: 711-728). En este inciso se resume dicho planteamiento en forma articulada con lo presentado anteriormente en el escrito.

[17] Se tiene conciencia de que las grandes ciudades son resultado de siglos de evolución durante los cuales van construyendo su aparato infraestructural, así como de la abstracción que representan las funciones de producción, pero su utilización permite presentar el argumento en forma muy esquemática, además de que la teoría propuesta se aplicaría a los desarrollos neoclásicos. En el caso de la economía política, habría que esperar a que se realicen investigaciones histórico-estructurales que validen la teoría.

$$Y_{tij} = p(KS_{tj}, KP_{tj})F(KS_{tij}, KP_{tij}, L_{tij})$$

donde:

Y_{tij} = Producto interno bruto en el año t en el sector i en la ciudad j.
$p(KS_{tj}, KP_{tj})$ = Productividad de los factores, representada por el *stock* de KS y KP.[18]
KS_{tij} = Capital social en el año t en el sector i en la ciudad j.
KP_{tij} = Capital privado en el año t en el sector i en la ciudad j.
L_{tij} = Fuerza de trabajo en el año t en el sector i en la ciudad j.
i = 1 y 2 (1 sector industrial; 2 sector servicios).

En el trabajo citado se desarrolla esta propuesta señalando la parte del producto que correspondería a salarios y a la ganancia capitalista, así como que el desarrollo económico dependería tanto del ritmo de acumulación del KS como del KP y, lo que es más importante, que la distribución espacial de las actividades económicas en el sistema de ciudades según participación de cada urbe en el PIB está relacionada con el monto y la dinámica de acumulación de su participación en el KS, KP y L (Garza, 2011: 723-724).

A pesar de la simplicidad de las funciones de producción agregadas, lo anterior sólo intenta esquematizar la función cardinal de las CGP y los SGP como determinantes estructurales del desarrollo económico en el espacio territorial. Un estudio de corte histórico-estructural se podría diseñar a partir del esquema de las funciones de producción recopilando, procesando y analizando los valores del KS, KP y L, agregando otros determinantes de tipo geográfico, político y social, con el fin de ir construyendo una metodología que explique los diferenciales del desarrollo económico de las ciudades y, paralelamente, la distribución espacial y la dinámi-

[18] Estos elementos subsumen la variable de innovaciones tecnológicas, que es central para entender el desarrollo económico, pues en la inversión pública infraestructural deben reflejarse los renglones de alta tecnología, como las comunicaciones de fibra óptica de banda ancha. Igualmente, si se acelera la inversión privada en un periodo dado reflejaría inversiones en nueva tecnología.

ca de las desigualdades regionales de las actividades industriales, comerciales y de servicios:

> Dicha teoría, más que enlistar los factores convencionales del crecimiento urbano (recursos naturales, infraestructura, diversificación del mercado de trabajo, capital humano, comunicaciones, interrelaciones industriales, instituciones de investigación y tecnológicas, factor empresarial, economías externas, gestión pública eficiente, entre los principales), debe tener la capacidad de desentrañar la génesis histórica del proceso, así como los nexos y articulaciones jerárquicas entre dichos factores. La teoría unificada espacio-sectorial del desarrollo económico de las ciudades deberá tener al *KS* como su determinante primigenio, el cual constituye la estructura material fundamental que históricamente subsume de manera creciente al resto de los factores de producción [Garza, 2011: 725].

CONCLUSIONES: COEFICIENTE COMPOSICIÓN INTERNA DEL CAPITAL CONSTANTE FIJO

Los propósitos de este capítulo han sido fundamentalmente dos: *1)* analizar la génesis de las obras de infraestructura dentro de la teoría del capital con el fin de establecer la existencia de una relación histórica entre las condiciones generales de la producción (CGP) y el capital fijo privado; *2)* con base en la categoría de CGP como capital fijo socializado, analizar y reforzar conceptualmente la propuesta de una teoría unificada del desarrollo económico y la organización espacial del proceso productivo.

Las conclusiones cardinales del capítulo, por ende, son también dos. En primer lugar, se demuestra que el capital social debe agregarse a los componentes del capital constante, el cual quedará constituido por el capital constante fijo socializado y el capital constante fijo privado. En segundo lugar, la relación entre ambos constituye una categoría denominada *coeficiente composición interna del capital constante fijo,* cuyo aumento histórico reviste una gran importancia, tanto como articulador del desarrollo económico en el espacio, como en la metamorfosis que significa en la composición del capital. Queda plenamente justificada, conceptualmente hablando, la incorporación del capital social representado por las condiciones generales de la producción dentro de la teoría del capital y eje articulador de una teoría unificada del desarrollo económico y la distribución territorial del aparato productivo.

Bibliografía

Aristóteles (s.f.), *Política* (documento electrónico: www.filosofia.org/cla/ari/azc03.htm).

Broadbent, T.A. (1977), *Planning and Profit in the Urban Economy*, Ad. Methuen and Co., Londres.

Castells, Manuel (1974), *La cuestión urbana*, Siglo XXI Editores, Madrid.

Chang, Ha-Joon (2010), *23 Things They Don´t Tell You about Capitalism*, Allen Lane, Penguin Group, Inglaterra.

Edel, Matthew (2001), *Urban and Regional Economics: Marxist Perspectives*, Routledge, Gran Bretaña.

Garza, Gustavo (1985), *El proceso de industrialización en la ciudad de México, 1821-1970*, El Colegio de México, México.

——— (2011), "Teoría unificada del desarrollo económico y la organización espacial del proceso productivo", en Gustavo Garza (coord.), *Visión comprensiva de la distribución territorial del sector servicios en México*, El Colegio de México, México.

Harvey, David (1977), *Urbanismo y desigualdad social*, Siglo XXI Editores, México,

——— (1989), *The Urban Experience*, Basil Blackwell, Oxford, UK.

Harcourt, Geoffrey C. (1974), *Some Cambridge Controversies in the Theory of Capital*, Cambridge University Press, Gran Bretaña.

Hernández Aritzi, Rafael (2002), *Historia del pensamiento económico*, Miguel Ángel Porrúa, México.

Hilferding, Rudolf (1975), "La crítica de Böhn-Bawerk a Marx", en E.V. Böhn-Bawerk y R.H. Hilferding, *Valor y precio de producción*, Tiempo Contemporáneo, Argentina.

Holland, Stuart (1976), *Capital Versus the Regions*, MacMillan, Nueva York.

Karataev, Ryndina, Stepanov y otros (1964), *Historia de las doctrinas económicas*, vol. I, Grijalbo, México.

Lefebvre, Henri (1969), *El derecho a la ciudad*, Península, Barcelona.

——— (1976a), *La revolución urbana*, 2a. ed., Alianza Editorial, Madrid.

——— (1991), *The Production of Space*, Blackwell, Cambridge, Mass.

Lipietz, Alain (1979), *El capital y su espacio*, Siglo XXI Editores, México.

Lojkine, Jean (1979), *El marxismo, el Estado y la cuestión urbana*, Siglo XXI Editores, México.

List, Friedrich (1997), *Sistema nacional de economía política*, Fondo de Cultura Económica, México (primera edición en alemán, 1841).

Luxemburgo, Rosa (1967), *La acumulación del capital*, Juan Grijalbo, Editor, México (versión original en alemán, 1912).

Marx, Carlos (1968), *El capital. Crítica de la economía política, Tomo III, El proceso de producción capitalista en su conjunto*, 5a. ed., Fondo de Cultura Económica, México.

——— (1969), *El capital. Crítica de la economía política, Tomo II, El proceso de circulación del capital*, 5a. ed., Fondo de Cultura Económica, México.

——— (1971), *El capital. Crítica de la economía política, Tomo I*, 4a. reimp., Fondo de Cultura Económica, México.

Marx, Karl (1971a), *Elementos fundamentales para la crítica de la economía política (borrador), 1857-1858*, 3a. ed., vol. I, Siglo XXI Editores, México.

——— (1972), *Elementos fundamentales para la crítica de la economía política (borrador), 1857-1858*, 3a. ed., vol. II, Siglo XXI Editores, México.

——— (1978), *El capital. Libro I, capítulo VI inédito*, Siglo XXI Editores, México.

Morgan, Lewis H. (1946), *La sociedad primitiva*, Lautaro, Buenos Aires (publicado en inglés en 1877).

Ochel, Wolfgang y Manfred Wagner (1987), *Service Economies in Europe: Opportunities for Growth*, Westview Press, Boulder, Colorado.

Pradilla, Emilio (1984), *Contribución a la crítica de la "teoría urbana" del "espacio" a la "crisis urbana"*, Universidad Autónoma Metropolitana, México.

Roll, Erick (1975), *Historia de las doctrinas económicas*, Fondo de Cultura Económica, México.

Silva Herzog, Jesús (s.f.), *Historia de las doctrinas económicas. Libro 1o., de la antigüedad a la fisiocracia*, UNAM, México.

Singer, Paul (1975), *Economía política de la urbanización*, Siglo XXI Editores, México.

Slater, David (1983), "El Estado y la cuestión regional en América Latina: notas para una perspectiva marxista", *Revista Interamericana de Planificación*, XVIII (66): SIAP, pp. 20-43.

Smith, Adam (1984), *Investigación sobre la naturaleza y causas de la riqueza de las naciones*, 4a. reimp., Fondo de Cultura Económica, México (primera edición en inglés, 1776).

Smith, Neil (1990), *Uneven Development, Nature, Capital and the Production of Space*, Ideas, Basil Blackwell, Oxford, Reino Unido.

Soja, Edward W. (1996), *Thirdspace*, Blackwell Publishers, Malden, Mass.

Topalov, Christian (1979), *La urbanización capitalista*, Edicol, México.

II. EVOLUCIÓN HISTÓRICA DE LAS CONDICIONES GENERALES DE LA PRODUCCIÓN

*Gustavo Garza**

El hábitat del *homo sapiens* fue trasformado de lugares y cavernas naturales a viviendas edificadas por él mismo. Esta trascendental innovación, acontecida hace alrededor de 10 mil años en Jericó, entre otros lugares, inicia el proceso histórico de construcción social del espacio urbano. Dos milenios después cristaliza la ciudad neolítica de Ur en Mesopotamia y Abidos, en Egipto, ejemplos de las localidades primigenias más conocidas. Comienza el incierto avance civilizatorio de la sociedad urbana donde las viviendas, la infraestructura, el equipamiento y las edificaciones productivas conforman los elementos consustanciales de la ciudad.

La obra monumental más antigua conocida es el templo de Göbekli Tepe, al sur de Turquía, construido hace alrededor de 11 600 años, siete milenios antes que la Gran Pirámide de Guiza en Egipto. Constituye el primer ejemplo histórico de arquitectura de su tipo, pues no había existido nada de escala comparable en un mundo donde los seres humanos vivían en pequeños grupos nómadas que se alimentaban de frutos y cereales silvestres, además de la caza de animales. Su construcción requirió la aglomeración de un número considerable de personas que debieron cortar, esculpir y transportar pilares de piedra caliza de hasta 16 toneladas cada uno, sin contar con ruedas ni bestias de carga. Los arqueólogos siguen excavando el sitio y debatiendo su significado para

* Profesor-investigador del Centro de Estudios Demográficos, Urbanos y Ambientales, El Colegio de México. Se agradece a Amós Hernández Guzmán su invaluable apoyo en la recopilación y el procesamiento de la información utilizada en este escrito.

desentrañar el origen y la evolución de la revolución neolítica (Mann, 2011: 34-59).

Varios de los grandes centros religiosos, pasados y presentes, han sido destino de peregrinos o viajeros espirituales: el Vaticano, la Meca, Jerusalén, Kushinagar, entre otros. Probablemente Göbekli Tepe sea el inicio del patrón seguido por todos ellos, lo que sugiere que la dimensión sagrada fue un determinante primigenio de la civilización. Ello se debería incorporar a la explicación arqueológica sobre el florecimiento civilizatorio detonado por transformaciones ambientales: el cambio gradual de clima desde la última glaciación hacia un ambiente que permitió a las personas cultivar plantas y criar animales (Mann, 2011: 34-59).

De esta suerte, a la etapa agrícola que conlleva la fundación de pueblos sedentarios que fueron paulatinamente construyendo grandes edificaciones, se introduce la posibilidad de un proceso previo, según el cual las primeras aglomeraciones humanas fueron por razones mágico-religiosas, las cuales gradualmente se transformaron en permanentes al aprenderse el cultivo de los cereales silvestres. Sea como fuere, la relación agricultura → ciudad → edificios religiosos puede ser de causación circular acumulativa con origen en: edificios religiosos → agricultura → ciudad → edificios religiosos. Se trata de un proceso holístico milenario de corte multidireccional.

La edificación de obras de infraestructura cada vez más colosales se prosigue durante milenios, constituyendo un elemento de gran significación para el desarrollo económico y urbano, a la vez que se transforma en un factor que parece repercutir en la evolución geológica del planeta. Una era es una unidad geocronológica de millones de años caracterizada por una serie de procesos tectónicos. Aunque en rigor existen diez eras en la historia de la Tierra, suelen considerarse solamente cuatro: Precámbrica, Paleozoica o primaria, Mesozoica o secundaria y Cenozoica o terciaria (http://es.wikipedia.org/Eras geológicas).

Las eras a su vez se subdividen en periodos. El Cenozoico se inició hace 65 millones de años y tiene tres periodos: paleógeno, neógeno y cuaternario (http://es.wikipedia.org/wiki/Escala_temporal). Estos tres periodos se constituyen por épocas. El Cuaternario está formado por las épocas denominadas Pleistoceno y Holoceno, la última de las cuales está actualmente en curso (http://es.wikipedia.org/wiki/Era_Cenozoica).

El Holoceno comprende los últimos 12 mil años, desde el fin de la última glaciación. Es un periodo interglaciar en el que la temperatura se hizo más suave y la capa de hielo se derritió, lo que provocó un ascenso en el nivel del mar. Durante estos últimos milenios el *Homo sapiens* inició la domesticación de plantas, con lo que se dio origen a la agricultura y a la construcción de la ciudad neolítica, y al inicio de la evolución de la civilización contemporánea (http://es. wikipedia. org/wiki/Holoceno).

Algunos científicos afirman que en los últimos dos siglos los seres humanos han impreso cambios tan inmensos e inauditos que en la actualidad las grandes obras de infraestructura que cubren el planeta implican el nacimiento de un nuevo periodo geológico que regirá la Tierra durante los próximos millones de años. Señalan que el desarrollo social reciente, incluyendo el colosal crecimiento demográfico, la emergencia de cada vez más megaciudades y el inmenso uso de los combustibles fósiles, han cambiado el planeta en tal magnitud que implica el advenimiento de la *era antropocena* (http://astrocosmos2002. blogspot.com/2010/05/era-antropocena-y-actividad-solar.html).

Las características de la era antropocena se discuten en la actualidad en una comisión de la International Union of Geological Sciences (http://www.globaia.org/en/anthropocene/). Otra comisión de la Sociedad Geológica de Londres ha aceptado el advenimiento de la era antropocena, y subraya que "La época del Holoceno está efectivamente terminada" (Aldan, 2012). Considerando que existe una nueva época, ¿cuándo empezó?, esto es, ¿cuándo los impactos humanos fueron geológicamente significativos? Por una parte, se argumenta que el inicio de la época antropocena ocurre con el advenimiento de la agricultura, hace unos ocho mil años, pues la deforestación resultante condujo a un aumento en el bióxido de carbono (CO_2) atmosférico lo suficientemente grande como para evitar una nueva edad de hielo. Por la otra, se considera que dicha época se inicia en el siglo XVIII con la irrupción de la Revolución Industrial (Kolbert, 2011: 77).

Queda fuera de los propósitos de este capítulo ampliar la discusión sobre cuándo se inició la era antropocena, pero en este preámbulo se considera relevante tener conciencia de la emergencia de tan trascendental fenómeno físico. De esta suerte, la creciente construcción de ciudades y megaurbes, así como los renglones infraestructurales de transporte, energéticos, comunicaciones, hidráulicos, etc., en todo el mundo, no solamente tiene significativas consecuencias económicas, políticas, sociales y ambientales que se deben reflejar en la teoría urbana, sino que reviste tal magnitud que puede transformar la faz del planeta y, con ello, su desarrollo geológico, con los peligros que ello conlleve, como el caso de que se acelere su calentamiento global.

Con el fin de apoyar la construcción de una tipología de todas las condiciones generales de la producción (CGP), el propósito general de este capítulo es resumir, en un primer inciso, la evolución histórica que han tenido desde los inicios de la civilización hasta algunas obras medievales y, en un segundo, la emergencia de los grandes ensambles infraestructurales desde principios del capitalismo hasta los sistemas económicos contemporáneos. Con esto se completará la visión que presentaron los autores clásicos analizados en el capítulo I, además de que se posibilitará avanzar en la teorización de dicha categoría en el capítulo III.

Las grandes obras en el mundo antiguo

El templo de Göbekli Tepe es la primera construcción monumental registrada en la historia, tal como se señaló en el preámbulo. Fue construido hace alrededor de 11 600 años con pilares de piedra caliza con relieves de animales como gacelas, serpientes, zorros, escorpiones y jabalíes. A esta primera construcción religiosa se pueden agregar las denominadas siete maravillas del mundo antiguo. A partir de ellas es posible iniciar una tipología sobre las características y finalidades de las diferentes grandes obras construidas.

Las siete maravillas

Se trata de monumentos de diferente época que fueron considerados una maravilla del ingenio humano por cumplir alguna(s) de las siguientes tres características básicas: dimensión imponente (la mayor edificación en piedra), magnificencia (las esculturas más ricamente decoradas), el reto técnico (la construcción más alta en bronce). La clasificación original de las siete maravillas que a continuación se enlistan fue un simple motivo literario, pero los arqueólogos han demostrado el carácter irrepetible de cada una de ellas, cuya construcción requirió técnicas rudimentarias para la época actual, pero muy eficaces en su tiempo: *1)* las pirámides de Guiza, *2)* los jardines colgantes de Babilonia, *3)* el templo de Artemisa en Éfeso, *4)* la estatua de Zeus en Olimpia, *5)* el mausoleo de Halicarnaso, *6)* el coloso de Rodas, y *7)* el faro de Alejandría (Scarre, 2004: 18-47). En una tentativa de clasificar estas magnas obras, se puede decir que cinco son de tipo religioso, como templos, estatuas a divinidades o tumbas de monarcas (1, 3, 4, 5 y 6); una es parte del palacio del rey (2); y la última auxiliaba al transporte marítimo (7). En general, se continúa el primigenio ejemplo de Göbekli Tepe priorizando monumentales iconos místico-religiosos, pero el faro de Alejandría inicia las obras para facilitar la movilización de bienes y personas, esto es, la infraestructura de transporte. El otro caso es un palacio real como obra suntuosa para el máximo representante del poder. Se ejemplificarán las características de estas edificaciones con la única que queda, además del más grandioso de los templos.

Las pirámides de Guiza se construyeron hacia 2551-2472 a.C. y se localizan en las inmediaciones de la ciudad de El Cairo. Aun cuando en Egipto hay más de ochenta pirámides, las de Guiza tienen mayores dimensiones y son las mejor conservadas. Éstas constituyen las únicas de las siete maravillas del mundo antiguo que han sobrevivido hasta la actualidad, aun cuando gran parte de su recubrimiento original de piedra caliza blanca y los templos que las rodeaban se han perdido. Su construcción es un logro arquitectónico históricamente incontrovertible y las técnicas utilizadas para su edificación continúan siendo tema de controversia. Al igual que el resto de las pirámides egipcias, eran tumbas reales, parte de un místico y monumental complejo funerario para los monarcas. Fueron mandadas a erigir por tres reyes de la dinastía IV (Quéope, Quefrén y Micerino), siendo la más grande la de Quéope, que constituyó durante cuatro mil años el monumento más grande jamás construido (Scarre, 2004: 21-26).

El templo de Artemisa data del 550 al 325 a.C. y se localiza en Éfeso, Turquía. Fue el más grandioso construido por los griegos, incluso mayor que el Partenón. Tanto el templo como la ciudad de Éfeso prosperaron gracias a los visitantes que acudían atraídos por la majestuosidad de las formas arquitectónicas y las imponentes dimensiones del santuario erigido por los efesios a la diosa Diana. Fue una de las primeras edificaciones religiosas en construirse completamente de mármol. Estaba flanqueado en tres de sus lados por una doble fila de columnas, y en el cuarto lado se encontraba el pórtico con 36 columnas decoradas con relieves. Su parte superior tenía un friso con gárgolas en forma de cabeza de león. La distancia entre las columnas era de aproximadamente 6.5 metros y los bloques de piedra de las cornisas debieron de tener hasta 8.75 metros, toda una hazaña en esa época. Para construir un templo de estas dimensiones fue preciso que Chersiphron, el arquitecto de la primera versión del templo, tuviera que idear técnicas nuevas y originales que permitieran transportar y elevar los gigantescos bloques de mármol (Scarre, 2004: 30-32).

Es interesante agregar que dentro del concurso para seleccionar las nuevas siete maravillas del mundo, realizado en 2007 bajo la condición de que existieran aún, ganaron las siguientes: *1)* Chichén Itzá (Yucatán, México), *2)* el Coliseo (Roma, Italia), *3)* la estatua Cristo Redentor (Río de Janeiro, Brasil), *4)* la Gran Muralla (China), *5)* la Ciudadela de Machu Picchu (Cuzco, Perú), *6)* Petra (Jordania) y *7)* el Taj Mahal (Agra, India). Entre las edificaciones finalistas, además, se situaron las siguientes: la Acrópolis, Atenas, Grecia; la Alhambra, Granada, España; Angkor Wat, Siem Reap, Camboya; el Castillo de Neuschwanstein, Baviera, Alemania; la Estatua de la Libertad, Nueva York, Estados Unidos; el Kiyomizu-dera, Kioto, Japón; los Moáis de la isla de Pascua, Chile; la Ópera, Sidney, Australia; la catedral de San Basilio-Kremlin, Moscú, Rusia; Santa Sofía, Estambul, Turquía; Stonehenge, Amesbury, Reino Unido; Tombuctú, Mali; y la Torre Eiffel, París, Francia (wikipedia.org/wiki/Nuevas_Siete_Maravillas_del_Mundo).

No obstante que en las nuevas maravillas siguen predominando edificaciones religiosas y palacios, se agregan algunas que son centros de espectáculos (el Coliseo Romano y la Ópera de Sidney), mientras que otras son los principales iconos de la ciudad donde se localizan (Torre Eiffel y Estatua de la Libertad). Cabría destacar la Gran Muralla China como megaobra militar construida y reconstruida entre el siglo v a.C. y el siglo xvi, que constituía una fortificación contra los ataques mongoles.

Persistiendo la necesidad de erigir obras que cristalicen los sentimientos espirituales de los miembros de la sociedad, se mantienen de manera significativa las construcciones de culto dentro de las siete maravillas del mundo antiguo y moderno.

Templos y santuarios

Los monumentos religiosos constituyen algunas de las más célebres obras realizadas por la humanidad. Los templos permiten conocer el imaginario del creyente, además de que cristalizan tradiciones arquitectónicas sofisticadas. No se concebían como monumentos contemplativos, sino como lugares donde se celebraban ritos religiosos, tanto de ámbito público como privado, que armonizaban perfectamente con la tradición y la fe. Entre las más importantes del mundo antiguo destacan: Ggantija y los templos de Malta, el zigurat de Ur, los templos de Karnak, el gran templo de Abu Simbel, el centro de culto de Chavín de Huántar, el Partenón de Atenas, la Pirámide del Sol de Teotihuacán, la Stupa de Sanchi, las grutas budistas de Ajanta, el Panteón de Roma, las formas geométricas de Newark, el monasterio budista de Paharpur, el santuario budista de Borobudur, el túmulo de los monjes en Cahokia, las mezquitas de adobe de Tombuctú y el Templo Mayor de Tenochtitlan (Scarre, 2004: 86-151). Por razones de espacio, en lo que sigue se sintetizan las peculiaridades de únicamente dos de ellos.

Stonehenge se constituye como un centro sagrado entre 2950 y 1600 a.C. y se localiza al sur de Inglaterra. Se atribuye esta obra maestra a un pueblo que, sin jerarcas poderosos, canalizó la voluntad de toda una comunidad durante varias generaciones. Stonehenge era un poderoso símbolo de lo excepcional y lo místico, puesto que aún siglos después de su construcción había personas aristocráticas deseosas de ser enterradas en sus proximidades, ya fuese por tradición, por el valor sagrado del monumento o porque consideraban que era una obra mágica erigida por dioses, dada su extraña forma (Scarre, 2004: 92-96). La conforman monumentales bloques de piedra organizados en cuatro circunferencias concéntricas. La exterior tiene 30 metros de diámetro y está constituida por grandes piedras rectangulares que originalmente estaban coronadas por dinteles también de piedra, de los cuales actualmente sólo quedan siete en su sitio. Dentro del anillo exterior se encuentra otro círculo con bloques más pequeños que encierra una estructura en forma de herradura. En su interior se localiza una losa conocida como "el altar". Se trata, por ende, de una especie de templo religioso y monumento funerario, aunque también tiene características de observatorio astronómico que servía para predecir estaciones (wikipedia.org/wiki/Stonehenge).

El Templo Mayor de Tenochtitlan se remonta hacia 1325 y se localizaba en la ciudad de México-Tenochtitlan, en lo que hoy es el Centro Histórico de la Ciudad de México. El Templo Mayor es el edificio religioso más importante de la capital mexica o azteca, una auténtica montaña de piedra convertida en morada de los dioses. En su parte más alta había dos santuarios consagrados a Huitzilopochtli, el dios protector de la ciudad, y Tláloc, dios de la lluvia y la fertilidad. Frente a ellos había una explanada en donde se celebraban las ceremonias rituales, que incluían sacrificios humanos. El Templo Mayor era el núcleo de la vida social y religiosa de Tenochtitlan, la urbe más grande de todo el continente americano en 1519. Este monumento venía a ser el eje geográfico y cosmológico que unía al mundo terrestre con las distintas esferas del universo sagrado, así como con el resto del imperio azteca (Scarre, 2004: 147-151).

Tumbas y cementerios

Las edificaciones más notables de la antigüedad eran principalmente tumbas, obras vinculadas con los templos por su misticismo sobre la espiritualidad de los seres humanos. Estos monumentos funerarios se construían con la doble intención de provocar admiración y perdurar en el tiempo, por lo que eran construidos con piedra o labrados en macizos rocosos de las montañas. Gracias a sus enormes dimensiones, estas imponentes tumbas se configuraron como algunos de los proyectos arquitectónicos más ambiciosos del mundo antiguo. Estos monumentos debían satisfacer las necesidades en el más allá del soberano muerto, situación que llevaba a la construcción de cámaras mortuorias interiores más elaboradas desde el punto de vista constructivo que la parte exterior. Los casos más enigmáticos son los de las tumbas de la época prehistórica que destacan por sus dimensiones y decoraciones, entre las que se encuentran: la tumba megalítica de Newgrange; el tesoro de Atreo en Micenas; el Valle de los Reyes; el sepulcro de Setos I; el cementerio etrusco de Cerveteri; el mausoleo de Qin Shi Huang, primer emperador de la China unificada, en el Monte Li; las tumbas reales de Petra; las pirámides de los mochicas; el sepulcro del emperador japonés Nintoku; la tumba de Pacal en Palenque, y el templo mausoleo de Angkor Wat.[1]

Palacios, anfiteatros y termas

Los palacios de recreo fueron de gran significación en el mundo antiguo. Los reyes, dueños y señores de vastos imperios, residían en recintos diseñados para el lujo y la vida suntuosa en todas sus manifestaciones. Los palacios eran los escenarios donde los monarcas atendían a los cortesanos, recibían a los enviados de otros soberanos o escuchaban a sus súbditos. Para ello, contaban con espacios anexos abiertos total o parcialmente al público, como anfiteatros o grandes recintos. Por su diseño y decoración, los palacios evocaban y reafirmaba el poder real en toda su grandeza, y constituían verdaderas obras arquitectónicas de la antigüedad. También servían de morada a la familia real, los cortesanos, además de sus innumerables sirvientes. Algunas veces tenían jardines o se construían directamente en medio de vergeles. De tal manera que estas construcciones se han ganado un lugar preferente entre los grandes logros de la arquitectura mundial, al mismo nivel que los templos o los complejos funerarios. Entre los más importantes

[1] No es posible describir cada una de las anteriores obras monumentales, por lo que se remite al lector interesado en la descripción de sus características a Scarre, 2001: 48-85.

sobresalen el palacio de Minos en Cnoso, el palacio de Senaquerib en Nínive, el palacio de Persépolis, el Coliseo de Roma,[2] la villa de Adriano en Tívoli, las termas de Caracalla,[3] el palacio y los jardines de Sigiriya, el arco de Ctesifonte, el complejo real de Chan Chan, y el Great Zimbabwe (Scarre, 2001: 152-193).

Estatuas colosales y monolitos

Las distintas civilizaciones han recurrido históricamente a la creación de estatuas y otros monumentos majestuosos con el fin de causar impresión a los súbditos, los enemigos o proyectarlas hacia el futuro. Su mayor impacto requiere que destaquen desde lejos, y por ello son relevantes su tamaño y su ubicación, además de que suelen ser monolíticos para reforzar una imagen poderosa, dada la complejidad de manipular un bloque de piedra o un objeto de metal de grandes dimensiones. Las construcciones colosales suelen asociarse con lo sagrado, por lo que muchos de estos monumentos eran imaginarios de fe y poder. Algunos de los más importantes son el gran Menhir de Partid, la gran Esfinge de Guiza, los obeliscos egipcios, los colosos de Tebas Oeste, las cabezas monumentales de los olmecas, las líneas de Nazca, la Turbie, el Trofeo de los Alpes, las estelas gigantes de Aksum, el buda gigante de Bamiyan, y las estatuas de la isla de Pascua (Scarre, 2004: 252-292).

[2] "El Coliseo Romano es un anfiteatro de la época del Imperio romano, construido en el siglo I en el centro de la ciudad de Roma. Originalmente era denominado Anfiteatro Flavio (Amphitheatrum Flavium), en honor a la Dinastía Flavia de emperadores que lo construyó, y pasó a ser llamado Colosseum por una gran estatua ubicada junto a él, el Coloso de Nerón, no conservada actualmente" (http://es.wikipedia.org/wiki/Coliseo_de_Roma).

[3] "Las Termas de Caracalla fueron un edificio destinado a baños en la Roma imperial. Se construyó en la ciudad de Roma entre 212 y 217 d.C., bajo el mando del emperador Caracalla, se inauguraron con el nombre de Termas Antoninas, pues al emperador Marco Aurelio Antonino Basiano jamás se le conoció en vida con el nombre de Caracalla" (http://es.wikipedia.org/wiki/Termas_de_Caracalla).

Fortificaciones

La seguridad fue una condición indispensable para la realeza y la población en la historia de la ciudad antigua y medieval. Sin embargo, las fortalezas y las murallas representaban el poder, por lo que trascendían de su pura finalidad militar y de control. La necesidad de contar con algún tipo de estructura defensiva de carácter permanente fue una constante entre los asentamientos primitivos que fueron apareciendo en todo el mundo a medida que iban aumentando de tamaño y la agricultura se imponía como principal fuente de subsistencia. Era común que reyes y señores hicieran construir dentro del recinto amurallado palacios fortificados que, además de proporcionarles protección adicional para defenderse de sus enemigos, les permitían dominar a los súbditos. Lo singular de este tipo de fronteras imperiales se deriva del doble propósito de las mismas: el dominio y la protección. Entre las más relevantes destacan Micenas y Tirinto, las fortalezas de Van, las murallas de Babilonia, el Maiden Castle, las murallas de Siracusa, la Gran Muralla China, Masada, y el templo fortificado de Sacsahuamán (Scarre, 2004: 194-223).

Puertos, obras hidráulicas y calzadas

La necesidad de recursos hídricos y transportarse en embarcaciones ha llevado a diversas civilizaciones a construir calzadas, acueductos, puentes y canales de dimensiones considerables, pues el agua es fundamental en el desarrollo de los pueblos. Con la aparición de las ciudades en los estados e imperios de la antigüedad, todos estos proyectos adquirieron una dimensión totalmente nueva. Destacan las impresionantes técnicas para la construcción de presas y acueductos, especialmente por los romanos que fueron verdaderos maestros en ello. Además, los canales concebidos como obras de irrigación constituían adecuadas vías de comunicación para barcas que transportaban cargas voluminosas a mayor velocidad y menor costo que por tierra. Las calzadas, igual que los puertos, están relacionadas con el transporte, pues fueron construidas para unir territorios con el fin de permitir la rápida circulación de órdenes, información, tropas y bienes. La mayoría de los imperios dispusieron de una red vial equipada, por lo general, de puestos de descanso y avituallamiento donde reposaban los caballos o los caminantes. Además de lo anterior, los caminos constituían símbolos de la civilización que los había construido. Entre las obras de este tipo destacan la gran terma de Mohenjo-Daro, la presa de Marib, los canales chinos, los acueductos romanos, las calzadas romanas, el puerto de Cesárea, la red vial del Chaco, así como las calzadas y puentes incas (Scarre, 2004: 224-251).

Estas últimas obras del mundo antiguo, requeridas para el abastecimiento de agua y la transportación de bienes y personas, tienen los elementos que caracterizan a las modernas condiciones generales de la producción que nacen con el advenimiento de la Revolución Industrial, como se vio en el capítulo I.

LAS CONDICIONES GENERALES DE LA PRODUCCIÓN EN EL CAPITALISMO

La Revolución Industrial constituyó un punto de inflexión histórico en la construcción de los grandes ensambles infraestructurales. Los anteriores iconos requeridos para el ejercicio del poder de la clase dominante, incluidos aquellos orientados a satisfacer las necesidades espirituales de la población, son rápidamente remplazados por las obras demandadas para cubrir las necesidades de insumos y energéticos de las empresas manufactureras emergentes, así como para extender el mercado a una escala mundial. Es imposible en este escrito describir el desarrollo de las obras realizadas desde entonces hasta la actualidad, por lo que se propone esquematizar sus características generales y sintetizar las peculiaridades de algunas de ellas.

Inglaterra fue la nación más avanzada en la construcción de dos renglones infraestructurales indispensables para la acumulación ampliada del capital durante la Revolución Industrial: la electricidad y el ferrocarril.

La primera gran innovación fue la locomotora, que apareció en Inglaterra en 1825, con la inauguración de la línea entre Liverpool y Manchester, aunque su origen primigenio fue el tren minero de

Stephenson en 1815 en el condado de Killingsworth, Inglaterra (Garza, 1985: 104).

La energía eléctrica se introdujo en ese país en la década de 1880 y como servicio público en 1882 (www. Holborn viaduct Plant). Además, en 1887 se estableció la London Electricity Supply Corporation, que construyó una gran planta en Deptford para surtir a la ciudad (Google / The history of electric supply / Frank Sherman and Bev Parker; First power plants). En París, por su parte, se instalaron los primeros generadores con significativa capacidad en 1870, mientras que en 1882 se instaló en Nueva York la primera central eléctrica.

En mayor o menor medida, estas dos innovaciones cardinales para el desarrollo del capitalismo industrial se fueron extendiendo hacia otros países y la construcción de hidroeléctricas, termoeléctricas, así como extensas redes ferroviarias, de carreteras e hidráulicas se fueron conformando como las CGP por excelencia. A continuación se presenta una tipología que las engloba, donde se agregan algunos de los casos más relevantes.

Infraestructura de transporte en el mundo: carreteras, ferrocarriles y canales

El transporte es fundamental en el proceso de circulación de las mercancías y de la fuerza de trabajo, y constituye una condición necesaria para la conformación del mercado interno de las naciones y el comercio internacional. Aunque el ferrocarril se siguió expandiendo en el siglo XX y en los inicios del XXI, es la red carretera la que cubre más ampliamente el espacio terrestre de los países.

Las carreteras como condiciones generales de la circulación

El sistema mundial de carreteras estaba compuesto por 33.5 millones de kilómetros en 2008, y destacaba en primer lugar Estados Unidos con 6.5 millones, esto es, 19.4% del total, cifra muy semejante al 20.5% de su participación en el PIB mundial en ese año, por lo que se observa una elevada relación entre la importancia infraestructural y la económica, al menos en el caso de ese país (http://

www.imf.org/external/spanish/index.htm;http://www.inegi.org.mx/default.aspx?). No obstante tener el mayor kilometraje absoluto y relativo del total mundial, observa 66.2 kilómetros carreteros por cada 100 km^2 de territorio, lo cual es superado ampliamente por países como Bélgica con 499, Países Bajos con 329 y Japón con 319 (cuadro II.1). En realidad, de los 79 países con kilometraje de carreteras mayor de 50 mil kilómetros, 27 tienen magnitudes mayores que Estados Unidos en términos relativos a cada 100 km^2 de territorio, entre los que se encuentran todos los europeos y algunos asiáticos como India, Corea del Sur, Filipinas, Sri Lanka y Bangladesh (cuadro II.1). De América Latina, países como Brasil, México, Argentina, Venezuela, Colombia, Ecuador y Paraguay se encuentran muy por debajo del valor norteamericano. El promedio de los 79 países con más kilómetros de carreteras es de 28.6 por cada 100 km^2 de territorio y el resto de los países sólo tiene 7.5 (cuadro II.1).[4] A continuación se sintetizan las características de las principales carreteras en el mundo según su extensión en kilómetros.

Carretera Panamericana. Es considerada la más larga del mundo. Parte de Alaska, su punto más septentrional, hasta llegar a Buenos Aires, su parte más austral en América del Sur. Vincula a casi todos los países del hemisferio occidental del continente americano, pues se extiende por 43 770 kilómetros (go-panamerican.com.). Existe un tramo de 87 kilómetros de selva montañosa dura entre Yaviza (Panamá) y la ciudad de Turbo (Colombia), que impide que la carretera se conecte completamente (http://es.wikipedia.org/wiki/Carretera_ Panamericana).

Carretera 1 de Australia. Es la segunda más larga del mundo, con una extensión de 14 500 kilómetros, y constituye un circuito que rodea todo el continente australiano; conecta todas las capitales de sus seis estados y dos territorios. Esta carretera interestatal constituye la más larga desde una perspectiva nacional, pues la Panamericana comprende un gran número de países. Considerando su inicio en Canberra, la capital del país, continúa hacia el norte a Brisbane, en el estado de Queensland, prosigue en dirección noroeste hasta Darwin, en el Territorio Norte, para bajar hacia el suroeste hasta llegar a Perth, en el estado de Australia Occidental.

[4] Cálculos realizados con base en la información de la fuente del cuadro II.1.

Cuadro II.1
Mundo: principales características del sistema carretero por países, 2008[a]

Rango	*País*	*Carreteras (km)*[b]	*Superficie (km²)*	*Carrreteras (%)*	*(km/km²)*[c]
	Total	*33 493 540*	*133 238 131*	*100.0*	*25.1*
1	Estados Unidos	6 506 204	9 826 675	19.4	66.2
2	China	3 860 800	9 596 961	11.5	40.2
3	India	3 320 410	3 287 263	9.9	101.0
4	Brasil	1 751 868	8 514 877	5.2	20.6
5	Japón	1 203 777	377 915	3.6	318.5
6	Canadá	1 042 300	9 984 670	3.1	10.4
7	Francia	1 027 183	643 801	3.1	159.5
8	Rusia	982 000	17 098 242	2.9	5.7
9	Australia	812 972	7 741 220	2.4	10.5
10	España	681 298	505 370	2.0	134.8
11	Alemania	644 480	357 022	1.9	180.5
12	Suecia	572 900	450 295	1.7	127.2
13	Italia	487 700	301 340	1.5	161.8
14	Indonesia	437 759	1 904 569	1.3	23.0
15	Polonia	423 997	312 685	1.3	135.6
16	Reino Unido	394 428	243 610	1.2	161.9
17	México	366 095	1 964 375	1.1	18.6
18	Sudáfrica	362 099	1 219 090	1.1	29.7
19	Turquía	352 046	783 562	1.1	44.9
20	Pakistán	260 760	796 095	0.8	32.8
21	Bangladesh	239 226	143 998	0.7	166.1
22	Argentina	231 374	2 780 400	0.7	8.3
23	Arabia Saudita	221 372	2 149 690	0.7	10.3
24	Filipinas	213 151	300 000	0.6	71.1
25	Hungría	197 519	93 028	0.6	212.3
26	Nigeria	193 200	923 768	0.6	20.9
27	Tailandia	180 053	513 120	0.5	35.1
28	Irán	172 927	1 648 195	0.5	10.5
29	Vietnam	171 392	331 210	0.5	51.7
30	Ucrania	169 496	603 550	0.5	28.1

Cuadro II.1
(continúa)

Rango	*País*	*Carreteras (km)*[b]	*Superficie (km²)*	*Carrreteras (%)*	*(km/km²)*[c]
31	Kenia	160 886	580 367	0.5	27.7
32	Congo	153 497	2 344 858	0.5	6.5
33	Bélgica	152 256	30 528	0.5	498.7
34	Colombia	141 374	1 138 910	0.4	12.4
35	Países Bajos	136 827	41 543	0.4	329.4
36	República Checa	127 719	78 867	0.4	161.9
37	Grecia	117 533	131 957	0.4	89.1
38	Argelia	108 302	2 381 741	0.3	4.5
39	Austria	107 262	83 871	0.3	127.9
40	Corea del Sur	103 029	99 720	0.3	103.3
41	Perú	102 887	1 285 216	0.3	8.0
42	Libia	100 024	1 759 540	0.3	5.7
43	Malasia	98 721	329 847	0.3	29.9
44	Siria	97 401	185 180	0.3	52.6
45	Zimbabue	97 267	390 757	0.3	24.9
46	Venezuela	96 155	912 050	0.3	10.5
47	Irlanda	96 036	70 273	0.3	136.7
48	Bielorrusia	94 797	207 600	0.3	45.7
49	N. Zelanda	93 911	267 710	0.3	35.1
50	Kazajstán	93 612	2 724 900	0.3	3.4
51	Noruega	92 946	323 802	0.3	28.7
52	Burkina Faso	92 495	274 200	0.3	33.7
53	Sri Lanka	91 907	65 610	0.3	140.1
54	Zambia	91 440	752 618	0.3	12.1
55	Uzbekistán	86 496	447 400	0.3	19.3
56	Portugal	82 900	92 090	0.2	90.0
57	Rumania	81 713	238 391	0.2	34.3
58	Lituania	81 030	65 300	0.2	124.1
59	Chile	80 505	756 102	0.2	10.6
60	Costa de Marfil	80 000	322 463	0.2	24.8
61	Tanzania	78 892	947 300	0.2	8.3
62	Finlandia	78 141	338 145	0.2	23.1

Cuadro II.1
(concluye)

Rango	*País*	*Carreteras (km)*[b]	*Superficie (km²)*	*Carreteras (%)*	*(km/km²)*[c]
63	Uruguay	77 732	176 215	0.2	44.1
64	Dinamarca	73 197	43 094	0.2	169.9
65	Letonia	73 074	64 589	0.2	113.1
66	Suiza	71 454	41 277	0.2	173.1
67	Yemen	71 300	527 968	0.2	13.5
68	Uganda	70 746	241 038	0.2	29.4
69	Madagascar	65 663	587 041	0.2	11.2
70	Egipto	65 050	1 001 450	0.2	6.5
71	Namibia	64 189	824 292	0.2	7.8
72	Ghana	62 221	238 533	0.2	26.1
73	Cuba	60 858	110 860	0.2	54.9
74	Azerbaiyán	59 141	86 600	0.2	68.3
75	Turkmenistán	58 592	488 100	0.2	12.0
76	Estonia	58 034	45 228	0.2	128.3
77	Marruecos	57 625	446 550	0.2	12.9
78	Omán	53 430	309 500	0.2	17.3
79	Angola	51 429	1 246 700	0.2	4.1
80	Resto[d]	1 621 058	21 693 644	4.8	7.5

Fuente: World Factbook de la CIA, consultado en línea en https://www.cia.gov/library/publications/the-world-factbook/index.html.

[a] El total de carreteras en 2008 es la suma de los 221 paises considerados, aun cuando la información de cada país es de diferentes años (de 2000 a 2010). Así, en el ámbito mundial se tienen 33 493 540 km de carreteras. Según la CIA, en 2008 había 102 260 304 km, cifra muy superior a la suma por países de la misma fuente, la cual se utilizó para elaborar este cuadro.

[b] Se refiere al total de carreteras pavimentadas y sin pavimentar.

[c] Calculado según el número de km de carreteras por cada 100 km² de superficie.

[d] Suma de los restantes 142 países de los 221 que se muestran en la fuente referida.

De allí continúa hacia Adelaida, en el estado de Australia del Sur, para llegar a Victoria, en Nuevo Gales del Sur, y cerrar el círculo nuevamente en Canberra. Se trata de un gran circuito carretero verdaderamente continental.

Carretera Transiberiana, Rusia. Esta autopista conecta las orillas del mar Báltico con el océano Pacífico, esto es, desde San Petersburgo hasta Vladivostok, en un trayecto de 10 950 kilómetros, que la hacen la tercera carretera más extensa del planeta y la primera de Rusia.

Autopista Trans-Canadá. Iniciada en 1950, fue oficialmente inaugurada en 1962 y conecta en un trayecto de 8 050 kilómetros a Victoria, Sidney y Vancouver, en British Columbia, para seguir toda la ruta hacia el este, pasando por Calgary (Alberta), Regina (Saskatchewan), Winnipeg (Manitoba), Ottawa (Ontario), Montreal y Quebec (Quebec), hasta llegar en la parte continental a North Sydney (New Brunswick). De esa ciudad se continúa en ferry a la isla Newfoundland, para arribar a la localidad de Argentia, de donde prosigue hasta terminar en St. John's (http: / / transcanadahighway.com / general / transcanadahighway.htm; y Google Earth).

Interestatales 90 y 80, Estados Unidos. La autopista interestatal 90 ostenta el título de calle más larga del país, con 5 000 kilómetros. Comienza en Seattle y termina en Boston. En 1957 quedó asignada al sistema de carreteras interestatales y se construyó en parte siguiendo carreteras preexistentes en los 12 estados que atraviesa, conectando a Estados Unidos de la costa del Pacífico a la del Atlántico. Se construyó durante los años sesenta y setenta, para quedar abierta en su totalidad en 1977 (http: / / en.wikipedia.org / wiki / Interstate_90_in_New_York).

La interestatal 80 (I-80) es la segunda carretera más larga de Estados Unidos y sirve como línea ecuatorial de América. Se extiende en un trayecto de 4 680 kilómetros que divide al país a la mitad de oeste a este, comenzando en San Francisco y terminando en Teaneck, New Jersey, dentro de la zona metropolitana de Nueva York. Fue construida partiendo de la carretera 40 de San Francisco que existía desde 1916 y en 1939 se le construyó el puente San Francisco-Oakland. La mayoría de los tramos de la I-80 se realizaron de 1964 a 1972 en carreteras ya existentes en los estados que atraviesa (http: / / www.interstate-guide.com / i-080.html).

Permanencia del sistema de circulación ferroviario

La red ferroviaria mundial está compuesta por 1.1 millones de kilómetros. Estados Unidos, al igual que en el sistema carretero, ocupaba el primer sitio con 225 mil km en 2010, los cuales representan 19.7% del total mundial. La extensión de las vías férreas es mucho menor que la de sus carreteras, y Estados Unidos únicamente tiene 2.3 kilómetros de líneas por 100 km^2 de territorio. En valores absolutos le siguen Rusia, China e India, aunque en términos relativos tienen magnitudes muy inferiores, con la excepción del último país que presenta 1.9 kilómetros por cada 100 km^2 (cuadro II.2). De los 100 primeros países enlistados en el cuadro, 37 tienen valores relativos superiores a los de Estados Unidos, entre ellos todos los europeos. Destacan la República Checa, Alemania y Suiza, con magnitudes mayores a 10, esto es, casi quintuplican la magnitud norteamericana. De América Latina sobresale únicamente Cuba, con 7.8. De las 10 naciones del subcontinente que le siguen, sólo Argentina, con 1.3, se encuentra por arriba del 0.9 kilómetros de vías promedio por cada 100 km^2 de territorio en el mundo, situándose los restantes por debajo de esa cifra, aunque México y Chile lo igualan (cuadro II.2). Sea como fuere, es indiscutible que el subcontinente latinoamericano se encuentra muy rezagado en los dos renglones infraestructurales de transportación terrestre de personas y mercancías. Ello representa una significativa desventaja para su desarrollo económico e inserción exitosa en el mercado mundial.

La declinante competitividad en redes de transporte de América Latina queda más en evidencia si se considera el actual desarrollo acelerado de trenes de alta velocidad en China. El proyecto se inició en 2005 y se extenderá hasta 2020, año en que se habrán construido 16 000 kilómetros de nuevas vías, con trenes que alcanzarán una velocidad máxima de 350 kilómetros por hora. Se calcula una inversión en el sistema de 300 000 millones de dólares y constituirá la red de trenes de alta velocidad más extensa, rápida y tecnológicamente sofisticada del mundo.[5]

[5] Para mayores detalles véase http://money.cnn.com/2009/08/03/news/international/china_high_speed_bullet train.fortune/

Cuadro II.2
Mundo: principales características de la red ferroviaria por países, 2010[a]

Rango	País	Vías férreas (km)	Superficie (km²)	Vías férreas (%)	(km/km²)[b]
	Total	*1 142 192*	*123 216 591*	*100.0*	*0.9*
1	Estados Unidos	224 792	9 826 675	19.7	2.3
2	Rusia	87 157	17 098 242	7.6	0.5
3	China	86 000	9 596 961	7.5	0.9
4	India	63 974	3 287 263	5.6	1.9
5	Canadá	46 552	9 984 670	4.1	0.5
6	Alemania	41 981	357 022	3.7	11.8
7	Australia	38 445	7 741 220	3.4	0.5
8	Argentina	36 966	2 780 400	3.2	1.3
9	Francia	29 640	643 801	2.6	4.6
10	Brasil	28 538	8 514 877	2.5	0.3
11	Japón	26 435	377 915	2.3	7.0
12	Ucrania	21 684	603 550	1.9	3.6
13	Italia	20 254	301 340	1.8	6.7
14	Sudáfrica	20 192	1 219 090	1.8	1.7
15	Polonia	19 428	312 685	1.7	6.2
16	México	17 166	1 964 375	1.5	0.9
17	Reino Unido	16 454	243 610	1.4	6.8
18	España	15 293	505 370	1.3	3.0
19	Kazajstán	15 079	2 724 900	1.3	0.6
20	Suecia	11 633	450 295	1.0	2.6
21	Rumania	10 784	238 391	0.9	4.5
22	República Checa	9 632	78 867	0.8	12.2
23	Hungría	9 208	93 028	0.8	9.9
24	Turquía	8 699	783 562	0.8	1.1
25	Cuba	8 598	110 860	0.8	7.8
26	Irán	8 442	1 648 195	0.7	0.5
27	Pakistán	7 791	796 095	0.7	1.0
28	Chile	7 082	756 102	0.6	0.9
29	Austria	6 399	83 871	0.6	7.6

Cuadro II.2
(continúa)

Rango	*País*	*Vías férreas (km)*	*Superficie (km²)*	*Vías férreas (%)*	*(km/km²)*[b]
30	Sudán	5 978	1 861 484	0.5	0.3
31	Finlandia	5 919	338 145	0.5	1.8
32	Bielorrusia	5 537	207 600	0.5	2.7
33	Corea del Norte	5 242	120 538	0.5	4.3
34	Egipto	5 083	1 001 450	0.4	0.5
35	Indonesia	5 042	1 904 569	0.4	0.3
36	Birmania	5 031	676 578	0.4	0.7
37	Suiza	4 876	41 277	0.4	11.8
38	Mozambique	4 787	799 380	0.4	0.6
39	Noruega	4 169	323 802	0.4	1.3
40	Bulgaria	4 151	110 879	0.4	3.7
41	Nueva Zelanda	4 128	267 710	0.4	1.5
42	Tailandia	4 071	513 120	0.4	0.8
43	Rep. Dem. del Congo	4 007	2 344 858	0.4	0.2
44	Argelia	3 973	2 381 741	0.3	0.2
45	Tanzania	3 689	947 300	0.3	0.4
46	Bolivia	3 652	1 098 581	0.3	0.3
47	Uzbekistán	3 645	447 400	0.3	0.8
48	Eslovaquia	3 622	49 035	0.3	7.4
49	Nigeria	3 505	923 768	0.3	0.4
50	Zimbabue	3 427	390 757	0.3	0.9
51	Corea del Sur	3 381	99 720	0.3	3.4
52	Serbia	3 379	77 474	0.3	4.4
53	Portugal	3 319	92 090	0.3	3.6
54	Irlanda	3 237	70 273	0.3	4.6
55	Bélgica	3 233	30 528	0.3	10.6
56	Turkmenistán	2 980	488 100	0.3	0.6
57	Azerbaiyán	2 918	86 600	0.3	3.4
58	Países Bajos	2 896	41 543	0.3	7.0
59	Angola	2 764	1 246 700	0.2	0.2
60	Croacia	2 722	56 594	0.2	4.8
61	Dinamarca	2 667	43 094	0.2	6.2

Cuadro II.2
(continúa)

Rango	*País*	*Vías férreas (km)*	*Superficie (km²)*	*Vías férreas (%)*	*(km/km²)*[b]
62	Namibia	2 626	824 292	0.2	0.3
63	Bangladesh	2 622	143 998	0.2	1.8
64	Grecia	2 548	131 957	0.2	1.9
65	Vietnam	2 347	331 210	0.2	0.7
66	Irak	2 272	438 317	0.2	0.5
67	Letonia	2 239	64 589	0.2	3.5
68	Túnez	2 165	163 610	0.2	1.3
69	Zambia	2 157	752 618	0.2	0.3
70	Marruecos	2 067	446 550	0.2	0.5
71	Kenia	2 066	580 367	0.2	0.4
72	Siria	2 052	185 180	0.2	1.1
73	Perú	2 020	1 285 216	0.2	0.2
74	Mongolia	1 908	1 564 116	0.2	0.1
75	Malasia	1 849	329 847	0.2	0.6
76	Lituania	1 767	65 300	0.2	2.7
77	Uruguay	1 641	176 215	0.1	0.9
78	Georgia	1 612	69 700	0.1	2.3
79	Taiwán	1 580	35 980	0.1	4.4
80	Sri Lanka	1 449	65 610	0.1	2.2
81	Arabia Saudita	1 378	2 149 690	0.1	0.1
82	Uganda	1 244	241 038	0.1	0.5
83	Eslovenia	1 228	20 273	0.1	6.1
84	Estonia	1 196	45 228	0.1	2.6
85	Moldavia	1 190	33 851	0.1	3.5
86	Guinea	1 185	245 857	0.1	0.5
87	Filipinas	995	300 000	0.1	0.3
88	Camerún	987	475 440	0.1	0.2
89	Israel	975	20 770	0.1	4.7
90	Ecuador	965	283 561	0.1	0.3
91	Ghana	947	238 533	0.1	0.4
92	Senegal	906	196 722	0.1	0.5
93	Botsuana	888	581 730	0.1	0.2

Cuadro II.2
(concluye)

Rango	*País*	*Vías férreas (km)*	*Superficie (km²)*	*Vías férreas (%)*	*(km/km²)*[b]
94	Rep. del Congo	886	342 000	0.1	0.3
95	Colombia	874	1 138 910	0.1	0.1
96	Armenia	869	29 743	0.1	2.9
97	Madagascar	854	587 041	0.1	0.1
98	Venezuela	806	912 050	0.1	0.1
99	Malawi	797	118 484	0.1	0.7
100	Macedonia	699	25 713	0.1	2.7
101	Camboya	690	181 035	0.1	0.4
102	Etiopía	681	1 104 300	0.1	0.1
103	Tayikistán	680	143 100	0.1	0.5
104	Costa de Marfil	660	322 463	0.1	0.2
105	Gabón	649	267 667	0.1	0.2
106	Burkina Faso	622	274 200	0.1	0.2
107	Bosnia y Herzegovina	601	51 197	0.1	1.2
108	Fiyi	597	18 274	0.1	3.3
109	Mali	593	1 240 192	0.1	0.0
110	Resto[c]	6 235	1 766 937	0.5	0.4

Fuente: World Factbook de la CIA, consultado en línea en https://www.cia.gov/library/publications/the-world-factbook/index.html.

[a] El total de vías férreas en 2010 era la suma de los 134 países considerados, aun cuando la información de cada país es de diferentes años (de 2007 a 2011). Así, desde 2007 se contaba en el mundo con 1 142 192 km de vías férreas, pero según la CIA en 2010 había 1 139 615 km, cifra ligeramente menor que la del cuadro.

[b] Se refiere al número de km de vías férreas por cada 100 km² de superficie.

[c] Suma de los restantes 25 países del total considerado en la fuente del cuadro.

Infraestructura complementaria: puentes y túneles

El sistema carretero y el ferroviario precisan de una serie de puentes y túneles para sortear la topografía accidentada de los países, los cuales constituyen en sí mismos complejos ensambles infraestructurales. Entre los primeros, el puente de mayor longitud se encuentra en el lago Pontchartrain, en Nueva Orleans, Estados Unidos, con una longitud de 38.6 kilómetros. Por otra parte, el túnel ferroviario de San Gotardo, en los Alpes Suizos, será el más largo del mundo, con una longitud de 57 kilómetros. La obra de perforación se ha concluido y actualmente se continúa con el tendido de las vías y la adecuación general del túnel, y será en 2017 cuando entre en operaciones y conecte directamente a Zúrich con Milán. Otros túneles ferroviarios importantes son:

- Túnel Seikan, en el estrecho de Tsugaru, Japón. Tiene 53.8 kilómetros y es el túnel ferroviario más largo del mundo de vía estrecha. Tardó veinticinco años en construirse y se inauguró en 1988, para unir Honshū, la isla principal del archipiélago japonés, con la de Hokkaido, al norte.
- Eurotúnel, en el Canal de la Mancha, une al Reino Unido con Francia y fue inaugurado en 1994. Es el más conocido por su carácter internacional y por ser el más largo de sección submarina, con 39 kilómetros, mientras que su longitud total es de 49.9 kilómetros. Los trenes circulan a 140 km/h y la travesía dura aproximadamente 35 minutos de Calais, Francia, a Folkestone, Reino Unido. Tiene dos variantes de servicio: el Eurostar para pasajeros y el Shuttle que transporta camiones, automóviles y motos. Está formado por tres galerías, de las cuales dos son túneles de 7.6 metros de diámetro, reservados para el transporte ferroviario, uno de ida y otro de vuelta, y la tercera es para servicio de mantenimiento y reparación (http://es.wikipedia.org/wiki/Eurotunel).
- Túnel de Guadarrama, en la sierra del mismo nombre, en España, tiene 28.4 kilómetros y forma parte de la línea AVE de alta velocidad entre Madrid y Valladolid. Se inició en septiembre de 2002 y se terminó en mayo de 2005 y constituye el primer y único túnel para alta velocidad construido

sin ataques intermedios; ocupa el cuarto lugar entre los más largos de Europa y el quinto del mundo (http://www.adif.es/es_ES/guadarrama.shtml).

- Túnel Taihang, en la montaña así denominada, en China, tiene una extensión de 27.8 kilómetros y se concluyó en diciembre de 2007. Está constituido por dos galerías y forma parte del trayecto del tren de pasajeros de alta velocidad Shitai, que une a las ciudades de Shijiazhuang, capital de la provincia de Hebei, con Taiyuan, capital de la provincia de Shanxi. Con este tren, el tiempo de traslado entre ambas ciudades se redujo muy significativamente de seis a una hora (http://en.wikipedia.org/wiki/Taihang_Tunnel).
- El túnel Hakkoda atraviesa en un tramo de 26.5 kilómetros la montaña de ese nombre. Su construcción se inició en 1999 y se inauguró en 2010. Constituyó el túnel ferroviario terrestre más largo del mundo, pero ha sido superado por el túnel terrestre de Lötschberg, en Suiza. No obstante, este último es de una sola galería, mientras que el de Hakkoda es doble. El túnel une las estaciones de Shichinohe-Towada y Shin Aomori (http://en.wikipedia.org/wiki/Hakkoda Tunnel).
- El túnel Lötschberg conecta Frutigen con Raroña, en Suiza. Tiene una extensión de 34.6 kilómetros y es el túnel terrestre más extenso en el mundo, pero en un tramo de 22 kilómetros es de una sola vía, pues aunque se inició con dos galerías, por cuestiones de presupuesto se completaron únicamente dos terceras partes del túnel oeste. Se puso en operación en 2007 y constituye la primera infraestructura del proyecto AlpTransit en ser finalizada; las dos principales ciudades que enlaza son Berna y Milán. El de San Gotardo, al este de Lötschberg, lo sustituirá como el túnel terrestre más largo del mundo (http://es.wikipedia.org/wiki/Tunel Lotschberg).
- Existen otras importantes obras ferroviarias en construcción, como el túnel de Koralm, en los Alpes de Austria, de 32.8 kilómetros en la línea de alta velocidad Graz-Klagenfurt, cuya finalización está prevista para 2016; el túnel del Brennero, en los Alpes, en la parte que une Italia con Austria, tendrá 55 kilómetros y se prevé terminarlo en 2025; puede agregarse el túnel de Gibraltar, entre España y Marruecos,

que está en estudio. Tiene un largo previsto de 38.7 kilómetros y su construcción sería una auténtica obra de ingeniería que permitiría unir en 30 minutos a Europa con África.

Presas de generación de electricidad y dotación de agua

Existen en el mundo alrededor de un millón de presas, pero únicamente 50 mil pueden clasificarse como grandes, esto es, con cortinas de más de 15 metros de alto. El 70% de ellas tienen menos de 30 metros y 500 más de 100 metros. Además, se tienen 1 200 grandes presas en construcción, y aunque la mayoría tienen funciones hidroeléctricas, generalmente son de objetivos múltiples.[6] El cuadro II.3 presenta una lista de las principales 86 presas del mundo según la altura de la cortina, pero en lo que sigue se describen principalmente las más importantes según generación de electricidad y volumen de agua.

China, concentración de las grandes presas. Casi la mitad de las obras hidráulicas monumentales se encuentran en China, incluyendo la más grande de todas: la de Tres Gargantas. Esta megaobra está situada en el curso del río Yangtsé y constituye la planta hidroeléctrica de mayor generación en el mundo, pues supera holgadamente a la de Itaipú, sobre el río Paraná, en Brasil, que baja a un honroso segundo lugar.[7]

La construcción de la presa Tres Gargantas comenzó en 1993 y se estimó que se prolongaría por 19 años. En noviembre de 2001 se logró abrir el curso del río y en 2003 comenzó a operar el primer conjunto de generadores. A partir de 2004 se instalaron grupos de generadores cada año, hasta completar la obra. En junio de 2006 fue demolido el último muro de contención del río y se culminó el proyecto en octubre de 2009. Casi 2 millones de personas fueron reubicadas en nuevos barrios construidos en la ciudad de Chongqing (http://es.wikipedia.org/wiki/Presa_de_las_Tres_Gargantas).

[6] La fuente de esta información es http://www.funglode.org/Agenda/DetalledelaActividad/tabid/81/smid/374/ArticleID/176/reftab/71/Default.aspx.

[7] La fuente consultada no incluía la presa de Tres Gargantas, la cual se incluyó en el cuadro II.3 en el lugar 52 dada la altura de su cortina, de 185 metros, además de su importancia en cuanto a su generación de electricidad y volumen de agua.

Un segundo ejemplo en China es la presa en forma de arco Ertan, localizada en la provincia de Sichuan, al suroeste de esa república, sobre el río Yalong, tributario del Yangtsé (número 20 en el cuadro II.3). Cuenta con seis generadores hidroeléctricos, cada uno con una capacidad de 550 MW. Su generación total es de 3 300 MW, y es una de las mayores centrales hidroeléctricas de China. Su producción anual es de 17 TWh, y en sus primeros siete años de actividades ha obtenido más de 100 TWh de electricidad. Su construcción comenzó en septiembre de 1991 y se terminó en diciembre de 1999 (http://en.wikipedia.org/wiki/Ertan_Dam).

Tayikistán, la presa más alta del planeta. En esta nación ex soviética de Asia central existe la presa con la cortina más alta del mundo, con 300 metros de altura: Nurek (número 4 en el cuadro II.3).[8] Fue construida por la ex Unión Soviética entre 1961 y 1980 e incluye nueve unidades de generación hidroeléctrica; la primera inició sus operaciones en 1972 y la última en 1979. Está localizada en un desfiladero profundo a lo largo del río Vakhsh en Tayikistán occidental, aproximadamente a 75 kilómetros al este de Duchanbé, la capital del país (http://www.arqhys.com/contenidos/nurek-presa.html). Al sur de Tayikistán se encuentra inconclusa la presa de Rogun, planeada para un doble propósito: la de irrigación de zonas agrícolas, así como la generación de energía eléctrica. Su cortina tiene 335 metros de alto y, si alguna vez se termina, será considerada la presa más alta del mundo (cuadro II.3). Su construcción empezó en 1976 y no se ha terminado, por diversos motivos que emergieron en el mundo postsoviético (http://en.wikipedia.org/wiki/Rogun_Dam).

Brasil, Itaipú, la presa de mayor generación de electricidad en Occidente. La presa hidroeléctrica de Itaipú es una obra binacional entre Paraguay y Brasil, en su frontera sobre el río Paraná, cuyo costo fue de 15 mil millones de euros. Es la central hidroeléctrica principal del hemisferio sur y occidental, y la segunda más grande del mundo, superada únicamente por la presa de las Tres Gargantas, en China. El área que ocupa se extiende desde Foz do Iguaçu, en Brasil, y Ciudad del Este, en Paraguay, en el sur, hasta Guaíra (Brasil)

[8] Se considera la más alta del mundo, pues las presas que la anteceden en el cuadro II.3 se hallan en construcción.

Cuadro II.3

Mundo: presas hidráulicas en la actualidad según altura de las cortinas y países[a]

Rango	*Nombre/país*	*Altura (m)*	*Rango*	*Nombre/país*	*Altura (m)*	*Rango*	*Nombre/país*	*Altura (m)*
1	Rogun/Tayikistán	335	30	Karun-4/Irán	222	59	Tignes/Francia	180
2	Bakhtiyari/Irán	315	31	Contra/Suiza	220	60	Amir Kabir (Karad)/Irán	180
3	Jinping/China	305	32	Mratinje/Herzegovina	220	61	Tachien/Taiwán	180
4	Nurek/Tayikistán	300	33	Dworshak/EUA	219	62	Dartmouth/Australia	180
5	Xiaowan/China	292	34	Glen Canyon/EUA	216	63	Özköy/Turquía	180
6	Grande Dixence/Suiza	285	35	Toktogul/Kirguistán	215	64	Emosson/Suiza	180
7	Xiluodu/China	278	36	Daniel Johnson/Canadá	214	65	Zillergrundl/Austria	180
8	Inguri/Georgia	272	37	Keban/Turquía	210	66	Los Leones/Chile	179
9	Vaiont/Italia	262	38	Zimapán/México	207	67	New Don Pedro/EUA	178
10	M. Torres (Chicoasén)/México	262	39	Karun-3/Irán	205	68	Alpa-Gera/Italia	178
11	Tehri/India	261	40	Lakhwar/India	204	69	Kopperston Tailings 3/EUA	177
12	Álvaro Obregón/México	260	41	Dez/Irán	203	70	Takase/Japón	176
13	Trung son/Vietnam	260	42	Almendra/España	202	71	Nader Shah/Irán	175
14	Mauvoisin/Suiza	250	43	Berke/Turquía	201	72	Hasan Ugurlu/Turquía	175
15	Laxiwa/China	250	44	Khudoni/Georgia	201	73	Revelstoke/Canadá	175
16	Deriner/Turquía	249	45	Kölnbrein/Austria	200	74	Hungry Horse/EUA	172

17	Alberto Lleras / Colombia	243	46	Altinkaya / Turquía	195	75	Longyangxia / China	172
18	Mica / Canadá	243	47	New Bullards Bar / EUA	194	76	Cabora Bassa / Mozambique	171
19	Sayano-Shushenskaya / Rusia	242	48	New Melones / EUA	191	77	Maqarin / Jordania	171
20	Ertan / China	240	49	Itaipú / Brasil y Paraguay	190	78	Amaluza / Ecuador	170
21	La Esmeralda / Colombia	237	50	Kurobe 4 / Japón	186	79	Idikki / India	169
22	Kishau / India	236	51	Swift / EUA	186	80	Charvak / Uzbekistán	168
23	Oroville / EUA	235	52	Tres Gargantas / China	185	81	Gura Apelor Retezat / Rumania	168
24	El Cajón / Honduras	234	53	Mossyrock / EUA	185	82	Grand Coulee / EUA	168
25	Chirkey / Rusia	233	54	Oymopinar / Turquía	185	83	Boruca / Costa Rica	167
26	Shuibuya / China	233	55	Atatürk / Turquía	184	84	Vidraru / Rumania	166
27	Bhakra / India	226	56	Shasta / EUA	183	85	Kremasta (King Paul) / Grecia	165
28	Luzzone / Suiza	225	57	Bennett WAC / Canadá	183	86	Pauti-Mazar / Ecuador	165
29	Hoover / EUA	223	58	Karakaya / Turquía	180			

Fuente: http: / / www.infoplease.com / ipa / A0113468.html y la página oficial de la ICOLD: http: / / www.icold-cigb.net / GB / World_register / general_synthesis.asp?IDA=207.

[a]Aunque la Comisión Internacional de Grandes Presas (ICOLD, por sus siglas en inglés) enlista las presas vietnamitas de Lai Chau y Huoi Quang en primer y segundo lugar, por cuanto suponen que tendrán muy elevadas cortinas, éstas en realidad contarán con 137 y 107 metros de altura cuando su construcción se finalice, por lo que se excluyeron del cuadro.

y Salto del Guairá (Paraguay), al norte. Su lago artificial contiene 29 000 km³ de agua en un área aproximada de 1 400 km². La presa de Itaipú posee una potencia de generación electrohidráulica instalada de 14 GW, con 20 turbinas con capacidad de 700 MW. En 2000 tuvo su récord de producción, con 93 400 GWh; con ello se generó 95% de la energía eléctrica consumida en Paraguay y 24% de la de Brasil (http://es.wikipedia.org/wiki/Represa_de_Itaip%C3%BA).

Libia, el río más grande hecho por el hombre. Consiste en un sistema de ductos que conectan al acuífero de Nurubia, formado en la última glaciación, con las regiones de parte del desierto del Sahara. El manto freático, por su origen, no se retroalimenta pero es de tal magnitud que manteniendo la tasa de extracción de 2007 podría durar un milenio. La obra constituye el mayor sistema de acueductos del subsuelo, con 2 820 kilómetros de extensión. Está constituido por alrededor de 1 300 pozos de más de 500 metros de profundidad y abastece con 6.5 millones de m³ de agua potable a las ciudades de Trípoli, Benghazi y Sirt, entre las principales. El proyecto se inició en 1984 y fue dividido en cinco etapas. La primera requirió hacer excavaciones de un volumen de 85 millones de m³ y fue inaugurada en 1991. La segunda fue canalizada a dotar de agua a Trípoli e inició operaciones en 1996.

El costo total de proyecto se estima en 25 mil millones de dólares, pero no requirió apoyo financiero de los países ricos ni de bancos internacionales, aunque la UNESCO proporcionó entrenamiento a los ingenieros y técnicos que realizaron el proyecto (http://en.wikipedia.org/wiki/Great_Manmade_River). Muammar al-Gaddafi describió el proyecto como la "octava maravilla del mundo", pero los ataques de la OTAN en 2011 le recordaron, antes de ser asesinado, los peligros de pretender que Libia fuera un país petrolero y financiero independiente, sin contar con el poder militar y la cohesión social necesaria para respaldar tal empresa.

México, la presa más alta de América. Existen alrededor de 4 000 presas en México, de las cuales 667 están clasificadas como grandes, esto es, que tienen una cortina de más de 15 metros o una capacidad mayor a tres millones de metros cúbicos, o ambas cosas. La capacidad de almacenamiento de las presas del país es de 150 km³ de agua. Existen 51 presas que representan casi 70% de la capacidad de almacenamiento en 2004, entre las que destacan: Lázaro Cárdenas (la

Angostura), Luis Donaldo Colosio (Huites), Infiernillo (Infiernillo), José María Morelos (La Villita), Manuel Ávila Camacho (Valsequillo), Internacional la Amistad (la Amistad), Internacional Falcón (Falcón), Cuchillo-Solidaridad (el Cuchillo), Marte R. Gómez (el Azúcar), José López Portillo (Cerro Prieto), Tepuxtepec (Tepuxtepec), Presidente Miguel Alemán (Temascal), Belisario Domínguez (la Angostura), Nezahualcóyotl (Malpaso), Manuel Moreno Torres (Chicoasén) (lugar 10 en el cuadro II.3) y Ángel Albino Corzo (Peñitas). La mayoría de ellas son de uso múltiple, esto es, se utilizan para la generación de energía eléctrica, riego agrícola, consumo humano, pesca y turismo nacional e internacional, así como para el control de inundaciones.

La hidroeléctrica de Chicoasén, con el fin de ejemplificar las características de las obras anteriores, tiene una cortina de contención de 262 metros de altura y se considera la más alta de toda América. Está ubicada en el río Grijalva, en el municipio de Chicoasén, Chiapas, México; el río proviene de Guatemala y atraviesa los estados de Chiapas y Tabasco, de sur a norte. Es la cuarta planta de generación de energía hidroeléctrica más productiva del mundo (http://es.wikipedia.org/wiki/Chicoas%C3%A9n).

En México cabría destacar también la construcción del Sistema Cutzamala de almacenamiento, conducción, potabilización y distribución de agua dulce para la población y actividades económicas de la Zona Metropolitana de la Ciudad de México. Es notable como obra de ingeniería civil, pues requiere bombear el agua desde 1 600 msnm, hasta los 2 702 msnm, en su punto más alto. El sistema está conformado por siete presas de almacenamiento o derivación —o ambas cosas—, un vaso de regulación horaria y un acueducto de 127 kilómetros, que incluye 19 de túneles y 7.5 kilómetros de canales, además de una planta potabilizadora de 24 m^3/s, seis plantas de bombeo para elevar el líquido 1 200 metros, las cuales consumen 1 650 millones de kilowatts-hora anuales. El Sistema Cutzamala descansa en gran medida en la infraestructura de presas construida por la Comisión Federal de Electricidad para la generación de energía eléctrica (http://es.wikipedia.org/wiki/Sistema_Cutzamala).

Venezuela, Proyecto Tuy como obra hidráulica para Caracas. El Sistema Tuy IV, que se ejecuta en el estado Miranda, transportará agua potable a las poblaciones de Caracas, Miranda y Vargas, y se constituirá en una de las obras hidráulicas más importantes del mundo. Este sistema cuenta con 72 kilómetros de tubería hasta de tres metros de diámetro, por medio de la cual serán enviados un máximo de 21 m^3/seg de agua. La puesta en funcionamiento de esta obra, cuyo costo asciende a 4 100 millones de bolívares, estaba prevista para junio de 2012 (http://proyectotuy4.com/galeria.htm).

Venezuela también cuenta con la Central Hidroeléctrica Guri, primera gran presa construida en Venezuela y una de las más extensas del mundo. Se localiza en el estado de Bolívar, cerca de Guri y Ciudad Guayana, y forma parte de un complejo hidroeléctrico que incluye las presas Caruichi y Macagua I y II, todas ubicadas en dicha entidad. Tiene una capacidad de 10 millones de kilovatios/hora (10 GW/h) en sus dos salas de máquinas, lo que la convierte en la segunda central hidroeléctrica de América, después de Itaipú (http://wikimapia. org/41685/es/Central-Hidroelectrica-Guri).

Grandes canales de navegación. El *Canal de Panamá* es una impresionante obra de ingeniería que atraviesa el istmo de Panamá en su punto más estrecho, lo cual permite la navegación entre el océano Atlántico y el Pacífico. Se trata de una megaobra que permite acortar el tiempo y la distancia de comunicación marítima, dinamizando el intercambio comercial y económico al proporcionar una vía de tránsito corta y relativamente barata entre ambos mares. Estados Unidos y China son los principales usuarios del canal mediante el tránsito de contenedores, así como de petróleo y sus derivados. Mide 80 kilómetros de largo, tiene una profundidad de 12.8 metros en el Atlántico y de 13.7 metros en el Pacífico, y un ancho entre 91 y 300 metros. Posee dos puertos terminales, uno en cada océano, tres juegos de esclusas gemelas, así como uno de los mayores lagos artificiales del mundo, el Gatún, que cubre 425 kilómetros cuadrados y se formó por una represa de tierra construida a través del cauce del río Chagres. Fue construido por Estados Unidos, con una inversión de 375 millones de dólares de principios del siglo XX, e inició sus operaciones en 1914 (http://es.wikipedia. org/wiki/Canal_de_Panam%C3%A1#cite_ref-5).

El *Canal de Suez* es una vía artificial de navegación que une el Mediterráneo con el Mar Rojo, entre África y Asia, a través del istmo de Suez, en la península del Sinaí. El canal es una de las rutas marítimas del mundo de mayor uso, puesto que proporciona la vía de comercio marítima más corta entre Europa y las tierras situadas alrededor de los océanos Índico y Pacífico occidental, pues evita tener que rodear el continente africano. Su longitud es de 163 km entre Puerto Saíd, en la ribera mediterránea, y Suez, en la costa del Mar Rojo. Las obras de excavación del canal se iniciaron en abril de 1859 y fue inaugurado en 1869. Su construcción marcó un hito tecnológico, ya que por primera vez, se emplearon máquinas de excavación especialmente diseñadas para este tipo de obras. El canal permite el paso de barcos de hasta 20 metros de calado o 240 mil toneladas de peso muerto y una altura máxima de 68 metros por encima del nivel del mar (http://es.wikipedia.org/wiki/Canal_de_Suez).

Refinerías y redes de ductos de hidrocarburos

Se han construido en el mundo alrededor de 1.5 millones de kilómetros de tubería destinados al transporte de hidrocarburos, de los cuales 70% son para gas natural, 20% para petróleo crudo y el 10% restante para carburantes terminados. Estados Unidos tiene la red de oleoductos más extensa, con 245 mil kilómetros de líneas para productos derivados del petróleo y 549 mil de gas natural, esto es, 52.9% del total mundial (https://www.cia.gov/library/publications/the-world-factbook/geos/us.html). En Europa, por su parte, existen cinco grandes líneas de transporte de crudo que, partiendo de las terminales marítimas de Trieste, Génova, Lavera, Rotterdam y Wilhelnshaven, llevan el petróleo a las refinerías del interior. La red es de 3 700 kilómetros, relativamente pequeña si se compara con los 5 500 kilómetros del oleoducto del Comecón o de la Amistad, que parte de la cuenca del Volga-Urales (600 kilómetros al este de Moscú) y que suministra crudo a Polonia, Alemania, Hungría y otros países de Europa central. El paisaje geopolítico mundial, sin embargo, está rehaciéndose ante la creciente demanda de recursos energéticos por parte de potencias emergentes como China e India, además de las muy bien cubiertas zonas de Estados Unidos y Europa. Esa demanda está provocando una expansión masiva de proyectos de canalización de gas y petróleo, que están redibujando, a su vez, los frentes de batalla de conflictos energéticos, tanto para la guerra como para la diplomacia, tales como las invasiones genocidas en Iraq y Libia (http://www.muchapasta.com/b/var/consumo %20y%20transporte.php; y http://www.rebelion.org /docs/104636.pdf).

La abigarrada red de ductos comunica a las refinerías con las fuentes de sus insumos de hidrocarburos y los centros de demanda de los productos terminados. En 2008 existían en el mundo 700 refinerías. La región Asia-Pacífico, con 189, es la que más concentra, seguida por Norteamérica con 164. En tercer lugar se tiene a Europa central y occidental, con 125, y, en cuarto, América Latina con 75. Europa oriental, el Medio Este y África tienen alrededor de 45 cada una, mientras que Asia central sólo cuenta con 12 (Billege, 2011: 401).

Entre las refinerías más grandes del mundo por su capacidad de producción en 2007, en India se tienen las plantas Reliance Industries I1 y Reliance Industries II1, la primera con una capacidad para producir 1.24 millones de barriles por día (mbpd) y la segunda con 580 miles de barriles por día (tbpd). La inversión en capital de las refinerías indias es entre 25 y 50% inferior al de otras naciones asiáticas. Además, constituye el quinto país del planeta según capacidad de refinación, con 3% del total mundial (http://www. global-energy.com.mx/las-refinerias-mas-grandes-del-mundo&catid, 2010).

Venezuela cuenta con el Centro de Refinación de Paraguaná, ubicado en la península de ese nombre, al noreste del país, que está conformado por la fusión de tres complejos: Amuay, Cardón y Bajo Grande. Tiene una capacidad de producción de 940 tbpd, la cual puede elevarse si se concreta el proyecto de ampliación de la refinería de Amuay para adecuarla a una mayor conversión de productos de hidrocarburos residuales.

Corea del Sur no produce petróleo crudo, pero lo importa para su procesamiento. Para ello tiene una capacidad de refinación de 2.6 mbpd en seis instalaciones, tres de ellas entre las diez más importantes del mundo: SK Energy Ulsan Refinery, con una capacidad de 840 tbpd; Yeosu Refinery, de GS-Caltex, con 840 tbpd, y S-Oil Corp, con 580 miles de barriles por día.

En la Jurong Island Refinery, en Singapur, ExxonMobil procesa en dos centros de refinación alrededor de 605 tbpd de gasolinas, así como materia prima utilizada en fábricas de la misma empresa y en plantas aromáticas, industriales y de lubricantes.

La refinería de Baytown, Texas, Estados Unidos, procesa 567 tbpd de gasolina de alta calidad y combustible de aviación. Su abastecimiento proviene principalmente del valle de San Joaquín. Su complejo en Baton Rouge, Luisiana, genera 503 tbpd y constituye la décima planta en el mundo y la segunda en ese país. Fabrica alrededor de 300 productos, entre los que sobresalen el diesel, queroseno de aviación, aceites, lubricantes, cera, coque y gas licuado.

Arabia Saudita tiene siete refinerías con una capacidad combinada de 2.1 mbpd, de los cuales 1.5 pertenecen a Saudi Aramco, cuyo complejo más importante es Ras Tanura, que alcanza 550 tbpd de suministro continuo de productos refinados. La apertura al capital privado es limitada y sólo se permite que otras compañías otorguen servicios o que se asocien con las nacionales con un porcentaje mínimo de participación, por lo que el Estado obtiene el máximo beneficio de la industria petrolera nacional.

Finalmente, en México sus dos principales complejos, Tula y Salina Cruz, en el centro y sureste del país, trasladan sus productos derivados a la capital de la república. La refinería Miguel Hidalgo (Tula) fue la primera planeada en forma integral, con plantas de proceso de alta capacidad, con 325 tbpd, cifra que constituye 24% de los productos de hidrocarburos que se generan en el territorio nacional. La refinería Antonio Dovalí Jaime, en el puerto de Salina Cruz, Oaxaca, ha registrado un constante crecimiento y llega a procesar 330 tbpd, lo que la ubica como la más grande del sistema de refinación de hidrocarburos en México (http://www.globalenergy.com.mx/las-refinerias-mas-grandes-delmundo&catid=48:enero-2010).

A continuación se presentan algunos de los oleoductos y gasoductos más extensos en construcción que anuncian una significativa reconfiguración de la economía energética del planeta.

Geopolítica petrolera rusa: Druzhba, el oleoducto más largo del mundo. Se construyó en la ex URSS entre 1960 y 1964 para transportar petróleo, en un trayecto de 4 mil kilómetros, desde Rusia central hacia Europa. Druzhba es el mayor sistema de oleoducto del mundo y traslada al día entre 1.2 y 1.4 millones de barriles de petróleo de la Rusia europea hacia Ucrania, Bielorrusia, Polonia, Hungría, Eslovaquia, República Checa y Alemania (http://es.wikipedia.org/wiki/Oleoducto_Druzhba).

La geopolítica de hidrocarburos rusa se extiende mediante una serie de ductos, tales como el gasoducto Mozdok, que nace en Azerbaiyán y se extiende hasta Osetia del Norte, de ahí el interés ruso de mantener su independencia de Georgia, para lo cual inició una ofensiva militar en la región en 2008. A él se puede agregar el gasoducto terminado en 2011 entre Rusia y Alemania, con el cual Rusia amplía su asociación comercial con ese país y la posiciona bien en el tablero europeo. Así, en noviembre de 2011 se inauguró el gasoducto Nord Stream que une Alemania y Rusia a través del mar Báltico y que constituye un proyecto estratégico para garantizar un suministro más seguro a Europa y, geopolíticamente, se avanza hacia la consolidación del eje París-Berlín-Moscú. El primer ramal, de 1 224 kilómetros, permitirá el transporte de 27 500 millones de metros cúbicos de gas ruso desde Siberia a Europa occidental a través de Alemania. En 2013 esta capacidad se verá duplicada con la puesta en funcionamiento de un segundo ramal que permitiría abastecer a 26 millones de hogares (http://www. rtve.es/noticias/20111108 /gasoducto-nord-stream).

La expansión geopolítica está en marcha y hacia 2015 se anuncia la culminación del gasoducto de Altai, entre Rusia y China, mediante la empresa estatal Gazprom, con lo cual se fortalecerán los lazos comerciales entre ambas potencias, que se institucionalizan diplomáticamente por medio de organizaciones como la Shanghai Cooperation Organization (SCO) y de acciones combinadas en el Consejo de Seguridad de la ONU. El vínculo entre Rusia y China se ampliará mediante el oleoducto ESPO, que se espera culminar en 2014 y que transportará petróleo desde Siberia hacia el océano Pacífico, por lo que potencialmente también podría abastecer a Japón. Finalmente, también para 2015, se planea concluir un gasoducto hacia Austria, con lo cual Rusia consolidará su dominio europeo en la dotación de gas y evitará el problemático intermediario ucraniano (http://www.businessinsider.com /the-15-oil-and-gas-pipelines-changing-the-worlds strategic-map-2010-3).

El oleoducto internacional de Bakú-Tiflis-Ceyhan. Es un oleoducto de petróleo crudo que cubre 1 762 kilómetros, desde el campo petrolero de Azeri-Chirag-Guneshli, en el mar Caspio, hasta el mar Mediterráneo. Conecta Bakú, la capital de Azerbaiyán; Tiflis, la capital de Georgia, y Ceyhan, un puerto ubicado en la costa sureste mediterránea de Turquía. Constituye el segundo oleoducto petrolero más largo del mundo y la inversión para su construcción fue de 3.6 mil millones de dólares; es uno de los oleoductos más costosos conocidos (http://es.wikipedia.org/wiki/Oleoducto_Bak%C3%BA-Tiflis-Ceyhan).

Asociación energética de Estados Unidos y Canadá. Estos dos países de América del Norte iniciaron en 2005 negociaciones para la construcción del oleoducto Keystone XL, que hasta 2010 se hace operable, para transportar petróleo desde Alberta, Canadá, a Illinois y Oklahoma, Estados Unidos. Aunque se planeaba concluir en 2012, se han presentado problemas judiciales entre las compañías petroleras y mucha oposición de los grupos ambientalistas, por lo que el presidente Obama ha pospuesto la decisión final de su gobierno hasta 2013 (wikipedia.org/wiki/Keystone_Pipeline). El proyecto es un importante negocio para las petroleras norteamericanas, pues les permitirá la extracción del petróleo derivado de pizarra bituminosa en el norte del continente americano y reducir la necesidad de petróleo proveniente de fuentes extranjeras más lejanas. Además, se encuentra en concurso la construcción del gasoducto de Denali, con la potencial participación de Gazprom, la gigante compañía de gas rusa, que conectaría el norte de Alaska con Alberta, Canadá, para continuar hacia el medio oeste estadounidense (http://www.businessinsider.com/the-15-oil-and-gas-pipelines-changing-the-worlds strategic-map-2010-3).

Proyectos de Europa y Asia. Se espera culminar el gasoducto Poseidón en 2012 para transportar gas de Grecia a Italia, pero requerirá conectarse a otros gasoductos, por lo que finalmente podría ser de interés de Rusia o de otro proveedor. El gasoducto Nabucco, que se estima finalizar en 2015, parte de Turquía hacia Austria y enlaza el centro de Asia con los mercados europeos, ampliando la asociación turca con el viejo continente, además de hacer posible un probable suministro desde Irán. El gasoducto transcaspiano, por su parte, va de Turkmenistán a Azerbaiyán, y aunque no se ha especificado cuándo se culminará, permitirá a los países centroasiáticos comercializar sus reservas naturales de gas en los mercados europeos, reduciendo el control ruso sobre el continente. Se halla en construcción un gasoducto de Georgia a Rumania, y de allí a Europa occidental, el cual se planea terminar en 2016. Ello permitirá contrarrestar el control ruso sobre los mercados del gas en Europa. Un ducto en operación es el oleoducto Kazajistán-China, que tiene su origen en el primer país y constituye un enlace directo para la importación de petróleo por China, obra que forma parte de una historia económica de mayor calado dentro de la Organización para la Cooperación de Shanghái. En penúltimo lugar, se encuentra el gasoducto persa entre Irán y Turquía, que se finalizará en 2014 y transportará gas iraní hacia los mercados europeos, compitiendo con Rusia y reduciendo la dominación de Estados Unidos en la región. Finalmente, el gasoducto Irán-Pakistán-India que, de concluirse en 2015, transportará gas tanto a Pakistán como a la India, hecho que resulta sumamente importante para Irán, si se considera que la India tiene una inmensa población y una economía en expansión.

Revolución telemática y redes de fibra óptica

La fibra óptica se ha convertido en una de las tecnologías más avanzadas para transmitir información, puesto que tiene la capacidad de enviar 65 000 veces más información que el alambre de cobre convencional. Este novedoso material ha revolucionado las telecomunicaciones multimedia y, por tanto, acelerado el proceso de globalización económica e intensificado las relaciones internacionales. El primer cable de fibra óptica trasatlántico fue el TAT-8, que inició sus operaciones en 1988 (http://en.wikipedia.org/wiki/Submarine_communications_cable). Existen actualmente alrededor de 70 sistemas de cableado submarino de fibra óptica instalados en todos los océanos, los cuales permiten la interconexión de los países del mundo. Se estima que tienen una longitud mayor de 450 mil kilómetros, de acuerdo con una división internacional de cuatro regiones: *a)* océano Pacífico-Asia, *b)* océano Atlántico, *c)* Europa-Asia, y *d)* América del Sur.

Desde el descubrimiento de la fibra óptica con baja pérdida de energía, se han desplegado en el mundo más de 800 millones de kilómetros de este material (http://www.invent.org/hall_of_fame/85.html). El cable más largo es de 28 000 kilómetros y ocupa un lugar en el libro de récords de Guiness como la estructura más extensa construida por los seres humanos. Se inicia en Miura, Japón, y se extiende hasta Porthcurno, en Gran Bretaña, con puntos de contacto en 11 países y centro operativo en los Emiratos Árabes Unidos (http://www.bandangosta.com.ar/index.php?topic=1793.0).

La inversión en redes de fibra óptica es cuantiosa, y aunque no se tiene una estimación del valor total de los 800 millones de kilómetros desplegados, las inversiones anuales son muy significativas, aunque con grandes fluctuaciones. El capital invertido en nuevos sistemas de cable submarino en 2001 fue de 13.5 mil millones de dólares, mientras que se estima en alrededor de 1.6 mil millones de 2004 a 2007. Considerando el notable incremento de nuevos sistemas en construcción, se estimaba una inversión de aproximadamente 5.5 mil millones de dólares de 2010 a 2011 (http://euix.equinix.com/joomla-dev/images/repository/Equinix_TGMap_ MTS_15.pdf).

La telemática, en general, como campo científico que engloba el estudio, el diseño, la gestión y aplicación de las redes y los servicios de computación y telecomunicaciones, constituye la vanguardia tecnológica de las emergentes sociedades del conocimiento y será la industria más dinámica que requerirá una creciente infraestructura que continúe integrando a los sistemas urbanos, metropolitanos y megalopolitanos de todos los países del mundo.

Infraestructura de aeropuertos y puertos marinos

Para culminar la síntesis de la evolución y el estado actual de los grandes ensambles infraestructurales en el mundo, propósito central del presente capítulo, se incorporarán los aeropuertos y los puertos marinos.[9] En 2010 había 43 973 aeropuertos en el mundo incluyendo aquellos pavimentados de hormigón o asfalto, y los de algún tipo

[9] Queda fuera de los objetivos del escrito agregar las peculiaridades que los renglones de infraestructura analizados presentan en el interior de las ciudades, especialmente de las grandes metrópolis, que es donde observan la mayor complejidad. Sin embargo, puede mencionarse que la adecuada dotación de electricidad, hidrocarburos, conectividad terrestre y aérea y sistema telemático, son fundamentales para entender la dinámica económica de las urbes. A ello habría que agregar los medios de consumo colectivo, como el sistema de transporte colectivo Metro, vivienda, vialidad, escuelas, hospitales, y otro equipamiento público, como museos, parques y edificios administrativos. Todo ello es indispensable para garantizar la calidad de vida de los habitantes de las ciudades y la reproducción general de su fuerza de trabajo.

de terracería para aviones ligeros. Estados Unidos, con 15 079 aeropuertos, es el país mejor dotado, pues concentra 34.3% del total mundial (cuadro II.4). No obstante, sus aeropuertos internacionales son únicamente 135, por lo que la mayoría de aeródromos son pequeños en el ámbito regional y local. En segundo lugar se encuentra Brasil, con 9.3% del total mundial, y México se encuentra en tercer sitio, con 4.1% (https://www.cia.gov/library/publications/the-world-factbook/geos/xx.html#top). De los 1 819 aeropuertos mexicanos, sin embargo, únicamente 44 son internacionales, esto es, con las facilidades para atender a las modernas aeronaves (http://es.wikipedia.org/wiki/Anexo:Aeropuertos_en_M%C3% A9xico). Después siguen Canadá, Rusia, Argentina, Colombia, Bolivia, Paraguay e Indonesia; los 10 primeros países abarcan 63.9% del total de aeropuertos, y existe una gran concentración de éstos en pocas naciones, pero la mayoría son locales (https://www.cia.gov/library/publications/the-world-factbook/geos/xx.html#top) (cuadro II.4).

Finalmente, es preciso mencionar la infraestructura portuaria, compuesta por 8 297 puertos en el mundo, distribuidos, por continentes y subcontinentes, de la siguiente manera: Europa, 3 024; Norteamérica, 2 293; Asia, 1 720; Sudamérica, 453; África, 421; Oceanía, 373, y Antártica, 13 (cuadro II.5). La distribución y las características de los puertos por países proporcionan una idea muy completa de su dotación en el mundo. En Norteamérica, que incluye el Caribe, se tiene en primer lugar a Canadá con 1 006 puertos, seguida por Estados Unidos con 888, México con 61 y Cuba con 45. En Asía, China ocupa el primer lugar con 401 puertos, Japón el segundo con 325 e Indonesia el tercero con 218 (http://ports.com/). En el comercio mundial, no obstante, el grueso de la transportación internacional de mercancías se realiza por barcos que trasladan contenedores, y destacan como puertos importantes los siguientes: Singapur, con 25.8 millones; Shanghái (China), con 25.0 millones; Hong Kong (China), con 21.0; Shenzhen (China), con 18.3; Pusan (Corea del Sur), con 12.0; Guangzhou (China), con 11.2; Dubái (Emiratos Árabes Unidos), con 11.1; Ningbo (China), con 10.5; Qingdao (China), con 10.3, y Rotterdam (Holanda), con 9.7 millones de contenedores (cuadro II.6).

Es notable observar que China posee seis de los 10 puertos que más contenedores trasladan, los cuales absorben 62.1% del total,

Cuadro II.4

Mundo: total de aeropuertos por países, 2010[a]

Rango	*País*	*Aeropuertos*	*Rango*	*País*	*Aeropuertos*	*Rango*	*País*	*Aeropuertos*
	Total	*43 973*						
1	Estados Unidos	15 079	28	Zimbabue	216	55	Tailandia	105
2	Brasil	4 072	29	Perú	211	56	Siria	104
3	México	1 819	30	Bulgaria	210	57	Honduras	104
4	Canadá	1 404	31	Congo	198	58	Irak	104
5	Rusia	1 213	32	Angola	193	59	Turquía	99
6	Argentina	1 141	33	Kenia	191	60	Islandia	99
7	Colombia	990	34	Japón	176	61	Noruega	98
8	Bolivia	881	35	España	154	62	Kazajstán	97
9	Paraguay	800	36	Costa Rica	151	63	Guayana	96
10	Indonesia	684	37	Pakistán	148	64	Zambia	94
11	Sudáfrica	578	38	Finlandia	148	65	Dinamarca	92
12	Papúa Nueva Guinea	562	39	Nicaragua	143	66	Egipto	86
13	Alemania	549	40	Argelia	143	67	Madagascar	84
14	Reino Unido	505	41	Libia	137	68	Lituania	81
15	China	502	42	Cuba	136	69	Grecia	81
16	Francia	475	43	Italia	132	70	Corea del Norte	79
17	Australia	465	44	Omán	130	71	Botsuana	78
18	Ecuador	428	45	Polonia	129	72	Birmania	76
19	Ucrania	425	46	Namibia	129	73	Croacia	69
20	Venezuela	409	47	Tanzania	124	74	Bielorrusia	67
21	Guatemala	372	48	Nueva Zelanda	122	75	El Salvador	65
22	Chile	366	49	República Checa	122	76	Suiza	65
23	India	352	50	Malasia	118	77	Portugal	65
24	Irán	319	51	Panamá	118	78	Bahamas	62
25	Filipinas	254	52	Sudán	116	79	Etiopía	61
26	Suecia	249	53	Corea del Sur	116	80	Somalia	59
27	Arabia Saudita	217	54	Mozambique	106	81	Uruguay	58

Cuadro II.4
(concluye)

Rango	*País*	*Aero-puertos*	*Rango*	*País*	*Aero-puertos*	*Rango*	*País*	*Aero-puertos*
82	Marruecos	58	108	Islas Salomón	36	134	Georgia	22
83	Chad	56	109	Rep. Dominicana	35	135	Senegal	20
84	Yemen	55	110	Azerbaiyán	35	136	Malí	20
85	Austria	55	111	Camerún	34	137	Kiribati	19
86	Nigeria	54	112	Túnez	32	138	Estonia	19
87	Uzbekistán	54	113	Malawi	32	139	Jordania	18
88	Rumania	54	114	Vanuatu	31	140	Sri Lanka	18
89	Polinesia francesa	53	115	Liberia	29	141	Camboya	17
90	Afganistán	53	116	Puerto Rico	29	142	Bangladesh	17
91	Surinam	51	117	Serbia	29	143	Eslovenia	16
92	Israel	48	118	Fiyi	28	144	Guinea	16
93	Nepal	47	119	Mauritania	28	145	Chipre	15
94	Uganda	46	120	Kirguistán	28	146	Suazilandia	15
95	Mongolia	46	121	Costa de Marfil	27	147	Islas Marshall	15
96	Belice	45	122	Jamaica	27	148	Groenlandia	15
97	Vietnam	44	123	Turkmenistán	27	149	Haití	14
98	Gabón	44	124	Países Bajos	27	150	Seychelles	14
99	Hungría	43	125	Níger	27	151	Macedonia	14
100	Bélgica	43	126	Antártida	26	152	Eritrea	13
101	Letonia	42	127	Tayikistán	26	153	Yibuti	13
102	Emiratos Árabes Unidos	41	128	Lesoto	26	154	Armenia	11
103	Taiwán	41	129	Bosnia y Herzegovina	25	155	Moldavia	11
104	Laos	41	130	Nueva Caledonia	25	156	Ghana	11
105	Irlanda	39	131	República del Congo	25	157	Islas Cook	10
106	Rep. Centroafricana	37	132	Burkina Faso	24	158	Cabo Verde	10
107	Eslovaquia	36	133	Sudán del Sur	24	159	Resto de países[b]	267

Fuente: World Factbook de la CIA, consultado en línea en https: / / www.cia.gov / library / publications / the-world-factbook / geos / xx.html#top.

[a] Se refiere al número total de aeropuertos reconocibles desde el aire. La(s) pista(s) pueden ser pavimentadas o de tierra.

[b] Suma de los restantes 78 países de los 236 considerados en la fuente de información.

Cuadro II.5
Mundo: puertos marítimos actuales por grandes zonas continentales

	Número	*%*
Total	*8 297*	*100.0*
Europa	3 024	36.4
Norteamérica	2 293	27.6
Asia	1 720	20.7
Sudamérica	453	5.5
África	421	5.1
Oceanía	373	4.5
Antártica	13	0.2

Fuente: http://ports.com; consultado el 20 de enero de 2012.

Cuadro II.6
Mundo: puertos más importantes según carga en contenedores, 2009

Rango	*Puerto*	*País*	*TEU*[a]
1	Singapur	Singapur	25 866 400
2	Shanghái	China	25 002 000
3	Hong Kong	China	20 983 000
4	Shenzhen	China	18 250 100
5	Pusan	Corea del Sur	11 954 861
6	Guangzhou	China	11 190 000
7	Dubai	Emiratos Árabes Unidos	11 124 082
8	Ningbo	China	10 502 800
9	Qingdao	China	10 260 000
10	Rotterdam	Países Bajos	9 743 290
11	6 chinos[b]		96 187 900
12	*Total*		*154 876 533*
	(11)/(12) %		*62.1*

Fuente: World Factbook de la CIA, consultado en línea en https://www.cia.gov/library/publications/the-world-factbook/fields/2120.html#xx.

[a] TEU (Twenty-foot Equivalent Unit) es la capacidad de carga de un contenedor normalizado de 20 pies.

[b] Se refiere a la suma de los seis puertos en China.

además de que con los otros dos puertos asiáticos de Singapur y Corea del Sur alcanzan 86.5%. Esta sencilla cifra evidencia nítidamente la transformación de la región de Asia-Pacifico como la más dinámica en la mundialización del comercio internacional, que se perfila como el principal nodo económico del planeta en el siglo XXI.

CONCLUSIONES: ETAPA GEOLÓGICA Y SOCIALIZACIÓN DE LAS FUERZAS PRODUCTIVAS

El objetivo general del capítulo fue sintetizar la evolución de los principales renglones infraestructurales en el mundo, desde los inicios de la civilización hasta las colosales obras que caracterizan a los sistemas económicos contemporáneos. Ello ha permitido desarrollar la limitada gama de tipos de infraestructura que tenían los autores clásicos en el siglo XIX, según se analizó en el capítulo I y se sintetizarán y obtendrán las conclusiones pertinentes en el último capítulo del libro.

La multiplicidad y monumentalidad del conjunto de condiciones generales de la producción socialmente producidas permite extraer dos conclusiones cardinales, por el momento. En primer lugar, que la transformación que han impreso a la faz del planeta, en forma conjunta con el elevado crecimiento demográfico y la emergencia de un sistema de megaciudades, implica el advenimiento de la era antropocena como una nueva etapa geológica de la evolución de la Tierra. En segundo lugar, que la trascendencia de las condiciones generales de la producción como articuladoras del desarrollo económico y la organización territorial del proceso productivo exige avanzar en la teorización de su naturaleza y en la elaboración de una tipología comprensiva que abarque su diversidad actual y las formas que presentará en el futuro. Ambas conclusiones confieren a la disciplina urbano-regional una dimensión sistémica y multidisciplinaria que debe ser analizada con el mayor rigor científico posible, pues ello contribuiría a entender la actual metamorfosis del sistema capitalista y, con base en ello, a diseñar los escenarios posibles y deseables de las nuevas estructuras sociales emergentes.

BIBLIOGRAFÍA

Aldan, Andrew (2012), "Introducing the anthropocene. A new name for the geological present" (geology.about.com/antrhropocene.htm).

Billege, I. (2011), "700 refineries supply oil products to the world" (http://hrcak.srce.hr/ index. php?show=clanak&id_clanak_jezik=65010 &lang=en).

Garza, Gustavo (1985), *El proceso de industrialización en la ciudad de México, 1821-1970*, El Colegio de México, México.

Kolbert, Elizabeth (2011), "Enter the anthropocene age of man", *National Geographic*, **219** (3): 60-85.

Mann, Charles, C. (2011), "The birth of religion", *National Geographic*, **219** (6): 34-59.

Scarre, Chris (2004), *Las setenta maravillas del mundo antiguo: los grandes monumentos y cómo se construyeron*, Blume, Barcelona.

III. CONCEPTUALIZACIÓN DEL BINOMIO CONDICIONES Y SERVICIOS GENERALES DE LA PRODUCCIÓN

*Gustavo Garza**

Los factores de la producción constituyen los elementos fundamentales para el análisis científico de la evolución del capitalismo, pero en la actualidad no son la tradicional fórmula trinitaria de tierra, trabajo y capital. La tierra, factor central en las naciones agrarias, perdió importancia en las economías industriales, y más aún durante el avance de la Revolución Terciaria. En el mundo contemporáneo, las condiciones generales de la producción (CGP), concentradas en las ciudades, sustituyen a la tierra y las urbes se transforman en monumentales fuerzas productivas socializadas. Paralelamente, como una peculiaridad esencial de la fuerza de trabajo, destacan sus niveles de tecnificación, educación y cultura. El capital fijo, por su parte, requiere un ritmo de innovaciones creciente, por lo que la ciencia y la tecnología conforman un factor que cobra cierta autonomía por la participación de las universidades y el Estado en su generación. El capital humano, así como las actividades científicas y tecnológicas, se localizan y desarrollan de manera preferente en las grandes ciudades.

El objetivo general del presente capítulo es analizar las principales características de las CGP. Se trata, en primer lugar, de proponer una definición comprensiva y actualizada que refleje su naturaleza histórica como categoría económica; en segundo lugar, se presenta una tipología de sus componentes específicos a partir de su ubicación dentro de las fuerzas productivas de la sociedad;

* Profesor-investigador del Centro de Estudios Demográficos, Urbanos y Ambientales, El Colegio de México. Se agradece a Amós Hernández Guzmán la realización de las dos gráficas del trabajo.

en tercer y último lugar, se sistematizan los rasgos específicos que las caracterizan.

DEFINICIÓN DEL BINOMIO CONDICIONES Y SERVICIOS GENERALES DE LA PRODUCCIÓN

La acumulación del capital en las ciudades promueve la expansión del tejido urbano mediante la construcción inmobiliaria privada y la realización de las grandes obras de infraestructura por parte del Estado, lo cual conlleva una creciente socialización de las fuerzas productivas cristalizadas en la ciudad misma (Lefevbre, 1976: 161).[1] La edificación de la ciudad contemporánea constituye una "matriz homogénea de espacio capitalista, que combina exitosamente el objetivo de control por el poder con el objetivo del intercambio comercial" (Lefevbre, 1976: 161). La concentración infraestructural representa una "brutal condensación de las relaciones sociales" que es "discernible en el estilo de los edificios gubernamentales desde el siglo XIX hasta la fecha, en escuelas, estaciones de ferrocarril, edificios municipales, estaciones de policía o ministerios" (Lefevbre, 1991: 227). De esta suerte, "el espacio es indudablemente producido, aun cuando la escala no sea la de las principales supercarreteras, los aeropuertos o las grandes obras públicas" (Lefevbre, 1991: 75). El espacio urbano es, pues, una relación social con derechos de propiedad inherentes y estrechamente vinculado con las fuerzas productivas (Lefevbre, 1991: 85). En efecto, la construcción de las CGP está muy relacionada con el desarrollo de los medios de producción y, en conjunto, transforman la ciudad en una verdadera fuerza productiva.

Marx visualiza, como ya se señaló en el capítulo I, la existencia de una relación específica entre el capital privado y las condiciones

[1] Harvey considera que la construcción de la infraestructura urbana constituye un "segundo circuito" de acumulación capitalista que se utiliza en los periodos de crisis, cuando el Estado se endeuda para la utilización del capital excedente, con lo que se contrarresta la caída de la tasa de ganancia (Harvey, 1989: 64-65). Se ha criticado, sin embargo, que su análisis presenta deficiencias teóricas, pues no incorpora las interconexiones históricas del fenómeno urbano, por lo que su planteamiento resulta muy esquemático, en el mejor de los casos, o verdaderamente pedestre desde una perspectiva histórica rigurosa (Beauregard, 2004: 634).

generales de la producción, las cuales sólo logra definir indirectamente como "Todas aquellas condiciones materiales que han de concurrir para que el proceso de trabajo se efectúe", pero que "no se identifican directamente con dicho proceso, pero sin las cuales éste no podría ejecutarse, o sólo podría ejecutarse de un modo imperfecto". Entre ellas incluye la tierra misma y otros medios de trabajo construidos, como "los locales en que se trabaja, los canales, las calles, etc." (Marx, 1971: 133). Dejando de lado el desliz de considerar como CGP "los locales en que se trabaja", pues evidentemente forman parte del capital fijo de las empresas, cabe destacar que sólo agrega los canales y las calles, cuando en su tiempo ya existían los ferrocarriles, además de que los puertos eran una CGP fundamental para la expansión del capitalismo inglés del siglo XIX. Todo ello evidencia el carácter secundario, coadyuvante, que Marx atribuía a las CGP en su teoría general del capital. Como se vio en el capítulo II, estas condiciones han alcanzado tal monumentalidad que marcan el advenimiento del antropoceno como una nueva época geológica que regirá la evolución del ecosistema de la Tierra.

A pesar de la importancia fundamental de las CGP para las economías actuales y de su gran relevancia conceptual para entender la naturaleza del capitalismo contemporáneo, existe un muy limitado desarrollo teórico de dicha categoría que fue básicamente iniciado en los años setenta (Lefebvre, 1969 y 1976; Castells, 1974; Pottier, 1975; Holland, 1976; Harvey, 1977; Broadbert, 1977; Lojkine, 1979; Topalov, 1979; Folin, 1979; Lipietz, 1979; Alvater, 1980; Gough, 1982; Slater, 1983; Pradilla, 1984; Garza, 1985; Harvey, 1989; Smith, 1990; Lefebvre, 1991; Soja, 1996; Edel, 2001).

No obstante el desarrollo conceptual realizado en las anteriores publicaciones, la mayoría de ellas se centra, en primer lugar, en los tipos de CGP existentes para la reproducción de los trabajadores, desatendiendo a las utilizadas por el aparato productivo, parte esencial del concepto de ciudad como fuerza productiva. En segundo lugar, todas se ciñen a la definición de tipo excluyente acuñada por Marx (se refiere a las condiciones de producción que "no forman parte de los medios al interior de las empresas"), sin proponer una definición positiva que subraye la esencia de la categoría. Una carencia más importante, en tercer lugar, es que sólo visualizan a las CGP como la parte infraestructural externa a las empresas, sin considerar que representan únicamente el capital fijo de un servicio complejo. Así, las CGP son un elemento de un servicio (electricidad, dotación de agua, comunicaciones, etc.) que requiere para prestarse de instalaciones adicionales de tipo administrativo, además de equipo de transportes y, lo que es igualmente indispensable, de empleados, trabajadores, cuadros técnicos especializados, así como los niveles gerenciales que planean y dirigen estratégicamente a la empresa. Se está ante una categoría dual que presenta los renglones infraestructurales, esto es, las condiciones generales de la producción, además de la parte de la gestión o servicios generales de la producción (SGP). Se tiene como categoría un binomio CGP-SGP, que está orgánicamente articulado y constituye una unidad indivisible.

La dotación de energía eléctrica en México puede ejemplificar la naturaleza dual de la categoría. La Comisión Federal de Electricidad en 2010 tuvo un presupuesto de 181 831 millones de pesos a precios de 2003. Parte de esta cifra constituye inversión en CGP, tales como la construcción de plantas generadoras de electricidad o las líneas y subestaciones de distribución del energético, esto es, inversión en capital fijo. En estos renglones erogó 59 118 millones, distribuidos en inversión nueva por 22 269 millones y 36 849 millones en pago de los Proyectos de impacto diferido en el gasto (Pidiregas) de obras de años anteriores. En conjunto, la inversión fija constituyó 32.5% del gasto total. Los 121 170 millones de pesos restantes se destinan al gasto corriente, dividido básicamente en gastos de operación (principalmente materiales y suministros), que suman 87 962 millones, y gastos de personal con 22 740 millones (CFE, 2010).[2] El gasto corriente en conjunto representa 66.6% del presupuesto total de 2010.[3] Otra forma de ver esta relación es con un coeficiente entre la inversión en capital fijo y el gasto corriente anuales, que con las cifras anteriores es igual a 0.5, esto es, que el primero es la mitad respecto

[2] El número total de trabajadores de la CFE fue muy estable de 2002 a 2009, cuando pasó de 80 257 a 80 484. Sin embargo, mediante decreto presidencial de octubre de 2009 se declaró extinguida la Compañía de Luz y Fuerza del Centro y sus funciones fueron absorbidas por la CFE, por lo que esa última elevó su número de trabajadores a 93 329 en 2010 (CFE, 2010).

[3] El 0.8% restante se encuentra en el renglón de operaciones ajenas netas, que no se consideró en ninguno de los dos grandes renglones anteriores.

del segundo. De esta suerte, representan 32.5 y 66.6% del total, como se calculó antes. En cuanto a los gastos anuales, por ende, puede decirse que un tercio del binomio CGP-SGP corresponde al rubro del capital físico y dos tercios a la parte que conforman los servicios generales de la producción.[4]

Con objeto de conceptualizar rigurosamente la naturaleza de la nueva categoría de CGP-SGP, se propone la siguiente definición de corte positivo:

> El binomio condiciones y servicios generales de la producción está conformado por medios de producción naturales y construidos (infraestructura), así como por trabajadores e insumos. Todo ello se requiere para realizar el proceso general de producción y reproducción de la fuerza de trabajo. El binomio, sin embargo, es externo a las empresas individuales, pero indispensable para realizar sus operaciones.

[4] Se optó por utilizar la relación entre capital variable y fijo del gasto programable porque ambas magnitudes son flujos, es decir, se ejercen anualmente. Se puede pensar en otra relación entre el capital fijo de las CGP acumulado a lo largo del tiempo y el variable, pero este último no es acumulable y se usa el mismo en cada rotación del capital (para las implicaciones teóricas y empíricas de esta última categoría véase Garza, 1985: 380-382). Si se utilizara la relación entre el capital fijo acumulado y el capital variable la relación favorecería muy considerablemente a las CGP, como se explica a continuación. El monto total del capital fijo público de la CFE es de 542 383.7 millones de pesos en 2010 (a precios de 2003). El gasto corriente en 2010, a precios del anterior año base, fue de 121 170 millones de pesos que corresponderían a los SGP. El coeficiente entre el *stock* de capital fijo y gasto corriente sería de 4.5, lo que invertiría la importancia de las CGP a ser 4/5 partes y los SGP 1/5 del binomio CGP-SGP. Aun en este caso extremo de mezcla de una variable de flujo (gasto corriente anual) con una de *stock* (capital fijo total acumulado), los SGP tienen considerable importancia dentro del binomio en cuestión. Cabe destacar que el coeficiente entre el *stock* de capital fijo y gasto corriente anterior equivale a la composición orgánica del capital fijo ($COCF_F$) propuesta en el capítulo I de este libro (nota al pie 12). En ella se utiliza el capital circulante en el denominador en vez de únicamente el variable, tal como se hace en la definición clásica de Marx. El coeficiente propuesto en este texto para vincular las CGP y los SGP implica una nueva relación entre los elementos del capital que se denominó composición orgánica del capital integral (COCI) en el capítulo I. A la luz de la evidencia empírica de la estructura del gasto de la CFE, se ha calculado un nuevo coeficiente que se denominará composición orgánica del capital integral de flujos ($COCI_F$) que se define como $COCI_F = IC_F / CC$; donde IC_F es la inversión anual de capital fijo (incluye los pagos financieros para su adquisición) y CC son el capital circulante constituido por los pagos anuales de sueldos y salarios, más la compra de materias primas, otros gastos de operación y erogaciones en pensiones y jubilaciones. La $COCI_F$ es el coeficiente propuesto para medir la relación entre CGP y SGP en el binomio que las integra, tanto para cada tipo de CGP-SGP como para el agregado de todas ellas.

En general, el binomio CGP-SGP proporciona servicios y materias auxiliares que pueden realizarse en forma privada o pública, según el nivel de cohesión y justicia social alcanzado y el modelo de desarrollo económico establecido. Los servicios comprenden renglones muy importantes para la población, tales como educativos, de salud, dotación de agua y drenaje, seguridad pública, cultura y esparcimiento, tramitación de derechos y aprovechamientos, elección de los gobernantes, etc. Igualmente, para el aparato productivo le es imprescindible contar con sistemas adecuados de comunicaciones y transportes, dotación de energéticos, de servicios bancarios y de una adecuada gestión del aparato gubernamental. En países como la República Popular China todos estos componentes de las CGP-SGP son públicos, mientras que en el México neoliberal actual el grupo en el poder ha instrumentado acciones privatizadoras generalizadas, otorgado concesiones para carreteras de cuota, aeropuertos, puertos, ferrocarriles, generación de electricidad, sistemas de agua potable, privatización del sistema bancario, estímulo a la salud y educación privada, entre muchos otros.

A partir de la anterior conceptualización, enseguida se propone una tipología general que engloba toda clase de condiciones y servicios generales de la producción.

Tipología

El binomio CGP-SGP constituye la principal categoría de la economía política urbana como determinante de la distribución espacial de las actividades económicas y la reproducción de la fuerza de trabajo. Esta última, junto con los medios de producción, constituyen las fuerzas productivas de la sociedad (gráfica III.1). Su grado de desarrollo está condicionado por la magnitud de la masa de capital acumulado, la cual depende de las relaciones de producción entre el Estado, el sector empresarial y los asalariados, así como del progreso científico y tecnológico generado. En su conjunto, los anteriores elementos son el motor de la metamorfosis que ocurra en la superestructura social, política, psicológica e ideológico-religiosa en el mediano y largo plazo. Todo ello determina la evolución sistémica de la estructura económica y el contrato social que gira

Gráfica III.1

Componentes de las fuerzas productivas y del binomio condiciones y servicios generales de la producción (CGP-SGP)

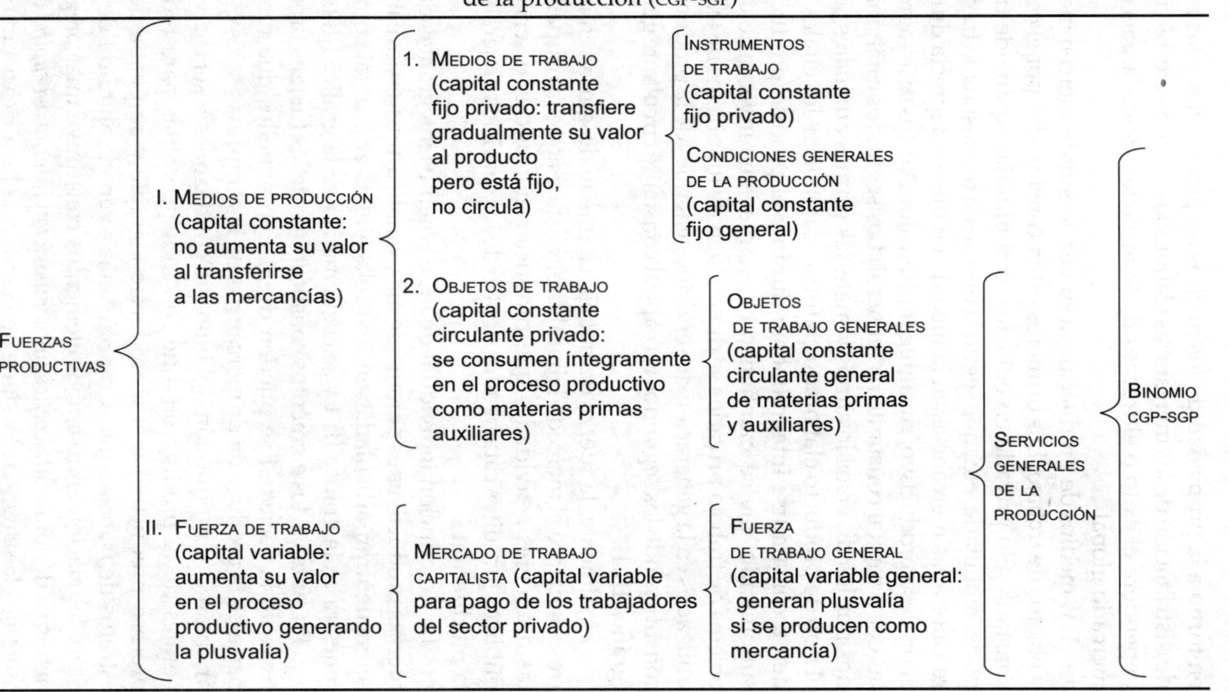

en torno a la propiedad de los medios de producción y las reglas de distribución de las mercancías elaboradas, factores de los cuales dependerá el éxito o el fracaso de la inserción de cada país en el mercado global.

Los medios de producción, a su vez, se subdividen en medios y objetos de trabajo. Los primeros están constituidos por el capital constante fijo privado en edificios, maquinaria, equipo de transporte, mobiliario, etc., que según la ortodoxia marxista sólo transfiere valor a las mercancías en la medida en que se deprecia durante el proceso productivo, sin agregar plusvalor. A éstos se les agregan las CGP o capital constante fijo general. Los segundos están formados por los diversos insumos y materias primas auxiliares según el tipo de producto elaborado en forma capitalista, los cuales tienden a consumirse integralmente durante el proceso productivo, suponiendo que se mantienen constantes sus inventarios. Los objetos de trabajo privados se diferencian de los objetos de trabajo utilizados en la generación de servicios generales de la producción, constituyendo los segundos un capital constante circulante general (gráfica III.1).

Finalmente, la fuerza de trabajo se puede desglosar en la correspondiente al mercado laboral capitalista y aquella ocupada en las diferentes actividades que producen mercancías o servicios públicos gratuitos catalogados dentro de los servicios generales de la producción.

La descripción individual de los elementos integrantes de las fuerzas productivas es puramente diagramática, pues en la realidad se encuentran articuladas en una relación sistémica, tal como se muestra en la gráfica III.1 y se esquematiza en la gráfica III.2.

En síntesis, los elementos constitutivos de las fuerzas productivas de la sociedad se pueden dividir en aquellos que forman parte de la producción de mercancías en las empresas, y los que se orientan a la producción del binomio condiciones y servicios generales de la producción, que son indispensables para todo el proceso productivo y la reproducción simple y ampliada de los estratos de trabajadores. Como se analizó en el capítulo I de este libro, la relación entre ambos elementos constituye una categoría histórica denominada *coeficiente composición interna del capital constante fijo global* (CCI-CFG) y sigue una tendencia histórica a aumentar

Gráfica III.2
Clasificación de las condiciones y servicios generales de la producción

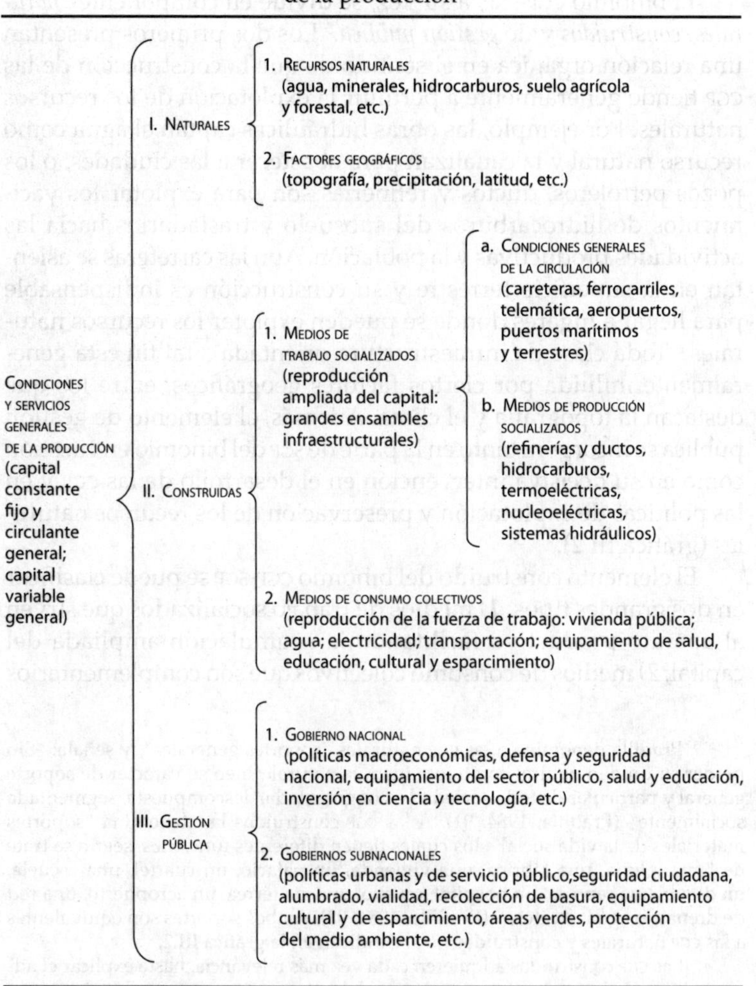
Condiciones y servicios generales de la producción (capital constante fijo y circulante general; capital variable general)
I. Naturales
1. Recursos naturales (agua, minerales, hidrocarburos, suelo agrícola y forestal, etc.)
2. Factores geográficos (topografía, precipitación, latitud, etc.)
II. Construidas
1. Medios de trabajo socializados (reproducción ampliada del capital: grandes ensambles infraestructurales)
a. Condiciones generales de la circulación (carreteras, ferrocarriles, telemática, aeropuertos, puertos marítimos y terrestres)
b. Medios de producción socializados (refinerías y ductos, hidrocarburos, termoeléctricas, nucleoeléctricas, sistemas hidráulicos)
2. Medios de consumo colectivos (reproducción de la fuerza de trabajo: vivienda pública; agua; electricidad; transportación; equipamiento de salud, educación, cultural y esparcimiento)
III. Gestión pública
1. Gobierno nacional (políticas macroeconómicas, defensa y seguridad nacional, equipamiento del sector público, salud y educación, inversión en ciencia y tecnología, etc.)
2. Gobiernos subnacionales (políticas urbanas y de servicio público,seguridad ciudadana, alumbrado, vialidad, recolección de basura, equipamiento cultural y de esparcimiento, áreas verdes, protección del medio ambiente, etc.)

su magnitud, anunciando la transformación del capitalismo hacia otro modo de producción poscapitalista.

El binomio CGP-SGP, a su vez, se divide en componentes *naturales*, *construidos* y de *gestión pública*.[5] Los dos primeros presentan una relación orgánica en el sentido de que la construcción de las CGP tiende generalmente a permitir la explotación de los recursos naturales. Por ejemplo, las obras hidráulicas captan el agua como recurso natural y la canalizan para abastecer a las ciudades; o los pozos petroleros, ductos y refinerías son para explotar los yacimientos de hidrocarburos del subsuelo y trasladarlos hacia las actividades productivas y la población. Aun las carreteras se asientan en la superficie terrestre y su construcción es indispensable para llegar a lugares donde se pueden explotar los recursos naturales.[6] Toda clase de infraestructura orientada a tal fin está generalmente influida por ciertos factores geográficos, entre los que destacan la topografía y el clima. Además, el elemento de gestión pública se incorpora tanto en la parte de SGP del binomio en cuestión como en su decisiva intervención en el desarrollo de las CGP y en las políticas de explotación y preservación de los recursos naturales (gráfica III.2).

El elemento construido del binomio CGP-SGP se puede clasificar en dos grandes tipos: *1)* medios de trabajo socializados que sirven al aparato productivo facilitando la acumulación ampliada del capital; *2)* medios de consumo colectivos que son complementarios

[5] Pradilla denomina a las CGP naturales "soportes generales", y señala: "Sin perder su unidad natural como totalidad, la naturaleza en su carácter de soporte general y particular de toda sociedad es fragmentada, descompuesta, segmentada socialmente" (Pradilla, 1984: 91). A las CGP construidas las denomina "soportes materiales de la vida social", los cuales tienen diferentes funciones, según se trate de "una iglesia, una fábrica, una vivienda, un palacio, un cuartel, una escuela, un dique, una represa, un hospital, un silo, una vía férrea, un aeropuerto, una red de drenaje o agua, etcétera" (Pradilla, 1984: 92). Ambos soportes son equivalentes a las CGP naturales y construidas que se indican en la gráfica III.2.

[6] Las CGP construidas adquieren cada vez más relevancia, hasta explicar el advenimiento de la nueva época geológica del antropoceno, como se ha visto en el capítulo II. Ello no significa que las naturales pierdan su importancia, pues incluso uno de los factores que explican los conflictos armados contemporáneos es "La desproporcionada distribución de la capacidad de producción y de las materias primas", lo cual lleva a una serie de conflictos geoeconómicos continuos. Se afirma que "el mundo vive ya la tercera guerra mundial: sólo le falta su componente bélico global" (Jalife-Rahme, 2011: 12).

a la masa salarial para permitir la reproducción simple y ampliada de la fuerza de trabajo. Estos últimos están constituidos por la vivienda pública, la dotación de servicios de agua y electricidad, así como el equipamiento y sus servicios correspondientes de la salud y educación. Los medios de trabajo socializados del binomio CGP-SGP se pueden subdividir en: *1)* de la circulación y *2)* de la producción. El primero está constituido por las carreteras, ferrocarriles, sistema telemático, transporte aéreo y marítimo, entre los principales. El segundo comprende las refinerías, ductos y todo el sistema de venta de hidrocarburos; las centrales eléctricas con todos los elementos infraestructurales y laborales que se requieren para otorgar el servicio a las empresas; los sistemas hidráulicos, tanto en sus componentes de presas y acueductos como en el servicio de abastecimiento a las actividades económicas y la infraestructura de saneamiento correspondiente (gráfica III.2).

En tercer lugar se pueden incorporar dentro del binomio CGP-SGP las acciones del Estado en sus diferentes niveles de gobierno, en el caso mexicano del gobierno federal, los de las entidades federativas y los correspondientes a cada municipio que conforma políticamente la república. En la gráfica III.2 sólo se divide en gobierno nacional y subnacionales (estados y municipios) y se les incorporan una serie de acciones de gestión pública adicionales a las mencionadas entre los medios de trabajo socializados y los medios de consumo colectivos. Esta forma esquemática evidentemente no significa que la gestión pública se incluya, directa o indirectamente, tanto en las CGP-SGP naturales como en las construidas. Se trata verdaderamente del órgano de gestión que regula y participa en todo el proceso que caracteriza al binomio en su naturaleza unitaria u orgánica.

Las CGP-SGP adquieren una importancia creciente en su evolución histórica desde las ciudades esclavistas hasta las megaurbes del siglo XXI, tal como se describió en el capítulo II de este libro. Como parte final del presente trabajo, resta mencionar las características que se observan en dicho binomio, las cuales permiten entender la complejidad histórica de su larga evolución y visualizar su importancia futura al imprimir a las urbes una verdadera función de monumentales fuerzas productivas.

Características principales

La función central del binomio CGP-SGP es constituir un capital fijo y variable externo a las empresas individuales, pero indispensable para que el proceso general de producción de mercancías se realice y permita la acumulación ampliada del capital. El proceso de valorización se estimula mediante la transferencia directa de valor de los medios de producción constituidos por las CGP-SGP, así como indirecta de los medios de consumo colectivos que permiten abaratar la fuerza de trabajo.

El binomio CGP-SGP presenta, además, un conjunto de características específicas que los definen y explican la fuerte tendencia a que sean proporcionados por el Estado, proceso que ha intentado ser contrarrestado por las políticas de privatizaciones derivadas del prácticamente extinto "consenso de Washington", que instauró la ideología neoliberal de adelgazamiento del sector público y que desde 2011 tiene, paradójicamente, a la Unión Europea y a Estados Unidos en una seria crisis fiscal sistémica por los altos montos alcanzados de la deuda pública, lo cual hace inviable continuar estimulando la economía por esa vía.[7]

Destaca, como primera gran característica, que las CGP-SGP constituyen una necesidad general para el funcionamiento adecuado de las ciudades, las cuales concentran la mayor parte de la población y las actividades económicas secundarias y terciarias. De esta suerte, son indispensables los servicios públicos de vialidad, transporte, vivienda (de los organismos gubernamentales especializados, como el Infonavit en México), abastecimiento de agua y drenaje, energía eléctrica, limpieza y alumbrado público, vigilancia y seguridad, equipamiento cultural y deportivo, entre los princi-

[7] La acumulación socializada de CGP-SGP constituye un elemento fundamental para entender la tendencia, desde las últimas décadas del siglo pasado, a consolidarse un "capitalismo de Estado", el cual constituye un gran reto al modelo neoliberal, en profunda crisis desde 2008. El caso más emblemático es el de la República Popular China, que en los últimos 30 años ha crecido a una tasa anual de 9.5%, además de que en los 10 años pasados triplicó su PIB absoluto hasta alcanzar 11 millones de millones de dólares, sólo atrás del de Estados Unidos. Se agrega que las 13 mayores compañías petroleras son estatales y concentran 75% de las reservas mundiales; además, en países como China, 80% de la capitalización en la bolsa de valores es de empresas estatales, mientras que en Rusia es de 62% y de 38% en Brasil (*The Economist*, 21 de enero de 2012; http://www.economist.com/node/21543160).

pales renglones. Todos ellos son servicios de tipo colectivo que no se pueden proporcionar en unidades discretas a los usuarios o compradores individuales (Gough, 1980: 273).

La segunda gran característica de las CGP-SGP, en su carácter de necesidades generales para empresas y personas, es que tienden a prestarse por organismos gubernamentales, debido al riesgo que supondría la existencia de conflictos de intereses entre las firmas que las proporcionen y los requerimientos generales de la estructura económica. En México, por ejemplo, la privatización del sistema ferroviario, algunos segmentos del sistema carretero, los aeropuertos y puertos ha presentado una serie de disfuncionalidades que han requerido en muchos casos el rescate financiero gubernamental y, en general, el país ha experimentado un serio retroceso de su competitividad internacional por las graves desarticulaciones de su aparato infraestructural. Efectivamente, la república mexicana ha visto caer su nivel de competitividad mundial en el rubro de infraestructura del lugar 37 en 1999 al 49 en 2011 según el International Institute for Management Development (el primer año, de *Reforma*, 19 de abril de 2000: 1; el segundo, de www.worldcompetitiveness/On Line/Mexico). La caída del índice de competitividad global es aún más drástica, pues se desploma del rango 31 en 1999 al 66 en 2011, según el World Economic Forum (el primer año, de www.google.com.mx/global competitiveness report 2000; el segundo, de www3.weforum.org/report 2011-2012).

La tercera característica fundamental se refiere a que la construcción de las CGP-SGP específicas comprenden inversiones financieras de gran envergadura, aun en proyectos realizados por etapas, además de que tienden a ser crecientes para estimular el desarrollo económico, haciendo internacionalmente competitivas a las grandes ciudades de las naciones. El financiamiento para su edificación suele ser público pero, en la etapa neoliberal, existe una creciente participación empresarial en las inversiones correspondientes. En México, la intervención de la iniciativa privada en la dotación de infraestructura ha tendido a ser creciente, y se tienen segmentos de carreteras privatizadas, plantas generadoras de electricidad y, recientemente, vialidades primarias de cuota en la Ciudad de México. En el caso del sector eléctrico y petrolero existe un esquema de proyectos de inversión diferidos en el gasto (Pidiregas), también denominados proyectos de inversión en infraestructura de largo plazo, que alcanza la cifra de 102 029 millones de pesos en 2007 a precios de ese año (http://www.cefp.gob.mx/intr/edocumentos/pdf/cefp/cefp0832007.pdf).

La cuarta peculiaridad estructural, por último, es la baja rentabilidad y rotación de la inversión en todos los rubros del binomio CGP-SGP, lo que explica la participación del Estado en los renglones menos rentables, así como el subsidio que se ofrece cuando se realizan en forma privada, o su rescate cuando fracasan.[8] Se puede mencionar, por ejemplo, la extensión de los años de concesión de las carreteras privadas en México y su rescate financiero. En la última década del siglo XX el gobierno de México concesionó 52 autopistas con una extensión total de 5 000 kilómetros, las cuales eran de las más transitadas y, supuestamente, rentables. Sin embargo, su bajo aforo vehicular, en parte por las elevadas cuotas que se cobraban, aunado al aumento en los costos de operación, provocó que las principales empresas concesionarias enfrentaran problemas financieros para el pago de los préstamos bancarios que habían obtenido. Ante esta situación, en 1997 el gobierno federal rescató 23 de las 52 autopistas concesionadas, asumió la deuda respectiva y canalizó su mantenimiento y operación a Caminos y Puentes Federales de Servicios Conexos (Capufe) y a un Fondo de Apoyo al Rescate Carretero (FARAC), creado para tal fin. El primero administra de manera directa aproximadamente 900 kilómetros de autopistas, mientras que el segundo los restantes 4 400 kilómetros. El costo total del rescate carretero realizado por el gobierno federal en agosto de 1997 fue de 58 123 millones de pesos, cifra que en 2006 se elevó a 178 289 millones, magnitud que representa 78.0 % del saldo total de las obligaciones garantizadas por el gobierno federal. Entre 1997 y 2007 se han destinado al pago de intereses del rescate carretero 98 735 millones de pesos, registrados dentro del gasto no programable (http://www.cefp.gob.mx/intr/edocumentos/pdf/cefp/cefp0162007.pdf). Tal es el costo de esta experiencia privatizadora mexicana, parcialmente fracasada desde una perspectiva estrictamente financiera; desde una macroeconómica, aun cuando

[8] Por añadidura, existe una importante transferencia oculta de valor de las CGP-SGP del sector público al privado (Garza, 1985: 210-213).

el resto de las carreteras no rescatadas sean rentables, sus altas cuotas de peaje contribuyen a la falta de competitividad de las empresas localizadas en México por la elevación de sus costos de transporte, dejando de lado los que implica la inseguridad en las carreteras nacionales.

Un ejemplo de subsidio directo es el Ferrocarril Suburbano de la Zona Metropolitana de la Ciudad de México, cuya única línea es el sistema 1, de Buenavista a Cuautitlán, inaugurado en 2008. La inversión realizada para su construcción fue de 670 millones de dólares, de los cuales 130 fueron aportados por el gobierno federal y el resto por la compañía española Construcciones y Auxiliar de Ferrocarriles, S.A., que ganó la licitación para su realización y operación (http://es.wikipedia.org/wiki/Ferrocarril_Suburbano_de_la_Zona_Metropolitana_del_Valle_de_Mexico).[9] Para evitar problemas de rentabilidad de la inversión, se instrumentó un Fondo de Contingencia para Deuda por 1 500 millones de pesos, de los cuales en sus primeros dos años de funcionamiento se absorbieron como subsidio 750 millones, utilizando 50% de dicho fondo. Ello ocurre porque el tren traslada 130 mil/personas/día, que son 170 mil menos que lo esperado en el proyecto ejecutivo (*Reforma*, 18 de octubre de 2010, Negocios: 12). El número de pasajeros por día aumentó de 90 150 en 2009, a 129 600 en 2010 y a 132 300 en 2011, y tuvo un incremento marginal casi nulo en el último año. Todo augura que, en el futuro previsible, no será viable alcanzar la cifra de 280 mil establecida en el "plan de negocios" para que el proyecto fuera rentable (http://www.ositran.gob.pe/repositorioaps/0/0/jer/e1/Reyes%20 Juarez.pdf). En 2011 el Fondo de Contingencia se agotó y el gobierno federal procedió a rescatar a la empresa Ferrocarril Suburbano al comprar 49% de las acciones a fines de ese año.

Un ejemplo más de los grandes inconvenientes que conlleva la privatización del binomio CGP-SGP es el programa de concesiones ferroviarias que se realizaron en México a partir de 1994 (http://es.wikipedia.org/wiki/Ferrocarriles_Nacionales_de_M% C3%A9xico). En 1999 se entrega una concesión por 30 años de la línea del sureste mexicano,

[9] Al parecer la inversión real fue de 852.5 millones de dólares (http://www.ositran.gob.pe/ repositorioaps/0/0/jer/e1/Reyes%20Juarez.pdf).

conocida como Chiapas-Mayab, a la empresa norteamericana Genesse & Wyoming. En 2005 el huracán *Stan* afectó parte de la infraestructura ferroviaria, con daños en 70 puentes y en considerables tramos de vías, haciendo inoperables 280 kilómetros (*La Jornada*, 26 de julio de 2007). Ante ello, la compañía no consideró rentable encargarse de la reparación, por lo que decidió renunciar a la concesión y abandonar el país (*Reforma*, 26 de junio de 2007, Negocios: 1). La reparación de todos los daños la realizó el gobierno hasta 2010, por lo que durante un quinquenio se dejó a la región sin el servicio (http://www.t21.com.mx/news/news_display.php? story_id=12209). Ello representó una elevación considerable de los costos del transporte para los productores de la zona, lo que frenó de manera significativa su crecimiento.

Finalmente, el caso más emblemático del lastre para el desarrollo económico del país que han implicado las privatizaciones fue el del rescate del sistema bancario, cuyas operaciones constituyen un servicio general de la producción por excelencia. La crisis estructural que estalló en México en 1982, motivada en parte por la fuga de capitales por medio del sistema bancario, obligó al gobierno federal a decretar la nacionalización de todos los bancos privados.[10] En los años ochenta se afianza en el poder un grupo que adopta la política neoliberal del "consenso de Washington" y a partir de junio de 1991 se inicia el proceso de privatización del sistema bancario.[11] El crac económico de 1994-1995 conllevó una fuerte devaluación del peso mexicano y la quiebra del grueso de los bancos, que requirió, primero, un apoyo al país de 52 billones de dólares del gobierno de Estados Unidos y del Fondo Monetario Internacional y, segundo, un monumental rescate del sistema bancario por parte del gobierno federal, realizado mediante un programa de capitalización temporal y, posteriormente, por la compra de cartera vencida por medio de un Fondo Bancario de Protección al Ahorro (Fobaproa). El fondo de rescate terminó sus acciones de saneamiento en 1998 con pasivos de alrededor de 67 mil millones de dólares, cifra que quintuplica el pago recibido por la privatización de los 18 bancos. Para 2004 el costo fiscal de la crisis financie-

[10] Los factores económicos que propiciaron la crisis que llevó a la suspensión del pago de la deuda externa pueden verse en Garza, 2005: 70.

[11] El proceso de la privatización y posterior transnacionalización de la banca mexicana se resume en Garza, 2008: 262-269.

ra originada en 1994 fue de 1 248 100 millones de pesos, que al tipo de cambio de 11.2183 pesos por dólar del 31 de diciembre de ese año, suman la cifra de 111 255.7 millones de dólares, que representan 17% del PIB nacional (Comisión de Investigación sobre el Instituto para la Protección del Ahorro Bancario, 2006: 718).

Las cuatro anteriores características del binomio CGP-SGP y la gran disfuncionalidad que ha implicado su construcción en forma privada con los subsiguientes rescates, han conducido a que la deuda pública interna y externa, así como la indirecta en forma del IPAB, los Pidiregas, el Fondo de Apoyo al Rescate Carretero, más los nuevos proyectos para la prestación de servicios (PPS), se eleven en forma muy significativa. Solamente la deuda externa pública y privada representó 48% del PIB de México en 2003 (Garza, 2008: 310), a pesar de que la pública está en mejor posición, pues equivale a 35.8% del PIB total (Centro de Estudios de las Finanzas Públicas, 2011: 23-25). Aunque el nivel relativo de la deuda pública en México es mucho menor que el correspondiente a las naciones europeas y a Estados Unidos, el país tiene muy bajos niveles de ingresos públicos para pagarla, lo cual constituye un lastre para el desarrollo económico nacional ante la imposibilidad de edificar una infraestructura competitiva en calidad y precio de los servicios, respecto a los países más avanzados del planeta. De esta suerte, el gasto público como proporción del PIB en México fue de 20.1% en 2010 (http://www.inegi.org.mx/sistemas/sisept/default.aspx?t= fipu06&s=est&c=27503). Por el contrario, en países como Estados Unidos fue de 6.8% en 1903 y aumentó a 40.3% en 2010, es decir, ha mostrado una clara tendencia a elevarse con el tiempo (http://www.usgovernmentspending.com/us_20th_century_chart.html). Los países europeos observan cifras más elevadas: 42.5% en Dinamarca, 44.0 en Italia, 45.3 en Bélgica, 45.5 en Holanda, 46.4 en Reino Unido y 48.1% en Francia (http://datos.bancomundial.org/ indicador/GC.XPN.TOTL.GD.ZS). De este modo, aunque el peso de la deuda mexicana en relación con el PIB no es muy elevado, el gobierno tiene muy pocos recursos financieros para cubrirla.[12]

[12] Dentro de la crisis estructural de la deuda publica de los países europeos y de Estados Unidos, México aparentemente está en una posición sólida. Sin embargo, el país tendrá que refinanciar 76 756 millones de dólares de su deuda externa solamente en 2012, lo cual posiblemente sea a un mayor costo, ante la falta de liquidez de la banca internacional (*La Jornada*, 25 de enero de 2012: 3).

En síntesis, mientras que a partir de 2008 en el mundo existe una creciente incredulidad sobre el funcionamiento de los mercados, de tal magnitud que el "gurú" de la desregulación del sistema financiero, Alan Greenspan, ante pregunta expresa en el Congreso de Estados Unidos sobre las fallas de su "ideología de libre mercado", respondió: "cometí un error en suponer que los intereses propios de las organizaciones, específicamente bancos y otros, eran tales que eran los más capaces para proteger a sus accionistas y sus intereses en las empresas" (Brooks, 2008: 33). Se afirma, respecto a lo anterior, que "Si la política es el problema en Europa y Estados Unidos, sólo cambios políticos probablemente los vuelvan a colocar en el sendero del crecimiento" (Stiglitz, 2011: 4). Como corolario, se propone que para enfrentar los desafíos de la globalización económica "Necesitamos más gobierno hoy en día, no menos", pero se argumenta que se requiere diseñar "políticas inteligentes de gobierno", modernizándolas para que puedan enfrentar los retos de una economía mundial interconectada (Sachs, 2011: 5). En forma más contundente, el fundador del Foro Económico Mundial de Davos, Klaus Schwab, en la apertura del encuentro, en enero de 2012, señaló que el capitalismo estaba "un poco envejecido", y agregó que "el sistema capitalista en su forma actual no encaja en el mundo de ahora" (http://www.vanguardia.com.mx/elitereunidaendavosquierehacerunamejoraalcapitalismo-1204001.html).

Más específicamente, el *Global Risks Report* 2011 del Foro Económico Mundial advierte de un futuro más bien sombrío en los inicios de la segunda década del siglo XXI:

> El mundo no está en posición para hacer frente a nuevos *shocks* importantes. La crisis financiera ha reducido la capacidad de recuperación económica global, al tiempo que aumenta la tensión geopolítica e incrementa las preocupaciones sociales, sugiriendo que, ahora más que nunca antes, los gobiernos y las sociedades son menos capaces para hacer frente a los desafíos globales [World Economic Forum, 2011: 6].

El *Global Risk Report* 2012 especifica un conjunto de "centros de gravedad" de los grandes riesgos existentes, los cuales deben servir como puntos de referencia para orientar las intervenciones gubernamentales estratégicas:

- Los desequilibrios fiscales crónicos y el riesgo de un fracaso financiero sistémico (sistema económico)
- Las emisiones de gases de efecto invernadero (medio ambiente)
- Falta de gobernanza mundial (geopolítica)
- El crecimiento insostenible de la población (sociedad)
- La falla crítica sistémica (tecnológica) [World Economic Forum, 2012: 11].

El núcleo estratégico de un gobierno ilustrado, eficiente y honesto en México, si lo hubiere alguna vez, estaría en calibrar cuidadosamente el impacto en el país de los anteriores y grandes riesgos sistémicos, así como analizar exhaustivamente las causas del fracasado neoliberalismo "a la mexicana". A partir de tal diagnóstico, tendría que idear e implantar un modelo alternativo que deberá tener como motor del desarrollo el financiar y operar estratégicamente el conjunto de elementos infraestructurales del binomio CGP-SGP dentro del sistema de ciudades del país, sin lo cual será imposible reactivar el crecimiento económico nacional y enfrentar los grandes riesgos generados por un mundo global peligrosamente desregulado.

CONCLUSIONES: CONDICIONES GENERALES DE LA PRODUCCIÓN COMO BASE ESTRUCTURAL DEL DESARROLLO ECONÓMICO

El objetivo general del presente capítulo fue sistematizar las características principales de las condiciones generales de la producción (CGP) según tres propósitos específicos: *1)* proponer una definición positiva contemporánea que refleje su naturaleza histórica como categoría económica e incorpore la existencia de los modernos servicios generales de la producción (SGP); *2)* construir una tipología comprensiva que actualice y englobe todos sus componentes específicos a partir de su ubicación dentro de las fuerzas productivas, y *3)* sistematizar los rasgos particulares que las caracterizan, diferenciándolas de los medios de producción privados que son para el usufructo exclusivo de la empresa que los posee.

Sobre el propósito inicial, después de considerar las características de las CGP, así como la emergencia de los SGP que las acompañan en forma creciente, queda como primera conclusión formular la siguiente definición de naturaleza positiva:

> El binomio condiciones y servicios generales de la producción está conformado por medios de producción naturales y construidos (infraestructura), así como por trabajadores e insumos. Todo ello se requiere para realizar el proceso general de producción y reproducción de la fuerza de trabajo. El binomio, sin embargo, es externo a las empresas individuales, pero indispensable para realizar sus operaciones.

Aunque Marx habla solamente de los "canales y las calles" como ejemplo de las CGP, siguiendo su desarrollo histórico —bosquejado en el capítulo II—, es evidente que cada vez son más diversas e importantes. Comprenden, además de las naturales —como tierras cultivables, ríos, bosques, lagos y mares—, las construidas, que incluyen los ferrocarriles, las carreteras, presas hidroeléctricas y redes de distribución del fluido, puertos marítimos, aeródromos, refinerías y sistemas de ductos de hidrocarburos y, lo que es más dinámico actualmente, las tramas de fibra óptica para hacer posible el avance de la revolución telemática. Las actividades bancarias y financieras, los servicios públicos educativos, de salud, de seguridad y de gestión administrativa en general, son más sutiles, pero entran en el binomio CGP-SGP, independientemente de que se puedan prestar en forma privada o pública.

Conforme a lo anterior, y como parte del segundo propósito del capítulo, se puede concluir que el binomio CGP-SGP se clasifica en tres componentes principales: naturales, construidos y de gestión pública o privada. El elemento construido, por su parte, se puede clasificar en medios de trabajo socializados, que sirven al aparato productivo (*v. g.*, redes de energéticos y sistemas de transporte), y medios de consumo colectivo, orientados a la reproducción de la fuerza de trabajo (*v. g.*, servicios de educación y salud). A su vez, los medios de trabajo se pueden subdividir en los utilizados para la circulación de mercancías (carreteras, puertos, ferrocarriles) y los orientados directamente a la producción (energía eléctrica, agua, hidrocarburos).

Finalmente, sobre el tercer propósito, se concluye que las características que definen a las CGP-SGP y explican la tendencia lógica de que sean proporcionadas por el Estado en cualquiera de sus niveles de gobierno, son las siguientes: *1)* constituyen una necesidad general para el funcionamiento adecuado de países, regiones y ciudades, y estas últimas son las que concentran la mayor parte de la población y las actividades económicas secundarias y terciarias; *2)* suelen ser de tipo colectivo y no pueden proporcionarse fácilmente en unidades discretas a los usuarios o compradores individuales, como vender un metro cuadrado de una calle a un automovilista; *3)* tienden a prestarlas organismos gubernamentales, dado el riesgo que supondría la existencia de conflictos de intereses entre las firmas que las proporcionen y los requerimientos generales de la sociedad; *4)* su construcción demanda inversiones financieras de gran envergadura, aun en proyectos realizados por etapas, además de que los recursos necesarios son cada vez más cuantiosos, y *5)* prácticamente todos sus rubros tienen una baja rentabilidad y rotación de la inversión, lo que explica la participación del Estado en los renglones no rentables, así como el otorgamiento de subsidios cuando se realizan en forma privada, o su rescate cuando fracasan.

En el contexto de la crisis sistémica que afecta a los principales países desarrollados, y en especial a Estados Unidos y a la Unión Europea, el experimento neoliberal mexicano está irremediablemente destinado al fracaso, pues no ha logrado articular una estrategia de acumulación del capital ampliada en los 25 años en que se ha instrumentado. Es necesario, por ende, diseñar un nuevo modelo de desarrollo cuyo detonador sería la construcción, estratégicamente planeada, del conjunto de elementos infraestructurales que constituyen el binomio CGP-SGP en un conjunto de metrópolis prioritarias que puedan aspirar a ser internacionalmente competitivas.

BIBLIOGRAFÍA

Alvater, Elman (1980), "Notas sobre algunos problemas del intervencionismo de Estado", en Heinz Rudolf Sonntag y Héctor Valecillos (eds.),

El Estado en el capitalismo contemporáneo, 3a. ed., Siglo XXI Editores, México.

Beauregard, Robert A. (2004), "History in urban theory", *Journal of Urban History*, **30** (4): 627-635 (review essays).

Broadbent, T.A. (1977), *Planning and Profit in the Urban Economy*, Ad. Methuen and Co., Londres.

Brooks, David (2008), "El gurú Greenspan confiesa que fue un error confiar en el libre mercado", *La Jornada*, México, 24 de octubre.

Castells, Manuel (1974), *La cuestión urbana*, Siglo XXI Editores, Madrid.

Centro de Estudios de las Finanzas Públicas (2011), *Análisis de los Informes sobre la Situación Económica, las Finanzas Públicas y la Deuda Pública, al tercer trimestre de 2011. Ingresos y Deuda del Sector Público Presupuestario*, CEFP / 022 / 2011, México (http://www.cefp.gob.mx/publicaciones/documento/2011/noviembre/cefp0222011.pdf).

CFE (2010), *Informe anual 2010*, CFE, México.

Comisión de Investigación sobre el Instituto para la Protección del Ahorro Bancario (2006), *Investigación sobre el IPAB. Informe final*, Poder Legislativo Federal, LIX Legislatura de la Cámara de Diputados del H. Congreso de la Unión, México.

Edel, Matthew (2001), *Urban and Regional Economics: Marxist Perspectives*, Routledge, Gran Bretaña.

Folin, Marino (1979), "Public enterprise, public works, social fixed capital", *International Journal of Urban and Regional Research*, **3** (3): 333-360.

Garza, Gustavo (1985), *El proceso de industrialización en la ciudad de México, 1821-1970*, El Colegio de México, México.

——— (2005), *La urbanización de México en el siglo XX*, El Colegio de México, México.

——— (2008), *Macroeconomía del sector servicios en la Ciudad de México, 1960-2003*, El Colegio de México, México.

Gough, Jan (1980), "Gastos del Estado en el capitalismo avanzado", en Heinz Rudolf Sonntag, y Héctor Valecillos (eds.), *El Estado en el capitalismo contemporáneo*, 3a. ed., Siglo XXI Editores, México.

——— (1982), *Economía política del Estado de bienestar*, H. Blums Ediciones, España.

Harvey, David (1977), *Urbanismo y desigualdad social*, Siglo XXI Editores, México.

——— (1989), *The Urban Experience*, Basil Blackwell, Oxford, Reino Unido.

Holland, Stuart (1976), *Capital Versus the Regions*, MacMillan, Nueva York.

Jalife-Rahme, Alfredo (2011), "Escenarios de 'una tercera guerra mundial', según los estrategas rusos", *La Jornada*, domingo 1° de mayo.

Lefebvre, Henri (1969), *El derecho a la ciudad*, Península, Barcelona.

——— (1976), *La revolución urbana*, 2a. ed., Alianza Editorial, Madrid.

——— (1991), *The Production of Space*, Blackwell, Cambridge, Mass.

Lipietz, Alain (1979), *El capital y su espacio*, Siglo XXI Editores, México.

Lojkine, Jean (1979), *El marxismo, el Estado y la cuestión urbana*, Siglo XXI Editores, México.

Marx, Carlos (1968), *El capital. Crítica de la economía política, Tomo III, El proceso de producción capitalista en su conjunto*, 5a. ed., Fondo de Cultura Económica, México.

——— (1971), *El capital. Critica de la economía política, Tomo I*, 4a. reimp., Fondo de Cultura Económica, México.

Pottier, Claude (1975), *La logique du financement public de l'urbanization*, Mouton, París.

Pradilla, Emilio (1984), *Contribución a la crítica de la "teoría urbana" del "espacio" a la "crisis urbana"*, Universidad Autónoma Metropolitana, México.

Sachs, Jeffrey (2011), "Gobierno y globalización", *Reforma*, Negocios, viernes 14 de octubre.

Slater, David (1983), "El Estado y la cuestión regional en América Latina. Notas para una perspectiva marxista", *Revista Interamericana de Planificación*, **XVIII**(66): SIAP, pp. 20-43.

Smith, Neil (1990), *Uneven Development, Nature, Capital and the Production of Space*, Basil Blackwell, Oxford, Reino Unido.

Soja, Edward W. (1996), *Thirdspace*, Blackwell Publishers, Malden, Mass.

Stiglitz, Joseph (2011), "¿Qué nos depara el 2011?", *Reforma*, Negocios, viernes 7 de enero.

Topalov, Christian (1979), *La urbanización capitalista*, Edicol, México.

World Economic Forum *et al.* (2011), *Global Risks 2011*, 6a. ed. An initiative of the Risk Response Network, World Economic Forum (http://www3.weforum. org/docs /WEF_GlobalRisks_Report_2011.pdf).

——— (2012), *Global Risks 2012*, 7a. ed., World Economic Forum (http://www3.weforum.org/docs/WEF_GlobalRisks_ Report_2012.pdf).

Segunda Parte

COMPETITIVIDAD Y FINANCIAMIENTO DE LA CIUDAD DE MÉXICO

IV. INFRAESTRUCTURA, ECONOMÍAS DE AGLOMERACIÓN Y COMPETITIVIDAD URBANA

*Jaime Sobrino**

La palabra competitividad es cada vez más utilizada en la literatura económica y en la vida cotidiana. Su conceptualización se ha desarrollado significativamente para referirse al comportamiento de las empresas, pero también al desempeño económico de países, regiones y ciudades en la fase capitalista de la globalización. Sin embargo, aún no existe un claro significado de la competitividad territorial, puesto que tiene objetivos distintos de los de las unidades productivas, en las cuales la estructura de costos y la obtención de ganancia se constituyen en medidas tradicionales para analizar su desempeño. Por otro lado, existe consenso en las publicaciones especializadas en el tema en considerar que la construcción de infraestructura es el mecanismo más utilizado y, en circunstancias específicas, más efectivo para promover el crecimiento económico espacial. El propósito de este capítulo es establecer la relación conceptual entre la competitividad urbana y la infraestructura, además de ofrecer evidencia empírica para el caso de México que apoye la existencia de dicha relación.

Para cumplir con el propósito anterior, en la primera sección del documento se presenta una revisión teórica del concepto de competitividad y la función de la infraestructura dentro de las ventajas competitivas. En la segunda parte se analiza el desempeño competitivo de México en el contexto internacional. En el tercer inciso se estudia la posición competitiva de las principales ciudades del país en el ámbito nacional y se explora la relación entre com-

* Profesor-investigador del Centro de Estudios Demográficos, Urbanos y Ambientales, El Colegio de México.

petitividad e infraestructura, evaluada esta última a partir de su función en el potencial aprovechamiento de las denominadas economías de aglomeración. En el cuarto acápite se exponen las conclusiones en forma de notas finales.

Desempeño competitivo de las zonas urbanas

Una ciudad, desde la perspectiva económica, es un conjunto de mercados interrelacionados e interdependientes donde se localizan, dentro de un tejido urbano, un conjunto de actividades económicas cuyo funcionamiento depende de la actuación de diversos agentes públicos y privados. En esta perspectiva, el concepto de competitividad de una ciudad es más complejo y multidimensional que el de competitividad empresarial, y por tanto, más controvertido (Bailey, Docherty y Turok, 2002). Por un lado, se argumenta que la competencia ocurre solamente entre empresas, por lo que las ciudades no rivalizan con otras y sólo operan como espacios de localización de las actividades económicas (Krugman, 1994). Por otro lado, hay autores que proclaman la pertinencia del concepto de competitividad urbana, posición compartida por quien esto escribe. Ello es concebido como la articulación de un conjunto de elementos: la capacidad de las ciudades para atraer inversiones productivas (Lever y Turok, 1999); el mejoramiento de su posición económica dentro de un sistema urbano nacional o internacional (Begg, 1999); la interrelación del desempeño económico local y otras manifestaciones sociales, políticas y ambientales de la vida urbana (Boddy, 2002; Harding, 2005; Potts, 2002); y, finalmente, la competitividad agregada de las firmas y las ventajas indirectas en costos que propicia una localización específica (Budd y Hirmis, 2004: 1021).

Una definición más amplia de competitividad urbana alude al grado en que una ciudad, en comparación con otras urbes, es capaz de atraer inversiones productivas que se traducen en generación de empleos e incremento en los ingresos reales de los trabajadores, al tiempo que aumenta y consolida sus amenidades culturales, atractivos recreacionales, cohesión social, gobernanza y medio ambiente adecuado para su población (Global Urban Competitiveness Project, 2005).

Una ciudad competitiva es, en síntesis, aquella que comparte seis atributos: *1)* generación de empleos calificados y bien remunerados, *2)* producción de bienes y servicios de acuerdo con una lógica de sustentabilidad, *3)* oferta de bienes y servicios con alta elasticidad-ingreso de la demanda, *4)* tasa de crecimiento que asegure condiciones para el pleno empleo, *5)* especialización productiva basada en oportunidades a futuro, y *6)* potencial para ascender en la jerarquía del sistema urbano nacional o de la red global de metrópolis (Kresl, 1995: 51).

La competitividad urbana engloba tres momentos del crecimiento de una ciudad, que se representan en una pirámide competitiva (gráfica IV.1). En un primer momento, el de la *competencia*, las ciudades rivalizan en su capacidad de atracción de inversiones que incrementen su potencial productivo y estén orientadas a la producción de bienes y servicios. En cada caso, la competencia puede ser entre muchas o pocas ciudades y a una escala regional, nacional, continental o mundial.

Las ciudades compiten por inversiones que generen empleos, coadyuven al crecimiento económico local con mercancías de alta

Gráfica IV.1
Momentos de la competitividad urbana

Fuente: adaptado de Begg (1999: 802) y Deas y Giordano (2001: 1413).

elasticidad-ingreso de la demanda, así como que realicen su proceso productivo en forma ecológicamente sustentable. Lo anterior permite clarificar que las ciudades compiten en unos ámbitos y las empresas en otros; en algunos casos hay una clara diferencia entre la competencia de ambas, pero coincidencia en otros. El mayor problema de esta discusión es la verificación empírica, ya que es difícil el manejo y la valoración de las variables de competencia y competitividad entre ciudades, en relación con una situación relativamente más fácil de su medición en las firmas.

Las ciudades también compiten por la atracción de los estratos sociales creativos (profesionistas, científicos, diseñadores y artistas, entre otros), pues su concentración se traduce en una ventaja competitiva y motor directriz del crecimiento local. Para la atracción de los grupos intelectuales es necesario que haya restaurantes, hosterías, cafés, espacios culturales y de entretenimiento, muchos de los cuales suelen concentrarse en la ciudad central y en su primer contorno, aprovechando espacios abandonados por la producción industrial (Florida, 2002). Sin embargo, la atracción de la población educada no sustituye a la de inversiones productivas, por lo que no es un indicador exclusivo del desempeño competitivo de la ciudad (Donegan *et al.*, 2008).

El éxito en la atracción de inversiones está sujeto a una serie de factores o *insumos*, los cuales constituyen el segundo momento de la competitividad urbana y reciben el nombre de ventajas competitivas (Begg, 1999; Healey y Dunham, 1994; Porter, 1996). Éstas se dividen en dos grandes categorías: *1)* relacionadas con el tamaño o escala, y *2)* basadas en la calidad (Turok, 2005). Las ventajas relacionadas con el tamaño son de naturaleza cuantitativa, o materiales, y se denominan determinantes económicos, en tanto que las basadas en la calidad son cualitativas, o no materiales, y reciben el nombre de determinantes estratégicos (Kresl, 1995).

Las ventajas competitivas relacionadas con el tamaño se dividen en *territoriales* y *distributivas* (gráfica IV.1). Las primeras consisten en las condiciones materiales que coadyuvan a las funciones económicas de producción, distribución y consumo de las ciudades; estas condiciones materiales pueden ser consideradas tanto precondiciones para la producción, como también fuerzas de producción (Harvey, 1999: 232-235). Las segundas se relacionan con los costos en los que incurren las unidades económicas por localizarse en un punto y no en otro. Se consideran los siguientes tipos de costos: *1)* de adquisición de insumos o distribución del producto, *2)* de factores específicos relacionados con el acceso al suelo y salario de los trabajadores, *3)* vinculados a flujos de información, y *4)* de oportunidad por coincidencia del tamaño del mercado y localización de los consumidores (McCann, 1995).

Por su parte, las ventajas competitivas basadas en la calidad, que agrupan a las *empresariales* e *institucionales,* tienen que ver con el desempeño de la unidad productiva, colaboración local entre firmas, participación de los gobiernos locales en la promoción económica de la ciudad, y con los acuerdos e interrelación de agentes sociales (gráfica IV.1). Estas ventajas, o determinantes estratégicos, no están definidas por el tamaño poblacional o importancia económica de la urbe, sino por el ejercicio de prácticas de planeación, acuerdos formales y acciones informales. Las ventajas empresariales corresponden a las decisiones y estrategias tomadas en el interior de la unidad productiva, lo que redunda en un cambio en su organización, función de producción o eficiencia microeconómica; éstas se visualizan tanto por la incorporación de innovaciones tecnológicas y uso de capital humano en el proceso productivo (Malecki, 1997: 33), como por las interacciones o interdependencias que generan sinergias y cooperación entre firmas. Por último, las ventajas institucionales se refieren al papel de los gobiernos y actores locales en la formulación e implantación de políticas para promover el crecimiento económico de la ciudad. El incremento en la participación de los gobiernos locales como agentes promotores de la inversión se introdujo entre los determinantes del desarrollo urbano a partir de la última década del siglo XX (Malecki, 1997: 88-94).

La infraestructura es el soporte material para la consecución de ventajas competitivas, en especial las territoriales y distributivas, así como motor del crecimiento económico local (Ding, Haynes y Liu, 2008: 845). A partir de diversas consideraciones al respecto (Garza, 1985; Harvey, 1999; Haynes, 2006; Ni y Kresl, 2010), en este capítulo se divide la infraestructura en cuatro tipos o categorías: *1)* básica, *2)* complementaria, *3)* especializada y *4)* no material. Esta clasificación no es estática, puesto que puede evolucionar con la expansión del sistema capitalista en el territorio (cuadro IV.1).

Cuadro IV.1
Tipos de infraestructura

Tipo	*Función*	*Ejemplos*
Básica	Acceso a bienes, insumos, materiales auxiliares o energía para la producción o el consumo final; flujos de bienes, personas e ideas	Carreteras, vías férreas, puertos, aeropuertos, redes de agua potable y saneamiento, redes de energía eléctrica, oleoductos y poliductos, disposición de residuos sólidos, red de telefonía fija
Complementaria	Mejorar las condiciones de vida de la población residente	Equipamientos para educación, salud, cultura, recreación
Especializada	Elevar la accesibilidad y flujos de bienes, personas e información	Transportes de alta velocidad, sistema telemático
No material	Apoyar el proceso productivo y la participación de agentes locales; incentivar las actividades de innovación y desarrollo	Marco legal, marco normativo, marco regulatorio, sistema financiero, actividades de investigación y desarrollo

Fuente: elaboración propia a partir de Garza (1985), Harvey (1999), Haynes (2006) y Ni y Kresl (2010).

El usufructo de la infraestructura permite la realización de economías de aglomeración, las cuales consisten en reducir el costo de producción de las firmas como consecuencia de su operación en la misma localización (Clark, 2003: 7). Igualmente hace posibles las ganancias en productividad derivadas de la concentración geográfica de firmas y personas (Polése, 2005: 1432). Las economías de aglomeración se han dividido tradicionalmente en economías de urbanización y de localización (McCann, 1995; Polése, 2005). Las economías de urbanización son internas a la ciudad, pero externas a toda la actividad económica; se refieren a la ganancia en productividad por la ubicación de una firma en un área urbana de mayor tamaño y diversificación. Estas economías incluyen: *1)* mayor tamaño del mercado para los productos y servicios, *2)* mayor flexibilidad para la adquisición de insumos, y *3)* menor costo de contratación y entrenamiento de la mano de obra. Las economías de urbanización son heterogéneas y su importancia y mezcla es distinta según la actividad económica de que se trate y el punto en el tiempo.

Por su parte, las economías de localización son internas a la industria o sector, pero externas a la unidad productiva; se refieren a las ventajas que ofrece la concentración espacial de cierta actividad, o conjunto de actividades, lo que se traduce en especialización de la base económica local. Estas economías incluyen: *1)* condiciones físico-geográficas favorables, *2)* existencia de un mercado de trabajo especializado, *3)* disponibilidad de servicios al productor para actividades específicas, y *4)* interrelación de actividades afines y complementarias, propiciando la creación de un *cluster* de actividad o de una integración vertical en la razón social (Li y Lu, 2009; Parr y Bud, 2000: 603).

En algunos estudios sobre economías de aglomeración se utilizan el tamaño de la ciudad o de la actividad económica local como atributos sustitutos de la cuantificación de dichas economías (Moomaw, 1983). Existen otras aproximaciones que tratan dichas economías a partir de la disponibilidad de insumos locales, trabajadores especializados, concentración de servicios al productor e infraestructura existente (Feser, 2002).

En la literatura especializada sobre ejercicios empíricos existe cierta controversia sobre el papel de las economías de aglomeración como factor de competitividad y productividad de las ciudades. Por un lado, se argumenta un débil y cada vez menor efecto del tamaño de población y, por ende, de las economías de urbanización (Porter, 1996; Soroka, 1994). Por otro, se sustenta una mayor relevancia de las ventajas competitivas basadas en la calidad, sobre todo en la creación y consolidación de una economía local del conocimiento (Winden, Van de Berg y Pol, 2007). En contraparte, existe evidencia de una creciente importancia de las economías de aglomeración, como resultado de las nuevas escalas geográficas de concentración de la actividad económica y reestructuración productiva hacia sectores intensivos en conocimiento (Polése, 2005). La competitividad de regiones urbanas descansa en la existencia de una vasta red de condiciones generales para la circulación, elementos de la infraestructura básica, que permiten una eficiente conectividad de las firmas entre los distintos puntos de la región, así como una eficaz movilidad cotidiana de la población por motivo de trabajo. Una segunda ventaja se relaciona con la infraestructura para telecomunicaciones, o infraestructura especializada, como el tendido de fibra óptica de banda ancha, andamiajes que facilitan la transmisión de grandes flujos de información entre regiones, así como la cooperación y complementariedad en el interior de ellas (Hall y Pain, 2006).

El tercer momento de la competitividad urbana, en la parte superior de la pirámide de la gráfica IV.1, consiste en los efectos o *productos* del desempeño económico de la ciudad, y se expresan por medio de dos grandes variables: *1)* incremento en la productividad local, y *2)* cambio en el mercado de trabajo urbano. El aumento en la productividad local permite que la competitividad entre ciudades no sea un juego de suma cero, sino un escenario en donde aumenta el agregado macroeconómico nacional con el uso más eficiente de los factores productivos. Las ciudades son lugares que favorecen la interacción y sinergias territoriales, por lo que la competencia entre ellas tiene impacto en el crecimiento económico nacional. Por otro lado, el mercado de trabajo es el elemento más importante de la ciudad, ya que determina si las personas logran conseguir un empleo y el nivel de salario correspondiente. Asimismo, en el estudio del mercado de trabajo urbano se ve a las personas no sólo como factores de la producción, sino también como residentes que consumen, votan, contaminan y tienen problemas con sus vecinos y ante la ley (Hirsch, 1973: 130-132).

Por último, en la cúspide de la pirámide de la competitividad de las ciudades aparece la calidad de vida (gráfica IV.1). Esto es así porque en la definición genérica se entiende por competitividad territorial al grado en el cual las ciudades pueden producir bienes y servicios para los mercados regional, nacional e internacional, aumentando, de manera paralela, el ingreso real, el desarrollo sustentable y la calidad de vida de la población (Lever y Turok, 1999: 792). La competitividad urbana tiene que ver con la estructura económica local, durabilidad del crecimiento y beneficiarios del desempeño macroeconómico local. Sin embargo, los mecanismos existentes para la prestación de servicios públicos corresponden a una lógica diferente y regulada por la eficiencia de los gobiernos locales, relaciones intergubernamentales, sistema financiero nacional y participación ciudadana. Unir los circuitos de competitividad local y calidad de vida constituye una de las tareas fundamentales en la agenda de los gobiernos locales de México.

Posición competitiva de México en el ámbito internacional

La competitividad de un país consiste en sostener y expandir su participación en los mercados internacionales, al tiempo de elevar la calidad de vida de su población (Fajnzylber, 1988: 13). En otra perspectiva, la competitividad de un país se define como el nivel adecuado de la tasa de cambio real y de las políticas internas que aseguran un balance macroeconómico interno y con el exterior (Boltho, 1996: 2).

Existen varios ejercicios empíricos para evaluar la competitividad de las naciones, los cuales utilizan una serie de indicadores que la miden según uno o más enfoques de ventajas competitivas. El Institute for Management Development (IMD), ubicado en Lausana, Suiza, publica desde 1997 un anuario mundial de competitividad que autodenomina el más renombrado estudio internacional sobre la competitividad de las naciones. Parte del concepto de que la competitividad consiste en la manera en que el país y sus empresas manejan la totalidad de sus funciones para generar mayor prosperidad; como ambos son interdependientes, el estudio mide y compara las condiciones nacionales que se proporcionan a las empresas y la eficiencia de éstas. En su anuario de 2011 se presenta la posición competitiva (The World Competitiveness Scoreboard) de 59 naciones: las 30 pertenecientes a la OCDE y 29 denominadas economías de industrialización emergente. Estos países generaron 94% del producto interno bruto mundial en 2010. La metodología consiste en utilizar 331 criterios o variables cuantitativas que se ponderan, estandarizan y ordenan jerárquicamente, agrupadas en cuatro factores principales y cinco subfactores para cada factor (los subfactores aparecen en paréntesis): 1) *desempeño económico* (economía interna, mercado internacional, inversión extranjera, empleo y precios); 2) *eficiencia gubernamental* (finanzas públicas, política fiscal, marco institucional, legislación para las unidades económicas y marco societal); 3) *eficiencia empresarial* (productividad, mercado de trabajo, mercado financiero, prácticas gerenciales y cultura empresarial), y 4) *infraestructura* (básica, tecnológica, científica, de salud y ambiental y educativa) (Institute for Management Development, IMD, 2011).

El subfactor de infraestructura básica se evalúa con 25 variables, entre las que sobresalen tamaño de población, grado de urbanización, acceso al agua potable y saneamiento, carreteras, vías férreas, aeropuertos y generación y distribución de energía eléctrica. La infraestructura tecnológica agrupa 23 variables, tales como inversión en telecomunicaciones, líneas telefónicas fijas y móviles, usuarios de internet, líneas y consumidores de banda ancha, y exportaciones de bienes de alta tecnología. En el subfactor de infraestructura científica se valoran también 23 variables, entre las que destacan la inversión en ciencia y tecnología total y por habitante, así como los números de premios Nobel, patentes registradas e investigadores y capacidad innovadora. En el rubro de infraestructura de salud y ambiental se consideran 27 variables; de ellas, las más representativas son el gasto total en salud, esperanza de vida, mortalidad infantil, número de camas de hospital, tasa de reciclamiento de residuos inorgánicos, emisiones de bióxido de carbono, huella ecológica y regulaciones ambientales. Por último, el subfactor de infraestructura educativa abarca 16 variables, tales como gasto público en educación, grado de alfabetización, tasa de asistencia escolar por nivel de instrucción, tasa de alumnos por profesor y movilidad estudiantil.

Los resultados muestran que al inicio de la publicación, en 1997, Estados Unidos ocupó el primer puesto, en tanto que para 2011 las naciones más competitivas fueron Hong Kong, Estados Unidos, Singapur, Suecia, Suiza, Taiwán, Canadá, Qatar, Australia y Alemania. Por su parte, México se ubicó en 1997 en la posición 40 (de 46 naciones), y su peor ubicación ocurrió en 2004 y 2005 con el lugar 47 (de 51), en tanto que en 2010 ocupó nuevamente la posición 47 (pero ahora entre 58 naciones), para escalar al sitio 38 en 2011 y, con ello, lograr su mejor ubicación en toda la serie de tiempo, aunque con la posición 49 en el factor de infraestructura (cuadro IV.2).

Es de llamar la atención el significativo ascenso de México en su desempeño competitivo entre 2010 y 2011, a decir de los resultados del IMD. Todos los enlistados se realizan con información actualizada al año previo, o extrapolaciones de los datos existentes. Así, en 2011 se evaluó el comportamiento de 2010, año en el cual la economía mexicana creció 5.8%, contra, por ejemplo, 7.2% que lo hizo Malasia. Sin embargo, en 2009 México decreció 6.2% y Malasia sólo 1.6%; en el enlistado México ascendió nueve escalones entre 2010 y 2011, mientras que Malasia descendió seis. Sea como fuere, la posición competitiva de México ha estado anclada más al factor desempeño económico y mucho menos a los factores de eficiencia gubernamental y empresarial e infraestructura.

Para explorar las trayectorias del desempeño competitivo de los países seleccionados entre 1997 y 2011 se elaboraron funciones de regresión lineal simple, considerando el año como variable independiente y su rango de competitividad como variable dependiente. Interesaba conocer el patrón observado (ascendente, pérdida de competitividad, o descendente, ganancia de la misma) y la bondad de ajuste del modelo. Los resultados aparecen en las dos últimas columnas del cuadro IV.2, que permiten dividir las naciones en cuatro grupos: *1)* con estabilidad en su rango competitivo (Estados Unidos y Singapur); *2)* con patrón errático de ascensos y descensos (Japón, Canadá, Bélgica y México); *3)* con patrón ascendente, o de pérdida de competitividad (Reino Unido, Italia, España, Francia, Holanda y Brasil), y *4)* con patrón descendente, o ganancia competitiva (China, Corea del Sur, India, Hong Kong, Malasia, Rusia y Tailandia). Estos agrupamientos muestran un comportamiento diferencial entre naciones desarrolladas y en desarrollo, puesto que las primeras se concentraron en el conjunto de países con patrón de pérdida de competitividad, mientras que las segundas dominaron el conjunto de naciones con ascenso en su desempeño competitivo (cuadro IV.2).

Este desigual comportamiento significa, en palabras de William Lever (2010), que en los países con mayor nivel de desarrollo operan fundamentalmente ventajas competitivas que se han ido acumulando en el tiempo, estructurales o de largo plazo, y que están representadas por un crecimiento consistente del ingreso por ha-

Cuadro IV.2
Rango de competitividad en países seleccionados, 1997-2011

País	*1997*	*2001*	*2005*	*2007*	*2008*	*2009*	*2010*	*2011*		*Ajuste*[a]	
								Total	*Infra.*	β	*Sig.*
Total de países	*46*	*49*	*51*	*55*	*55*	*57*	*58*	*59*	*59*		
Países desarrollados											
Estados Unidos	1	1	1	1	1	1	3	1	1	0.043	0.173
Alemania	16	12	21	16	16	13	16	10	7	0.025	0.922
Japón	17	26	19	24	22	17	27	26	11	0.029	0.906
Reino Unido	9	19	20	20	21	21	22	20	17	0.546	0.002
Canadá	6	9	5	10	8	8	7	7	5	–0.032	0.782
Italia	39	32	44	42	46	50	40	42	30	0.582	0.018
España	26	23	32	30	33	39	36	35	26	0.768	0.000
Bélgica	23	17	22	25	24	22	25	23	19	0.193	0.203
Francia	22	25	28	28	25	28	24	29	18	0.354	0.013
Holanda	4	5	13	8	10	10	12	14	12	0.714	0.003
Países en desarrollo											
China	27	33	28	15	17	20	18	19	28	–0.936	0.002
Corea del Sur	30	28	27	29	31	27	23	22	20	–0.739	0.004

México	40	36	47	47	50	46	47	38	49	0.268	0.181
Singapur	2	2	3	2	2	3	1	3	10	0.004	0.955
Brasil	34	31	42	49	43	40	38	44	51	0.346	0.088
India	41	41	33	27	29	30	31	32	50	–1.068	0.000
Hong Kong	3	6	2	3	3	2	2	1	21	–0.425	0.027
Malasia	14	29	26	23	19	18	10	16	27	–0.557	0.087
Rusia	46	45	45	43	47	49	51	49	38	–0.282	0.087
Tailandia	31	38	25	33	27	26	26	27	47	–0.893	0.001

Fuente: IMD (2011).

[a] Coeficiente de regresión (β) y nivel de significancia (Sig.). Los coeficientes de regresión fueron derivados de un análisis de regresión lineal entre el año como variable independiente y el rango de competitividad como dependiente; los coeficienes de regresión negativos implican que al aumentar el año baja el rango, esto es, mejora la competitividad.

bitante, inversión de capitales, infraestructura y sistema legal y político estable. Por otro lado, en los países en desarrollo han evolucionado ventajas competitivas emergentes, o de cambio estructural, que están estrechamente relacionadas con la implantación de políticas públicas de naturaleza económica, social o territorial. De esta manera, si bien existe asociación estadística entre el índice de competitividad total y el índice de competitividad del factor de infraestructura en 2011, su nivel de significancia fue mayor en la muestra de naciones desarrolladas (0.001) en relación con la de países en desarrollo (0.012).

La crisis global iniciada a finales de 2008 fue producto de la conjugación de varios elementos, entre los que sobresalieron errores de mercado ligados al libre ejercicio de flujos financieros que carecían de regulación estatal y procuraban beneficios fugaces y de corto plazo (Krugman, 2009). Una de sus manifestaciones iniciales fue la pérdida de empleo y la intención de algunos gobiernos nacionales para emprender la nacionalización o el rescate de bancos y empresas prioritarias. El desempleo alcanzó niveles sin precedentes en España, Irlanda, Francia, Estados Unidos y Grecia, que en gran medida hasta 2012 aún se mantienen o acrecientan con la crisis del euro. Esta situación ha obligado al replanteamiento del modelo económico inspirado en el libre comercio y la desregulación del comercio, a la necesidad de revisar la viabilidad del modelo financiero de Europa y hacia una mayor participación del Estado central en la regulación del mercado, inversión pública y reactivación del mercado interno.

Esta crisis propició cuatro trayectorias en el comportamiento de mediano plazo, 2008-2011, en el rango competitivo de la muestra de países: *1)* desempeño favorable (Canadá, Corea del Sur, Hong Kong y Malasia); *2)* desfavorable (España, Holanda, India, Brasil y Rusia); *3)* fluctuante (Estados Unidos, Alemania, Japón, Italia, Bélgica, Francia y México), y *4)* estacionaria (Reino Unido, China, Singapur y Tailandia).[1]

Como se observa, no necesariamente hubo correspondencia entre los patrones de largo plazo, relatados con anterioridad, y los

[1] Esta clasificación de países se obtuvo también con el uso de funciones de regresión lineal y no lineal simple, utilizando la serie de tiempo de 2007 a 2011.

de mediano plazo resultantes de la crisis global; por ejemplo, Canadá tuvo patrón errático de largo plazo, pero favorable en el corto plazo; India y Rusia consiguieron patrón favorable de largo plazo, pero desfavorable en el mediano plazo; China y Tailandia fueron favorables en el largo plazo, pero estacionarios en el mediano plazo.

El rango de competitividad del IMD se elabora con el interjuego de variables alusivas a competencia, ventajas competitivas y productos de ésta, por lo que dicho indicador es un intento de evaluar la marcha de la economía nacional, en comparación con la de otras naciones, todas ellas inmersas en un mundo globalizado. A este punto hay que agregar el significativo número de variables o criterios cuantitativos y cualitativos que utiliza y conjuga mediante una ponderación simple. Se piensa que mientras más variables se utilicen mejor será el resultado. Sin embargo, esa cantidad y ponderación en forma de promedio simple diluye el peso de variables que potencialmente serían más significativas para explicar la competitividad.

Los ejercicios empíricos omiten, generalmente, la segunda parte del concepto de competitividad referente al incremento sostenido en las condiciones de vida de la población. Estos análisis deben tomarse como punto de partida para un estudio más profundo de las especificidades competitivas de un país, y proponer medidas cuantitativas y cualitativas que contrasten el éxito competitivo con su capacidad endógena de crecimiento, y el impacto en las condiciones de vida de la población. Es probable que el cambio en las condiciones de vida se omita consistentemente en los ejercicios empíricos porque la única generalización que se puede hacer es que el proceso de globalización ha propiciado mayor desigualdad e inestabilidad social (Gilbert, 1998: 174), así como la ampliación de la diferenciación espacial de los tejidos urbanos (Kaplan, Wheeler y Holloway, 2009: 204-211).

México experimentó pérdida en su rango de competitividad durante la primera década del nuevo milenio, al caer de la posición 36 en 2001 a la 47 en 2010 (cuadro IV.2). Esto fue producto de una magra calificación en los factores de eficiencia empresarial e infraestructura, es decir, carencia de cultura empresarial, no adopción de innovaciones tecnológicas y falta de inversión pública para la construcción, ampliación y mantenimiento de infraestructura. El avance de 2011 se sustentó en la recuperación del crecimiento económico, impulsado fundamentalmente por la reactivación en Estados Unidos, control de la inflación y crecimiento coyuntural de la productividad. Los enlistados de los próximos años permitirán concluir si se trató de un desempeño estructural favorable o tan sólo de una ganancia fortuita.

La información disponible sobre inversión física del sector público federal (o inversión pública) proporciona, en primera instancia, un panorama distinto sobre la evolución de la infraestructura en el país (gráfica IV.2). Entre 1988 y 2002 la inversión física registró montos anuales con cierta consistencia por alrededor de 160 mil millones de pesos, a precios de 2003, pero con caída en relación con el PIB de 3.8 a 2.3%. Esta contracción participativa ocurrió en el marco de la crisis de las finanzas públicas de los ochenta, las acciones aceleradas para la apertura de la economía, la crisis financiera de 1995, los primeros años del efecto del TLC y cierta recuperación de la inversión privada en los noventa (Ros, 2010: 112-113). Sin embargo, a partir de 2002 se observa un crecimiento anual sostenido de la inversión pública, para alcanzar 434 mil millones de pesos, a precios de 2003, o 587 mil millones de pesos, a pesos corrientes, que representaron 5.2% del PIB en 2010, mientras que la inversión privada se estabilizó en niveles de 15% del PIB (Ros, 2010: 113). Del monto total de la inversión pública de 2010, 68% se destinó a infraestructura básica y especializada, 29% a complementaria y 3% a infraestructura no material.

En párrafos anteriores se comentó sobre el impacto de la inversión en infraestructura en el desempeño competitivo de las naciones y ciudades. También existe evidencia empírica suficiente sobre la relación positiva y estadísticamente significativa entre inversión en infraestructura y crecimiento económico (Aschauer, 1989; Button, 2000; Rozas, 2010). Esta relación aparentemente no se aplicaría al caso mexicano, pues entre 1997 y 2002 el PIB creció 3.2% anual, pero el rango competitivo retrocedió una posición, del sitio 40 al 41, y la elasticidad-producto de la inversión fue de 0.08. En contraste, para el lapso de 2002 a 2010 la elasticidad-producto de la inversión aumentó a 4.04, pero la tasa de crecimiento prome-

Gráfica IV.2

México: inversión física del sector público federal, 1988-2002

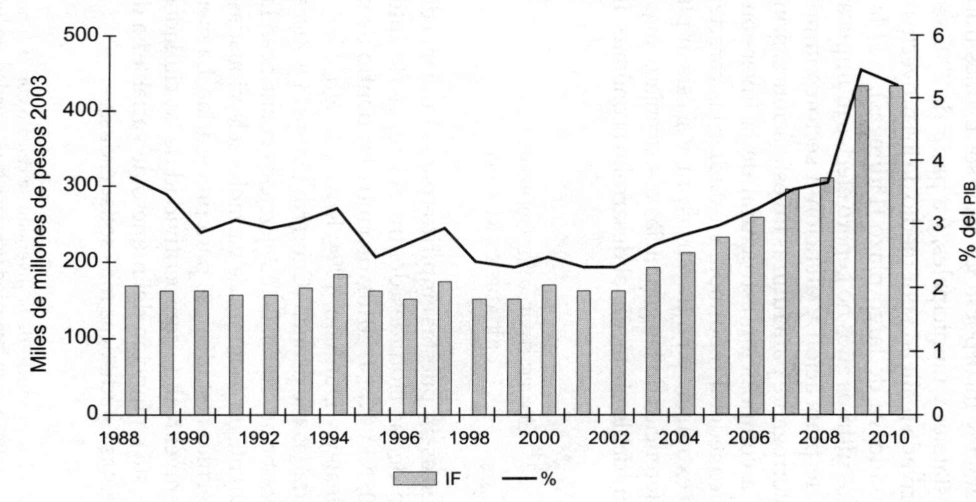

Fuente: Anexo estadístico de los informes de gobierno del año en cuestión, Poder Ejecutivo Federal.

dio del PIB disminuyó a 2.1% anual y el rango de competitividad cayó del lugar 41 al 47.[2]

Lo anterior obliga a pensar que: *1)* la información sobre inversión física del sector público federal no es comparable, ya que a partir de 2005 se incorporan los recursos fiscales transferidos a gobiernos estatales y municipales, y a partir de 2007 se incluye la inversión privada realizada por medio de los proyectos de infraestructura productiva de largo plazo (Pidiregas), o *2)* la inversión pública en los últimos años no generó efectos multiplicadores, por problemas de planeación y atención a sectores improductivos. Queda la interrogante para futuras investigaciones, principalmente indagar la composición estructural de la inversión física del sector público federal reportada, y estudiar las características de la inversión extranjera en infraestructura, y si ésta implica significativas trasferencias de las ganancias al extranjero, lo cual constituye un formidable obstáculo al desarrollo económico interno.

COMPETITIVIDAD DE LAS PRINCIPALES CIUDADES DE MÉXICO

Existen diversas propuestas empíricas para estudiar el desempeño competitivo de las ciudades dentro del concierto internacional (Lever, 2010; Ni y Kresl, 2010); de ciudades dentro de su sistema nacional (Healey y Dunham, 1994; Kresl y Singh, 1999; Ni, 2007), o de las ciudades mexicanas (Cabrero, Orihuela y Ziccardi, 2006; Imco, 2007; Sobrino, 2002). Estos ejercicios cuantifican la competitividad mediante un conjunto de variables seleccionadas y utilizan diferentes técnicas estadísticas para procesarlas. La mejor cuantificación del nivel real de competitividad de las ciudades no necesariamente está en función del número de variables o del manejo de herramientas estadísticas más sofisticadas.

[2] La elasticidad-producto de la inversión se calculó con la función $Y = aX^b$, donde X es el PIB total, Y es la inversión física y b la elasticidad; en logaritmos naturales se tiene: $LnY = Lna + bLnX$. La elasticidad de 0.08 significa que por cada punto porcentual de incremento en el PIB, la inversión creció en 0.08 puntos porcentuales, mientras que el valor de 4.04 establece un crecimiento de 4% en la inversión por cada incremento de 1% en el PIB.

Una limitante en los estudios empíricos de competitividad urbana es la menor disponibilidad de información estadística en relación con la existente para países o espacios subnacionales, además de la dificultad de delimitar la superficie que comprende la ciudad. El estudio de Global Urban Competitiveness Project, coordinado por Pengfei Ni y Peter Kresl para medir la competitividad de 500 ciudades del mundo, se basa en el acopio, procesamiento y análisis estadístico de nueve variables: *1)* PIB total, *2)* PIB por habitante, *3)* PIB por kilómetro cuadrado, *4)* tasa de crecimiento del PIB, *5)* productividad parcial del trabajo, *6)* tasa de ocupación, *7)* relación tasa de cambio nominal a tasa de cambio real de la moneda nacional, *8)* patentes registradas, y *9)* número de corporativos multinacionales (Ni y Kresl, 2010: 17). A partir de ello se realiza un segundo estudio más pormenorizado sobre factores de la competitividad, utilizando 150 ciudades y 105 variables agrupadas en siete subfactores: *1)* calidad empresarial, *2)* estructura industrial, *3)* recursos humanos, *4)* ambiente duro *(hard environment)*, *5)* ambiente suave *(soft environment)*, *6)* calidad de vida, y *7)* conectividad global (Ni y Kresl, 2010: 10-15). Aunque no son perfectamente semejantes, el subsector ambiente duro corresponde a la tipología de infraestructura básica manejada en este capítulo; el subfactor recursos humanos, al de infraestructura complementaria; el subfactor de conectividad global, al tipo de infraestructura especializada, y el subfactor ambiente suave, al de infraestructura no material.

Las 500 ciudades en el ejercicio más amplio se ubican en los cinco continentes y 130 naciones, y representan diversas áreas y niveles de desarrollo (20 de ellas pertenecen a México). Por su parte, las 150 ciudades del segundo estudio se localizan en 47 países de los cinco continentes, en las cuales se incluyen las cuatro metrópolis más pobladas de México (Ciudad de México, Guadalajara, Monterrey y Puebla). La información se refiere a datos entre 2004 y 2007, pero es importante destacar la notoria diversidad en la calidad, cantidad y disponibilidad de información, además de que algunas ciudades se representan con indicadores de su división administrativa menor, otras de su zona metropolitana, y otras de su región o división administrativa mayor. A pesar de estas limitaciones, es indudable que el estudio es un producto muy importante para el análisis de la competitividad urbana en el contexto internacional.

El enlistado, denominado *Global Urban Competitiveness Index Rankings 2007-2008*, lo encabezan Nueva York, Londres y Tokio (www.gucp.org) (cuadro IV.3). Estas urbes se definen como ciudades globales, que más allá de su larga historia como centros del comercio internacional y bancario, actualmente desempeñan cuatro funciones clave en el capitalismo global: *1)* puntos de organización de la economía mundial, *2)* nodos de concentración de servicios financieros y al productor, *3)* sitios de producción de innovaciones, y *4)* mercados para los productos y las innovaciones realizadas (Sassen, 2001: 3-4).

Las asociaciones estadísticas entre los rangos de los distintos tipos de infraestructura con otros atributos de las ciudades permiten realizar las siguientes aseveraciones: *1)* la infraestructura básica está más relacionada con el tamaño de la actividad económica local (PIB); *2)* la infraestructura complementaria, con el tamaño de población; 3) la infraestructura especializada, con el índice de competitividad total, y *4)* la infraestructura no material, con la eficiencia en la actividad económica de la ciudad.[3] Con ello se puede concluir que la cantidad y el usufructo de los diversos tipos de infraestructura impactan de manera diferencial en el comportamiento económico-productivo y sociodemográfico de las ciudades.

La Ciudad de México logró el mejor posicionamiento en el contexto internacional para el caso mexicano, ubicándose en el sitio 74, seguida por Chihuahua (106) y Monterrey (143). En general, las 20 ciudades del país (incluidas en el enlistado en función de su tamaño de población de 2005) se ubicaron en una posición intermedia; la Ciudad de México ofrece mayor potencialidad por su escala de actividad, nivel de desarrollo y estructura productiva. En cambio, todas las urbes mexicanas mostraron debilidad en los componentes de innovación tecnológica e influencia internacional (Ni, 2010).

Las publicaciones especializadas polemizan sobre la relación entre crecimiento económico de la ciudad y del país. Por un lado, se menciona que el desempeño de las urbes está supeditado a la existencia de infraestructura productiva, al aprovechamiento de

[3] Estas asociaciones estadísticas se obtuvieron con el uso de correlaciones bivariadas de Spearman, las cuales alcanzaron valores entre 0.719 y 0.847, todas ellas con nivel de significancia de 0.000.

economías de aglomeración y al desarrollo nacional (Polése, 2005). Por otro lado, se establece que las ciudades inmersas en el proceso de globalización dependen menos del comportamiento de la economía del país y más de sus flujos e interrelación con la red mundial de metrópolis (Dicken, 1992). Al comparar el rango de competitividad de los países con el de su ciudad mejor posicionada, se obtienen ejemplos de ambas posturas (cuadros IV.2 y IV.3). Sin embargo, existe una tercera opción, como se verá enseguida.

En efecto, naciones como Brasil, China, Alemania, Holanda, Canadá, Hong Kong, Singapur y Estados Unidos se ajustan al postulado de Polèse, en el sentido de que la competitividad de sus urbes se determina, en gran medida, por los alcances y límites del desarrollo económico nacional. En otros países, como Rusia, México, Italia, España, Bélgica, pero principalmente Japón, Francia, Corea y Reino Unido, el desempeño competitivo de su urbe mejor posicionada se explica más por su posición en la red mundial de metrópolis que por la influencia del contexto nacional. Finalmente, en India, Tailandia y Malasia, la posición competitiva del país es superior a la experimentada por su mejor metrópoli, lo que implica la existencia de ventajas espaciales de orden regional, o de la complementariedad entre distintas urbes de su sistema urbano (gráfica IV.3).

Con el propósito de aportar elementos empíricos sobre la condición competitiva de las principales ciudades de México, en este capítulo se aplica el procedimiento de Ni (2007), adaptándolo a la disponibilidad de información para dichas ciudades. La medición estadística de la competitividad para las principales urbes de México se realizó utilizando las siguientes cinco variables: *1)* logaritmo del PIB total (PIB), *2)* logaritmo del PIB per cápita (PIBPC), *3)* tasa de crecimiento del PIB (TCPIB), *4)* índice de marginación (IMAR), y *5)* tasa bruta de ocupación (TBO).[4] La variable PIB representa la escala de la

[4] El PIB de la ciudad se estimó con información de los censos económicos y del sistema de Cuentas Nacionales de México. Por ejemplo, el PIB de una ciudad para un sector y año específico (2003 o 2008) se obtuvo al extraer de los censos económicos la participación del valor bruto de la producción del municipio en donde se encuentra la ciudad, o el conjunto de municipios de una zona metropolitana, respecto al valor de la entidad federativa a la que pertenece, y después multiplicar dicha participación por el valor absoluto del PIB de ese sector en el estado, según datos del sistema de Cuentas Nacionales.

Cuadro IV.3
Mundo: indicadores económicos y demográficos por ciudades seleccionadas, 2005

Ciudad	Pob. 2005 Miles	PIB 2005 MMD[a]	PIB PC 2005 Dólares	Rango[b] Competitividad 2007-2008 Total	IB	IC	IE	NM	Población 2005	PIB 2005	PIBPC 2005
Nueva York	18 727	1 070	57 130	1	2	44	1	11	4	2	8
Londres	8 506	459	54 008	2	5	18	2	22	25	5	15
Tokio	35 622	1 538	43 183	3	1	2	8	54	1	1	45
París	10 105	554	54 828	4	29	1	4	40	19	4	14
Washington	4 239	282	66 624	5	7	8	26	26	64	8	2
Los Ángeles	12 303	637	51 790	6	12	75	3	6	11	3	18
Estocolmo	1 248	70	56 391	7	49	15	36	18	309	70	11
Singapur	4 267	121	28 422	8	45	4	5	1	62	37	90
San Francisco	3 386	234	69 082	9	4	54	30	5	88	15	1
Chicago	8 818	444	50 349	10	5	57	9	2	22	6	21
Toronto	5 035	195	38 690	11	46	35	29	23	49	19	73
Seúl	9 825	229	23 347	12	42	9	62	56	20	16	98
Buenos Aires	12 551	166	13 196	24	74	86	94	105	10	25	112
Shanghái	15 184	104	6 849	41	48	36	14	87	7	42	176
Ciudad de México	18 735	247	13 160	74	60	7	110	98	3	12	113

Roma	3 352	136	40 571	96	77	62	35	92	90	32	65
Barcelona	4 815	148	30 836	115	79	28	18	66	50	27	88
Monterrey	3 579	56	15 673	143	121	52	112	130	77	100	109
Guadalajara	4 051	41	10 088	180	124	118	140	140	67	120	134
São Paulo	18 647	226	12 093	201	148	3	126	148	5	17	116

Fuente: cálculos elaborados con información de ONU (2011); OCDE (2011); City Mayors Statistics (2011); Ni y Kresl (2010).

[a] Miles de millones de dólares.

[b] El rango de competitividad total está basado en una muestra de 500 ciudades. Los rangos de competitividad por infraestructura básica (IB), infraestructura complementaria (IC), infraestructura especializada (IE) e infraestructura no material (NM) provienen de una muestra de 150 ciudades. Los rangos de población, PIB y PIB per cápita (PIBPC) están basados en las 387 aglomeraciones urbanas con un millón o más de habitantes en 2010.

Gráfica IV.3
Comparación del rango competitivo del país y su ciudad mejor posicionada, 2010

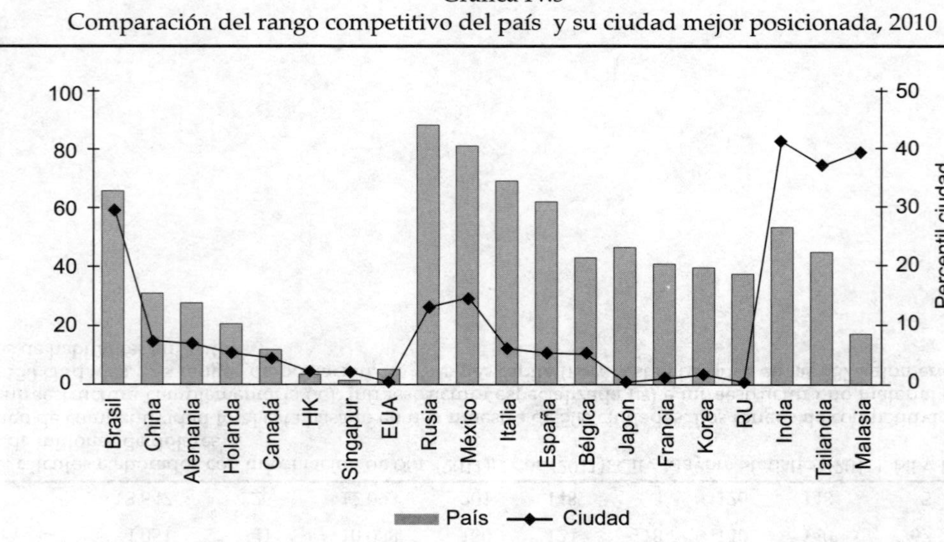

Fuente: elaboración propia a partir de información de los cuadros IV.2 y IV.3.

economía de la ciudad, su participación en el mercado nacional y la potencial creación y aprovechamiento de ventajas competitivas relacionadas con la escala. El PIBPC estima el grado de eficiencia económica. La TCPIB ejemplifica el desempeño potencial para la atracción de inversiones productivas. El IMAR interpreta el acceso a satisfactores colectivos por parte de la población residente. Por último, la TBO ilustra el comportamiento y desarrollo del mercado de trabajo (cuadro IV.4).

El universo de estudio son las 55 zonas metropolitanas definidas por Sedesol, Conapo e INEGI en 2000, y las 33 ciudades con 100 mil y más habitantes en 2005. El modelo estadístico consistió en un análisis factorial con el método de componentes principales, el cual tuvo una medida de adecuación muestral KMO de 0.529 y prueba de esfericidad de Bartlett de 148.2, con un nivel de significancia de 0.000. El modelo arrojó dos componentes con valor mayor a uno; el primero explicó 49% de la varianza y el segundo 23%, esto es, una varianza acumulada de 72%. El primer componente fue explicado fundamentalmente por el PIB y el IMAR, es decir, la escala de la actividad económica y las condiciones de vida de la población residente. En éste aparecen implícitamente el papel de la infraestructura básica y la infraestructura complementaria en el desempeño competitivo de las urbes del país. El segundo componente se fundamentó en la tasa de crecimiento del PIB; en otras palabras, en la capacidad de atracción de inversiones productivas. Las ciudades más competitivas del país entre 2003 y 2008 fueron Monterrey, Playa del Carmen, Ciudad de México, Chihuahua, Ciudad del Carmen, Guadalajara, Saltillo, Mexicali, Hermosillo y Querétaro.

La mejor cuantificación de la realidad competitiva de las ciudades y las naciones no necesariamente está en función del uso de más variables o de herramientas estadísticas más sofisticadas, como ya se mencionó. El ejercicio anterior utilizó cinco variables y sus resultados son muy cercanos a otros elaborados. El grado de asociación entre los índices obtenidos y los presentados por Cabrero y Orihuela (2009), que utilizaron 46 variables y 60 ciudades; el del Imco (2010), formulado con 110 variables para 86 ciudades, y el de la revista *Aregional.com* (2007), elaborado con 84 variables en 91 ciudades, es estadísticamente significativo en un nivel de 0.01 (cuadro IV.4).

Cuadro IV.4

México: índices de competitividad urbana según diversos autores

Rango	*Sobrino* 2003-2008	*Cabrero y Orihuela* 2007	*Imco* 2008	*Aregional* 2007
1	Monterrey	Monterrey	Monterrey	Monterrey
2	Playa del Carmen	Chihuahua	Reynosa	Chihuahua
3	Ciudad de México	Ciudad de México	Chihuahua	Guadalajara
4	Chihuahua	San Luis Potosí	Mazatlán	Querétaro
5	Ciudad del Carmen	Ciudad Juárez	Mexicali	Mexicali
6	Guadalajara	Tijuana	PiedrasNegras	Cancún
7	Saltillo	Aguascalientes	Colima	Ciudad de México
8	Mexicali	Hermosillo	Manzanillo	Hermosillo
9	Hermosillo	Saltillo	Aguascalientes	Morelia
10	Querétaro	Toluca	Hermosillo	Cuernavaca
11	San Luis Potosí	Guadalajara	Los Cabos	Veracruz
12	Tijuana	Querétaro	Guanajuato	Saltillo
13	Reynosa	Durango	Juárez	San Luis Potosí
14	Ciudad Juárez	Mexicali	Nogales	Tampico
15	Cancún	Reynosa	Querétaro	Coatzacoalcos
16	Torreón	Monclova	Ciudad Obregón	Toluca
17	Puebla	Torreón	Puerto Vallarta	Aguascalientes
18	Aguascalientes	Veracruz	Monclova	Puerto Vallarta
19	Veracruz	Matamoros	Mérida	Torreón
20	San Juan del Río	Puebla	Guadalajara	Mazatlán

Fuente: elaboración propia y Cabrero y Orihuela (2009); Instituto Mexicano de la Competitividad (2010); *Aregional.com* (2007).

El usufructo de la infraestructura implica economías de aglomeración. Su relación con la competitividad en el sistema urbano de México se exploró con las variables tamaño de población e índice de competitividad 2003-2008 (gráfica IV.4).[5] La asociación estadística fue positiva con $r^2 = 0.109$; esto significa que las variaciones en el desempeño competitivo de las ciudades de México se explicó en 11% por las variaciones en el tamaño de población; si bien el grado de explicación sería bajo, en cambio su nivel de significancia fue 0.001, lo que induce a concluir la relación positiva y estadísticamente significativa entre estas dos variables. Así, el desempeño competitivo entre las ciudades de México estuvo supeditado, en parte, a la generación de economías de aglomeración; en otras palabras, por el usufructo de infraestructura.

Esta relación, empero, fue diferencial por tamaño de población. El mayor aprovechamiento de economías de aglomeración para la competitividad ocurrió en el segmento de ciudades con tamaño de población entre 500 mil y un millón de habitantes, igual tamaño de población encontrado para la mayor productividad industrial (Sobrino, 2003: 332-344). En sentido contrario, las urbes con población entre 250 mil y 500 mil habitantes muestran pendiente negativa, o reversión de economías de aglomeración en el desempeño competitivo local, en tanto que la pendiente de ajuste en las metrópolis millonarias fue prácticamente estacionaria, por lo que su rango competitivo está supeditado a la existencia consolidada de economías de aglomeración, irrupción de deseconomías y ventajas competitivas de carácter cualitativo (empresariales e institucionales).

En la primera sección de este capítulo se mencionó que las economías de aglomeración permiten el incremento en la productividad de una firma, como consecuencia de estar ubicada en un punto de concentración de población y actividades económicas. Estas economías son diversas y abarcan distintas esferas del desempeño económico interno y externo. Las economías de escala aluden al funcionamiento microeconómico de la unidad productiva; las de urbanización, a las externalidades generadas para todo el conjunto de la actividad económica y el fomento a la diversifi-

[5] En el cuadro AE-IV.1 se presenta el rango e índice de competitividad de las ciudades mexicanas, según la metodología reseñada en este documento y para el periodo de 1980 a 2003.

Gráfica IV.4

México: competitividad y economías de aglomeración entre las principales ciudades, 2003-2008

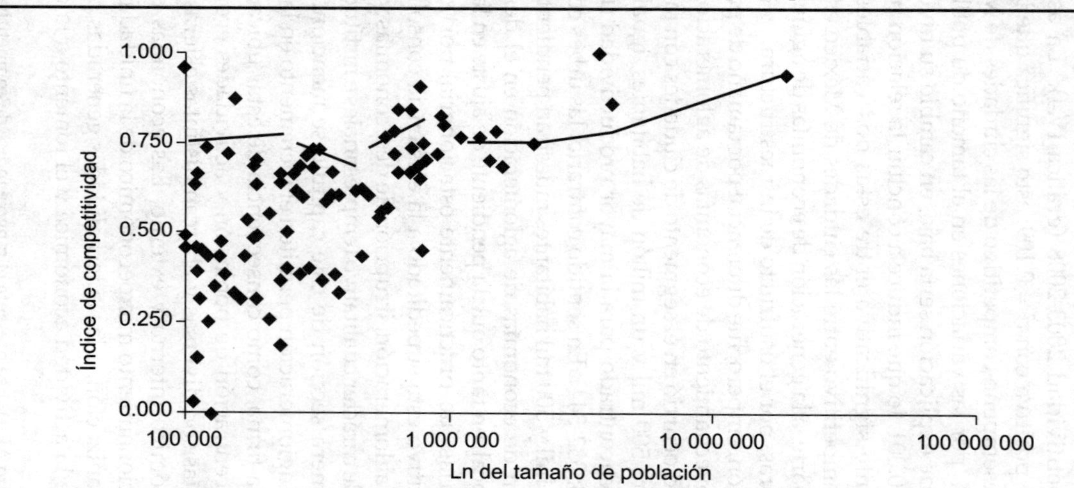

Fuente: elaboración propia con información del cuadro AE-IV.1

cación de la estructura productiva local; las de localización, a los beneficios para ciertos sectores económicos, promoción de la especialización productiva y conformación de un *cluster;* por último, las de alcance, a la interrelación de agentes. La infraestructura productiva y el equipamiento para la población son la base material para la realización de las economías de aglomeración.

Con el uso de un modelo multivariado se exploró la relación entre competitividad y los cuatro componentes de las economías de aglomeración para las 55 zonas metropolitanas de México. La variable dependiente fue índice de competitividad 2003-2008 (IC). Después de varias pruebas, y para evitar multicolinearidad entre las variables independientes, las economías de urbanización se expresaron en términos del índice de diversificación local (IDL); si la actividad económica de la ciudad estaba altamente concentrada en un sector, dicho índice alcanza un valor cercano a uno, en tanto que a mayor diversificación, mayor valor del índice.[6] Las economías de localización se evaluaron con el índice de especialización local (IEL), el cual indica la presencia relativa de un sector en la estructura económica local respecto a su peso en la estructura nacional.[7] Un valor hipotético de cinco muestra que ese sector quintuplicaba su importancia relativa en la estructura productiva de la ciudad en comparación con su presencia en el total nacional. Las economías de alcance se estimaron con la densidad poblacional de la ciudad (DMU), de tal manera que a mayor densidad de población, mejor posibilidad hipotética de interrelación de agentes; un coeficiente negativo en esta variable indicaría presencia de deseconomías de aglomeración por efecto de congestión.[8] Por último, las economías de escala se cuantifica-

[6] El índice de diversificación se obtuvo con la fórmula $IDL_i = 1 / \Sigma \mid P_{ij} - P_{nj} \mid$, donde P_{ij} es la participación de la localidad *i* en el sector *j*, y P_{nj} es la participación nacional en el sector *j* en la estructura económica del país (Duranton y Puga, 2000: 534-536). La información utilizada fue la estimación del PIB por ciudad y sector de actividad en 2008 (19 sectores del Sistema de Clasificación Industrial de América del Norte, SCIAN).

[7] La fórmula del índice de especialización del sector *i* en la ciudad *j* es $IEL_{ij} = (P_{ij} / P_{in})$, donde P_{ij} es la participación del PIB del sector *i* en la estructura económica de la ciudad *j* y P_{in} es la participación del PIB del sector *i* en la estructura económica nacional. Para el análisis se utilizó el IEL del sector con mayor valor para cada ciudad.

[8] Para esta variable se utilizaron datos de la densidad media urbana en 2000 (Sedesol, Conapo e INEGI, 2004: 31-32).

ron con la productividad parcial del trabajo (PPT) en la industria manufacturera (cuadro IV.5).[9]

El ejercicio multivariado fue robusto desde el punto de vista estadístico, con r^2 de 0.526, nivel de significancia estadística de 0.000 y factor de inflación de varianza (prueba de multicolinealidad) por abajo de 2 en las cuatro variables. En el cuadro IV.5 se presentan los coeficientes de regresión estandarizados, lo que permite la comparación entre ellos.

Los resultados indican una estrecha relación entre índice de competitividad 2003-2008 y las variables utilizadas como economías de aglomeración. Las economías de urbanización, de alcance y de escala obtuvieron coeficientes elevados y niveles de significancia muy cercanos, por lo que no hay una clara diferenciación de su peso en el desempeño competitivo de las metrópolis mexicanas. De cualquier modo, los datos indican una mayor participación de las economías de alcance (DMU), o atributos más allá de la concentración simple de infraestructura y equipamiento, y hacia el usufructo de condiciones materiales para el intercambio de ideas, conocimientos e información, es decir, infraestructura especializada. Los resultados anteriores no presentan evidencias sobre el papel de las economías de localización medidas por el índice IEL en el desempeño competitivo de la ciudad, por lo que tentativamente se puede señalar que la conformación de un *cluster* no es suficiente para alcanzar el éxito competitivo en las metrópolis mexicanas.

NOTAS FINALES: IMPORTANCIA DE LA INFRAESTRUCTURA BÁSICA Y ESPECIALIZADA EN LA COMPETITIVIDAD DE LAS CIUDADES DE MÉXICO

En este capítulo se hace una revisión bibliográfica sobre el papel de la infraestructura en la competitividad urbana y se presentan algunos resultados empíricos de tal relación para México. La competitividad urbana consiste en la capacidad de una ciudad para atraer inversiones productivas que generan empleo y bienestar a la economía local. Esta capacidad de atracción está supeditada a un

[9] La productividad parcial del trabajo se estimó al dividir el PIB de la industria manufacturera calculado para 2008, entre el personal ocupado en dicho sector según censos económicos.

Cuadro IV.5
México: coeficientes de regresión entre la competitividad y economías de aglomeración en 55 zonas metropolitanas, 2003-2008

Variable	*β estandarizada*	*t*	*Significancia*	*FIV*[a]
IDL	0.383	3.072	0.003	1.644
IEL	0.068	0.604	0.549	1.351
DMU	0.388	3.481	0.001	1.309
PPT	0.303	3.053	0.004	1.040

Fuente: elaboración propia.

[a] Factor de inflación de varianza; prueba estadística para estimar multicolinealidad entre variables independientes. Valores por abajo de 2 indican no colinealidad.

conjunto de factores, o ventajas competitivas, que se dividen en territoriales, distributivas, empresariales e institucionales. Las ventajas competitivas están sujetas al principio de economías de aglomeración, es decir, al incremento en la productividad, o la reducción de costos, de una firma por estar localizada en un punto de concentración de población y actividades económicas. Las economías de aglomeración se dividen en las correspondientes a la escala de producción, la urbanización, la localización y el alcance del mercado. La infraestructura productiva y el equipamiento social son la base material para la realización de dichas economías.

El tamaño de población es la medida más sencilla para cuantificar indirectamente las economías de aglomeración de una ciudad en el interior de un mismo país, permitiendo contar con un indicador de su magnitud absoluta. Sin embargo, la cantidad y la calidad de economías de aglomeración con las que cuenta una zona urbana se miden, también de manera indirecta, con el producto interno bruto (PIB) por habitante.

Estudios empíricos han encontrado una estrecha relación entre la inversión en infraestructura y el crecimiento económico. La disponibilidad de la primera permite mayor productividad de las empresas, menor costo de producción y uso más eficiente de los factores productivos; estas ventajas para las empresas se traducen en beneficios a la macroeconomía de países y regiones. En México, la relación no parece ser lineal ni automática en el tiempo, puesto que en la década de 1990 hubo un crecimiento económico moderado y baja inversión pública, mientras que en la primera década del nuevo milenio la situación fue contraria: reducido crecimiento ante una dinámica inversión del sector público. La respuesta a esta asincronía escapa a los propósitos de este documento, pero se necesitará avanzar en la construcción de series de tiempo de largo plazo sobre montos de inversión pública comparables, así como destacar el impacto de la inversión privada en infraestructura productiva y equipamiento social.

En la red mundial de metrópolis, y en el sistema urbano de México, el desempeño competitivo de una ciudad se asocia estrechamente con el usufructo de infraestructura especializada. El tamaño absoluto de la actividad económica local se relaciona con la infraestructura básica, mientras que el volumen demográfico de la urbe se asocia con la infraestructura complementaria. Por último, la infraestructura no material ofrece mayores oportunidades para elevar la eficiencia económica de la ciudad, puesto que eleva la calidad y las oportunidades de acceso de la infraestructura general de la urbe.

El estudio de las economías de aglomeración ofrece un panorama indirecto sobre el potencial usufructo de la infraestructura. La desagregación y el análisis de tales economías en cuatro componentes permitió concluir que las principales ciudades de México requieren preferentemente las economías de urbanización y de alcance para su desempeño competitivo. La infraestructura básica, para el acceso a insumos y energía, y la especializada, vinculada con flujos de información, se constituye en la principal base material para el éxito competitivo de las urbes. México requiere, además de una política económica integral para fomentar sectores económicos específicos, promover la calificación del capital humano, e incentivar el desarrollo tecnológico, así como planear una localización de las actividades productivas más eficiente y equitativa mediante una adecuada distribución territorial de las diferentes clases de infraestructura analizadas en esta investigación.

Bibliografía

Aregional.com (2007), **7** (9).

Aschauer, D. (1989), "Is public expenditure productive?", *Journal of Monetary Economics*, **23** (2): 177-200.

Bailey, Nick, Iain Docherty e Ivan Turok (2002), "Dimensions of city competitiveness: Edinburg and Glasgow in a UK context", en Iain Begg (ed.), *Urban Competitiveness*, The Policy Press, Bristol, Inglaterra, pp. 135-159.

Begg, Iain (1999), "Cities and competitiveness", *Urban Studies*, **36** (5/6): 795-809.

Boddy, Martin (2002), "Linking competitiveness and cohesion", en Iain Begg (ed.), *Urban Competitiveness*, The Policy Press, Bristol, Inglaterra, pp. 33-53.

Boltho, A. (1996), "The assessment: international competitiveness", *Oxford Review of Economic Policy*, **12** (1): 1-16.

Budd, Leslie (1998), "Territorial competition and globalization: Scylla and charybdis of European cities", *Urban Studies*, **35** (4): 663-685.

Budd, Leslie y Amer Hirmis (2004), "Conceptual framework for regional competitiveness", *Regional Studies*, **38** (9): 1015-1028.

Button, Kenneth (2000), "New approaches to spatial economics", *Growth and Change*, **31** (3): 480-500.

Cabrero, Enrique, Isela Orihuela y Alicia Ziccardi (2006), "Competitividad de ciudades: la nueva agenda de los gobiernos urbanos", en IBERGOP, *Desarrollo regional y competitividad*, Centro de Investigación y Docencia Económicas/Porrúa, México, pp. 31-51.

Cabrero, Enrique e Isela Orihuela (2009), "Índice de competitividad de las ciudades mexicanas: versión 2007", en Enrique Cabrero (coord.), *Competitividad de las ciudades en México: la nueva agenda urbana*, Secretaría de Economía/Centro de Investigación y Docencia Económicas, México, pp. 19-61.

City Mayors Statistics (2011), *The Richest Cities in the World* (http://www.citymayors. com//statistics/richest-cities-2005.html).

Clark, A. (2003), *Dictionary of Geography*, Penguin Books, Londres.

Deas, Iain y Benito Giordano (2001), "Conceptualizing and measuring urban competitiveness in major English cities: An exploratory approach", *Environment and Planning A*, **33** (8): 1411-1429.

Dicken, Peter (1992), *Global Shift: The Internationalization of Economic Activity*, Guilford, Nueva York.

Ding, Lei, Kinsley Haynes y Yanchun Liu (2008), "Telecommunications infrastructure and regional income convergence in China: Panel data approaches", *Annals of Regional Science*, **42** (6): 843-861.

Donegan, Mary, Joshua Dricker, Harvey Goldstein, Nichola Lowe y Emil Malizia (2008), "Which indicators explain metropolitan economic performance best?: Traditional or creative class", *Journal of the American Planning Association*, **74** (2): 180-195.

Duranton, Gilles y Diego Puga (2000), "Diversity and specialization in cities: why, where and when does it matter?", *Urban Studies*, **37** (3): 533-555.

Fajnzylber, Fernando (1988), "Competitividad internacional: evolución y lecciones", *Revista de la* CEPAL, **36**: 12-26.

Feser, Edward (2002), "Tracing the sources of local external economies", *Urban Studies*, **39** (13): 2485-2506.

Florida, Richard (2002), *The Rise of the Creative Class: And How it's Transforming Work, Leisure, Community and Everyday Life*, Basic Books, Nueva York.

Garza, Gustavo (1985), *El proceso de industrialización en la ciudad de México*, El Colegio de México, México.

Gilbert, Alan (1998), "World cities and the urban future: The view from Latin America", en Fu-chen Lo y Yue-man Yeung (eds.), *Globalization and the World of Large Cities*, United Nations University Press, Tokio, pp. 174-202.

Global Urban Competitiveness Project (2005), *Mission, Statement and Activities of the Global Urban Competitiveness Project* (mimeografiado), Ottawa.

Hall, Peter y Kathy Pain (eds.) (2006), *The Polycentric Metropolis*, Sterling, Londres.

Harding, Alan (2005), "Governance and socio-economic change in cities", en N. Buck, I. Gordon, A. Harding e I. Turok (eds.), *Changing Cities*, Palgrave, Inglaterra, pp. 62-77.

Harvey, David (1999), *The Limits to Capital*, Verso, Londres.

Haynes, Kingsley (2006), *Infrastructure: The Glue of Megacities*, Megacity Foundation-the Netherlands Institute for City Innovation Studies, Fairfax, Virginia.

Healey, Michael y Philip Dunham (1994), "Changing competitive advantage in a local economy: The case of Coventry, 1971-1990", *Urban Studies*, **31** (8): 1279-1301.

Hirsch, Werner (1973), *Urban Economic Analysis*, McGraw-Hill, Nueva York.

Institute for Management Development [IMD] (2009), *World Competitiveness Yearbook* (http: / / www.imd.ch / wcy09).

——— (2011), *World Competitiveness Yearbook* (http: / / www.imd.org / research / publications / wcy / wcy_online.cfm).

Instituto Mexicano de la Competitividad [Imco] (2007), *Competitividad de las ciudades mexicanas* (disco compacto), Imco, México.

——— (2010), *Índice de competitividad urbana 2010. Acciones urgentes para las ciudades del futuro*, Imco, México.

Instituto Nacional de Estadística, Geografía e Informática [INEGI] (2010), *Banco de información económica* (http://dgcnesyp.inegi.org.mx/cgiwin/bdieintsiexe/NIVZ101350 #ARBOL).

Kaplan, David, James Wheeler y Steven Holloway (2009), *Urban Geography*, John Wiley & Sons, New Jersey.

Kresl, Peter (1995), "The determinants of urban competitiveness", en Peter Kresl y Gunnar Gappert (eds.), *North America Cities and the Global Economy: Challenges and Opportunities*, Sage Publications, Londres, pp. 45-68.

Kresl, Peter y Balwant Singh (1999), "Competitiveness and the urban economy: Twenty-four large US metropolitan areas", *Urban Studies*, **36** (5/6): 1017-1027.

Krugman, Paul (1994), "Competitiveness: A dangerous obsession", *Foreign Affairs*, **74** (2): 28-44.

——— (2009), *The Return of Depression Economics and the Crisis of 2008*, W.W. Norton & Company, Nueva York.

Lever, William (2010), "Factores de corto y largo plazos en la competitividad urbana", en Jaime Sobrino (coord.), *Competitividad urbana: una perspectiva global y para México*, El Colegio de México, México (pp. 95-114).

Lever, William e Ivan Turok (1999), "Competitive cities: Introduction to the review", *Urban Studies*, **36** (5/6): 791-793.

Li, Ben y Yi Lu (2009), "Geographic concentration and vertical disintegration: Evidence from China", *Journal of Urban Economics*, **54** (2): 294-304.

Malecki, Edward (1997), *Technology and Economic Development*, Longman, Londres.

McCann, Philip (1995), "Thinking the economics of location and agglomeration", *Urban Studies*, **32** (3): 563-577.

Moomaw, R. (1983), "Spatial productivity variations in manufacturing: A critical survey of cross-sectional analysis", *International Regional Science Review*, **8** (1): 1-22.

Ni, Pengfei (2007), *Urban Competitiveness in China*, Social Science Academic Press, Beijing.

——— (2010), "Estatus competitivo de las ciudades de México entre las ciudades del mundo", en Jaime Sobrino (coord.), *Competitividad urbana: una perspectiva global y para México*, El Colegio de México, México, pp. 117-145.

Ni, Pengfei y Peter Kresl (2010), *The Global Urban Competitiveness Report 2010*, Edward Elgar Cheltenham, Inglaterra.

Organización de las Naciones Unidas [ONU] (2011), *World Population* (http://esa.un.org/unpd/wpp/Excel-Data/population.htm).

Organización Económica para la Cooperación y el Desarrollo [OECD, por sus siglas en inglés] (2011), *Metropolitan Regions* (http://stats.oecd.org/Index.aspx?datasetcode=REG_DEMO_TL2).

Parr, J. y L. Budd (2000), "Financial services and the urban system: An exploration", *Urban Studies*, **37** (3): 593-610.

Polése, Mario (2005), "Cities and national economic growth: A reappraisal", *Urban Studies*, **42** (8): 1429-1451.

Porter, Michael (1996), "Competitive advantage, agglomeration economies, and regional policy", *International Regional Science Review*, **19** (1-2): 85-94.

Potts, Gereth (2002), "Competitiveness and the social fabric: Links and tensions in cities", en Iain Begg (ed.), *Urban Competitiveness*, The Policy Press, Bristol, Inglaterra, pp. 55-80.

Ros, Jaime (2010), "Política fiscal, tipo de cambio y crecimiento en regímenes de alta y baja inflación: la experiencia de México", en Nora Lustig (coord.), *Los grandes problemas de México. IX. Crecimiento económico*, El Colegio de México, México, pp. 109-132.

Rozas, Patricio (2010), "América Latina: problemas y desafíos del financiamiento de infraestructura", *Revista de la CEPAL*, **101** (2010): 59-83.

Sassen, Saskia (2001), *The Global City*, Princeton University Press, Princeton.

Secretaría de Desarrollo Social/Consejo Nacional de Población/Instituto Nacional de Estadística, Geografía e Informática (2004), *Delimitación de las zonas metropolitanas de México*, Sedesol/Conapo/INEGI, México.

Sobrino, Jaime (2002), "Competitividad y ventajas competitivas: revisión teórica y ejercicio de aplicación a 30 ciudades de México", *Estudios Demográficos y Urbanos*, **17** (2): 311-361.

——— (2003), *Competitividad de las ciudades en México*, El Colegio de México, México.

Soroka, L. (1994), "Manufacturing productivity and city size in Canada, 1975 and 1985: Does population matter?", *Urban Studies*, **31** (6): 895-911.

Turok, I. (2005), "Cities, competition and competitiveness: Identifying new connections", en N. Buck, I. Gordon, A. Harding e I. Turok (eds.), *Changing Cities*, Palgrave, Houndmills, Inglaterra, pp. 25-43.

Winden, Willem van, Leo van de Berg y Peter Pol (2007), "European cities in the knowledge economy: Towards a typology", *Urban Studies*, **44** (4): 525-549.

Cuadro AE-IV.1
México: índices de competitividad urbana de las principales ciudades, 1980-2008

	1980-1988		1988-1993		1993-1998		1998-2003		2003-2008	
Lugar	*Ciudad*	*Índice*	*Ciudad*	*Índice*	*Ciudad*	*Índice*	*Ciudad*	*Índice*	*Ciudad*	*Índice*
1	San Juan del Río	1.00	San Juan del Río	1.00	ZM de Monterrey	1.00	ZM de Monterrey	1.00	ZM de Monterrey	1.00
2	ZM de Saltillo	0.98	ZM de la Ciudad de México	0.86	ZM de la Ciudad de México	0.99	ZM de Chihuahua	0.97	Playa del Carmen	0.95
3	ZM de Monterrey	0.97	ZM de Cancún	0.85	ZM de Guadalajara	0.90	ZM de la Ciudad de México	0.91	ZM de la Ciudad de México	0.94
4	ZM de Cancún	0.97	ZM de Monterrey	0.84	ZM de Saltillo	0.89	ZM de Saltillo	0.87	ZM de Chihuahua	0.90
5	ZM de Ciudad Juárez	0.97	ZM de Guadalajara	0.75	ZM de Chihuahua	0.82	ZM de Torreón	0.85	Ciudad del Carmen	0.87
6	ZM de Chihuahua	0.93	Tehuacán	0.73	ZM de Tijuana	0.80	ZM de Tijuana	0.84	ZM de Guadalajara	0.86
7	ZM de la Ciudad de México	0.92	ZM de Ocotlán	0.72	ZM de San Luis Potosí	0.79	ZM de Aguascalientes	0.83	ZM de Saltillo	0.85
8	Nogales	0.90	ZM de Puebla	0.71	ZM de Monclova	0.78	ZM de Querétaro	0.82	Mexicali	0.84
9	ZM de Monclova	0.88	Hermosillo	0.71	San Juan del Río	0.78	Mexicali	0.82	Hermosillo	0.84
10	Celaya	0.88	Ciudad Acuña	0.71	ZM de Ciudad Juárez	0.78	ZM de Guadalajara	0.81	ZM de Querétaro	0.83
11	Hermosillo	0.87	ZM de Aguascalientes	0.71	Mexicali	0.78	ZM de Ciudad Juárez	0.80	ZM de San Luis Potosí	0.80
12	Ciudad Acuña	0.87	ZM de Toluca	0.71	Hermosillo	0.78	ZM de Cancún	0.80	ZM de Tijuana	0.78
13	ZM de San Luis Potosí	0.87	ZM de San Luis Potosí	0.71	ZM de Querétaro	0.78	Hermosillo	0.80	ZM de Reynosa	0.77
14	ZM de Matamoros	0.86	ZM de Ciudad Juárez	0.69	ZM de Puebla	0.77	ZM de San Luis Potosí	0.78	ZM de Ciudad Juárez	0.77

Cuadro AE-IV.1
(continúa)

	1980-1988		*1988-1993*		*1993-1998*		*1998-2003*		*2003-2008*	
Lugar	*Ciudad*	*Índice*	*Ciudad*	*Índice*	*Ciudad*	*Índice*	*Ciudad*	*Índice*	*Ciudad*	*Índice*
15	ZM de Guadalajara	0.84	ZM de Tijuana	0.68	ZM de Cancún	0.77	ZM de León	0.78	ZM de Cancún	0.76
16	Mexicali	0.83	ZM de Monclova	0.67	ZM de Aguascalientes	0.75	ZM de Reynosa	0.75	ZM de Torreón	0.76
17	ZM de Tijuana	0.83	ZM de Querétaro	0.67	ZM de Torreón	0.75	ZM de Tampico	0.74	ZM de Puebla	0.74
18	Ensenada	0.79	Celaya	0.66	ZM de León	0.74	ZM de Toluca	0.74	ZM de Aguascalientes	0.74
19	ZM de Querétaro	0.78	ZM de Mérida	0.65	ZM de Toluca	0.70	Delicias	0.74	ZM de Veracruz	0.74
20	Delicias	0.78	ZM de Torreón	0.64	Celaya	0.68	ZM de Puebla	0.74	San Juan del Río	0.74
21	Mazatlán	0.78	ZM de Saltillo	0.63	ZM de Cuernavaca	0.65	ZM de Morelia	0.73	Celaya	0.73
22	ZM de Puerto Vallarta	0.77	ZM de Cuernavaca	0.63	ZM de Puerto Vallarta	0.64	La Paz	0.73	ZM de Coatzacoalcos	0.73
23	ZM de Nuevo Laredo	0.77	ZM de León	0.62	Ciudad Obregón	0.64	Ciudad del Carmen	0.72	ZM de Monclova	0.72
24	ZM de Cuernavaca	0.77	ZM de Reynosa	0.62	ZM de Mérida	0.64	ZM de Mérida	0.72	ZM de Mérida	0.72
25	Ciudad Obregón	0.76	ZM de Chihuahua	0.60	ZM de Matamoros	0.63	Culiacán	0.72	Salamanca	0.72
26	ZM de Puebla	0.73	Culiacán	0.59	ZM de Veracruz	0.63	ZM de Veracruz	0.71	Culiacán	0.72
27	ZM de Veracruz	0.73	Ciudad Obregón	0.58	Ensenada	0.62	Celaya	0.70	ZM de Tampico	0.69
28	ZM de Reynosa	0.71	Los Mochis	0.57	ZM de Reynosa	0.62	Campeche	0.66	La Paz	0.69
29	ZM de Aguascalientes	0.70	Ciudad del Carmen	0.56	Mazatlán	0.61	Ciudad Obregón	0.66	ZM de León	0.69
30	ZM de Piedras Negras	0.68	Navojoa	0.56	Nogales	0.61	San Juan del Río	0.64	ZM de Toluca	0.68
31	ZM de Coatzacoalcos	0.68	Mexicali	0.55	Culiacán	0.61	Manzanillo	0.64	Ciudad Obregón	0.68
32	Hidalgo del Parral	0.68	ZM de Nuevo Laredo	0.53	ZM de Piedras Negras	0.61	ZM de Nuevo Laredo	0.64	ZM de Tula	0.68
33	Manzanillo	0.67	Ensenada	0.52	ZM de Tampico	0.60	ZM de Cuernavaca	0.63	ZM de Puerto Vallarta	0.67

34	ZM de Mérida	0.67	ZM de Morelia	0.51	Ciudad Acuña	0.59	ZM de Matamoros	0.63	ZM de Morelia	0.67
35	Los Mochis	0.66	ZM de Matamoros	0.50	ZM de Nuevo Laredo	0.59	Nogales	0.63	Mazatlán	0.67
36	Culiacán	0.66	Irapuato	0.49	Delicias	0.59	Ciudad Acuña	0.62	ZM de Villahermosa	0.66
37	La Paz	0.65	ZM de Veracruz	0.49	ZM de Coatzacoalcos	0.57	ZM de Zacatecas	0.61	Ensenada	0.66
38	ZM de León	0.64	ZM de Villahermosa	0.48	Los Mochis	0.56	Hidalgo del Parral	0.60	Manzanillo	0.65
39	Ciudad del Carmen	0.63	ZM de Tlaxcala	0.48	Durango	0.56	Ensenada	0.59	Los Mochis	0.65
40	ZM de Torreón	0.62	ZM de Puerto Vallarta	0.48	ZM de Morelia	0.56	Salamanca	0.59	ZM de Cuernavaca	0.65
41	San Luis Río Colorado	0.60	ZM de Oaxaca	0.47	Ciudad del Carmen	0.55	ZM de Tuxtla Gutiérrez	0.58	ZM de Colima	0.64
42	Salamanca	0.59	ZM de Tepic	0.47	La Paz	0.55	ZM de Piedras Negras	0.58	Nogales	0.63
43	ZM de Tampico	0.59	Delicias	0.46	ZM de Villahermosa	0.53	Ciudad Victoria	0.58	Delicias	0.62
44	Chetumal	0.58	ZM de Tuxtla Gutiérrez	0.45	Tehuacán	0.52	Durango	0.58	Durango	0.61
45	ZM de Toluca	0.58	Durango	0.44	Irapuato	0.51	Los Mochis	0.57	ZM de Zacatecas	0.61
46	ZM de Colima	0.55	ZM de Xalapa	0.43	ZM de Apizaco	0.51	ZM de Xalapa	0.55	ZM de Matamoros	0.61
47	Uruapan	0.54	ZM de Tampico	0.43	San Luis Río Colorado	0.49	ZM de Pachuca	0.54	ZM de Pachuca	0.61
48	ZM de Apizaco	0.54	ZM de San Francisco del Rincón	0.42	ZM de Oaxaca	0.48	Mazatlán	0.54	ZM de Tepic	0.60
49	Durango	0.53	Nogales	0.42	ZM de Colima	0.48	ZM de Puerto Vallarta	0.54	ZM de Nuevo Laredo	0.60
50	ZM de Acapulco	0.50	Fresnillo	0.42	ZM de Tepic	0.48	ZM de Monclova	0.53	Ciudad Victoria	0.60
51	Irapuato	0.50	ZM de Tula	0.42	ZM de Ocotlán	0.47	San Luis Río Colorado	0.51	ZM de Oaxaca	0.60
52	Navojoa	0.49	ZM de Apizaco	0.42	ZM de Pachuca	0.47	Irapuato	0.51	Irapuato	0.58
53	ZM de Guaymas	0.49	ZM de Piedras Negras	0.41	Hidalgo del Parral	0.47	ZM de Tepic	0.51	ZM de Tuxtla Gutiérrez	0.56

Cuadro AE-IV.1
(concluye)

	1980-1988		1988-1993		1993-1998		1998-2003		2003-2008	
Lugar	*Ciudad*	*Índice*	*Ciudad*	*Índice*	*Ciudad*	*Índice*	*Ciudad*	*Índice*	*Ciudad*	*Índice*
54	ZM de Orizaba	0.49	ZM de Cuautla	0.40	Ciudad Victoria	0.47	ZM de Colima	0.50	ZM de Xalapa	0.55
55	ZM de Villahermosa	0.49	ZM de Colima	0.40	Manzanillo	0.47	Navojoa	0.50	Campeche	0.55
56	ZM de Oaxaca	0.49	ZM de Zamora	0.40	ZM de Xalapa	0.46	ZM de Apizaco	0.49	ZM de Piedras Negras	0.53
57	ZM de Tepic	0.48	Mazatlán	0.38	Navojoa	0.46	ZM de Oaxaca	0.48	Uruapan	0.49
58	ZM de Tuxtla Gutiérrez	0.47	ZM de Moroleón	0.38	Salamanca	0.45	ZM de Villahermosa	0.48	ZM de Guaymas	0.49
59	ZM de Morelia	0.46	ZM de Zacatecas	0.37	ZM de Zacatecas	0.44	Fresnillo	0.48	Navojoa	0.49
60	ZM de Zamora	0.46	Iguala	0.37	ZM de Tuxtla Gutiérrez	0.44	ZM de Tula	0.47	ZM de Apizaco	0.48
61	Tehuacán	0.46	ZM de Orizaba	0.37	ZM de Tula	0.44	San Cristóbal de las Casas	0.46	Chetumal	0.47
62	ZM de Xalapa	0.45	Ciudad Valles	0.36	ZM de Orizaba	0.43	ZM de Cuautla	0.44	Hidalgo del Parral	0.46
63	Campeche	0.45	Ciudad Victoria	0.35	ZM de Córdoba	0.42	ZM de Guaymas	0.43	Fresnillo	0.45
64	ZM de Pachuca	0.45	ZM de Coatzacoalcos	0.35	ZM de Zamora	0.40	Tehuacán	0.43	ZM de Acapulco	0.45
65	ZM de Córdoba	0.43	ZM de Córdoba	0.35	ZM de Guaymas	0.39	ZM de Coatzacoalcos	0.41	Ciudad Acuña	0.44
66	Ciudad Victoria	0.43	ZM de Pachuca	0.33	ZM de San Francisco del Rincón	0.38	ZM de San Martín Texmelucan	0.40	ZM de Poza Rica	0.43
67	Ciudad Valles	0.42	Chilpancingo	0.32	Uruapan	0.38	Chetumal	0.37	San Luis Río Colorado	0.43
68	ZM de Tula	0.40	La Paz	0.32	Chetumal	0.37	ZM de Acapulco	0.36	Chilpancingo	0.42
69	ZM de Zacatecas	0.39	Tapachula	0.31	ZM de Acapulco	0.37	ZM de Tlaxcala	0.36	ZM de Córdoba	0.40
70	Tapachula	0.36	Chetumal	0.31	ZM de Tlaxcala	0.36	ZM de Córdoba	0.35	Tehuacán	0.40
71	ZM de San Martín Texmelucan	0.35	ZM de Tulancingo	0.30	Campeche	0.35	ZM de Orizaba	0.34	Iguala	0.39

72	Iguala	0.31	Salamanca	0.29	ZM de San Martín Texmelucan	0.35	Chilpancingo	0.34	San Cristóbal de las Casas	0.38
73	Fresnillo	0.29	Uruapan	0.29	ZM de Moroleón	0.34	Ciudad Valles	0.33	ZM de Tlaxcala	0.38
74	ZM de Ocotlán	0.28	Campeche	0.28	ZM de Cuautla	0.34	Iguala	0.31	ZM de Cuautla	0.38
75	ZM de Tulancingo	0.28	Manzanillo	0.28	Ciudad Valles	0.33	Tapachula	0.27	ZM de Zamora	0.37
76	ZM de Moroleón	0.27	ZM de San Martín Texmelucan	0.25	Fresnillo	0.32	Uruapan	0.26	ZM de Minatitlán	0.36
77	San Cristóbal de las Casas	0.26	ZM de Minatitlán	0.22	Tapachula	0.29	ZM de Moroleón	0.24	ZM de Ocotlán	0.35
78	ZM de Tecomán	0.25	ZM de Tecomán	0.22	ZM de Tulancingo	0.28	ZM de Zamora	0.21	ZM de Orizaba	0.33
79	ZM de Tlaxcala	0.25	ZM de Acapulco	0.22	Iguala	0.27	ZM de Tulancingo	0.17	ZM de San Martín Texmelucan	0.32
80	ZM de San Francisco del Rincón	0.24	San Luis Río Colorado	0.22	ZM de La Piedad	0.24	ZM de Ocotlán	0.13	Ciudad Valles	0.32
81	Chilpancingo	0.24	ZM de La Piedad	0.21	Chilpancingo	0.23	ZM de Minatitlán	0.12	ZM de San Francisco del Rincón	0.32
82	ZM de La Piedad	0.20	Hidalgo del Parral	0.18	ZM de Tecomán	0.23	ZM de Acayucan	0.10	Tapachula	0.31
83	ZM de Cuautla	0.19	San Cristóbal de las Casas	0.16	ZM de Minatitlán	0.22	ZM de San Francisco del Rincón	0.10	ZM de Moroleón	0.29
84	ZM de Acayucan	0.16	ZM de Acayucan	0.12	San Cristóbal de las Casas	0.16	ZM de Tecomán	0.09	ZM de Tulancingo	0.26
85	ZM de Minatitlán	0.12	ZM de Guaymas	0.04	ZM de Poza Rica	0.13	ZM de La Piedad	0.09	ZM de Tecomán	0.25
86	ZM de Poza Rica	0.07	ZM de Poza Rica	0.02	ZM de Acayucan	0.00	ZM de Poza Rica	0.04	ZM de La Piedad	0.19
87	ZM de Rioverde	0.00	ZM de Rioverde	0.00	ZM de Rioverde	0.00	ZM de Rioverde	0.00	ZM de Acayucan	0.03
88									ZM de Rioverde	0,00

Fuente: cálculos elaborados con información de los censos económicos, censos de población e INEGI (2010).

V. COLAPSO DE LA INVERSIÓN PÚBLICA FEDERAL EN LA CIUDAD DE MÉXICO, 1959-2010

*Normand Asuad**
*Gustavo Garza***

El binomio condiciones y servicios generales de la producción (CGP-SGP) constituye un capital social indispensable para la producción de mercancías y la acumulación de capital privado. Una de sus características fundamentales son las cuantiosas inversiones financieras que requiere la construcción de las monumentales obras infraestructurales que constituyen las condiciones generales de la producción en dicho binomio. Estas obras, además de promover directamente el desarrollo económico por su efecto multiplicador en la actividad económica, tienen la función indirecta de conformar una fuerza productiva externa a las empresas, pero imprescindible para la competitividad de países, ciudades y firmas.[1] El financiamiento para su edificación suele ser público,

* Profesor de carrera de tiempo completo, titular C, de la Facultad de Economía de la UNAM. Parte de este escrito fue realizada con la colaboración de Mariela Gallo Lazarte y Javier Arturo Morán, a quien agradezco su apoyo en la creación y el procesamiento de la base de datos.

**Profesor-investigador del Centro de Estudios Demográficos, Urbanos y Ambientales, El Colegio de México.

[1] Para México se ha encontrado empíricamente que "la inversión pública juega un papel significativo en el desempeño de la PTF [productividad total de los factores] y, por tanto, del crecimiento" (Núñez, 2006: 30). Sin embargo, considerando las entidades federativas del país como unidades de análisis, se concluye que "no encontramos ninguna evidencia de que la inversión pública haya tenido algún efecto en el crecimiento del PIB per cápita regional" (Cobacho, Boch y Rodríguez, 2004). No obstante, al combinar la inversión pública en infraestructura con la de educación, la relación cambia: "Por otra parte, también se concluye que la inversión federal asignada en ambos rubros, considerada en su conjunto o como un paquete, es un factor que sí parece estimular el dinamismo de la industria manufacturera en

privado o mixto, dependiendo del modelo de desarrollo adoptado por cada país. En la República Popular China, por ejemplo, es esencialmente público, con casos aislados de inversión mixta, mientras que dentro de la estrategia neoliberal en México existe una creciente tendencia para que la inversión en infraestructura sea privada, tal como se vio en el capítulo III de esta obra. México tiene uno de los más bajos niveles de participación gubernamental en la economía entre todos los países del mundo, lo cual no impide que la inversión pública sea insoslayable para el financiamiento de la edificación de las grandes obras de infraestructura en regiones y ciudades. En verdad, ninguna de las principales metrópolis mexicanas podría enfrentar sus requerimientos de inversión en infraestructura y equipamiento sin la participación del gobierno de la república.

El propósito de este capítulo es, precisamente, analizar el comportamiento de la inversión pública federal (IPF) entre 1959 y 2010 en el país en su conjunto, a partir de la cual se investiga la tendencia histórica del monto que se le asigna a la Zona Metropolitana de la Ciudad de México (ZMCM) para el mismo periodo.[2] Se trata de aportar elementos estadísticos que muestren las diferencias en la participación de la IPF en la urbe, en cada uno de los nueve sexenios gubernamentales considerados, con el fin de identificar la prioridad que se le concede en su función de principal motor de la economía nacional. Lo anterior permitirá inferir algunas de las implicaciones espaciales de la política de inversión del sector público federal en el país en su conjunto. Con ello sería viable determinar las posibilidades de que la principal urbe mexicana pueda ser internacionalmente competitiva dentro del proceso de mundialización de la economía, agregando un elemento analítico fundamental para

los estados" (Tamayo, 2010). Lo anterior coincide con las investigaciones internacionales, pues los resultados empíricos de una serie de autores sobre la relación de la infraestructura, la productividad y el crecimiento económico de ciudades, regiones y países, varía según los ámbitos espaciales analizados (Button, 2000).

[2] La delimitación de la ZMCM para 2000-2010 comprende las 16 delegaciones del Distrito Federal, más 40 municipios del Estado de México y un municipio de Hidalgo, según se presentan en el apéndice de cuadros AC-V.1. En el texto se hablará, por cuestiones estilísticas, de Ciudad de México, ZMCM o capital de la república, siempre para referirse a su zona metropolitana, la ciudad real independientemente de límites político-administrativos.

entender sus perspectivas de llegar a serlo, tal como se analizó en el capítulo anterior.

Para lograr los objetivos establecidos, se analiza la asignación, tendencia histórica, composición sectorial y prioridades espaciales de la IPF en los nueve sexenios de estudio, tanto para el país como para la ZMCM. A ello se agrega su relevancia macroeconómica según su participación en el producto interno bruto (PIB) nacional y metropolitano, así como su asociación con la IPF per cápita. La investigación pretende identificar las tendencias territoriales que existen en la asignación de la inversión pública federal al cuantificar el nivel de su concentración en la urbe. Se considerarán las fluctuaciones temporales en la magnitud absoluta y relativa de la inversión, los cambios de importancia que experimentan los sectores de actividad económica a los que se le asigna, así como las prioridades al respecto de los nueve gobiernos sexenales que concurren en el amplio periodo comprendido entre 1959 y 2010.

El cuerpo del escrito se integra con tres incisos principales: *1)* medio siglo de evolución de la IPF en el país y la ZMCM, *2)* asignación sectorial de la IPF por principales sectores de actividad económica en las dos instancias territoriales estudiadas, y *3)* magnitud de la IPF en relación con el PIB y la población. A ello se agregan las conclusiones y las referencias bibliográficas. Finalmente, se incluye un apéndice de dos cuadros (AC) con la delimitación de la ZMCM según delegaciones y municipios que la constituyen, así como la clasificación realizada para hacer comparables en el tiempo a los sectores económicos a los que se asigna dicha inversión.

Sobre eso último, cabe aclarar que la IPF se desagregó en cinco sectores, según se explica más adelante. Dicha agrupación hizo posible la comparabilidad de la información, así como el establecimiento de pautas de comportamiento en cada uno de los nueve sexenios estudiados. Asimismo, junto con las tendencias y características de la asignación de la IPF, se examina su participación porcentual en el PIB, además de considerar sus poblaciones respectivas para contar con elementos indicativos de su importancia en el bienestar de las personas.

La investigación tiene como punto de partida un trabajo muy esquemático sobre el tema, del cual se obtuvo la información del cuadro V.1 (Sobrino, 2000: 220-226). No obstante, con el fin de permitir su comparabilidad con el sistema vigente de Cuentas Nacionales, se cambió la base de 1993 del trabajo de Sobrino a precios de 2003. Este último año se tomó como referencia para la conversión a valores constantes de la inversión recolectada a precios corrientes para la serie estadística de 1989 a 2010, según se presenta en los informes presidenciales de Carlos Salinas, Ernesto Zedillo, Vicente Fox y de los primeros cuatro años de Felipe Calderón.

Es necesario mencionar que en cada uno de dichos informes se presenta una distinta desagregación sectorial de la IPF. Para su comparabilidad, fue necesario agregar la información en los siguientes sectores: agricultura, industria, comunicaciones, infraestructura para la población y administración pública.[3]

En general, la desagregación de estos sectores se integra de las siguientes actividades de inversión: agricultura (desarrollo rural, fomento pecuario, avícola y forestal, pesca y comercio); industria (petróleo, petroquímica, electricidad, siderurgia, alimentos y bebidas, textiles, papel, maquinaria, equipo de transporte, productos químicos y fertilizantes); comunicaciones (caminos, vías de ferrocarril, aeropuertos, obras portuarias, transporte urbano, transporte ferroviario, transporte aéreo, telecomunicaciones y obras para servicio postal); infraestructura para la población (instalaciones rurales y urbanas de servicio público, edificaciones educativas y de salud, redes de agua potable, vivienda, seguridad social, conjuntos deportivos y culturales); administración pública (turismo, administración y defensa).

Queda por mencionar que se estimó el valor de la IPF para la ZMCM con la información del Distrito Federal y el Estado de México, puesto que los datos disponibles de la inversión pública federal sólo existen por entidad federativa. Para ello, a los datos del Distrito Federal se les sumó la mayor parte de los del Estado de México, la cual fue estimada a partir del porcentaje de la población de sus municipios conurbados a la ZMCM en la población total estatal. Ello supone muy razonablemente una gran asociación entre la importancia demográfica y la asignación de la inversión pública. El mismo procedimiento se aplicó para un municipio de Hidalgo,

[3] Los detalles de las clasificaciones correspondientes a cada sexenio se presentan en el cuadro AC-V.2 del apéndice de cuadros.

Tizayuca, que se considera metropolitano. Por último, debido a que las Cuentas Nacionales por entidad federativa no han sido actualizadas para 2010, se estimó el PIB metropolitano aplicando el 30% que la urbe tuvo de promedio en el PIB nacional de 1989 a 2009.

MEDIO SIGLO DE INVERSIÓN PÚBLICA FEDERAL

La inversión pública federal (IPF) está constituida por las erogaciones asignadas a la construcción, ampliación, mantenimiento y conservación de obras realizadas por el gobierno de la república, así como por los organismos descentralizados y las empresas de participación estatal (Sobrino, 2000: 220). Es, junto con las participaciones de los ingresos federales a las entidades del país, el rubro principal de transferencias financieras del gobierno federal hacia estados y municipios.

Fluctuaciones sexenales en el ámbito nacional

Los cuatro primeros sexenios analizados pertenecen a la etapa del "milagro económico" mexicano, cuando el PIB nacional creció, en términos reales, a 6.6% anual de 1960 a 1980 (Garza, 2005: 26). Esta notable dinámica permitió que los montos de la IPF fueran crecientes, de tal suerte que entre el gobierno de López Mateos (1959-1964) y el de Díaz Ordaz (1965-1970) la IPF aumentó 56%, a precios constantes de 2003.[4] El incremento en los siguientes sexenios fue mayor, alcanzó 74% en el periodo de Luis Echeverría (1971-1976) respecto al de Díaz Ordaz, y 123% en el correspondiente a José López Portillo (1977-1982). Los 414 miles de millones de pesos de IPF promedio anual en este último sexenio se constituyen en el mayor monto de la inversión pública federal en los nueve gobiernos analizados (cuadro V.1). Esta elevada magnitud de la inversión productiva ocurrió durante el auge de los precios del petróleo en los setenta, cuando México tuvo un saldo positivo en su balanza petrolera de

[4] Los valores absolutos de la IPF que se presentan en todo el capítulo son a precios constantes de 2003, por lo que por razones de estilo y simplicidad no se especificará en adelante.

Cuadro V.1

México y ZMCM: inversión pública federal por sectores beneficiados, 1959-1988 (promedio anual sexenal)

	1959-1964		*1965-1970*		*1971-1976*		*1977-1982*		*1983-1988*	
Sectores beneficiados[a]	*Nacional*	*ZMCM*	*Nacional*	*ZMCM*	*Nacional*	*ZMCM*	*Nacional*	*ZMCM*	*Nacional*	*ZMCM*
	Valores absolutos en millones de pesos de 2003									
Total	*68 426*	*15 109*	*106 616*	*26 707*	*185 444*	*46 841*	*414 085*	*104 534*	*268 176*	*79 854*
Agricultura	7 116	n.d.	11 088	n.d.	28 929	6 176	66 668	18 587	22 044	3 064
Industria	26 139	n.d.	43 819	n.d.	71 396	8 732	200 003	20 480	115 128	9 061
Comunicaciones	17 996	n.d.	23 562	n.d.	42 652	7 639	69 980	23 604	55 647	21 385
Población	15 328	n.d.	26 121	n.d.	37 831	20 391	66 254	33 544	68 492	41 719
Administración pública	1 847	n.d.	2 025	n.d.	4 636	3 904	11 180	8 318	6 866	4 626
	Porcentajes horizontales									
Total	*100.0*	*22.1*	*100.0*	*25.0*	*100.0*	*25.3*	*100.0*	*25.2*	*100.0*	*29.8*
Agricultura	100.0	n.d.	100.0	n.d.	100.0	21.4	100.0	27.9	100.0	13.9
Industria	100.0	n.d.	100.0	n.d.	100.0	12.2	100.0	10.2	100.0	7.9
Comunicaciones	100.0	n.d.	100.0	n.d.	100.0	17.9	100.0	33.7	100.0	38.4
Población	100.0	n.d.	100.0	n.d.	100.0	53.9	100.0	50.6	100.0	60.9
Administración pública	100.0	n.d.	100.0	n.d.	100.0	84.2	100.0	74.4	100.0	67.4

					Porcentajes verticales					
Total	*100.0*		*100.0*		*100.0*	*100.0*	*100.0*	*100.0*	*100.0*	*100.0*
Agricultura	10.4	n.d.	10.4	n.d.	15.6	13.2	16.1	17.8	8.2	3.8
Industria	38.2	n.d.	41.1	n.d.	38.5	18.6	48.3	19.6	42.9	11.3
Comunicaciones	26.3	n.d.	22.1	n.d.	23.0	16.3	16.9	22.6	20.8	26.8
Población	22.4	n.d.	24.5	n.d.	20.4	43.5	16.0	32.1	25.5	52.2
Administración pública	2.7	n.d.	1.9	n.d.	2.5	8.3	2.7	8.0	2.6	5.8
					Indicadores de la IPF					
Coeficiente IPF/PIB	5.8	3.5	6.2	4.1	7.5	4.8	11.5	7.8	6.8	6.0
IPF per cápita	1 819	2 592	2 374	3 445	3 386	4 613	6 302	8 252	3 588	5 605

Fuente: Sobrino (2000: 222).

[a] Al sector de comunicaciones Sobrino lo denominó infraestructura económica y al de población infraestructura social. Se cree que la denominación utilizada en este trabajo se adecua más a su contenido y a la lógica de la estructura sectorial de la inversión en su conjunto.

28 594 millones de dólares entre 1976 y 1981, además de una acelerada expansión de la deuda externa, que se elevó de 5 mil a 75 mil millones de dólares entre 1971 y 1981. Ello no fue suficiente para enfrentar un elevadísimo déficit de la balanza de cuenta corriente de 44 248 millones de dólares en el periodo anterior y de 46 119 en servicios de la deuda externa de 1976 a 1981 (Garza, 2005: 42). Ante la caída de los precios del petróleo, México se quedó sin reservas internacionales y en agosto de 1982 se suspendió el pago del servicio de la deuda externa y, ante la fuga de alrededor de 20 mil millones de dólares, López Portillo decretó la nacionalización de la banca privada y el control de cambios (Garza, 2005: 43). El modelo de sustitución de importaciones, eje programático del "milagro económico", se colapsa y anuncia el advenimiento de una "década perdida" en la cual la IPF se redujo drásticamente, lo cual imposibilitó una rápida recuperación.

Entre 1981 y 1988, años principales de la "década perdida", el PIB nacional decreció ligeramente en 0.01% anual, pero el impacto en la IPF fue muy considerable, pues ésta disminuyó 35% durante el periodo de Miguel de la Madrid, cuando cayó a 268 176 millones de pesos anuales (cuadro V.1).

El sexenio de Carlos Salinas se puede considerar de "recuperación moderada", con una tasa del PIB de 3.9% anual. Esto, curiosamente, no implicó un aumento de la IPF, pues continuó disminuyendo en términos absolutos y reales al caer a 209 943 millones de pesos, esto es, 23% menos (cuadro V.2).

El gobierno de Ernesto Zedillo se inició con el denominado "error de diciembre", que significó un decrecimiento del PIB de –6.2% en 1995. Ello fue consecuencia de los desequilibrios macroeconómicos inherentes al nuevo modelo de corte neoliberal instrumentado por Salinas de Gortari, en el que destacan el crecimiento de la industria maquiladora con un escaso eslabonamiento con insumos nacionales de únicamente 1.6%; el pago neto de intereses de la deuda y remesas de dividendos de empresas extranjeras de 13 mil millones de dólares anuales; una gran deuda por el rescate del colapsado sistema bancario privado por el crac de 1995 y el de las carreteras anteriormente privatizadas, entre otras políticas que han representado un lastre para el desarrollo económico nacional (Garza, 2005: 90-91). Lo que se sacrifica por todas las cuantiosas erogaciones anteriores es precisamente la inversión federal, esto es, uno de los principales motores del desarrollo. Con Zedillo el monto absoluto continúa descendiendo hasta 174 264 millones de pesos, lo cual representa una disminución de 15% comparada con el sexenio salinista, y de 58% respecto al de López Portillo (cuadros V.1 y V.2).

En las elecciones presidenciales de 2000 resultó triunfador Vicente Fox, candidato del Partido Acción Nacional (PAN), de orientación muy conservadora. El gobierno de la alternancia, que puso formalmente fin a 70 años de gobierno del Partido Revolucionario Institucional (PRI), organismo en el poder hasta ese año, no representó ningún cambio significativo en lo político, social o económico, y continuó aplicando el esquema neoliberal en su implementación más ortodoxa establecida por Zedillo. El gobierno de Fox se puede tipificar dentro de un periodo de "recuperación-recesión" equivalente al de Zedillo, pues en 2001 el PIB experimentó un nulo crecimiento de 0.0% y en 2002 de apenas 0.8%, mientras que todo el sexenio su tasa fue de 2.3%. Ello permite, no obstante, revertir la disminución absoluta de la IPF que ocurrió desde inicios de los ochenta, pues entre 2000 y 2006 se elevó a 199 589 millones de pesos anuales, en promedio, 14.5% más que en el sexenio precedente. De esta manera se invierte la tendencia decreciente hasta 2000, pero continúa siendo 52% inferior a la cifra de 1977 a 1982 (cuadros V.1 y V.2).

En el gobierno de Felipe Calderón la IPF retoma un significativo impulso y sube a 336 239 millones de pesos anuales de 2007 a 2010, es decir, 68% más que en el gobierno anterior, pero aún 19% menor que en la administración de López Portillo (cuadros V.1 y V.2). Este aumento que es, en principio, muy positivo por el conocido vínculo de la inversión pública y el desarrollo económico, no se reflejó en un crecimiento significativo, pues entre 2007 y 2011 la tasa del PIB fue de únicamente 1.4%, con –0.3% en el PIB per cápita. Es igualmente preocupante que ha sido financiada, en buena medida, por un acelerado crecimiento de la deuda pública interna y externa, sin un efecto de estímulo visible en la economía. En efecto, la deuda externa del sector público al inicio del gobierno de Calderón en 2007 era de 54 766 millones de dólares, los cuales al 31 de enero de 2011 se elevaron a 107 100 millones, esto es, un

Cuadro V.2

México y ZMCM: inversión pública federal según sectores beneficiados, 1989-2010 (promedio anual sexenal)

Sectores beneficiados	*1989-1994*		*1995-2000*		*2001-2006*		*2007-2010*[a]	
	Nacional	*ZMCM*	*Nacional*	*ZMCM*	*Nacional*	*ZMCM*	*Nacional*	*ZMCM*
	Valores absolutos en millones de pesos de 2003							
Total	*205 943*	*76 640*	*174 264*	*36 654*	*199 589*	*43 447*	*336 239*	*55 128*
Agricultura	14 571	5 811	10 240	1 951	9 850	2 139	10 126	1 988
Industria	73 198	16 682	67 279	10 026	53 990	9 193	20 095	919
Comunicaciones	29 386	9 645	20 519	5 187	25 011	7 886	154 547	17 475
Población	77 320	36 141	62 881	12 460	72 493	12 657	135 626	27 999
Administración pública	11 470	8 360	13 346	7 029	38 245	11 572	15 844	6 747
	Porcentajes horizontales							
Total	100.0	37.2	100.0	21.0	100.0	21.8	100.0	16.4
Agricultura	100.0	39.9	100.0	19.1	100.0	21.7	100.0	19.6
Industria	100.0	22.8	100.0	14.9	100.0	17.0	100.0	4.6
Comunicaciones	100.0	32.8	100.0	25.3	100.0	31.5	100.0	11.3
Población	100.0	46.7	100.0	19.8	100.0	17.5	100.0	20.6
Administración pública	100.0	72.9	100.0	52.7	100.0	30.3	100.0	42.6

				Porcentajes verticales				
Total	100.0	100.0	100.0	100.0	100.0	100.0	100.0	100.0
Agricultura	7.1	7.6	5.9	5.3	4.9	4.9	3.0	3.6
Industria	35.5	21.8	38.6	27.4	27.1	21.2	6.0	1.7
Comunicaciones	14.3	12.6	11.8	14.2	12.5	18.2	46.0	31.7
Población	37.5	47.2	36.1	34.0	36.3	29.1	40.3	50.8
Administración pública	5.6	10.9	7.7	19.2	19.2	26.6	4.7	12.2
				Indicadores de la IPF				
Coeficiente IPF/PIB	3.7	4.2	2.7	1.9	2.5	1.9	3.8	2.1
IPF per cápita	2 466	5 069	1 870	2 235	1 954	2 287	3 135	2 780

Fuente: Informes de gobierno de los años de 1989 a 2010.

[a] Corresponde al promedio de cuatro años del sexenio 2007-2012.

aumento de 95.5% en cuatro años (Zúñiga y Cardoso, 2011: 29).[5] Paradójicamente, lo anterior no ha representado una mejoría de la competitividad de México en infraestructura, pues según el Foro Económico Mundial el país se situó en el rango 64 entre 125 naciones en 2007, aunque el Programa Nacional de Infraestructura 2007-2012 se propuso como meta situar a México en 2012 en el mejor lugar de América Latina, rebasando a Chile que estaba en la posición 35. La realidad es que en 2012 el país baja al lugar 73, nueve rangos atrás que en 2007 (*Reforma*, 2012: 2).

En síntesis, la inversión federal durante el medio siglo analizado alcanza su mayor magnitud absoluta entre 1977 y 1982, para luego sufrir una reducción constante hasta el sexenio que concluye en 2000. A partir de ese año reinicia su crecimiento en los gobiernos de Fox y Calderón, pero en este último aún se encuentra rezagada respecto al máximo histórico alcanzado en 1982 (gráfica V.1).

Es incuestionable que la inversión en infraestructura es una importante palanca para el desarrollo económico, según se mencionó al inicio del escrito y se ha analizado más ampliamente en el capítulo IV, donde se vincula la infraestructura con la competitividad de las ciudades y de los países. En los tres primeros capítulos del libro, lo que es igualmente importante, se expuso que la yuxtaposición de la infraestructura y el equipamiento de la ciudad, con las viviendas y edificaciones de las actividades económicas secundarias y terciarias, constituyen su tejido urbanístico. Todas las condiciones generales de la producción que están imbricadas dentro de la trama urbana conforman un monumental capital social que es indispensable para la producción de mercancías y para la reproducción de la fuerza de trabajo. De esta suerte, en la ciencia urbana y regional existe una amplia cantidad de investigaciones teóricas y empíricas publicadas que subrayan la función central de la ciudad como uno de los principales determinantes del desarrollo económico de las naciones (Norton, 1979: 4; Jacobs, 1969, 1984; Drakakis-Smith, 1990: 2; Krugman, 1992: 20; Krugman, 1995: 36;

[5] La deuda externa siguió creciendo hasta alcanzar 115 870 millones de dólares en febrero de 2012. La interna, por su parte, aumentó de 1 471 714 millones de pesos en diciembre de 2006 a 3 321 607 millones en febrero de 2012, esto es, se elevó 125% durante los primeros cinco años del gobierno calderonista (González, 2012: 30).

Gráfica V.1
México y ZMCM: montos absolutos de la inversión pública federal, 1959-2010
(millones de pesos de 2003)

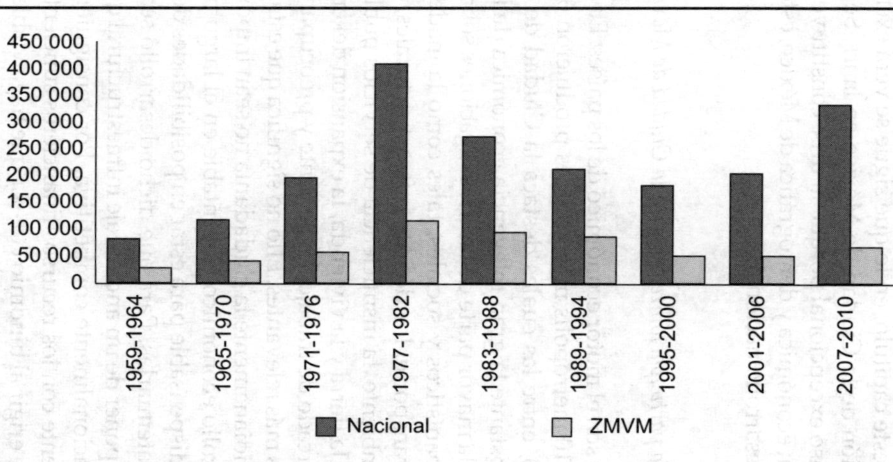

Fuente: cuadros V.1 y V.2.

Fujita y Thisse, 1996: 1; Fujita, Krugman y Venables, 1999: 4; Ottaviano y Thisse, 2001: 176; Begg, 2002: 314; Fingleton, 2003: 24).

Es importante, por ende, analizar la distribución territorial de la inversión pública en México y, específicamente, su aportación a la construcción de la infraestructura de las ciudades. Por los objetivos de este capítulo, en lo que sigue se verá exclusivamente la participación de la Ciudad de México en la IPF. Se trata de un estudio de caso excepcional porque la urbe constituye la principal concentración económica y demográfica de México, esto es, el nodo central del desarrollo nacional.

Desplome de la participación relativa en la Ciudad de México

Las ciudades son el motor económico de los países. En México, por ejemplo, las 10 metrópolis más grandes produjeron 61.1% del PIB total en 2003, entre las cuales destaca la Ciudad de México con 30.7%. No obstante la gran relevancia económica de la capital de la república, la mayor parte de las investigaciones sobre ella tratan de temas urbanísticos y sociales, tales como la inadecuación del sistema de transporte, los déficits infraestructurales, el deterioro del medio ambiente, la insuficiencia de servicios públicos, la problemática de la tierra y la vivienda, la expansión del empleo informal en el mercado de trabajo, la creciente y preocupante inseguridad, entre los más relevantes. Ello no significa que estas patologías que sufre cotidianamente la ciudadanía no sean importantes, sino que el desarrollo económico sustentable en el largo plazo es una condición indispensable para estar en posibilidades de resolverlas o, al menos, atenuarlas. Para que dicho desarrollo sea alcanzable es crucial disponer de un andamiaje infraestructural que le permita ser internacionalmente competitiva. Por consiguiente, es necesario que cuente con los recursos financieros suficientes para que le sea factible erigir al binomio CGP-SGP que haga viable lo anterior, lo cual requiere una contribución adecuada de la inversión pública federal.

El comportamiento de la participación de la ZMCM en la IPF total difiere de su evolución nacional y refleja el grado de importancia que se le otorga en las diferentes administraciones federales estudiadas. Considerando que la asignación de la IPF en la urbe debería ser en torno a su contribución en la economía del país, ése será el punto de referencia que se utilizará para evaluar la evolución real de su participación en los nueve sexenios analizados en este capítulo.

En 1960 la ZMCM absorbió 33.3% del PIB nacional, es decir, exactamente una tercera parte de la producción de la república se generaba en la ciudad capital, tal era su importancia (Garza, 2008: 177). El gobierno de López Mateos (1959-1964) asignó a la Ciudad de México 22% de la IPF total nacional (cuadro V.1 y gráfica V.2). Esta magnitud es 11.3 unidades porcentuales menor a su importancia económica anteriormente señalada. Por tanto, se puede concluir que la ciudad se vio desfavorecida, muy probablemente porque en la década de 1960 se proseguía con el programa de desconcentración de la capital del país, pues su elevada relevancia económica se consideraba un freno al crecimiento del resto de la república. Así, en ese periodo se crearon 14 parques industriales que seguían el impulso iniciado con la construcción de Ciudad Sahagún en 1953 (Garza, 2005: 52). No obstante, la inversión absoluta en la capital del país fue cuantiosa y absorbió 15 109 millones de pesos, época en que tenía 5.1 millones de habitantes (cuadro V.1 y Garza, 2000: 240).

A pesar de las políticas de desconcentración industrial de la Ciudad de México, ésta continuó elevando su participación económica hasta absorber 37.5% del PIB nacional en 1970. Es muy relevante que, durante la acelerada industrialización del país en los sesenta, la contribución manufacturera de la urbe alcanzó 48.2% del total nacional correspondiente (Garza, 2008: 177). Asombra que en 1970, cuando existían 178 ciudades en la república, una concentrara casi la mitad de su producción industrial. La IPF fue un factor que intervino en este proceso, pues en el gobierno de Díaz Ordaz, entre 1965 y 1970, la sube a 25% del total nacional, pero en valores absolutos casi duplica la del sexenio precedente, al pasar a 26 707 millones de pesos. Lo anterior seguramente se debió a que la urbe continuaba experimentando un vigoroso crecimiento demográfico, elevando sus habitantes a 8.6 millones en 1970 y transformándose en una de las urbes más grandes del mundo. Ello requirió nuevos medios de transporte, como fue el inicio de la primera línea del Metro, la cual fue inaugurada en 1968, año de los Juegos Olímpicos y de la masacre de estudiantes en Tlatelolco la tarde del 2 de octubre.

La Ciudad de México absorbió 37.7% del PIB nacional en 1980, máximo valor alcanzado en toda su historia. El gobierno de Luis Echeverría, comprendido entre 1971 y 1976, eleva ligeramente la inversión federal a 25.3% del total nacional, que en términos absolutos representó 46 841 millones de pesos, cifra que nuevamente casi duplica la del sexenio anterior. Una de las obras financiadas por la federación fue el circuito interior, que continuaba los lentos esfuerzos iniciados con el periférico y el viaducto por dotar a la emergente megaurbe de una vialidad primaria acorde con los requerimientos por su gran tamaño e importancia económica.

El punto de referencia para evaluar el gobierno de López Portillo, que transcurre entre 1977 y 1982, será el 37.7% de concentración macroeconómica en la ZMCM en 1980. Durante este sexenio la participación de la urbe en la IPF nacional fue de 25.2%, y se mantuvo casi constante desde el sexenio precedente, pero en términos absolutos experimentó una expansión muy considerable al elevarse a 104 534 millones de pesos, cifra 123% superior a la del gobierno anterior, así como mayor que en los otros ocho sexenios analizados (cuadro V.1 y grafica V.2). Sin embargo, el diferencial entre importancia económica y participación en la inversión pública es de 12.4 unidades, por lo que se puede decir que la ciudad contribuyó con mucho más que lo que recibió, de modo que estaba lejos de poder considerarla una ciudad "parásita", como se le denominó desde los cincuenta (Gómez, 1957). La obra urbana icono de este periodo fue la construcción de una red ortogonal de ejes viales que, con financiamiento federal, se realizó bajo la coordinación del entonces regente del Distrito Federal, la cual hizo posible mejorar la vialidad de las delegaciones centrales de la metrópoli.

En el sexenio de Miguel de la Madrid, de 1983 a 1988, la ZMCM contribuyó con 31.9% del PIB nacional en su último año de gobierno (Garza, 2008: 177). Esta magnitud es muy cercana al 29.8% que la ciudad absorbe de la IPF nacional, en buena medida por los requerimientos de reconstrucción por el impacto de los sismos que la asolaron el 19 y 20 de septiembre de 1985. Entre los daños más cuantiosos estuvo la pérdida de 30% de la capacidad hospitalaria instalada, varios cientos de edificaciones totalmente destruidas, entre las que destacan 40 edificios habitacionales con daños estructurales de los 102 de la Unidad Nonoalco-Tlatelolco. El Fondo Nacional de Reconstrucción disponía de 49 898 millones de pesos hasta agosto de 1986 (Rivas y Salinas, 1987: 158-160). El aparato infraestructural también fue afectado; sobresale la pérdida de 7.6 m^3 de agua por segundo en las redes hidráulicas, averías en los interceptores del drenaje y, principalmente, en las instalaciones telefónicas que "sufrieron el daño más grave padecido por red telefónica alguna en el mundo" (Rivas y Salinas, 1987a: 168). Esta trágica situación explica históricamente que a pesar de que el monto absoluto de la IPF nacional se redujo 57.9% respecto al sexenio anterior, la correspondiente a la ZMCM bajó a 79 854 millones de pesos, esto es, únicamente 30.9% menos (cuadro V.1 y gráfica V.2). En síntesis, destaca que en plena "década perdida" el diferencial entre la participación en el PIB nacional de la urbe y la correspondiente a la IPF en ese periodo sea de únicamente 2.1 unidades porcentuales, la máxima aproximación entre ambas magnitudes en los 50 años estudiados.

En el gobierno de Carlos Salinas el monto total de la IPF nacional decrece 23.2% de la magnitud observada en la administración precedente (cuadro V.1). Esto ocurre durante la recuperación moderada de la economía, pues el PIB se eleva 3.9% anual entre 1989 y 1994, y la IPF se sigue contrayendo. En realidad, en vez de centrar la estrategia de desarrollo en la expansión de los factores de la producción internos, entre ellos la infraestructura pública, el gobierno salinista se esmera en la aplicación febril de un modelo neoliberal ultraortodoxo, con la venta masiva de empresas públicas, entre las que destaca el sistema bancario, así como la firma de una serie de acuerdos comerciales internacionales, sobre todo el Tratado de Libre Comercio de América del Norte con Estados Unidos y Canadá, que entra en vigor en 1994.

Dentro de la vorágine neoliberal, cabe resaltar que el porcentaje de la IPF asignado a la ZMCM continúa creciendo hasta un máximo histórico de 37.2% de la inversión total nacional (cuadro y gráfica V.2). El monto absoluto de la inversión federal en la Ciudad de México promedió 76 640 millones de pesos anuales, 4.0% menos que en el gobierno anterior. Hasta este periodo el nombramiento del regente del Departamento del Distrito Federal,

Gráfica V.2

ZMCM: asignación de la inversión pública federal, 1959-2010

(porcentajes)

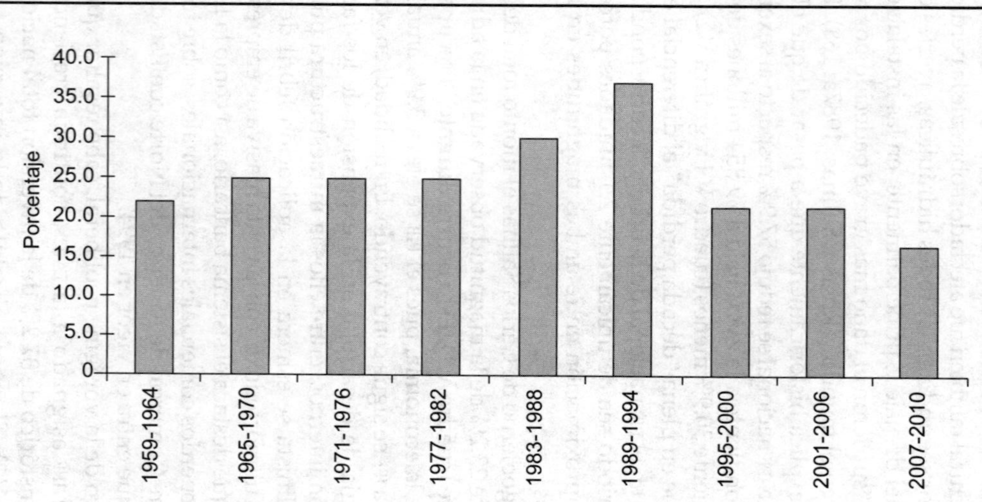

Fuente: cuadros V.1 y V.2.

la Ciudad de México políticamente hablando, era facultad del presidente de la República, lo cual cambió en 1997, cuando fue elegido por los habitantes de la entidad, por primera vez desde 1928.[6] Una de las razones que explican que, por única ocasión en todo el periodo analizado, la participación de la urbe en la IPF supere en 5.4 unidades porcentuales al 31.1% que representó del PIB nacional en 2003, fue precisamente de índole política. La ciudad dependía directamente del presidente de la República, quien designaba al regente de la Ciudad de México como uno más de los miembros de su gabinete. El éxito de la ciudad era obra del presidente. De esta suerte, en ese periodo se inicia la construcción de Santa Fe, uno de los proyectos más ambiciosos realizados en la historia de la ciudad y que constituye en la actualidad una submetrópoli donde se localiza un gran número de oficinas de corporaciones trasnacionales y mexicanas, incluyendo bancos, universidades y consorcios televisivos.

El sexenio de Ernesto Zedillo, entre 1995 y 2000, se inicia incruentamente con el crac de fines de 1994 que implicó una caída del PIB de –6.2% en 1995, lo que explica que en su gobierno se tenga una tasa promedio de 3.4%, menor que en el periodo precedente. Ante este incierto inicio de gestión pública y dada la urgencia de enfrentar la crisis financiera y de la deuda, la estrategia zedillista se centró en el rescate del sistema bancario y en restaurar la estabilidad macroeconómica, sacrificando la inversión publica, uno de los factores fundamentales del desarrollo, la cual, de manera inverosímil, se redujo 15.4% respecto al sexenio anterior, lo que representa 57.9% menos que entre 1977 y 1982. También causa asombro que el valor absoluto anual de la IPF en la ZMCM se contrae 52.2% en relación con el monto de la administración anterior, bajando a 36 654 millones de pesos, los cuales representan 21.0% del total nacional (cuadro y gráfica V.2). Teniendo la metrópoli 28.1% del PIB de México en 2003, su participación en la IPF queda 7.9 uni-

[6] En la Constitución de 1917 se crea el municipio libre dentro de las 13 demarcaciones que constituían el Distrito Federal, creado en 1824 al separar su territorio del Departamento de México, y sus ayuntamientos eran elegidos por el voto de los ciudadanos. Obregón presenta una iniciativa al Congreso para acabar con las municipalidades, las cuales fueron abolidas el 20 de agosto de 1928, "con lo que los capitalinos perdieron su derecho al autogobierno, pues esa tarea pasó a manos del presidente de la República" (Meyer, 2000: 650-651).

dades porcentuales rezagada de su aportación a la economía del país. En 1997 se realizan elecciones para designar democráticamente al primer jefe de gobierno desde los años veinte y gana Cuauhtémoc Cárdenas por el PRD, partido de centro-izquierda en competencia con el PRI, que había llevado a Zedillo a la presidencia. Desde entonces la mendacidad política de afectar a los gobernantes del partido rival parece privar sobre la lógica de la competitividad internacional de las ciudades mexicanas en el contexto de la mundialización de la economía, dentro de las cuales la Ciudad de México es una de las mejor posicionadas. Se trata de una especie de *hara-kiri* del gobierno federal, pues frena directamente el crecimiento del principal motor del desarrollo económico de México.

Ya se mencionó que la administración de Vicente Fox no constituyó una transformación significativa en la vida política de México, pues se trató simplemente de un cambio en el equipo gobernante que mantuvo inalterada la tradicional idiosincrasia del sistema político mexicano. Interesa, sin embargo, analizar el impacto de su gobierno en la asignación de la IPF en la Ciudad de México, en relación con el aumento de 14.5% que tuvo la inversión total en comparación con el gobierno zedillista. Destaca, en primer lugar, que la IPF en la ZMCM aumenta en 18.5%, lo cual representó 6 794 millones de pesos más que en el sexenio anterior, por lo que su incremento fue relativamente mejor que el de la inversión total (cuadro V.2). No obstante, en segundo lugar, la inversión en la urbe es –43.3% de la de 1989 a 1994, cuando tenía considerablemente menos habitantes. Es relevante, en tercer y último lugar, que la diferencia entre la participación de la ZMCM en el PIB nacional de 26.3% en 2006 y el 21.8% correspondiente a la IPF en el gobierno foxista es de 4.5 unidades porcentuales, significativamente menor que en la administración precedente, pero muy alejada de la cifra de –5.4 entre 1989 y 1994 (cuadro y gráfica V.2).[7] La abierta animadversión de Fox contra el jefe de gobierno del Distrito Federal en esos años, Andrés Manuel López Obrador, perteneciente al PRD, manifiesta por el caricaturesco intento de desaforarlo como jefe de Gobierno para impedir su candidatura a la presidencia del país,

[7] El porcentaje de participación de la ZMCM en el PIB nacional en 2006 es una interpolación de las cifras de 28.9% en 2003 (Garza, 2008: 199) y de 24.6% en 2008 (Garza, 2011: 6).

más todas sus acciones posteriores para anular su triunfo electoral en 2006, no se canalizó, por fortuna, en reducir desproporcionadamente la inversión federal en la capital de la república.

Finalmente, en los cuatro primeros años de Felipe Calderón la inversión federal alcanza un nivel muy superior al que hubo en los tres gobiernos anteriores, sólo inferior al de López Portillo, cuando registró el mayor nivel de la historia. Ello, a pesar del lento crecimiento del PIB nacional, como ya se mencionó en el inciso anterior. Respecto al comportamiento de la inversión federal en la ZMCM, destaca en primer término que su incremento de 26.9% en relación con el sexenio anterior es muy inferior al aumento en la inversión total (68.5%). En segundo lugar, el aumento absoluto de dicha inversión en la urbe fue de 11 681 millones de pesos, cifra que casi duplica al del gobierno de Fox (cuadro V.2). Finalmente, y lo que es más sintomático, la participación de la metrópoli en el PIB nacional en 2008 fue de 24.6%, lo que representó 8.2 unidades porcentuales más que el 16.4% que absorbió de la inversión federal (cuadro y gráfica V.2). Como corolario, se puede señalar que el monto absoluto de dicha inversión, 55 128 millones de pesos, está muy por debajo del realizado en los gobiernos de López Portillo, De la Madrid y Salinas (cuadros V.1 y V.2). Considerando que la metrópoli tenía 13 millones de habitantes en 1980 y 20 millones en 2010, el deterioro de la inversión infraestructural es verdaderamente alarmante, como se verá más adelante en el capítulo.

En síntesis, mientras la participación porcentual de la ZMCM en la inversión pública federal mantiene una tendencia creciente de 1959 a 1994, en el país sólo observa su aumento absoluto hasta 1982 (gráficas V.1 y V.2). Es decir, cuando la metrópoli eleva relativamente su participación en la IPF durante los dos sexenios de 1983-1988 y 1989-1994, se reduce significativamente en el ámbito nacional según valores absolutos (cuadros V.1 y V.2). Posteriormente, la IPF nacional y la que absorbe la ZMCM presentan relaciones inversas, ya que mientras la primera muestra una tendencia creciente de 2001 a 2010, la segunda decrece entre 1994 y 2010 (gráficas V.1 y V.2).

Se evidencian claras diferencias en la estrategia política sobre la asignación de la IPF a la metrópoli en los nueve sexenios en cuestión. De 1959 a 1994, se infiere por el aumento relativo de la inversión en la urbe que existía una política de concentración espacial de la inversión en el periodo de mayor industrialización que priorizaba al polo manufacturero principal de la república, a pesar de la retórica desconcentradora de las acciones territoriales. Incluso en la crisis de la economía mexicana en la década de los ochenta, la IPF en la ZMCM creció relativamente, mientras en el resto del país se reducía. Se puede concluir que los gobiernos hasta 1994 atribuían a la principal urbe del país una función preponderante en el modelo de crecimiento vía sustitución de importaciones durante el denominado "milagro económico mexicano". Posteriormente, en la medida en que se remplaza por un enfoque ortodoxo de corte neoliberal y se inicia la época de democratización en la urbe a partir de 1997, la cual se ha caracterizado por ser gobernada por miembros de un partido de oposición al presidente en turno, se desvanece la alta prioridad e importancia que dicha zona tenía para la política económica anterior.

En fin, la tendencia creciente de la magnitud absoluta de la IPF nacional a partir de 2000 y la relación inversa en la participación de la ZMCM muestra la existencia de una política diferenciada espacialmente según la cual la urbe deja de ser una prioridad en la asignación de la inversión pública federal para esos gobiernos, en parte por razones del *laissez-faire* espacial imperante, y en parte por rivalidades políticas entre los gobiernos federal y del Distrito Federal. Es lamentable que por esas causas se afecte el ritmo del desarrollo económico, pues la ZMCM representa alrededor de 25% de la economía nacional, y al reducir a niveles históricos mínimos la inversión en obras de infraestructura requeridas por el aparato productivo y la población, se afecta gravemente su crecimiento económico y, con ello, el de México.

Asignación sectorial de la inversión

La inversión pública federal en el país y en la Zona Metropolitana de la Ciudad de México (ZMCM), según la clasificación utilizada de cinco sectores económicos a la que se destina, muestra una clara tendencia a beneficiar al sector urbano de México en los nueve sexenios analizados. Salvo la inversión orientada hacia el sector agrícola, el resto tiende a concentrarse en forma de infraestructura y equipamiento en las ciudades para impulsar sus actividades industriales, así como dotarlas de energéticos y recursos hidráulicos de sus respectivos *hinterland*, o para permitir los flujos interurbanos de mercancías y personas mediante los sistemas multimodales de transportes y comunicaciones. De acuerdo con la taxonomía adoptada en el capítulo para estudiar la evolución de la estructura de la IPF, se consideran los siguientes cinco sectores: agricultura, industria, comunicaciones, población y administración pública. El análisis consiste en observar, primero, la tendencia y dinámica de la IPF nacional según el predominio de los diferentes sectores económicos en que se subdivide la inversión. En segundo lugar, se examina la asignación de la inversión sectorial en la ZMCM, con el fin de precisar sus características y diferencias con el país, así como estar en condiciones de inferir sus implicaciones espaciales.

Inversión sectorial nacional: de la industria a las comunicaciones

La inversión pública federal en infraestructura industrial fue la más favorecida en los sexenios de 1959 a 1988 en México, además de observar un aumento en su participación de 38.2 a 42.9%, lo cual se asocia a las actividades industriales del sector paraestatal, principalmente en hidrocarburos y electricidad (cuadro V.1 y gráfica V.3). Sin embargo, a partir del sexenio que se inicia en 1989 y hasta el que termina en 2010, se reduce drásticamente hasta constituir uno de los rubros de menor importancia al derrumbarse de 35.5 a 6.0%. Solamente permanece en el primer lugar en el gobierno zedillista de 1995 a 2000, para ser desplazada por la inversión para la población y las comunicaciones en los otros tres sexenios (cuadro V.2 y gráfica V.3). Ello es un mero reflejo del cambio de un modelo económico nacionalista de impulso al mercado interno vía industrialización acelerada, a uno neoliberal a ultranza. Este último, en México, está centrado en un sector manufacturero exportador trasnacional —principalmente automotriz— que requiere medios de transporte eficientes, además de que esa estrategia ha permitido una especulación financiera frenética que frena el desarrollo de las actividades productivas. Ello conlleva la reducción al mínimo de la participación del Estado en la economía, lo cual se evidencia dramáticamente al observar el colapso de la inversión federal en el sector industrial.

El segundo rubro en importancia de la IPF nacional correspondió a la infraestructura en comunicaciones, que además del transporte multimodal y el desarrollo telemático, comprende ciertas inversiones para los flujos de las actividades terciarias. Esto se observa en tres de los cinco gobiernos trascurridos entre 1959 y 1988, pues se alterna con la infraestructura orientada hacia la población, que se ubica en segundo lugar en los sexenios 1965-1979 y 1983-1988. Además, en ese lapso la infraestructura en comunicaciones reduce su participación de 26.3 a 20.8% (cuadro V.1 y gráfica V.3).

La tendencia hacia la disminución relativa de las comunicaciones se continúa a partir del sexenio que principia en 1989 hasta el correspondiente a 2001-2006, periodo en que pasa de 14.3 a 12.5%, y generalmente es desplazada del segundo lugar por la infraestructura a la población (cuadro V.2 y gráfica V.3). Sorprende que, durante el último sexenio, la inversión en comunicaciones crece exponencialmente a 46.0%, y ocupa el primer lugar en importancia en el total de la IPF nacional, pues representa el mayor porcentaje alcanzado por cualquier sector en los nueve sexenios analizados.

El tercer sector más relevante en la asignación de la IPF nacional corresponde a la infraestructura para la población, asociada a los servicios de salud, educación, recreación y equipamiento urbano en las ciudades mexicanas. Entre 1959 y 1964, este tipo de inversión ocupa el tercer sitio, con una participación promedio anual de 22.4% de la total. No obstante, su comportamiento es errático, pues baja a 16.0% en 1977-1982, para subir a 25.5% de 1983 a 1988 (cuadro V.1). En contraste, a partir del sexenio que se inicia en 1989, el renglón de infraestructura para la población es el más importante, con 37.5%, magnitud que se eleva a 40.3% en el último sexenio, aunque baja al segundo rango por el sorprendente aumento de la inversión en comunicaciones (cuadro V.2 y gráfica V.3). Se desprende nítidamente la ortodoxia neoliberal de apoyar, por un lado, la red de transportes para promover la inversión privada, así como atraer la inversión extranjera directa y, por el otro, paliar los estragos de los altos niveles de desempleo abierto o disfrazado, la fuerte caída del poder adquisitivo de los salarios, y las crecientes desigualdades sociales, mediante la inversión orientada a apoyar a los vastos sectores marginales y paliar los crecientes niveles de pobreza. La necesidad política de atender a los estratos sociales desplazados del sistema económico se acentúa por el levantamiento armado del Ejército Zapatista de Liberación Nacional el 1° de enero de 1994 en Chiapas, durante el gobierno de Carlos Salinas, el mismo día en que entraba en vigor el Tratado de Libre Comercio de América del Norte.

El cuarto lugar en participación de la IPF en el ámbito nacional correspondió a la agricultura, inversión asociada a las actividades correspondientes al impulso del desarrollo rural, fomento pecuario, avícola y forestal, pesca y comercio de bienes primarios. Esta inversión participa en el gobierno que se inicia en 1959, con 10.4%, y se eleva en el sexenio que termina en 1982 a 16.1%, para declinar a 8.2% durante 1983-1988, periodo en que se establecen las primeras medidas hacia la instrumentación del modelo neoliberal ortodoxo. Posteriormente, la inversión en infraestructura agropecuaria continúa descendiendo en forma significativa hasta caer a un promedio anual de 3.0% en el último periodo investigado. Cabe mencionar que desde 1995 el monto de IPF en agricultura queda en el último lugar (cuadro V.2 y gráfica V.3).

Finalmente, la administración pública federal es el rubro con menor asignación de la inversión hasta 1994, sector que comprende en términos generales el turismo, la administración y la defensa. A partir de 1995 eleva su participación considerablemente hasta ascender a 19.2% promedio anual entre 2001 y 2006, cuando ocupa el tercer sitio en importancia, desplazando a comunicaciones y agricultura. Con posterioridad se reduce a 4.7% en 2010, dentro de los cuatro años analizados del sexenio de 2007 a 2012 (cuadro V.2 y gráfica V.3).

Inversión federal en la Ciudad de México según sectores beneficiados

La mayor parte de la inversión pública federal (IPF) en la Zona Metropolitana de la Ciudad de México (ZMCM) en los sexenios de 1959 a 1988 fue en infraestructura para la población, lo que impli-

Gráfica V.3

México: asignación de la inversión pública federal por sectores beneficiados, 1959-2010

(porcentajes)

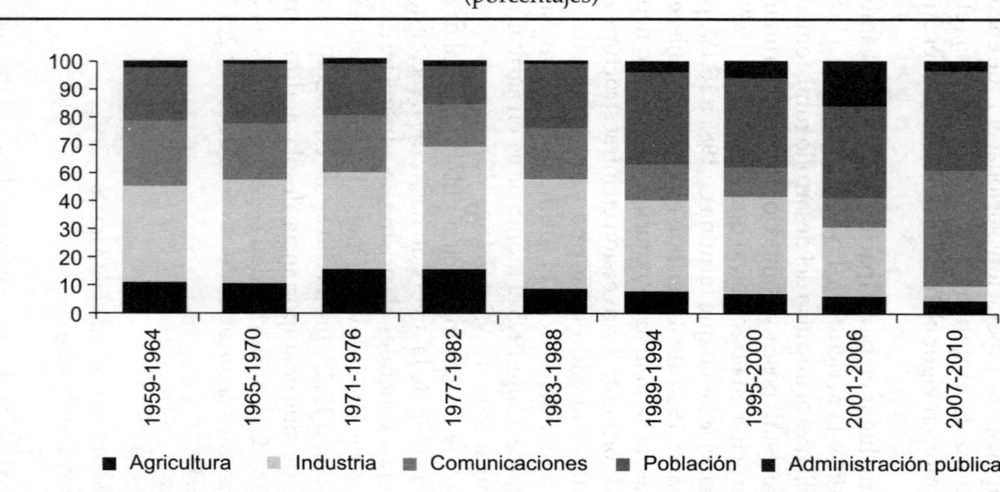

Fuente: cuadros V.1 y V.2.

có la expansión de sus servicios urbanos. Contrasta esta prioridad con el predominio de la inversión industrial en el ámbito nacional. En los sexenios de 1971 a 1988, la participación en la IPF de la población metropolitana en el total nacional correspondiente pasó de 53.9 a 60.9% (cuadro V.1 y gráfica V.4). Sin embargo, a partir del sexenio de 1989 hasta 2010, la IPF de la urbe en ese rubro se reduce de 46.7 a 20.6%, probablemente como consecuencia de conflictos intergubernamentales, dada la diferencia de los partidos políticos del gobierno federal, que han sido del PRI y del PAN, y el del Distrito Federal, cuyo jefe de Gobierno ha pertenecido hasta la actualidad al PRD. Es muy plausible que ello también se haya reflejado en la reducción de la inversión pública federal total en la metrópoli, que se derrumbó de 37.2 a 16.4% (cuadro y gráfica V.2).

La asignación de IPF industrial en la ZMCM también es importante: ocupa un segundo lugar en el sexenio de 1971 a 1976. No obstante, a partir de 1977 y hasta 1988 pasa al tercer lugar, desplazada por las comunicaciones, con toda seguridad a causa de los requerimientos de inversión en su infraestructura de transporte. Posteriormente, a partir de 1989 y hasta 2000, vuelve a ocupar el segundo sitio con alrededor de 21%, para caer estrepitosamente al último lugar en 2007-2010, superada por la inversión pública federal en la población y en comunicaciones, sectores que absorben 50.8 y 31.7%, respectivamente (cuadro V.2 y gráfica V.4).

El tercer lugar en importancia de la IPF en la ZMCM correspondió a comunicaciones, las cuales son cruciales para una gran metrópoli y elemento estructurador de su trama urbana. Sin embargo, el comportamiento fue errático, pues aunque de 1971 a 1988 aumentó de 16.3 a 26.8%, lo que le permitió ocupar el segundo lugar, de 1989 a 1994 disminuyó a 12.6%, para volver al tercer sitio. Por último, a partir de ese sexenio repunta significativamente, pues crece a 31.7% de la IPF en la ZMCM en 2010, con lo que ocupa el segundo lugar después de la infraestructura para la población (cuadro V.2 y gráfica V.4).

El rubro de IPF en la ZMCM que ocupa el cuarto sitio en 1971-1976 es la agricultura, con 13.2% (cuadro V.1 y gráfica V.4). Posteriormente, la inversión en el sector disminuye en forma drástica al último lugar hasta 2006, con 4.9, y a 3.6% en 2010. Aunque se ubica muy por debajo de la inversión en administración pública, recupera el

Gráfica V.4

ZMCM: asignación de la inversión pública federal por sectores beneficiados, 1971-2010

(porcentajes)

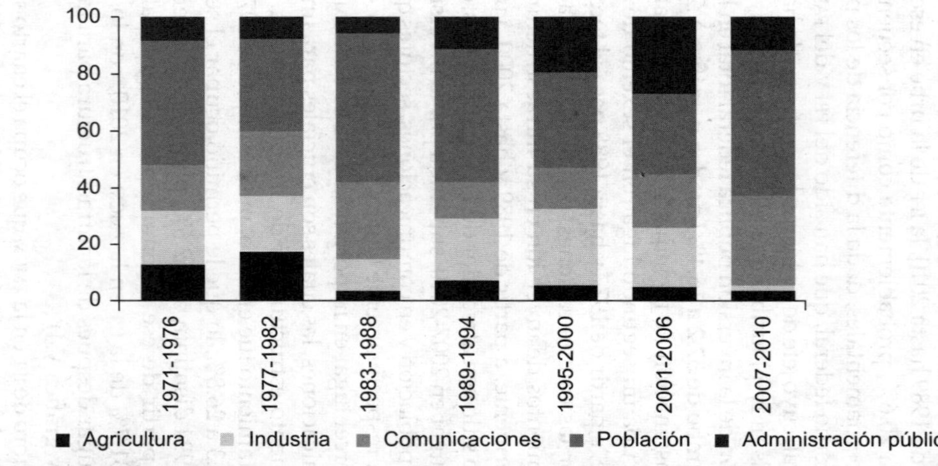

Fuente: cuadros V.1 y V.2.

cuarto lugar por el derrumbe del rubro industrial (cuadro V.2). Cabe mencionar la similitud en el comportamiento de este tipo de inversión en la ZMCM y en el país, que refleja en parte la desruralización nacional y en parte la baja relevancia que se le asigna al campo en el modelo neoliberal ortodoxo aplicado en México.

El último lugar según asignación de la IPF en la ZMCM correspondió a la administración pública. El comportamiento histórico se caracteriza por una tendencia descendente de 1971 a 1988, cuando disminuyó su participación de 8.3 a 5.8%. Sin embargo, a partir del sexenio que se inició en 1989 presentó un crecimiento constante que alcanzó un máximo de 26.6% en 2006, para reducirse a 12.2% en 2010, aunque pasó al tercer sitio en importancia (cuadro V.2 y grafica V.4).

Inversión pública sectorial nacional y en la Ciudad de México

El anterior análisis de las tendencias de la IPF sectorial en el país y en la ZMCM se puede refinar para estudiar más sistemáticamente su evolución en forma desagregada, según la importancia o prioridad global que se le asigne a cada sector en los nueve sexenios investigados. Para ello, se utiliza un puntaje de números ordinales de 1 a 5 de acuerdo con el rango de la participación de cada uno de los cinco sectores en que se dividió la inversión total, donde el 1 corresponde al de mayor porcentaje, y siguen los otros en orden creciente hasta llegar al 5.

En los cuatro sexenios transcurridos entre 1959 y 1982, la prioridad en la asignación de la IPF nacional correspondió a la industria, la cual observó una jerarquía promedio de 1.0 (cuadros V.3 y V.4). La inversión en el sector secundario se orientó principalmente al apoyo del sector energético paraestatal. Le siguen en relevancia las comunicaciones, con un valor de 2, que corresponde a la construcción de la infraestructura carretera, aeronáutica y portuaria marítima; se observa que baja al tercer sitio en el segundo sexenio, por lo que obtiene una jerarquía promedio de 2.3 (cuadros V.3 y V.4). La infraestructura orientada a la población es muy fluctuante y, partiendo del tercer lugar, ocupa posteriormente el segundo y termina en el cuarto en 1977-1982, por lo que mantiene un promedio

Cuadro V.3

México: jerarquía del primero al quinto lugar según el monto de asignación de la IPF por sectores beneficiados, 1959-2010

Sectores beneficiados[a]	*1959-1964*	*1965-1970*	*1971-1976*	*1977-1982*	*1983-1988*	*1989-1994*	*1995-2000*	*2001-2006*	*2007-2010**
1. Industria	1	1	1	1	1	3	1	3	2
2. Comunicaciones	2	3	2	2	3	1	3	1	3
3. Población	3	2	3	4	2	2	2	5	1
4. Agricultura	4	4	4	3	4	4	5	2	5
5. Administración pública	5	5	5	5	5	5	4	4	4

Fuente: cuadros V.1 y V.2.

[a] Los cinco sectores parten del rango consecutivo 1 a 5 en 1959-1964. Aunque posteriormente mantengan el número inicial, el rango que ocupan en los siguientes sexenios corresponde al ordenamiento de 1 a 5 de los sectores de la columna 1. Por ejemplo, comunicaciones pasa del rango 2 al 3 entre 1959-1964 y 1965-1970, aunque en el segundo sexenio mantiene el número 2, pero se encuentra el renglón 3 que representa su rango en ese periodo.

Cuadro V.4
México: jerarquía promedio según sectores beneficiados, 1959-2010

Sectores beneficiados	*1959-1982*	*1983-2010*
1. Industria	1.0	1.8
2. Comunicaciones	2.3	2.8
3. Población	3.0	1.6
4. Agricultura	3.8	4.6
5. Administración pública	5.0	4.2

Fuente: cuadro V.3.

de 3.0 (cuadro V.4). El cuarto rango le corresponde a la agricultura, aunque sube a tercero en el sexenio 1977-1982, por lo que su promedio decrece ligeramente a 3.8. Finalmente, la administración pública ocupa el rango 5, siendo que mantiene esa posición en los cuatro periodos gubernamentales considerados y promedia, lógicamente, 5.0 (cuadros V.3 y V.4).

Cabe mencionar que la reducida asignación de inversión a la agricultura se deriva del fuerte proceso de urbanización experimentado por México desde los sesenta hasta principios de los ochenta, pues el porcentaje de población urbana se eleva de 38.7% en 1960 a 55.0% en 1980, mientras que en términos absolutos aumenta de 13.5 a 36.7 millones, y el número de ciudades, de 124 a 227 (Garza, 2005: 31-32). En estas dos décadas el país experimentó una verdadera metamorfosis que lo trasformó en una nación hegemónicamente urbana, mientras que el sector rural redujo aceleradamente su importancia demográfica y económica. La inversión sectorial tenía que orientarse hacia la acelerada expansión de las ciudades y los enlaces de transporte multimodales que exige la interrelación de un sistema urbano en expansión. Entre los ochenta y la primera década del siglo XXI el proceso de urbanización de México prosigue: la población urbana escala a 63.4% de la total en 1990, a 67.3% en 2000 y a 70.3% en 2010 (Garza, 2005: 32-33).[8] Paralelamente, se inicia la implantación

[8] El grado de urbanización de 2010 fue proporcionado por Jaime Sobrino. Este autor tiene una cifra publicada de 72.0%, pero se basa en proyecciones de población (Sobrino, 2011).

y posterior afianzamiento del modelo neoliberal mexicano, que ha significado una mayor participación del comercio internacional, pero un bajo crecimiento económico.

De esta suerte, entre 1983 y 2010 es perceptible un cambio en las prioridades de la IPF en el país. Destaca el carácter prioritario, en los cinco sexenios que comprenden el periodo, de la infraestructura orientada a la población, que se encuentra en segundo lugar en tres de ellos y en primero en los dos restantes (cuadro V.3). Por ello, termina en primer lugar con un promedio en su jerarquía de 1.6, dos décimas mejor posicionada que la industria (cuadro V.4). Esta última le sigue en importancia y ocupa dos primeros, dos segundos y un tercer lugar, con lo que promedia 1.8 (cuadro V.4). Las comunicaciones muestran tres terceros lugares, un cuarto y un primero, promediando 2.8, que representa un nítido tercer lugar (cuadro V.4). Es notable, finalmente, que la administración pública subió al cuarto sitio a partir de 1995, con una tercera posición en 2001-2006, con lo que promedia 4.2, mientras que la agricultura tiene 4.6, por ubicarse en el último puesto en los tres últimos sexenios (cuadro V.4). Lo anterior refleja la circunstancia de que la mayor parte del gasto de inversión se orienta hacia el sistema de ciudades de México.

La estructura de la IPF sectorial en la ZMCM observa diferencias significativas en relación con la nacional anteriormente analizada. Considerando ambas instancias territoriales a partir de 1971, primer sexenio del que se tiene información para la urbe, se deriva, en primer lugar, que la infraestructura para la población en los siete periodos gubernamentales estudiados constituye el rango 1 en la participación de la IPF en la ZMCM, y se mantiene muy alejada del resto de sectores, además de que en 2007-2010 absorbe 50.8% de la inversión federal en la urbe (cuadros V.2 y V.5). En los dos sexenios de 1971 a 1982 tuvo un promedio en sus rangos de 1.0 (cuadro V.6). En segundo término se encuentra la inversión en industria y comunicaciones, sectores que se alternan el rango 2 y 3 en los dos periodos gubernamentales en revisión, por lo que ambos mostraron un promedio jerárquico de 2.5 (cuadros V.5 y V.6). En tercer lugar, la agricultura se ubica en el rango 4 y la administración pública en el 5, y dichas posiciones se mantienen según promedio de su participación, esto es, 4.0 y 5.0 (cuadros V.5 y V.6).

Cuadro V.5

ZMCM: jerarquía del primero al quinto lugar según el monto de asignación de la IPF por sectores beneficiados, 1959-2010

ZMCM	*1959-1964*	*1965-1970*	*1971-1976*	*1977-1982*	*1983-1988*	*1989-1994*	*1995-2000*	*2001-2006*	*2007-2010*[a]
1. Industria	n.d.	n.d.	3	3	3	3	3	3	3
2. Comunicaciones	n.d.	n.d.	1	2	2	1	1	5	2
3. Población	n.d.	n.d.	2	1	1	2	5	1	5
4. Agricultura	n.d.	n.d.	4	4	5	5	2	2	4
5. Administración pública	n.d.	n.d.	5	5	4	4	4	4	1

Fuente: cuadros V.1 y V.2.

[a] Se consideran únicamenente los cuatro primeros años del sexenio de Felipe Calderón, el cual termina en 2012.

Cuadro V.6
ZMCM: jerarquía promedio según sectores beneficiados, 1971-2010

Sector	*1971-1982*	*1983-2010*
Población	2.5	3.0
Industria	1.0	1.0
Comunicaciones	2.5	3.0
Agricultura	4.0	4.8
Administración pública	5.0	3.2

Fuente: cuadro V.5.

En el periodo de 1983 a 2010 se mantiene la inversión en infraestructura para la población en primer término en los cinco sexenios que lo constituyen, manteniendo su promedio perfecto de 1.0 (cuadros V.5 y V.6). Aunque en los gobiernos de 1983-1988 y 1989-1994 se siguen alternando en el rango 2 y 3 la infraestructura industrial y las comunicaciones, en los tres sexenios finales ocurre una modificación sorpresiva cuando la administración pública ocupa el tercer lugar en dos de ellos, mientras logra el segundo en otro. Con ello los promedios de los rangos de industria, comunicaciones y administración pública son de 3.0, 3.0 y 3.2, por lo que este último rubro se incorpora con los de segunda importancia (cuadros V.5 y V.6). Al final queda la inversión en agricultura con un promedio de 4.8, constituyendo lógicamente la última prioridad para la inversión en la metrópoli.

La Ciudad de México, con casi 20 millones de habitantes en 2010, es una de las metrópolis más grandes del mundo, con el rango 5°, atrás de Tokio, Delhi, São Paulo y Bombay (United Nations, 2010). Además, constituye la mayor metrópoli de México y es el principal motor del desarrollo económico nacional, así como capital de la república. Esta circunstancia explica la significativa participación de la urbe en la inversión pública nacional, dejando de lado por el momento las implicaciones de la drástica reducción relativa de dicha inversión. De esta suerte, la atención a la población de la metrópoli se ha convertido en una prioridad del sector público federal, seguida por el apoyo a las actividades económicas en infraestructura industrial y de transporte.

La Ciudad de México, en su carácter de capital nacional, tiene una creciente importancia en las inversiones orientadas a la administración pública, renglón que también incluye turismo, actividad en la cual es el principal lugar de destino, fuera de los sitios de playa. La inversión en infraestructura agrícola se deriva muy probablemente de su estrategia de desarrollo urbano sustentable que se propone mantener los espacios agrícolas y forestales de su *interland* como zonas verdes para intentar preservar el equilibrio de su ecosistema.

Inversión pública federal respecto al producto nacional y a la población

En la bibliografía sobre finanzas se analizan las relaciones entre la inversión pública, el crecimiento económico y el bienestar de la población.[9] Con el fin de realizar una exploración empírica general sobre este tipo de asociación para el país y la Ciudad de México, en este último inciso del capítulo se analizan los dos coeficientes más representativos de dicho vínculo: el *coeficiente* IPF/PIB y la IPF *per cápita*.

El primer indicador mide la asociación entre la inversión y la producción, mientras que el segundo muestra la asignación de inversión en infraestructura para la población. De tal manera que una interrelación positiva de esta relación debería mostrar que a mayor coeficiente IPF / PIB, mayor tasa de crecimiento económico y más elevados niveles de IPF per cápita. Cabe recordar que se trata de un análisis general, por lo que su alcance se limita a explorar algunas hipótesis para investigaciones futuras donde se puedan interrelacionar de manera más sistemática y precisa, no solamente la producción nacional y la inversión en infraestructura, sino también las relaciones territoriales que presentan con el fin de profun-

[9] A las referencias señaladas en la nota de pie 1, se pueden agregar otras publicaciones internacionales sobre el tema: Biehl (1980); Aschauer (1989); Holtz-Eakin (1992); Duffy-Deno y Eberts (1991); Munnell (1992); Button (1998); Marvao y Roca-Sagalés (2003); Pereira y Andraz (2003); Rozas (2004); Márquez, Ramajo y Hewings (2011), entre otros. Para México véanse Pírez (1984), Connolly (1987), Ziccardi (1991), Díaz (1995), Tamayo (2001), Rodríguez-Oreggia y Costa-i-Font (2002), Fuentes y Mendoza (2003), Cuamatzin (2006 y 2007) y Fuentes (2007).

dizar en los determinantes de las desigualdades espaciales, tanto regionales como urbanas.

Se observa, en primer lugar, una clara asociación entre el coeficiente IPF/PIB con la IPF per cápita en el ámbito nacional. Así, el primero presenta una tendencia creciente durante los primeros cuatro sexenios hasta 1982, con una participación media de 7.7%. No obstante, alcanza su mayor nivel en el sexenio de 1977 a 1982, con 11.5%, esto es, en los años del *"boom"* petrolero. Posteriormente decrece en los siguientes cuatro sexenios y baja a 2.5% en el periodo de Vicente Fox (2001-2006), con un valor promedio de 3.9%. En el gobierno de Calderón parece iniciar una tendencia creciente, llegando a 3.8% (gráfica V.5).

Históricamente se aprecia una nítida relación entre la IPF y el desarrollo económico, pues en los primeros cuatro sexenios, cuando la inversión se elevaba sistemáticamente, la tasa de crecimiento del PIB fluctuó entre 6.2% en el gobierno de Luis Echeverría y 6.8% con Gustavo Díaz Ordaz. En estos cuatro regímenes gubernamentales el PIB aumentó algo menos que 50% en los seis años de gestión (cuadro V.7). Por el contrario, a partir del punto de inflexión de 1982, la IPF inicia una acentuada disminución, lo cual se refleja en tasas de crecimiento del PIB notoriamente inferiores, que van de prácticamente cero en la "década perdida" de 1983 a 1988, así como en el "cuatrienio perdido" de 2007 a 2010 (cuadro V.7). Destaca que a pesar de un repunte significativo de la IPF en este último periodo, solamente se reporta una tasa del PIB de 0.03%, prácticamente insignificante y menor aún que en la década perdida. Lo anterior se debe, por un lado, al crac mundial de 2009 cuando la tasa del PIB mexicano fue de –6.2%, y, por el otro, a que el impacto de la inversión en infraestructura en el crecimiento económico no es necesariamente inmediato. Además, ello ocurre en el contexto de la disfuncionalidad sistémica en la acumulación de capital del modelo neoliberal implantado desde los años ochenta.

Un comportamiento similar al del coeficiente IPF/PIB ocurre en la IPF per cápita nacional, puesto que en los primeros sexenios es creciente y coincide con la tendencia ascendente de dicho coeficiente, que logra su nivel más alto también entre 1977 y 1982. A partir de entonces muestra una trayectoria decreciente hasta 2006, cuando reinicia su expansión por primera vez en los últimos

Gráfica V.5

México: inversión pública federal según PIB e inversión per cápita, 1959-2010
(en porcentajes y en pesos constantes de 2003)

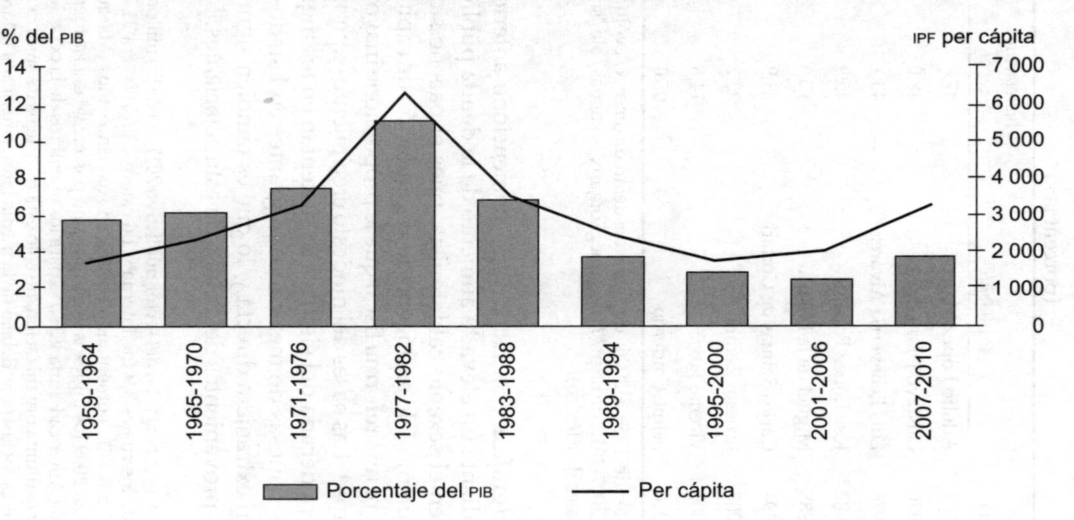

Fuente: cuadros V.1 y V.2

Cuadro V.7
México: incremento sexenal y tasa anual del PIB, 1959-2010
(porcentajes)

Sexenio	*Presidente*	*Incremento sexenal*	*Tasa anual*
1959-1964	Adolfo López Mateos	47.8	6.70
1965-1970	Gustavo Díaz Ordaz	48.0	6.80
1971-1976	Luis Echeverría Álvarez	43.1	6.20
1977-1982	José López Portillo	45.9	6.50
1983-1988	Miguel de la Madrid	1.10	0.20
1989-1994	Carlos Salinas de Gortari	25.9	3.90
1995-2000	Ernesto Zedillo	22.2	3.40
2001-2006	Vicente Fox	14.8	2.30
2007-2010	Felipe Calderón	0.10	0.03

Fuente: de 1959 a 2006, de www.desdelared.com.mx/evolución economía mexicana; 2007-2010, de http://www.inegi.org.mx/sistemas/bie/sistema de cuentas nacionales de México).

30 años (gráfica V.5). Esto, como se mencionó anteriormente, ha sido mediante un elevado aumento de la deuda pública interna y externa en el sexenio calderonista, pues el país no sido capaz de diseñar un modelo endógeno de acumulación de capital público y privado, ni una reforma fiscal que le proporcione mayores recursos financieros.[10] Las bases del modesto crecimiento experimentado en la primera década del siglo XXI se sustentan en los ingresos petroleros, las remesas de mexicanos migrantes en Estados Unidos, la inversión extranjera directa y, lo que es también significativo, los ingresos provenientes del tráfico de estupefacientes.[11]

[10] La deuda neta total del sector público en 2011 fue de 5.5 millones de millones de pesos, de los cuales 3.9 fue interna y 1.6 externa. En 2006 era 21.7% del PIB y en 2011 escaló a 36.5%, aumentando en 68% en sólo cinco años (Márquez, 2012). Por otra parte, en 2009 los ingresos públicos como porcentaje del PIB fueron 19.2% para los países de América Latina y 33.7% para los miembros de la OCDE. México, participante de esta última organización, no sólo está muy lejos de su cifra promedio sino con 17.4% está incluso por debajo de la media latinoamericana (Márquez, 2012a).

[11] A este respecto, se señala que "El Congreso estadunidense calcula entre 19 mil millones y 29 mil millones de dólares el monto de las ganancias ilícitas que fluyen anualmente desde Estados Unidos hacia *cárteles* del narcotráfico y otros grupos criminales en México" (Zúñiga, 2012: 20).

Este comportamiento permite inferir la asociación lógica existente entre el aumento del coeficiente IPF / PIB y los recursos financieros gubernamentales dedicados a satisfacer los requerimientos de servicios infraestructurales y equipamiento para la población. Según ello, ha ocurrido un descenso sistemático en la IPF per cápita a partir de 1982, que llega a su nivel más bajo en el sexenio de 2001 a 2006.

La IPF per cápita en el país creció de 1 819 a 6 302 pesos de 1959 a 1982; se multiplicó 2.5 veces en ese periodo (cuadro V.1). Ello implica un aumento proporcional en el bienestar de la población en acceso a escuelas, hospitales, servicios públicos, así como en vivienda del sector público. A partir del gobierno de Miguel de la Madrid, durante la "década perdida", desciende a 3 588 pesos, caída que continúa hasta el sexenio de 2001 a 2006, cuando se derrumba a sólo 1 954 pesos, menos de la cifra del segundo lustro de los años sesenta (cuadros V.1 y V.2). Por último, se reinicia su crecimiento al ascender a 3 135 pesos por habitante, esto es, la mitad del valor de 1982. En términos de la IPF per cápita, México se encuentra rezagado medio siglo de sí mismo, no se diga de las economías emergentes del este asiático, tales como la República Popular China, Taiwán o Corea del Sur, que dejan a la nación mexicana fuera de cualquier posibilidad de competir autónomamente en la economía mundial, esto es, dejando de lado a las empresas trasnacionales que se localizan en su territorio en forma de enclaves.

El comportamiento del coeficiente IPF / PIB y de la IPF per cápita en la ZMCM es semejante al nacional. Durante los primeros cuatro sexenios el primero promedió 5.1%, y su valor más alto se alcanzó durante el gobierno de López Portillo, con 7.8% (cuadro V.1). En los siguientes cinco periodos gubernamentales su valor medio fue 3.2%, con el porcentaje más bajo, de 1.9%, durante el régimen de Vicente Fox. En cuanto a la IPF per cápita, sigue la misma tendencia decreciente que el coeficiente IPF / PIB del país.

No obstante, existen algunas diferencias que muestran ciertas peculiaridades macroeconómicas de la ZMCM. En primer lugar, al disminuir tanto el coeficiente IPF / PIB como la IPF per cápita de 1983 a 2010 respecto al gobierno de López Portillo (1976-1982), la reducción es menor en el segundo indicador y en 2010 ambos representan 27.4 y 33.7% del valor de 1977-1982. En segundo término, en los sexenios 1959-1964 a 1977-1982, la IPF per cápita en la ZMCM es superior a la nacional, al pasar de 2 592 a 8 252 pesos, mientras que en el país aumentó de 1 819 a 6 302 pesos, es decir, se incrementaron 318 y 243%, respectivamente (cuadro V.1). En tercera instancia, si bien el IPF per cápita de la ZMCM presenta una tendencia negativa a partir de ese periodo hasta antes del sexenio de Calderón, sus montos son superiores a los del país. Por ejemplo, en el gobierno de 1959 a 1964 en la metrópoli fue 42.5% superior a la nacional, cifra que disminuye a 30.9% en 1976-1982, pero sigue siendo claramente mayor. Ello contrasta con el coeficiente IPF/PIB, que en el primer gobierno fue 39.3% inferior en la urbe y en el segundo 32.2% (cálculos con la información del cuadro V.1). Del sexenio de 1983-1988 al de 2001-2006, el monto de la IPF per cápita de la ZMCM se redujo de 5 605 a 2 287 pesos, mientras que los valores nacionales lo hicieron de 3 588 a 1 954 pesos (cuadros V.1 y V.2). Son sintomáticas las diferencias entre el país y su ciudad capital, pues mientras que en 1983-1988 la IPF per cápita es 56.2% superior en esta última localidad, la diferencia en el coeficiente IPF/PIB en su contra se reduce a –11.1%, magnitudes que son de 17.0 y –25.5% en 2001-2006 (cálculos realizados con los cuadros V.1 y V.2).

Cabe resaltar, por último, el cambio de tendencia en la ZMCM durante el sexenio de Calderón, ya que a pesar de que aumenta su coeficiente IPF/PIB respecto al sexenio precedente, al igual que en el país, por primera vez la IPF per cápita es menor en la urbe, esto es, 2 780 contra 3 135. Además, el coeficiente IPF/PIB es –44.9% en la ciudad en relación con la república, lo cual podría anunciar una afectación en la capacidad productiva del primer polo económico de México (cuadro V.2).

En síntesis, mientras que la IPF per cápita de la Ciudad de México fue notablemente superior a la nacional en los ocho primeros sexenios analizados, el coeficiente IPF/PIB fue menor, de lo cual se puede colegir que la urbe presentaba una productividad más que proporcional a las diferencias de ambos indicadores. Esto es, la metrópoli tiene más IPF por habitante, pero menos por PIB, lo que refleja una productividad más que proporcional de su fuerza de trabajo, de tal suerte que requiere menos inversión por unidad producida. Esta capacidad es la que se está poniendo en riesgo al reducir en forma desproporcionada la inversión en infraestructura que le asignó el gobierno federal durante el último sexenio analizado.

Gráfica V.6

ZMCM: inversión pública federal según PIB e inversión per cápita, 1959-2010
(en porcentajes y en pesos constantes de 2003)

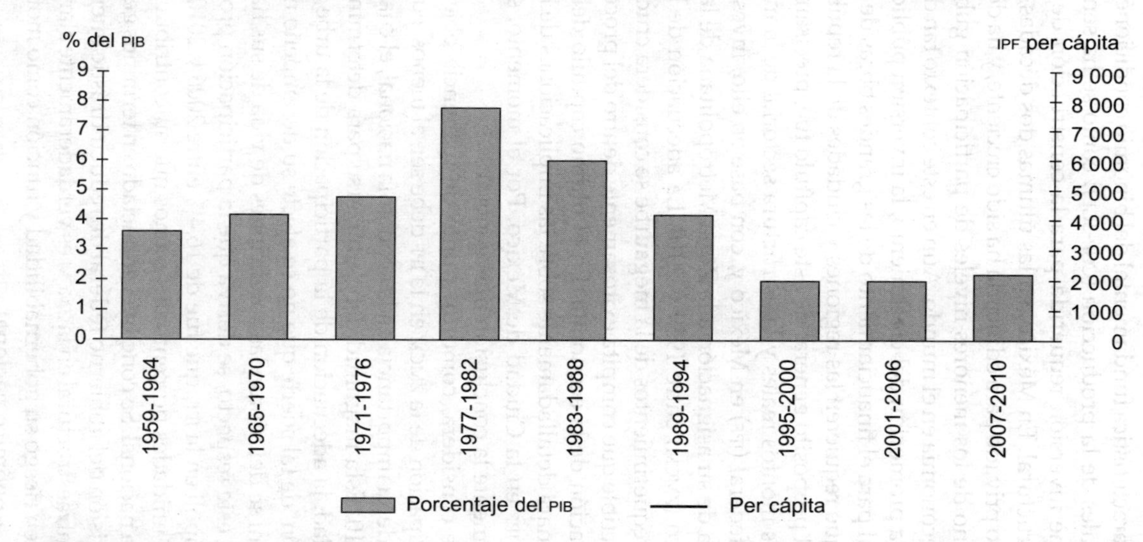

Fuente: cuadros V.1 y V.2.

Conclusión: riesgos de la caída de la inversión pública federal

Una característica fundamental del binomio condiciones y servicios generales de la producción (CGP-SGP), como se ha señalado, es la enorme inversión requerida para la construcción de su base infraestructural. En México, en las últimas dos décadas, el financiamiento privado para edificarla ha sido creciente, y ha dejado al país con uno de los menores niveles de participación gubernamental en la economía en el mundo. Aun en este contexto tan desfavorable para la promoción del crecimiento, la inversión pública federal es crucial para el financiamiento de las grandes obras de infraestructura que requieren las regiones y ciudades de la república.

El propósito general de este capítulo fue, precisamente, analizar los montos reales y la estructura sectorial de la inversión pública federal (IPF) en México y, con base en ello, investigar la tendencia de su asignación a la Zona Metropolitana de la Ciudad de México (ZMCM) entre 1959 y 2010. La adecuación de la inversión a los requerimientos de la megaurbe se considera crucial para que sea factible que compita exitosamente dentro del proceso de mundialización de la economía. En el último capítulo del libro se reflexionará detalladamente sobre las implicaciones de la evolución de la IPF en la Ciudad de México. Por el momento, se expondrá únicamente la conclusión más general.

Se considera, como un punto de referencia objetivo, que la participación de la ZMCM en la IPF debe ser, al menos, equiparable al nivel de su importancia en la economía nacional, el cual fue de 25% en 2010. Esta magnitud debe utilizarse para determinar, en la actualidad, la adecuación de la participación de la urbe en dicha inversión, de tal suerte que no se afecte su desempeño macroeconómico ni se deterioren las condiciones de vida de sus habitantes.

A este respecto, se deriva que la participación promedio de la metrópoli en la IPF, que fue de 16.4% entre 2006 y 2010, representa casi 9 unidades porcentuales menos que su contribución a la economía nacional. Se concluye, enunciado en términos generales, que la decisión del gobierno federal de reducir drásticamente su inversión infraestructural en la ZMCM es verdaderamente alarmante, pues pone en riesgo su gobernabilidad y función como motor del desarrollo económico nacional.

Bibliografía

Aschauer, David Alan (1989), "Is public expenditure productive?", *Journal of Monetary Economics*, **23** (2): 177-200.

Begg, Ian (comp.) (2002), *Urban Competitiveness. Policies for Dynamic Cities*, The Policy Press, Gran Bretaña.

Biehl, Dieter (1980), "Determinants of regional disparities and the role of public finance", *Public Finance*, **35** (1): 45-71.

Button, Kenneth (1998), "Infrastructure investment, endogenous growth and economic convergence", *The Annals of Regional Science*, **32** (1): 145-162.

——— (2000), "New approaches to spatial economics", *Growth and Change*, **31** (otoño): 480-500.

Calderón Hinojosa, Felipe, *Primer a cuarto informe de gobierno* (anexo estadístico), México, Presidencia de la República.

Cobacho Tornel, Belén, Mariano Boch y Eduardo Rodríguez (2004), "Efectos de la inversión pública federal en México" (http://www.asepelt.org/ficheros/File/Anales/2004%20%20Leon/comunicaciones/Cobacho%20Bosch%20y%20Rodriguez.pdf).

Connolly, Priscilla (1987), "Inversión pública en el medio construido. ¿Redistribución de funciones estatales?", en Guillermo Boils, *México: problemas urbano-regionales*, García Valdés/Instituto de Investigaciones Sociales/Universidad Nacional Autónoma de México, México.

Cuamatzin Bonilla, Fortunato (2006), "Inversión pública e inversión privada: excluyentes o complementarias", *Aportes*, **XI** (31 y 32): 45-63.

——— (2007), "Los retos de la inversión pública en México", en José Luis Calva (coord.), *Finanzas públicas para el desarrollo*, UNAM/Porrúa/Cámara de Diputados, México.

Díaz Cayeros, Alberto (1995), *Desarrollo económico e inequidad regional: hacia un nuevo pacto federal en México*, Porrúa, México.

Drakakis-Smith, David (ed.) (1990), *Economic Growth and Urbanization Developing Areas*, Routledge, Londres/Nueva York.

Duffy-Deno, Kevin y Randall Eberts (1991), "Public infrastructure and regional economic development: A simultaneous equations approach", *Journal of Urban Economics*, **30** (3): 329-343.

Fingleton, Bernard (2003), "Non-orthodox approaches to European regional growth modeling: A review", en Bernard Fingleton, Ayda Eraydin y Raffaele Paci (eds.), *Regional Economic Growth, SMES and the Wider Europe*, Ashgate, Gran Bretaña.

Fox Quesada, Vicente, *Primer a sexto informe de gobierno* (anexo estadístico), Presidencia de la República, México.

Fuentes, Noé Arón y J.E. Mendoza (2003), "Infraestructura pública y convergencia regional en México, 1980-1998", *Comercio Exterior*, **53** (2): 178-187.

Fuentes Flores, César M. (2007), *Inversión en infraestructura pública y productividad regional de la industria manufacturera en México*, El Colegio de la Frontera Norte, Tijuana, México.

Fujita, Masahisa y Jacques-Françoise Thisse (1996), "Economics of agglomeration", *Discussion Paper 1344*, Center for Economic Policy Research, Londres.

Fujita, Masahisa, Paul Krugman, Anthony J. Venables (1999), *The Spatial Economy. Cities, Regions and International Trade*, The MIT Press, Cambridge, Mass.

Garza, Gustavo (2000), "Ámbitos de expansión territorial", en Gustavo Garza (coord.), *La Ciudad de México en el fin del segundo milenio*, El Colegio de México, México, pp. 237-243.

——— (2005), *La urbanización de México en el siglo XX*, El Colegio de México, México.

——— (2008), *Macroeconomía del sector servicios en la Ciudad de México, 1960-2003*, El Colegio de México, México.

——— (2011), "Importancia del sector servicios en la dinámica económica y laboral de la Ciudad de México", *Taller IV. Reactivación económica y creación de empleo*, PUEC, UNAM, 8 de marzo (presentación en Power Point).

Gómez Mayorga, Mauricio (1957), *¿Qué hacer por la Ciudad de México?*, Costa Amic, México.

González Amador, Roberto (2012), "Alcanza la deuda pública nivel histórico en el presente sexenio", *La Jornada*, sábado 31 de marzo.

Holtz-Eakin, Douglas (1992), *Public-sector Capital and the Productivity Puzzle*, The National Bureau of Economic Research, *Working Paper No. 4122* (http://www.nber.org/papers/w4122).

Jacobs, Jane (1969), *The Economy of Cities*, Random House, Nueva York.

——— (1984), *Cities and the Wealth of Nations: Principles of Economic Life*, Random House, Nueva York.

Krugman, Paul (1992), *Geografía y comercio*, Antoni Bosch editor, Barcelona.

——— (1995), *Desarrollo, geografía y teoría económica*, Antonio Bosch editor, Barcelona.

Márquez Ayala, David (2012), "Reporte económico", *La Jornada*, 20 de febrero (www.jornada.unam.mx/2012/02/20/opinion/030o1eco).

——— (2012a), "Reporte económico", *La Jornada*, 2 de enero, México.

Márquez, Miguel A., Julian Ramajo y Geoffrey Hewings (2011), "Public capital and regional economic growth: A SVAR approach for the

Spanish regions", *Investigaciones Regionales*, 21 (número especial 2011): 199-223.

Marvao, Alfredo y Oriol Roca-Sagalés (2003), "Spillover effects on the public capital formation: Evidence from the Spanish regions", *Journal of Urban Economics*, **53** (2): 238-256.

Meyer, Lorenzo (2000), "Gobierno y evolución política, 1824-1940", en Gustavo Garza (coord.), *La Ciudad de México en el fin del segundo milenio*, El Colegio de México / Gobierno del Distrito Federal, México, pp. 647-652.

Munnell, Alicia H. (1992), "Policy watch: Infrastructure investment and economic growth", *The Journal of Economic Perspectives*, **6** (4): 189-198.

Norton, R.D. (1979), *City Life-Cycles and America Urban Policy*, Academic Press, Nueva York.

Núñez Rodríguez, Gaspar (2006), "Inversión pública y crecimiento económico en México: un enfoque de contabilidad del crecimiento", *Perfiles Latinoamericanos*, 27 (enero-junio): 11-32.

Ottaviano, Gianmarco, Jacques-Françoise Thisse (2001), "On economic geography in economic theory: Increasing returns and pecuniary externalities", *Journal of Economic Geography*, **1** (2): 153-179.

Palacios, Juan José L. (1989), "La insuficiencia de la política regional en México: patrones de asignación de la inversión pública federal, 1959-1986", en Gustavo Garza (comp.), *Una década de planeación urbano-regional en México, 1978-1988*, El Colegio de México, México.

——— (1988), "La inconsistencia de la política regional en México, 1970-1982: el caso de la asignación de la inversión pública federal", *Estudios Demográficos y Urbanos*, **3** (1): 7-37.

Pereira, Alfredo y Jorge Andraz (2003), "On the impact of public investment on the performance of U.S. industries", *Public Finance Review*, **31** (enero): 66-90.

Pírez, Pedro (1984), *Inversión federal y concentración metropolitana en la Ciudad de México*, "A", Universidad Autónoma Metropolitana-Azcapotzalco, **V** (11): 31-56.

Reforma (2012), "Retrocede México en infraestructura: da poco resultado inversión", Negocios, lunes 9 de enero, p. 2.

Rivas, Alejandro y Fernando Salinas (1987), "La tragedia de los sismos de septiembre de 1985 en la Ciudad de México: población afectada y daños infraestructurales", en Gustavo Garza y Picycatec (comp.), *Atlas de la Ciudad de México*, Departamento del Distrito Federal y El Colegio de México, México, pp. 158-161.

———, (1987a), "Acciones inmediatas para enfrentar los sismos de 1985 en la Ciudad de México", en Gustavo Garza y Picycatec (comp.),

Atlas de la Ciudad de México, Departamento del Distrito Federal y El Colegio de México, México, pp. 167-171.

Rodríguez-Oreggia, E. y J. Costa-i-Font (2002), *Are Regional Inequalities Decreasing with Public Investment? Evidence from Mexico*, Working Papers, European University Institute.

Rozas, Patricio y Ricardo Sánchez (2004), *Desarrollo de infraestructura y crecimiento económico: revisión conceptual*, Serie Recursos Naturales e Infraestructura, núm. 75, CEPAL, Santiago de Chile.

Salinas, Carlos, *Primer a sexto informe de gobierno* (anexo estadístico), Presidencia de la República, México.

Sobrino, Jaime (2000), "Inversión pública federal", en Gustavo Garza (coord.), *La Ciudad de México en el fin del segundo milenio*, Gobierno del Distrito Federal / El Colegio de México, México.

——— (2011), "Urbanización en México: evolución contemporánea y prospectiva al año 2030", en Enrique Cabrero (coord.), *Ciudades mexicanas: desafíos en concierto*, Conaculta / Fondo de Cultura Económica, México, pp. 65-115.

Tamayo Flores, Rafael (2010), *Inversión pública en infraestructura, acceso de mercado y dispersión territorial del crecimiento industrial en México*, División de Administración Publica, CIDE, México (http: / / www.presupuestoygastopublico.org / documentos / descentralización / DT% 20101.pdf).

United Nations (2010), *World Urbanization Prospects. The 2009 Revision*, Highligths, Department of Economic and Social Affairs, Population Division, United Nations (http: / / esa.un.org / unpd / wup / Documents / WUP2009_Highlights_Final.pdf).

Zedillo, Ernesto, *Primer a sexto informe de gobierno* (anexo estadístico), Presidencia de la República, México.

Ziccardi, Alicia (1991), *Las obras públicas de la Ciudad de México: política urbana e industria de la construcción (1976-1982)*, UNAM, México.

Zúñiga, Juan Antonio y Víctor Cardoso (2011), "Récord de 182 mil mdd de la deuda externa total con Calderón", *La Jornada*, martes 15 de marzo.

Zúñiga, Juan Antonio (2012),"Blanqueó el narco 10 mil mdd en sector financiero mexicano en último año", *La Jornada*, lunes 16 de abril.

APÉNDICE DE CUADROS

Cuadro AC-V.1
ZMCM: delegaciones y municipios, 1959-2000

Municipio
Distrito Federal
Azcapotzalco
Coyoacán
Cuajimalpa
Gustavo A. Madero
Iztacalco
Iztapalapa
Magdalena Contreras
Milpa Alta
Álvaro Obregón
Tláhuac
Tlalpan
Xochimilco
Benito Juárez
Cuauhtémoc
Miguel Hidalgo
Venustiano Carranza
Estado de México
Acolman
Atenco
Atizapán de Zaragoza
Coacalco de Berriozábal
Cocotitlán
Coyotepec
Cuautitlán
Chalco
Chiautla
Chicoloapan
Chiconcuac
Chimalhuacán
Ecatepec de Morelos
Huehuetoca
Huixquilucan
Isidro Fabela
Ixtapaluca
Jaltenco
Jilotzingo
Melchor Ocampo
Naucalpan de Juárez
Nezahualcóyotl
Nicolás Romero
Papalotla
La Paz
San Martín de las Pirámides
Tecámac
Temamatla
Teoloyucan
Teotihuacán
Tepotzotlán
Texcoco
Tezoyuca
Tlalnepantla de Baz
Tultepec
Tultitlán
Zumpango
Cuautitlán Izcalli
Valle de Chalco Solidaridad
Hidalgo
Tizayuca

Fuente: Garza, 2000: 240-241.

Cuadro AC-V.2

México y ZMCM: asignación por sectores beneficiados de la inversión pública federal en los ultimos cuatro sexenios según rubros programáticos, 1989-2012

	Administración	*Agricultura*	*Industria*	*Comunicaciones*	*Población*
Carlos Salinas, 1989-1994	Turismo, Justicia y seguridad, Administración, Poderes y órganos autónomos.	Desarrollo rural, Pesca	Industrial, Energético.	Comunicaciones y transportes, Comercio.	Educación, Salud y laboral, Solidaridad y desarrollo regional, Desarrollo urbano, agua potable, ecología, Programa social de abasto.
Ernesto Zedillo, 1995-2000	Turismo, Administración, Justicia y seguridad.	Desarrollo rural.	Energético.	Comunicaciones y transportes.	Salud y laboral, Solidaridad y desarrollo regional más desarrollo urbano, agua potable, ecología, Programa social de abasto, Educación.
Vicente Fox, 2001-2006	Poder Legislativo, Poder Judicial, IFE, CNDH, Presidencia de la República, SG, SRE, SHCP, Sedena, Semar, PGR, Sectur, Secodam, TA, TFJFA, SSP, CJEF, PAFEF, Entidades no coordinadas sectorialmente.	Sagarpa, SRA, Semarnat.	Sener.	SCT, SE.	SEP, SSA, Sedesol, STPS, ramos 23, 33 y 25, Conacyt.

Felipe Calderón, 2007-2012	Gobierno, Turismo.	Desarrollo agropecuario y forestal, Temas agrarios, Desarrollo sustentable.	Amortización de Pidiregas.	Inversión física sin AP, Comunicaciones y transportes, Temas empresariales, Servicios financieros.	Desarrollo social, Temas laborales, Ciencia y tecnologia.

Fuente: informes de gobierno de las cuatro administraciones incluidas.

VI. FINANZAS E INVERSIÓN INFRAESTRUCTURAL DE LOS GOBIERNOS LOCALES EN LA CIUDAD DE MÉXICO

*Carola Conde Bonfil**

*Conrado Jiménez Méndez***

El financiamiento público de las condiciones generales de la producción es un asunto crucial para entender su grado de adecuación a los requerimientos del crecimiento económico de cualquier ciudad del mundo. En la Zona Metropolitana de la Ciudad de México (ZMCM) se observó en el capítulo anterior que la inversión relativa del gobierno federal se ha deteriorado muy significativamente durante las últimas décadas. Para tener una imagen de su situación en conjunto, queda por conocer las magnitudes de la inversión infraestructural de los gobiernos locales que constituyen su zona metropolitana, esto es, el Distrito Federal y el Estado de México.[1]

El objetivo general de este capítulo es, precisamente, analizar las características principales de las finanzas públicas de la ZMCM de 1980 a 2009, con el fin de determinar las tendencias que presentan y los montos de financiamiento local en las condiciones generales de la producción (CGP). Se considerarán como instancias

* Profesora-investigadora de tiempo completo, UAM-X. Se agradece el apoyo de Óscar Romahn Olivares y Mireya Hernández Islas en la obtención y el procesamiento de parte de la información estadística utilizada.

** Consultor independiente.

[1] La Zona Metropolitana de la Ciudad de México está constituida por las delegaciones y municipios que se indican más adelante. Por simplificar, cuando se habla de la Ciudad de México en este escrito siempre se refiere a su zona metropolitana.

de gobierno el sector central y las delegaciones del Distrito Federal, más los municipios conurbados del Estado de México. Ello permitirá contextualizar las particularidades y diferencias entre los distintos ámbitos de gobierno que conforman a la urbe e identificar aquellos aspectos relevantes que incidieron en los montos de inversión que éstos destinaron a financiar su infraestructura.

Desde el punto de vista de las finanzas públicas locales de la ZMCM, es necesario tener en cuenta dos elementos: *1)* las particularidades del Distrito Federal como entidad federativa sui géneris, y *2)* las notables desigualdades entre los municipios que se conurbaron en las primeras etapas de metropolización y los periurbanos absorbidos en forma reciente y que conforman el contorno exterior de la urbe.

Respecto a las 16 delegaciones del Distrito Federal, estas demarcaciones no cuentan con ingresos propios del mismo tipo que los municipios del país, pues carecen de la posibilidad de recaudar impuestos, derechos, contribuciones de mejoras y otros ingresos, así como de contratar financiamiento por su cuenta. De esta suerte, la mayor parte de sus ingresos proviene de las participaciones y aportaciones federales, según sean asignadas por el Gobierno del Distrito Federal (GDF). No obstante, existen algunos recursos marginales *autogenerados*[2] por las delegaciones, los cuales, aunque pueden utilizarse en conceptos de inversión en bienes muebles e inmuebles y en obras públicas, por sus bajos montos se destinan principalmente al gasto corriente de las instituciones que los generen. En consecuencia, las obras públicas son básicamente financiadas por el sector central del GDF, lo cual hace indispensable enfocar

[2] No aparecen en las estadísticas del INEGI utilizadas para la realización de este trabajo. Constituyen los aprovechamientos y sus accesorios, los productos derivados de los servicios y del uso, aprovechamiento o enajenación de bienes que las dependencias y órganos desconcentrados del GDF deben cobrar (*v. g.* en los centros culturales, sociales, comunitarios, deportivos, recreativos y ambientales propiedad del gobierno). Las delegaciones pueden fijar o modificar los precios y tarifas que cobran por concepto de productos y aprovechamientos, previa opinión de la Secretaría de Finanzas y publicación en la *Gaceta Oficial del Distrito Federal* (GODF). El ejercicio de los recursos se aplica en forma preferente a cubrir las necesidades inherentes a la realización de las funciones y actividades, así como al mejoramiento de las instalaciones de los centros donde se captan los ingresos referidos.

el análisis de la información estadística en él. Al mismo tiempo, como su nombre lo indica, el Distrito Federal no es un estado, lo cual implica que con cierta frecuencia no recibe los mismos apoyos que el resto de las entidades federativas.

En el caso de los nuevos municipios periurbanos del Estado de México incorporados a la zona metropolitana de la capital del país, el establecimiento de asentamientos humanos en terrenos ejidales o particulares, pero no fraccionados, significa un alto costo para regularizarlos y para introducir los servicios públicos *a posteriori*, lo que requiere una erogación mayor para los ayuntamientos y un uso poco eficiente de los recursos destinados a obras públicas. Además, la irregularidad o la situación rural de los terrenos determina que el pago del impuesto predial y de los derechos correspondientes a los servicios públicos proporcionados sea nulo o muy reducido. De manera similar a lo que ocurre con las demarcaciones territoriales del Distrito Federal, la mayoría de los municipios conurbados financia sus actividades e inversión con las participaciones y aportaciones federales y estatales, pues sus ingresos propios tienden a ser muy exiguos.

Tanto las delegaciones del Distrito Federal como los municipios mexiquenses conurbados comparten los problemas de la metrópoli y los anhelos de su población por vivir con los estándares de vida de la gran ciudad, pero sin contar con los recursos económicos suficientes para resolver los primeros y crear el equipamiento urbano necesario para alcanzar los segundos.

FINANZAS PÚBLICAS DE LA CIUDAD DE MÉXICO

El análisis de las finanzas públicas municipales durante los 30 años que abarca este estudio se puede dividir en cinco etapas o periodos (Cabrero y Orihuela, 2002: 176):

1) 1980-1983. Los municipios se caracterizan por una capacidad casi nula de ser autosuficientes.

2) 1984-1988. Tienden a incrementarse los ingresos propios directos (IPD) a partir de la traslación del impuesto predial del ámbito estatal al municipal en 1984, sobre todo en municipios con mayor población urbana.

3) 1989-1994. Los gobiernos locales consolidan la reforma fiscal, generando un mayor ingreso por vía de impuestos y derechos.

4) 1995-1999.[3] Como consecuencia de la crisis y la aparición de nuevas transferencias (ramo 26 y después 33), los municipios presentan un retroceso en los avances logrados respecto a sus ingresos propios.

5) 2000-2009. El ingreso presenta una tendencia creciente en todos sus rubros, se fortalece la recaudación propia pero también se incrementa la dependencia hacia los gobiernos federal y estatal por vía de los ingresos propios indirectos (IPI).

En esta primera parte se presentará la evolución de los ingresos y egresos públicos para el total de la ZMCM, así como para las entidades que la conforman, esto es, el Distrito Federal y los municipios conurbados mexiquenses. En este documento, al igual que en el capítulo V, se considera la ZMCM compuesta por las 16 delegaciones del Distrito Federal, 40 municipios mexiquenses y un hidalguense.[4]

[3] Cabrero (2002) considera el periodo 1995-1998, dado el horizonte de estudio que utilizó en su análisis.

[4] La incorporación de los municipios mexiquenses es creciente: *1)* desde 1980 se incluyen: Atizapán de Zaragoza, Coacalco de Berriozábal, Cuautitlán, Cuautitlán Izcalli, Chalco, Chicoloapan, Chimalhuacán, Ecatepec. Huixquilucan, Ixtapaluca, Naucalpan de Juárez, Nezahualcóyotl, Nicolás Romero, La Paz, Tecámac, Texcoco, Tlalnepantla y Tultitlán; *2)* a partir de 1990 se agregan: Acolman, Atenco, Chiautla, Chiconcuac, Melchor Ocampo, Teoloyucan, Tepotzotlán, Tezoyuca y Tultepec, y *3)* desde 1995 lo hacen: Cocotitlán, Coyotepec, Huehuetoca, Isidro Fabela, Jaltenco, Jilotzingo, Nextlalpan, Papalotla, San Martín de las Pirámides, Temamatla, Teotihuacán, Tizayuca (Hidalgo), Valle de Chalco Solidaridad y Zumpango. Desde 2005 el INEGI, el Conapo y la Sedue la denominan Zona Metropolitana del Valle de México, la cual incluye las 16 delegaciones del Distrito Federal, 59 municipios del Estado de México y uno del estado de Hidalgo. Para propósitos analíticos se considera más adecuada la delimitación utilizada en este capítulo, así como la denominación que es internacionalmente conocida, esto es, Zona Metropolitana de la Ciudad de México.

Ingresos públicos

Los rubros por los que perciben ingresos los ayuntamientos son: impuestos,[5] derechos,[6] productos,[7] aprovechamientos[8] y contribución de mejoras,[9] que conforman el ingreso público directo (IPD); las participaciones [10] y aportaciones[11] federales y estatales que

[5] Prestaciones en dinero o especie que el Estado fija, unilateralmente y con carácter obligatorio, a todos aquellos individuos cuya situación coincida con la que la ley señala (predial; sobre traslación de dominio y otras operaciones con bienes inmuebles; sobre fraccionamientos; al comercio, sobre anuncios publicitarios; actividades mercantiles; sobre diversiones, juegos y espectáculos públicos; y sobre servicios de hospedaje; adicionales a la educación y a las obras públicas).

[6] Contribuciones establecidas en la ley por el uso o aprovechamiento de los bienes de dominio público, así como por los servicios que presta el Estado en sus funciones de derecho público, excepto cuando se prestan por organismos descentralizados (agua potable; registro civil; registro público de la propiedad y del comercio; licencias de construcción; certificaciones; uso de vías y áreas públicas para el ejercicio de actividades comerciales; estacionamientos en vías públicas; identificación de señales para marcar ganado y magueyes; licencias y permisos para vender bebidas alcohólicas, para construcción, de funcionamientos y otros; así como por servicios prestados en rastros municipales y particulares; en panteones municipales y particulares; en mercados públicos; a estacionamientos de servicio público; por autoridades de seguridad pública; por autoridades fiscales; de alumbrado público; de limpieza de lotes baldíos, recolección, traslado y disposición final de residuos sólidos industriales y comerciales; y por las autoridades de catastro).

[7] Ingresos que perciben los gobiernos por actividades que no corresponden al desarrollo de las funciones propias de derecho público, sino por la explotación de sus bienes patrimoniales (por la venta o arrendamiento de bienes muebles e inmuebles; derivados de bosques municipales; utilidades, dividendos y rendimientos de inversiones en créditos, valores y bonos, y por acciones y participaciones en sociedades o empresas; rendimientos o ingresos derivados de la actividad de organismos descentralizados y empresas de participación municipal, cuando correspondan a actividades que no son propias de derecho público; impresos y papel especial; y por la explotación de sus bienes patrimoniales).

[8] Ingresos ordinarios provenientes de las actividades de derecho público que realizan los gobiernos (multas; recargos; reintegros; resarcimientos; indemnizaciones por daños a bienes municipales; subsidios, subvenciones, donativos, herencias, legados y cesiones; y rendimientos o ingresos derivados de organismos descentralizados, fideicomisos y empresas de participación municipal, cuando correspondan a actividades propias de derecho público).

[9] Las cantidades que por ley reciben los gobiernos, a cargo de personas físicas y morales, que se beneficien de manera directa por la realización de obras públicas.

[10] Derivadas de las leyes de Coordinación Fiscal (federal y del Estado de México), así como de la Ley de Hacienda del Estado de México. En el Presupuesto de Egresos de la Federación se registran en el Ramo General 28.

[11] Son los recursos que otorga la Administración Pública Federal a los gobiernos de los estados, municipios y al sector central del Distrito Federal, destinados a

constituyen el ingreso público indirecto (IPI), y financiamiento[12] como ingreso público extraordinario (IPE). Los conceptos de IPD y los montos que por cada uno de ellos pueden ser cobrados son establecidos cada año por las legislaturas estatales y por la Asamblea Legislativa del Distrito Federal.[13] Son publicados en la Ley de Ingresos de los Municipios del Estado de México, la Ley de Ingresos para el Municipio de Tizayuca, Hidalgo, y la Ley de Ingresos del Distrito Federal, para cada ejercicio fiscal.

En suma, el IPD agrupa los conceptos de ingresos que se recaudan directamente de la comunidad, ya sea sin contraprestación alguna (impuestos), a cambio de un servicio prestado por la autoridad (derechos y productos) o por incumplimiento de los contribuyentes (aprovechamientos); el IPI proviene de la recaudación de impuestos federales y el IPE es, sobre todo, la deuda pública.

En la Ciudad de México, los ingresos totales[14] presentaron una tendencia decreciente en las dos primeras etapas consideradas, durante las cuales acumularon una pérdida real de 36.4% (gráfica VI.1). Esta tendencia se revirtió en las tres etapas restantes, excepto en los años de 1995 y 1999, en los que se presentaron caídas significativas; aunque los ingresos aumentaron 14.6% de 1995 a 1999, en este último año apenas se recuperó el nivel presentado antes de la crisis económica de 1994. La variación en los ingresos de la ZMCM durante los 30 años analizados, a precios constantes de 2003, fue de 63.6%, y el ciclo se cerró con una ligera baja como resultado de la recesión económica de 2009 (gráfica VI.1).

Las estimaciones presentadas para la ZMCM agregan dos componentes, uno relativo a los municipios conurbados y otro al sector

---

cubrir los gastos de los programas delegados a estos ámbitos de gobierno. En 2012 se canalizaron por medio de ocho fondos, entre los que destacan el dirigido a la infraestructura social municipal (Faism) y el del fortalecimiento de los municipios y de las demarcaciones del Distrito Federal (Fortamun). En el Presupuesto de Egresos de la Federación aparecen como Ramo General 33.

[12] Recursos financieros que los gobiernos obtienen para cubrir un déficit presupuestario. El financiamiento se contrata dentro o fuera del país por medio de créditos, empréstitos y otras obligaciones derivadas de la suscripción o emisión de títulos de crédito o cualquier otro documento pagadero a plazo.

[13] Antes, Asamblea de Representantes del Distrito Federal.

[14] Todos los montos se presentan a precios constantes de 2003 y las series históricas de los valores absolutos se incluyen en los cuadros AE-VI.1 a AE-VI.14 del apéndice estadístico.

Gráfica VI.1
Zona Metropolitana de la Ciudad de México: ingresos efectivos según conceptos constitutivos y periodos analizados
(millones de pesos de 2003)

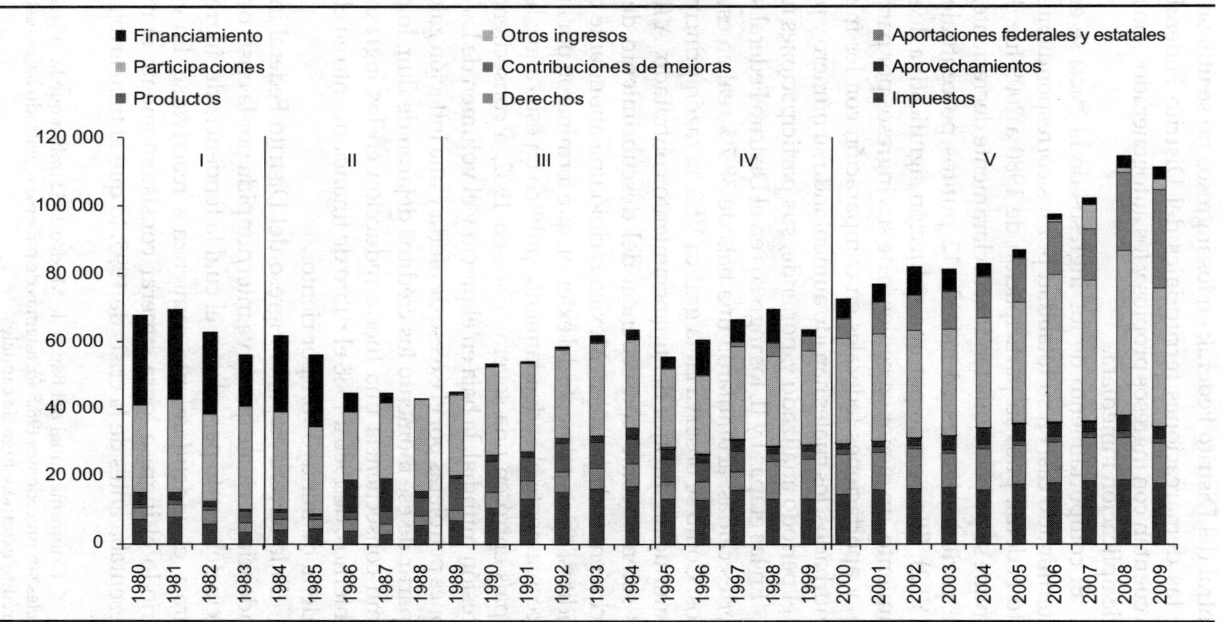

Fuente: elaboración propia con base en el cuadro AE-VI.1 del apéndice estadístico.

central del Distrito Federal; en los ingresos no se utilizaron cifras de las demarcaciones territoriales del Distrito Federal porque no cuentan con ingresos propios y los autogenerados son mínimos y de aplicación inmediata.

El comportamiento de los ingresos de la ZMCM se encuentra determinado casi en su totalidad por los correspondientes al Distrito Federal, pues su participación de 1980 a 2009 fue de 88.7%, aunque se presenta una tendencia claramente decreciente, pues en ese periodo disminuyó más de 12 puntos porcentuales (gráfica VI.2). Ello ocurrió por una reducción significativa de su financiamiento, un menor crecimiento de sus ingresos por participaciones y aportaciones federales en comparación con los municipios conurbados, los cuales han ido aumentando su número y población en el periodo analizado y, por ende, sus participaciones federales.

En las etapas I y II, los ingresos en el Distrito Federal sufrieron fuertes caídas: acumularon una baja de 38.7% real en esos nueve años. Como se observa en la gráfica VI.3, la razón principal fue la disminución drástica del financiamiento contratado. A finales de los setenta, como consecuencia del descubrimiento de nuevos yacimientos de petróleo, México recibió una abundante oferta de créditos, principalmente del exterior, que terminaron por aumentar excesivamente el endeudamiento público en esos años, hasta que el país entró en una severa crisis, en 1982, a consecuencia de la recesión mundial, la baja en el precio y el volumen de las exportaciones petroleras por el exceso de oferta y una inflación galopante.[15] A partir de ese momento los créditos dejaron de fluir, lo que trajo como consecuencia una fuerte reducción en los ingresos de los gobiernos: de 1980 a 1988 el rubro de financiamiento en el Distrito Federal disminuyó 98.1 por ciento.

En la tercera etapa, el ingreso del Distrito Federal inicia una tendencia creciente que se ve interrumpida por la crisis de 1995, al inicio del cuarto periodo, en el cual la tendencia del ingreso no es clara y el endeudamiento comienza a reactivarse. En el último periodo el ingreso logra superar consistentemente el nivel que presentaba antes de la crisis de 1995, lo que al final arroja una va-

[15] El informe anual del Banco de México 1982 indica que la inflación llegó a niveles sin precedentes (98.8%), además de haberse registrado bajas sustantivas en el crédito externo y fuga de capitales.

Gráfica VI.2

Distrito Federal: participación porcentual de los ingresos en el total de la ZMCM, 1992-2009

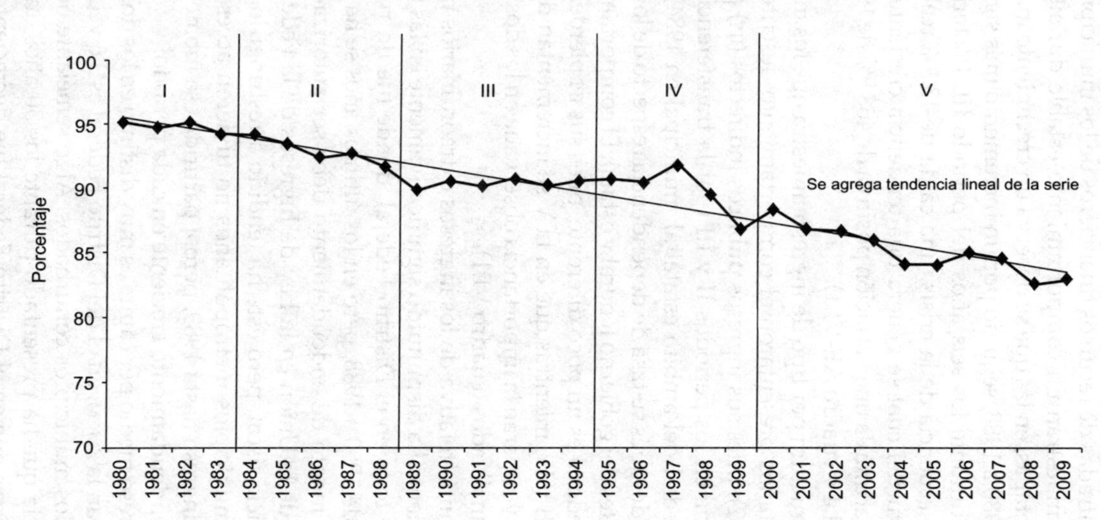

Fuente: elaboración propia con base en el cuadro AE-VI.1 del apéndice estadístico.

riación porcentual de 42.6% entre el primero y el último año analizados (gráfica VI.3 y cuadro AE-VI.1).

Las entradas de recursos financieros de los municipios metropolitanos muestran un comportamiento estable durante las dos primeras etapas, en las que se observa un crecimiento marginal de 8.0% de 1980 a 1988, seguido por un incremento más significativo de 28.8% durante los seis años del periodo III. Posteriormente, como consecuencia de la crisis, una caída de 13.5% real en 1995, año a partir del cual se genera una tendencia creciente de largo plazo que acumula una variación positiva de 468.9% de 1980 a 2009 (gráfica VI.4 y cuadro AE-VI.1).

La estructura por tipo de ingreso muestra que los municipios metropolitanos presentaron el comportamiento descrito por Cabrero (2002), pues sus ingresos públicos indirectos (IPI) perdieron importancia en los periodos II y III (por la transferencia del impuesto predial del ámbito estatal al municipal en 1984), e incrementaron después su tasa de dependencia respecto de los ingresos provenientes del gobierno federal y estatal. El comportamiento del Distrito Federal es un poco diferente, pues sus IPI pierden peso en las fases III y IV, mientras que en la V se incrementan de manera sustancial y superan la importancia observada en los dos primeros periodos analizados (cuadro VI.1).

La cuantía relativa de los ingresos extraordinarios por vía de financiamiento ha disminuido significativamente en las tres décadas, sobre todo en el Distrito Federal, donde fue un rubro muy relevante de 1980 a 1988, pero en los últimos años se ha reducido porque el monto de endeudamiento debe ser autorizado por el Congreso de la Unión en la Ley de Ingresos de la Federación en cada ejercicio fiscal, pero éste ha tendido a restringirlo. Por otro lado, los municipios metropolitanos no tuvieron acceso a dicha fuente de ingreso hasta 1989, pero a partir de ese momento se registra un endeudamiento creciente en cada periodo.

El ingreso medio per cápita es muy distinto en los dos ámbitos que integran la ZMCM; en el del Distrito Federal es 9.6 veces mayor que el de los municipios conurbados. Algo semejante ocurre con la tendencia que ha presentado durante los 30 años analizados, pues mientras que en el Distrito Federal fue decreciente durante los dos primeros periodos (con un mínimo de 4 756 pesos en 1988)

Gráfica VI.3

Distrito Federal: ingresos efectivos según conceptos constitutivos y periodos analizados (millones de pesos de 2003)

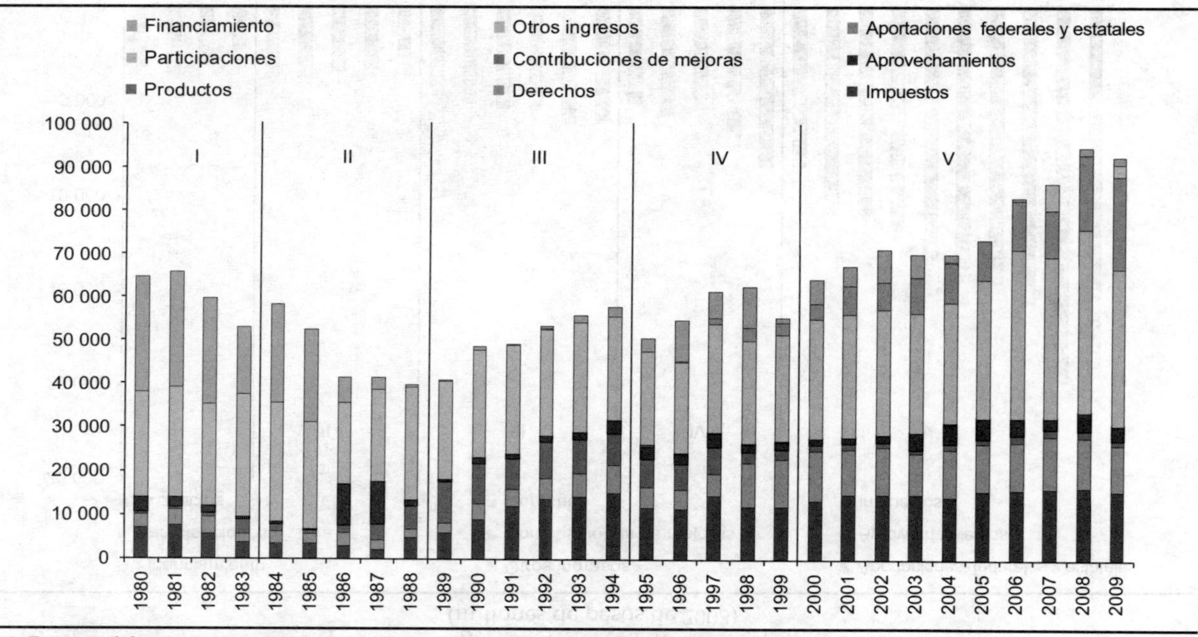

Fuente: elaboración propia con base en el cuadro AE-VI.1 del apéndice estadístico.

Gráfica VI.4

Municipios mexiquenses metropolitanos: ingresos efectivos según conceptos constitutivos y periodos analizados (millones de pesos de 2003)

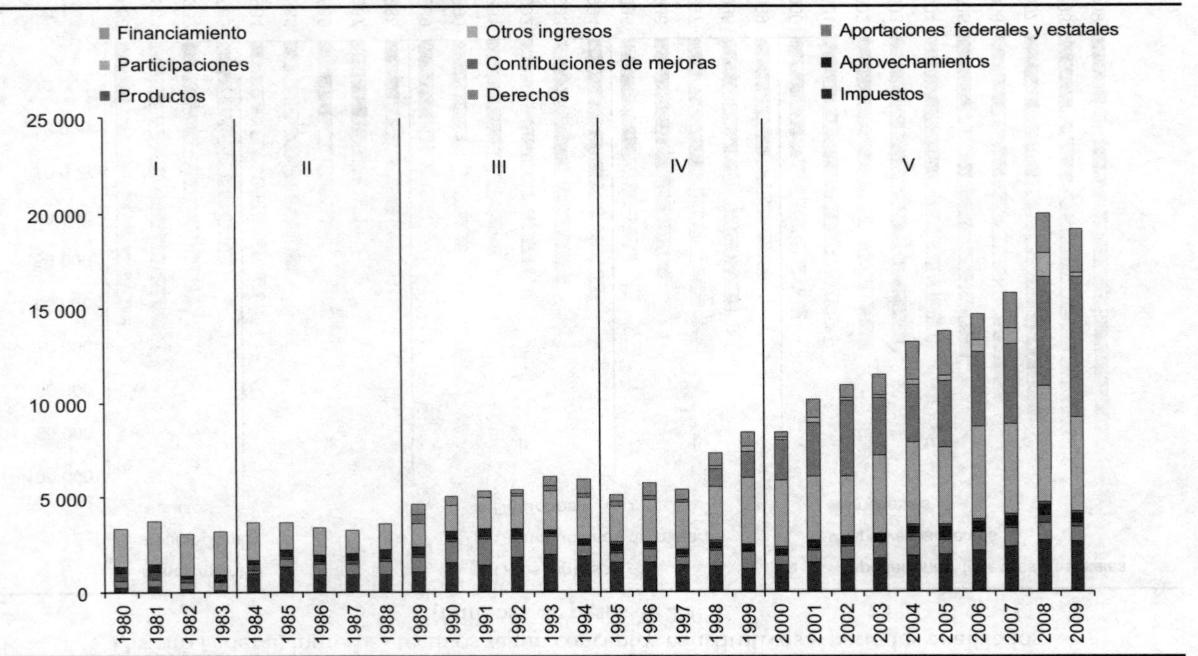

Fuente: elaboración propia con base en el cuadro AE-VI.1 del apéndice estadístico.

Cuadro VI.1

Zona Metropolitana de la Ciudad de México: estructura de los ingresos efectivos reales, según periodos

Ingreso público	*Periodos*					
	I *1980-1983*	*II* *1984-1988*	*III* *1989-1994*	*IV* *1995-1999*	*V* *2000-2009*	*1980-2009*
ZMCM	100.0	100.0	100.0	100.0	100.0	100.0
Directo	21.0	29.2	51.1	45.9	37.3	37.9
Indirecto	42.6	49.7	46.4	43.8	56.4	50.4
Extraordinario y otros	36.4	21.0	2.5	10.3	6.2	11.8
Distrito Federal (sector central)	100.0	100.0	100.0	100.0	100.0	100.0
Directo	20.3	27.1	50.5	46.6	39.4	38.3
Indirecto	41.3	50.3	47.7	43.2	55.7	49.8
Extraordinario y otros	38.4	22.6	1.8	10.2	4.9	11.9
Municipios metropolitanos	100.0	100.0	100.0	100.0	100.0	100.0
Directo	34.5	57.2	56.5	39.8	25.4	34.7
Indirecto	65.5	42.8	34.6	49.6	60.7	54.4
Extraordinario y otros	0.0	0.0	8.9	10.7	13.9	10.9

Fuente: elaboración propia con base en el cuadro AE-VI.1 del apéndice estadístico.

y creciente durante los tres últimos, en los municipios conurbados se mantuvo relativamente estable en los tres primeros (alrededor de 700 pesos), mientras que comenzó a crecer a la mitad del cuarto periodo hasta alcanzar un valor máximo en 2008 (gráfica VI.5).

El crecimiento del ingreso per cápita en el Distrito Federal en términos absolutos se debe principalmente a que los flujos migratorios se han reducido como consecuencia del agotamiento de espacios y al control sobre la construcción de nuevos desarrollos habitacionales en la mayor parte de su territorio que se mantiene como reserva ecológica. En cambio, como era de esperar, la variación absoluta de ese indicador en los municipios metropolitanos es menor, pues los enormes flujos migratorios que han recibido proceden de familias de bajos ingresos que, en muchas ocasiones, residen en asentamientos irregulares que aportan poco a los ingresos de los gobiernos locales pero demandan una gran cantidad de servicios públicos. No obstante, el ingreso per cápita que recibieron los municipios metropolitanos mediante impuestos creció en términos relativos 348.1% (gráfica VI.5).

Egresos públicos

El presupuesto de egresos del Gobierno del Distrito Federal de cada ejercicio debe ser autorizado por la Asamblea Legislativa, mientras que en los municipios es aprobado por cada cabildo y sancionado por la legislatura estatal. Las erogaciones efectivas del Distrito Federal y los municipios conurbados se concentran en cuatro grupos: gastos administrativos,[16] subsidios,[17] transferencias[18]

[16] También conocido como gasto corriente, incluye los capítulos de servicios personales, materiales y suministros y servicios generales.

[17] Asignaciones que los gobiernos otorgan por medio de las dependencias y entidades a los diferentes sectores de la sociedad para el desarrollo de actividades prioritarias de interés general, con el propósito de apoyar sus operaciones, mantener los precios, apoyar el consumo, la distribución y comercialización de los bienes, motivar la inversión, cubrir impactos financieros, así como para el fomento de actividades agropecuarias, industriales o de servicios.

[18] Traslado implícito o explícito de recursos del sector público al resto de la economía o a otros ámbitos de gobierno, ya sea en dinero o en especie, sin recibir por ello contraprestación directa alguna y sólo condicionando su asignación a la consecución de determinados objetivos de política económica y social.

Gráfica VI.5
Zona Metropolitana de la Ciudad de México: ingresos locales per cápita según periodos analizados y entidades que la forman
(pesos de 2003)

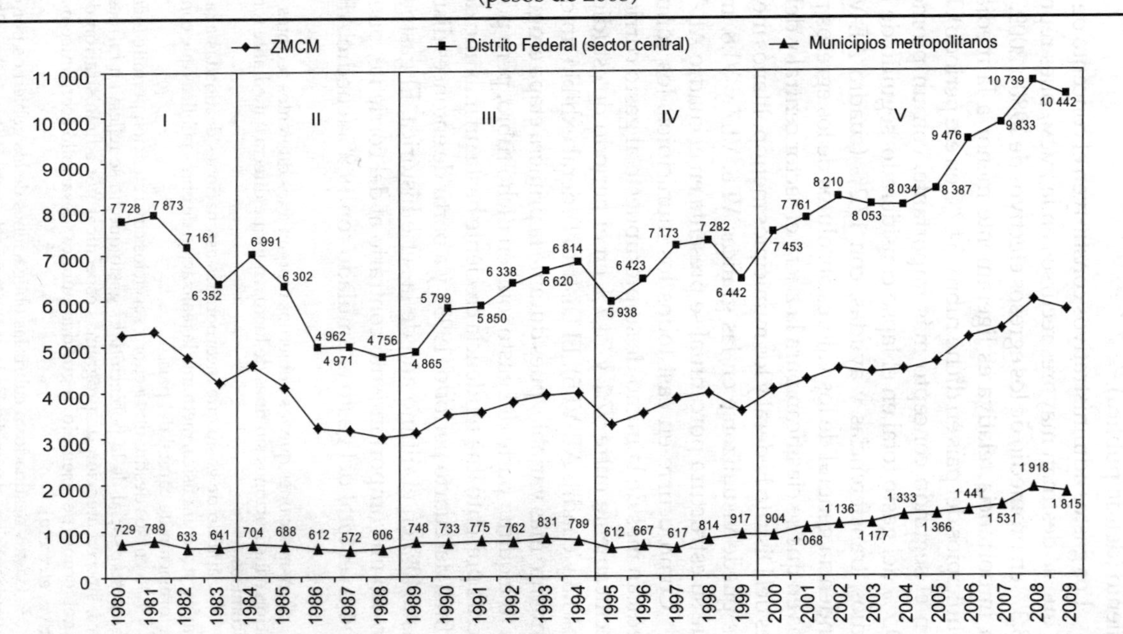

Fuente: elaboración propia con base en el cuadro AE-VI.6 del apéndice estadístico.

y ayudas,[19] obras públicas[20] y acciones sociales (OPAS),[21] y financiamiento (deuda pública).[22]

Los gastos administrativos constituyen el concepto de egresos al que se destinan mayores recursos en la ZMCM, pues representan 48.3% en promedio de los egresos efectivos de 1980 a 2009, aunque su importancia relativa es ligeramente menor a la media de los municipios del país en dicho rubro (54.7% en ese periodo). Las OPAS son el segundo concepto más importante, con un promedio de 19.7% del gasto total en el lapso considerado, seguido de los subsidios, transferencias y ayudas, con 17.2% (cuadro AE-VI.5). La tendencia general de los valores absolutos de los egresos por grupos en que se clasifican para la ZMCM, el sector central y delegaciones del Distrito Federal y los municipios metropolitanos mexiquenses puede visualizarse en las gráficas VI.6, VI.7 y VI.8, mientras que su estructura porcentual se presenta en el cuadro AE-VI.5.

Como ocurre en casi todos los municipios, los conurbados dedican más de la mitad de su presupuesto al gasto corriente, específicamente entre 57.1 y 74.7% en el periodo de estudio (gráfica VI.8 y cuadro AE-VI.5). El Distrito Federal exhibió un comportamiento más variable, pues durante la primera etapa erogó menos de una quinta parte del gasto total en dicho rubro, pero posteriormente presentó una tendencia creciente hasta un máximo de 73.3% al final del cuarto periodo (1999), y a partir de entonces disminuyó hasta 40% en el último año de la serie histórica. El gasto en OPAS mostró un comportamiento contrario al del corriente, pues participó en el total del gasto acumulado con 19.9% (cuadro AE-VI.5).

[19] Asignaciones que los gobiernos otorgan a los diferentes sectores de la población e instituciones sin fines de lucro, en forma directa o mediante fondos y fideicomisos.

[20] Capítulo de gasto que incorpora las asignaciones destinadas a la creación de infraestructura física, mediante la realización de obras públicas que contribuyan a la formación de capital del país.

[21] Recursos destinados a cubrir servicios cuya atención permite incrementar el bienestar social de la población. Es gasto que no se refleja en infraestructura física, sino en atención de programas específicos por administración directa de los gobiernos (por ejemplo, seguridad pública, desarrollo económico o administrativo, etcétera).

[22] Gastos destinados a cubrir las obligaciones de los gobiernos por concepto de deuda pública, derivados de la contratación de empréstitos; incluye las asignaciones destinadas a cubrir la amortización, el servicio (intereses y comisiones) y los adeudos de ejercicios fiscales anteriores (Adefas).

Gráfica VI.6
Zona Metropolitana de la Ciudad de México: egresos efectivos
(millones de pesos de 2003)

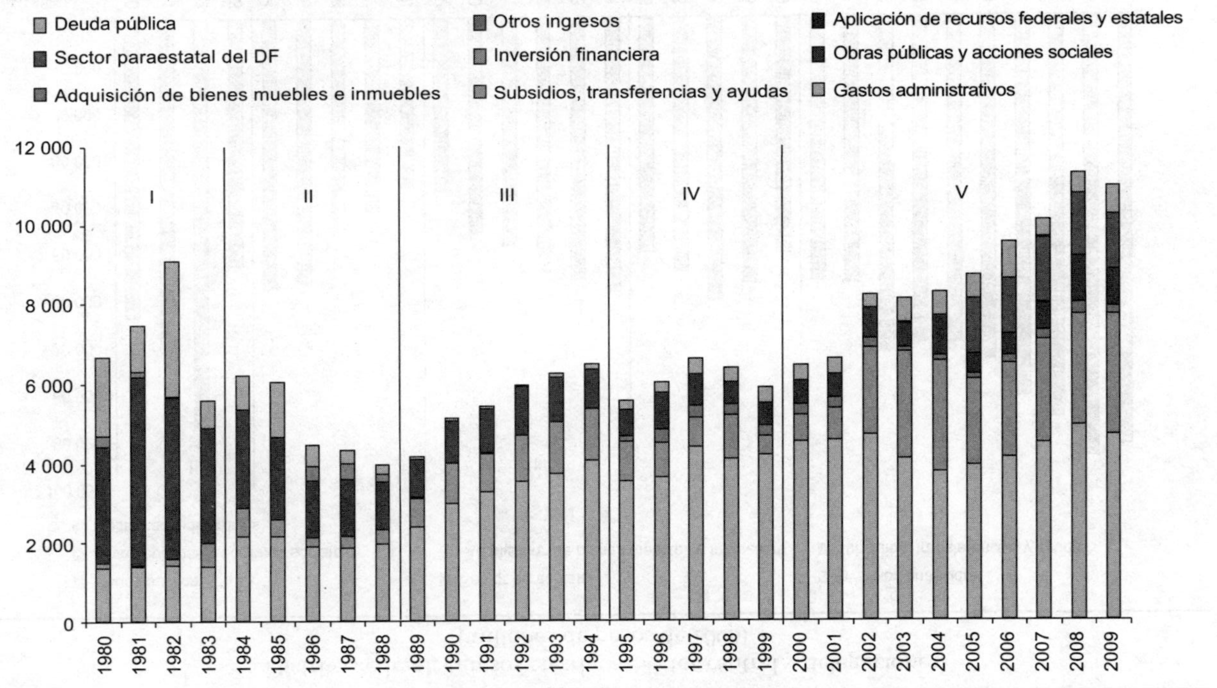

Fuente: elaboración propia con base en el cuadro AE-VI.2 del apéndice estadístico.

Gráfica VI.7

Distrito Federal: egresos efectivos. Sector central y delegaciones (millones de pesos de 2003)

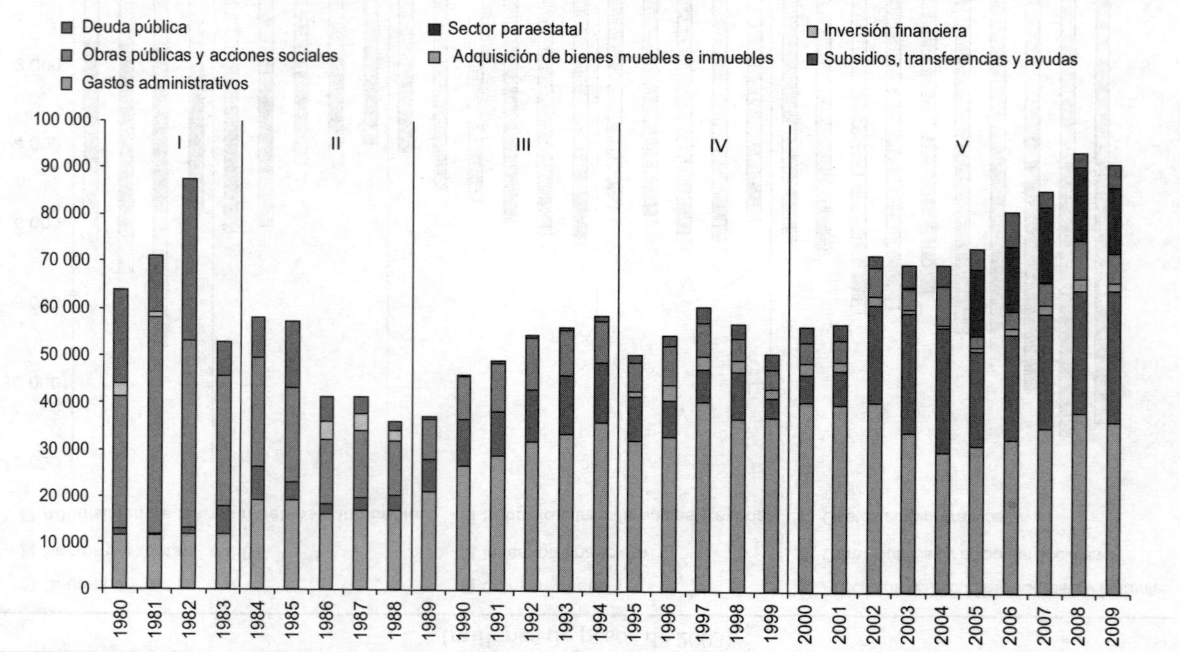

Fuente: elaboración propia con base en el cuadro AE-VI.2 del apéndice estadístico.

Gráfica VI.8
Municipios mexiquenses metropolitanos: egresos efectivos
(millones de pesos de 2003)

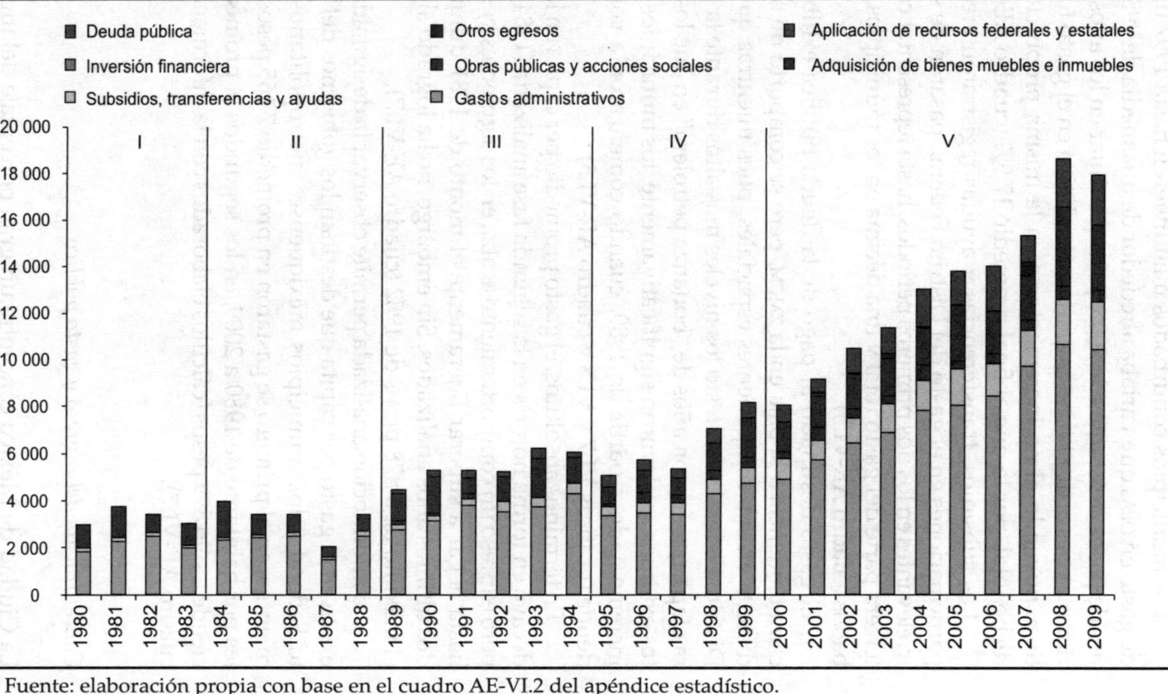

Fuente: elaboración propia con base en el cuadro AE-VI.2 del apéndice estadístico.

Los municipios conurbados mantuvieron hasta 1997 un nivel de gasto en OPAS que variaba alrededor de una media de 995 millones de pesos constantes de 2003, para aumentar en los años posteriores. A pesar de ello, su importancia relativa en el gasto total fue disminuyendo al no incrementarse en la misma proporción que dicho total, por lo que al final promedió 17.9% (cuadro AE-VI.5).

Los subsidios, transferencias y ayudas registraron crecientes participaciones en el gasto del Distrito Federal: pasaron de ser casi irrelevantes en los dos primeros periodos, hasta representar casi una tercera parte del gasto total y una décima en los municipios conurbados (cuadro AE-VI.5).

El gasto destinado al pago de la deuda pública exhibió una clara tendencia a la baja en la ZMCM, pero se comportó de manera distinta en sus componentes espaciales, pues mientras que en el Distrito Federal manifestó los niveles más altos durante la primera etapa, que fueron años de "bonanza petrolera" en que los créditos externos se elevaron significativamente, los municipios lo han incrementado a partir de 1989, cuando comenzaron a contratar deuda (gráficas VI.7 y VI.8 y cuadro AE-VI.5).

En términos absolutos, el gasto promedio per cápita en la ZMCM decayó en forma notoria en la segunda fase analizada (1984-1988), pero expresó un comportamiento al alza en los siguientes periodos, hasta llegar a superar ligeramente el monto de 1981 durante los dos últimos años analizados. Sin embargo, no ha logrado alcanzar el máximo de 6 878 pesos de 1982 (cuadro AE-VI.7).

La información analizada permite observar la desigualdad que existe en el gasto per cápita que destinan los gobiernos del Distrito Federal y los municipios mexiquenses metropolitanos, pues mientras en el primero se gastaron en promedio 7 165 pesos anuales por habitante de 1980 a 2009, en los segundos el promedio asciende a sólo 899 pesos (cálculos elaborados con la información del cuadro AE-VI.7).

Concentración del ingreso y gasto público

La Ciudad de México concentra un gran porcentaje del ingreso y el gasto que se ejerce en el país. El total de ingresos de la ZMCM de

1980 a 2009 representó 87.6% de todo lo que recibieron los municipios del país, 20.4% de los ingresos de los 31 estados y 7.3% de lo recaudado por el gobierno federal (cuadros AE-VI.10, AE-VI.12 y AE-VI.14). Sin embargo, el nivel de concentración ha disminuido en forma consistente respecto de los otros ámbitos de gobierno a lo largo del periodo de estudio (gráfica VI.9). De esta suerte, pasó de niveles superiores a 300% de los ingresos municipales del país durante la primera etapa a 54.7% en 2009, así como de porcentajes mayores a 45% de los montos que ingresaron en las entidades en los primeros años analizados, a 12.9% en el último año. Por último, la proporción que representaron los ingresos efectivos de la ZMCM respecto al monto que recaudó el gobierno federal denotó un comportamiento más estable: disminuyó de 10.5 a 7.2%, esto es, 3.3 unidades porcentuales durante los 30 años (gráfica VI.9).

La concentración del gasto en la ZMCM registró un comportamiento muy similar al del ingreso, excepto en 1982, cuando creció en forma significativa respecto a los gobiernos municipales y estatales, debido a que se destinó un monto muy importante de 34 191 millones de pesos constantes de 2003 al pago de la deuda del Distrito Federal, cifra que fue el monto máximo que se reportó en el pago de la deuda pública durante toda la serie histórica de egresos analizada (gráfica VI.10).

Indicadores de la gestión financiera

El análisis de las trayectorias que han seguido las finanzas púbicas puede resultar más revelador calculando ciertos indicadores que combinan algunas de las variables utilizadas. Algunos de ellos son hipotéticos, es decir, plantean la posibilidad de haber podido realizar cierto gasto, en particular si los ingresos hubieran sido suficientes.

El primero de ellos se denominará *balance financiero,* el cual denota la capacidad de cubrir los gastos públicos sin recurrir al endeudamiento y se interpreta como superávit, equilibrio o déficit si el resultado es mayor que, igual a o menor que cero, respectivamente. Así, por ejemplo, la cifra deficitaria de –25 605 millones de pesos del balance financiero absoluto de la ZMCM en 1980, se calcu-

Gráfica VI.9

Zona Metropolitana de la Ciudad de México: participación de los ingresos metropolitanos en los de los otros niveles de gobierno, 1980-2009

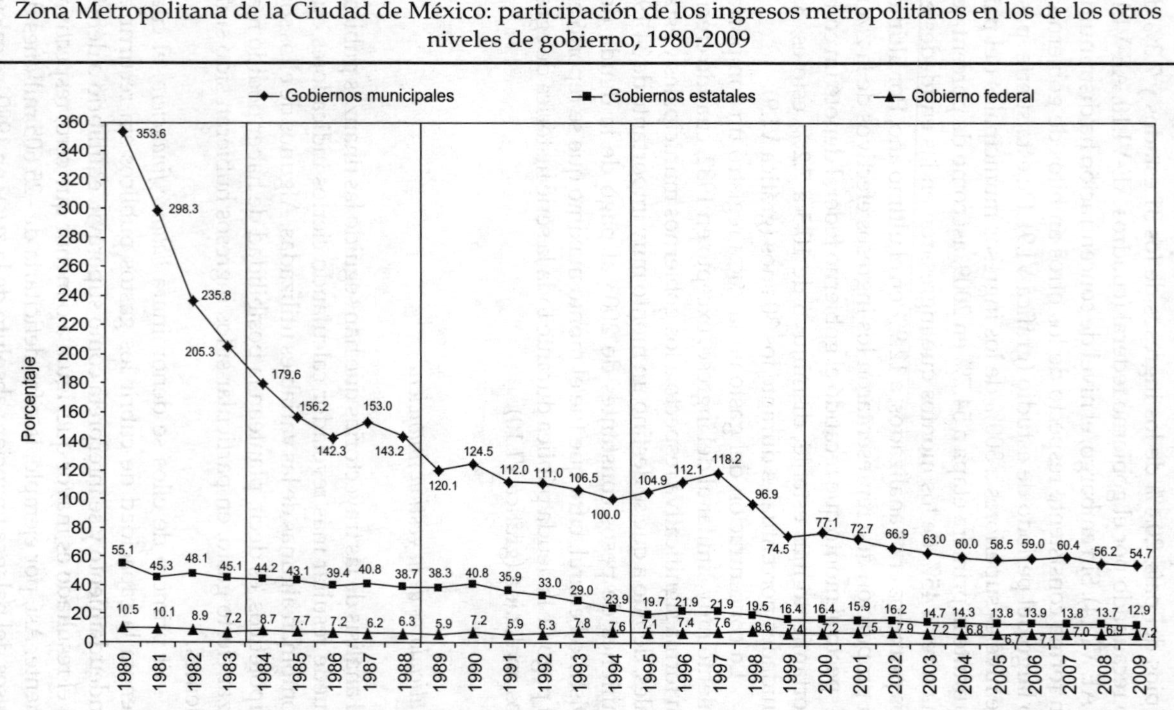

Fuente: elaboración propia con base en los cuadros AE-VI.1, AE-VI.10, AE-VI.12 y AE-VI.14 del apéndice estadístico.

Gráfica VI.10

Zona Metropolitana de la Ciudad de México: participación del gasto metropolitano en los de los otros niveles de gobierno, 1980-2009

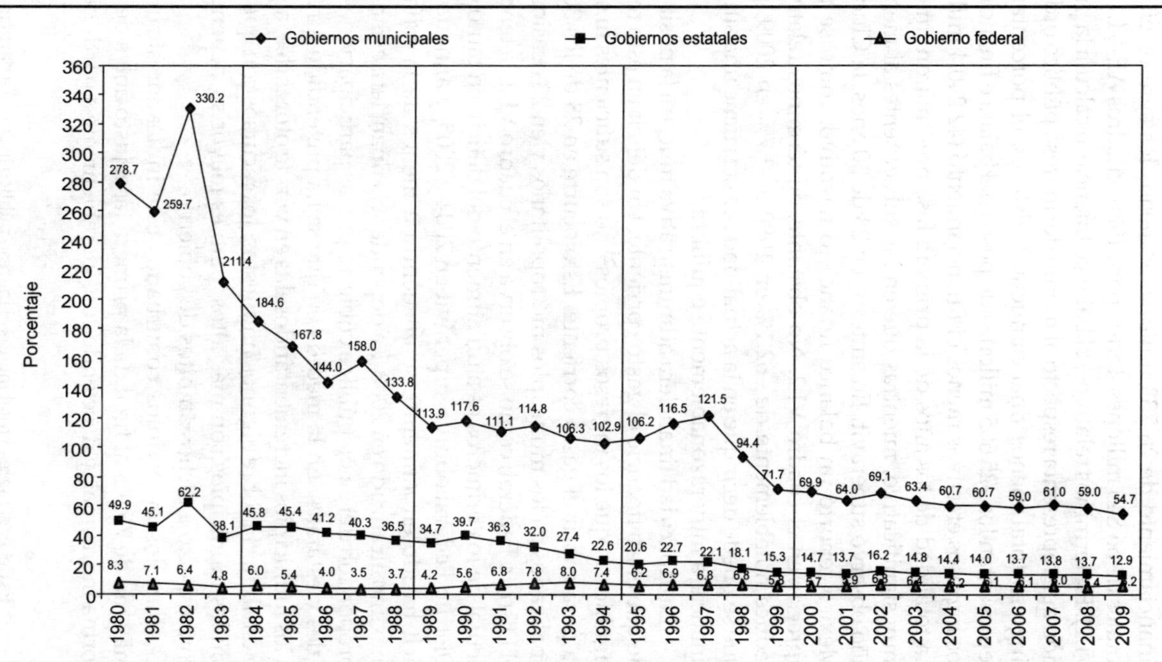

Fuente: elaboración propia con base en los cuadros AE-VI.2, AE- VI.11, AE- VI.13 y AE- VI.15 del apéndice estadístico.

la con los ingresos efectivos totales de 67 974 millones, menos el financiamiento de 26 733 millones y menos los egresos efectivos totales de 66 845 millones, todos para 1980 (cuadros AE-VI.1 y AE-VI.2). En términos relativos, el balance financiero calcula la proporción que representa respecto al monto del ingreso público ordinario (ingreso total menos financiamiento). Esto es, el porcentaje que representan los –25 605 millones de pesos del balance financiero de los ingresos efectivos menos el financiamiento (42 240.4 millones). La totalidad de los años de la primera fase presentaron un déficit muy significativo, mientras que en las subsecuentes al menos un año observó superávit. En síntesis, en 23 de 30 años, la Ciudad de México reportó un balance financiero negativo, como se puede apreciar en el cuadro VI.2. No obstante, en términos relativos se reduce notablemente de –62.1% en 1980 a –1.7% en 2009, por lo que se puede decir que en la actualidad la ZMCM tiene una situación financiera muy razonablemente equilibrada.

La capacidad financiera administrativa muestra la posibilidad de que el IPD financie el gasto corriente. Un déficit en este renglón significaría que los ingresos propios[23] no son suficientes ni siquiera para cubrir el gasto corriente. Esto ocurre en 28 de los 30 años analizados en los municipios metropolitanos y en 23 ocasiones en el Distrito Federal; como se observa en el cuadro VI.2, la tendencia actual de los primeros es a un aumento del déficit, en tanto que el Distrito Federal obtuvo superávit en 2004 y 2005, y aunque el déficit ha ido en aumento, se encuentra a menos de la mitad del máximo alcanzado en 2000. La dependencia financiera establece la proporción del gasto público cubierto por las participaciones federales y estatales. En la medida en que se ha pretendido fortalecer a los municipios incrementándoselas en vez de otorgarles la potestad tributaria sobre algunos impuestos, los recursos con que cuentan los municipios son más altos, pero es mayor su dependencia con respecto a dichos ámbitos de gobierno.

Para los municipios conurbados este indicador alcanza un máximo de 75.9% al final de la primera fase, justo antes de la Reforma municipal, y desciende considerablemente a partir de ésta,

[23] Es decir, el ingreso total menos el ingreso público indirecto (participaciones y aportaciones federales) y extraordinario (contratación de deuda pública).

pero desde la segunda mitad de la tercera etapa se ha ido incrementando hasta alcanzar 69.4% en 2009 (cuadro VI.2). Sin embargo, en los municipios de reciente conurbación o con grandes áreas rurales este indicador puede alcanzar valores cercanos a 100%. Además, a partir de que surgieron las aportaciones federales (ramo 33) en 1998, se ha agudizado la dependencia de los recursos de la federación.

En el Distrito Federal la dependencia financiera exhibió, en términos generales, una tendencia creciente hasta el final de la segunda fase, cuando alcanzó 70.7% en 1988, la mayor cifra de los 30 años estudiados. A partir de entonces la tendencia se invierte hasta 1996, cuando baja a 38.6%, pero vuelve a elevarse durante el último periodo hasta representar 62.6% en 2009 (cuadro VI.2).

¿Cuánto invierten en infraestructura los gobiernos locales en la Ciudad de México?

En el capítulo III de esta obra se mencionó que las condiciones generales de la producción (CGP) son "... todas aquellas *condiciones materiales* que han de concurrir para que el proceso de trabajo se efectúe", pero que no forman parte de los medios de producción internos a las empresas.[24] Estas condiciones constituyen un capital constante fijo socializado que, junto con el privado, conforman los medios de trabajo.

Una parte de ese capital fijo socializado corresponde a las obras de infraestructura que los gobiernos locales han financiado con recursos públicos, las cuales afectan las condiciones materiales de la comunidad, favorecen el desarrollo económico y mejoran las condiciones de vida de la población.

Las finanzas públicas en México registran el gasto de los municipios en diversas obras públicas de carácter social (escuelas, centros comunitarios, agua potable, edificios públicos, hospitales), económico (caminos, puentes, irrigación), ecológico (plantas de tratamiento de aguas residuales, centros de acopio de basura) y de urbanización (plazas y parques). Las características de la infor-

[24] A este respecto véase también Garza, 2008: 91-126.

Cuadro VI.2
Zona Metropolitana de la Ciudad de México: indicadores de la gestión financiera según conceptos y periodos

	I				*II*					*III*					
Concepto	*1980*	*1981*	*1982*	*1983*	*1984*	*1985*	*1986*	*1987*	*1988*	*1989*	*1990*	*1991*	*1992*	*1993*	*1994*
ZMCM															
Balance financiero absoluto (millones de pesos constantes)	–25 604.5	–31 897.4	–52 556.5	–15 210.7	–22 863.3	–25 673.1	–5 581.2	–1 548.6	3 043.6	2 746.6	1 008.4	– 516.5	–1 826.5	–2 802.0	–4 071.0
Balance financiero relativo (porcentajes)	– 62.1	– 74.4	– 137.2	– 37.4	– 58.2	– 73.6	– 14.3	– 3.7	7.1	6.2	1.9	– 1.0	– 3.2	– 4.7	– 6.7
Capacidad financiera administrativa (millones de pesos constantes)	1 884.6	1 276.2	–1 541.9	–3 636.9	–11 392.8	–12 788.1	123.4	795.0	–3 944.6	–3 583.8	–3 401.9	–5 397.8	–4 002.4	–5 358.5	–6 045.9
Dependencia financiera (porcentajes)	38.6	36.8	28.1	54.2	46.7	43.0	45.1	51.5	68.1	57.7	50.6	48.6	44.1	44.2	40.4
Distrito Federal															
Balance financiero absoluto (millones de pesos constantes)	–25 983.3	–31 887.1	–52 210.8	–15 410.3	–22 525.2	–25 960.5	–5 577.6	–2 806.8	2 848.6	3 135.0	1 717.6	– 195.5	–1 836.9	–2 133.9	–3 168.8
Balance financiero relativo (porcentajes)	– 68.6	– 81.5	– 148.2	– 41.2	– 63.3	– 83.2	– 15.6	– 7.3	7.3	7.8	3.6	– 0.4	– 3.5	– 3.9	– 5.7
Capacidad financiera administrativa (millones de pesos constantes)	2 359.1	2 109.8	65.2	–2 559.0	–10 751.1	–12 602.6	703.4	303.4	–3 661.2	–3 184.7	–3 485.6	–4 962.2	–3 841.8	–4 899.6	–4 510.0
Dependencia financiera (porcentajes)	37.3	35.6	26.6	53.0	46.6	43.0	45.3	51.0	70.7	60.0	53.5	50.6	44.9	45.0	40.5
Municipios metropolitanos															
Balance financiero absoluto (millones de pesos constantes)	378.8	– 10.4	– 345.6	199.6	– 338.1	287.4	– 3.6	1 258.3	195.0	– 388.4	– 709.2	– 321.0	10.4	– 668.1	– 902.2
Balance financiero relativo (porcentajes)	11.3	– 0.3	– 11.2	6.2	– 9.2	7.8	– 0.1	38.2	5.4	– 9.5	– 15.5	– 6.5	0.2	– 12.0	– 17.5
Capacidad financiera administrativa (millones de pesos constantes)	– 474.5	– 833.5	–1 607.1	–1 077.8	– 641.7	– 185.5	– 579.9	491.6	– 283.5	– 399.1	83.7	– 435.6	– 160.6	– 458.9	–1 535.9

Dependencia financiera (porcentajes)	66.9	60.7	64.7	75.9	49.5	42.8	43.2	62.9	40.4	39.0	25.8	30.4	35.6	36.8	39.1

	IV					*V*									
Concepto	*1995*	*1996*	*1997*	*1998*	*1999*	*2000*	*2001*	*2002*	*2003*	*2004*	*2005*	*2006*	*2007*	*2008*	*2009*
ZMCM															
Balance financiero absoluto (millones de pesos constantes)	–3 130.8	–9 939.0	–6 005.3	–4 146.8	2 829.0	2 329.7	5 687.5	–8 188.7	–6 144.0	–3 167.4	–2 352.4	582.6	– 650.8	–1 803.9	–1 847.6
Balance financiero relativo (porcentajes)	– 6.0	– 19.8	– 10.0	– 6.9	4.6	3.5	7.9	– 11.1	– 8.2	– 4.0	– 2.8	0.6	– 0.7	– 1.6	– 1.7
Capacidad financiera administrativa (millones de pesos constantes)	–6 794.3	–9 654.9	–12 773.1	–12 047.3	–12 573.5	–15 594.9	–15 211.1	–15 700.1	–9 006.8	–3 277.2	–3 676.0	–5 339.6	–8 661.1	–11 081.9	–12 264.9
Dependencia financiera (porcentajes)	42.6	39.0	43.8	47.8	54.5	57.0	62.3	51.6	52.7	53.7	55.9	62.2	56.4	63.3	63.7
Distrito Federal															
Balance financiero absoluto (millones de pesos constantes)	–2 824.0	–9 297.1	–5 517.4	–3 764.7	3 294.2	2 190.2	5 618.7	–7 989.9	–5 185.8	–1 406.9	0.0	1 308.0	793.4	– 985.9	– 754.2
Balance financiero relativo (porcentajes)	– 5.9	– 20.6	– 10.0	– 7.1	6.1	3.7	9.0	– 12.6	– 8.0	– 2.1	0.0	1.6	0.9	– 1.1	– 0.8
Capacidad financiera administrativa (millones de pesos constantes)	–6 050.8	–8 826.4	–11 592.	–10 457.5	–10 333.6	–13 072.5	–12 178.2	–12 147.3	–5 171.4	995.0	828.1	– 698.6	–3 073.9	–5 153.2	–6 045.
Dependencia financiera (porcentajes)	42.6	38.6	43.3	47.0	53.5	55.1	61.3	49.1	51.0	53.1	56.1	62.0	56.0	63.2	62.6
Municipios metropolitanos															
Balance financiero absoluto (millones de pesos constantes)	– 306.8	– 641.9	– 487.9	– 382.0	– 465.2	139.5	68.8	– 198.8	– 958.2	–1 760.5	–2 352.4	– 725.4	–1 444.3	– 818.0	–1 093.3
Balance financiero relativo (porcentajes)	– 6.5	– 12.6	– 10.0	– 5.7	– 6.1	1.7	0.7	– 1.9	– 9.2	– 15.7	– 20.6	– 5.5	– 10.4	– 4.6	– 6.5
Capacidad financiera administrativa (millones de pesos constantes)	– 743.5	– 828.5	–1 181.1	–1 589.8	–2 239.9	–2 522.4	–3 032.8	–3 552.8	–3 835.5	–4 272.2	–4 504.1	–4 641.0	–5 587.2	–5 928.7	–6 219.9
Dependencia financiera (porcentajes)	42.0	42.9	48.7	54.0	60.3	70.4	68.4	68.9	63.3	56.9	54.9	63.3	58.7	63.9	69.4

Fuente: elaboración propia con base en los cuadros AE-VI.1 y AE-VI.2 del apéndice estadístico.

mación hacen difícil determinar específicamente cuáles de aquéllas facilitan que se efectúen los procesos productivos. Un problema adicional es la propia naturaleza de las obras financiadas, pues un camino sirve para permitir tanto el flujo de mercancías como el de personas que no participan en actividades laborales.

Teniendo en cuenta las anteriores limitantes, en este trabajo se consideró el gasto de capital que realizaron los gobiernos del Distrito Federal y de los municipios conurbados como aproximación del valor de las obras de infraestructura realizadas en la ZMCM por los gobiernos locales. En los primeros años no se puede cuantificar el monto destinado específicamente a obras públicas,[25] ya que se reporta junto con los gastos de fomento. A partir de 1989 se encuentran desagregados los montos destinados a acciones sociales,[26] pero, con el fin de mantener la consistencia de la información, para el análisis se utilizó la serie de OPAS. Los datos indican que esto no sobrestima en demasía el gasto en obras públicas, pues entre 1989 y 2009 el monto destinado a acciones sociales representó sólo 0.8% del gasto en ambos rubros ejercido en la ZMCM.[27]

Durante la primera fase se realizó el mayor nivel de inversión en obras públicas en la Ciudad de México, financiado en gran medida por las deudas contratadas a raíz del auge petrolero, pero también por las ampliaciones presupuestales que conllevaron los ingresos extraordinarios obtenidos por la exportación de los hidrocarburos. Las principales obras que se desarrollaron en el Distrito Federal en esta etapa fueron la creación de los ejes viales, la ampliación de las líneas del Metro[28] y la construcción de la Central de Abastos. La cresta de la inversión en OPAS en la ZMCM se presentó en 1981 con 47 661 millones de pesos, momento a partir del cual se

[25] Capítulo de gasto que incorpora las asignaciones destinadas a crear infraestructura física mediante obras públicas que contribuyan a la formación de capital del país.

[26] Recursos destinados a cubrir los servicios cuya atención permita incrementar el bienestar social de la población. Es gasto de capital que no se refleja en infraestructura física sino en atención de programas específicos por administración directa de los gobiernos; como ejemplo de estos programas se encuentran la seguridad pública y el desarrollo económico y administrativo.

[27] Los municipios metropolitanos destinaron 4.3%, mientras que el Distrito Federal, sólo un insignificante 0.01 por ciento.

[28] De 1980 a 1983 se inauguraron 47.6 km de la red del Metro, lo que representó duplicar la longitud que tenía en 1979 (cuadro AE-VI.18 del apéndice estadístico).

generó una tendencia a la baja muy acentuada, lo que implicó una caída en el nivel de gasto de 66.8% hasta 1989 (gráfica VI.11 y cuadro AE-VI.16). En las etapas II y IV se atenuó la tendencia decreciente bajando a 5 579 millones en 1999, para empezar a repuntar en el último periodo, cuando alcanzó 11 497 millones en 2008, pero disminuyó a 9 161 millones en 2009 (gráfica VI.11 y cuadro AE-VI.16). Este último valor es –77.7% del correspondiente a 1980, por lo que la entidad que funge como capital de la república observa un claro deterioro en su capacidad local de invertir en infraestructura (cuadro AE-VI.8).

El gasto realizado por el Distrito Federal determina en gran medida el comportamiento de la inversión, pues representa 90.1% del gasto total en OPAS en la ZMCM (gráfica VI.11 y cuadro AE-VI.16). Resalta que el monto de inversión de 2009 apenas supera la quinta parte de lo destinado en 1980 y es menos de 13.6% de lo gastado en 1981 (cuadro AE-VI.16). En los municipios mexiquenses metropolitanos el comportamiento general es contrario al del Distrito Federal, pues en los periodos I y II la serie histórica manifestó un comportamiento variable que promedió 918 millones de pesos de 1980 a 1988 (cuadro AE-VI.16). A partir de entonces muestra una leve tendencia ascendente que generó un crecimiento en la inversión de 184.6% entre 1980 y 2009 (gráfica VI.11 y cuadros AE-VI.8 y AE-VI.16).

A principios de los ochenta, el gasto promedio por habitante en obras de infraestructura en el Distrito Federal fue mucho mayor al de los municipios conurbados, y llegó a una proporción de 30:1 en 1982 (gráfica VI.12 y cuadro AE-VI.7). A partir de la segunda fase, la brecha que existía en el gasto per cápita de ambos fue disminuyendo paulatinamente, hasta casi desaparecer en 2005 porque según los patrones de gasto en obras públicas descritos y la dinámica poblacional de la ZMCM, la inversión per cápita disminuyó 78.8% en el Distrito Federal y aumentó 24.7% en los municipios metropolitanos durante los 30 años analizados (gráfica VI.12).

La relación entre el gasto en OPAS y el IPD muestra que el Distrito Federal destinó a inversión de capital, durante la primera y segunda etapas, un monto tres veces superior a sus ingresos propios, lo que significa que éstos están lejos de ser suficientes para financiar la inversión en infraestructura de la capital del país. En 1986 el

Gráfica VI.11

Zona Metropolitana de la Ciudad de México: gasto efectivo en obras públicas y acciones sociales (millones de pesos de 2003)

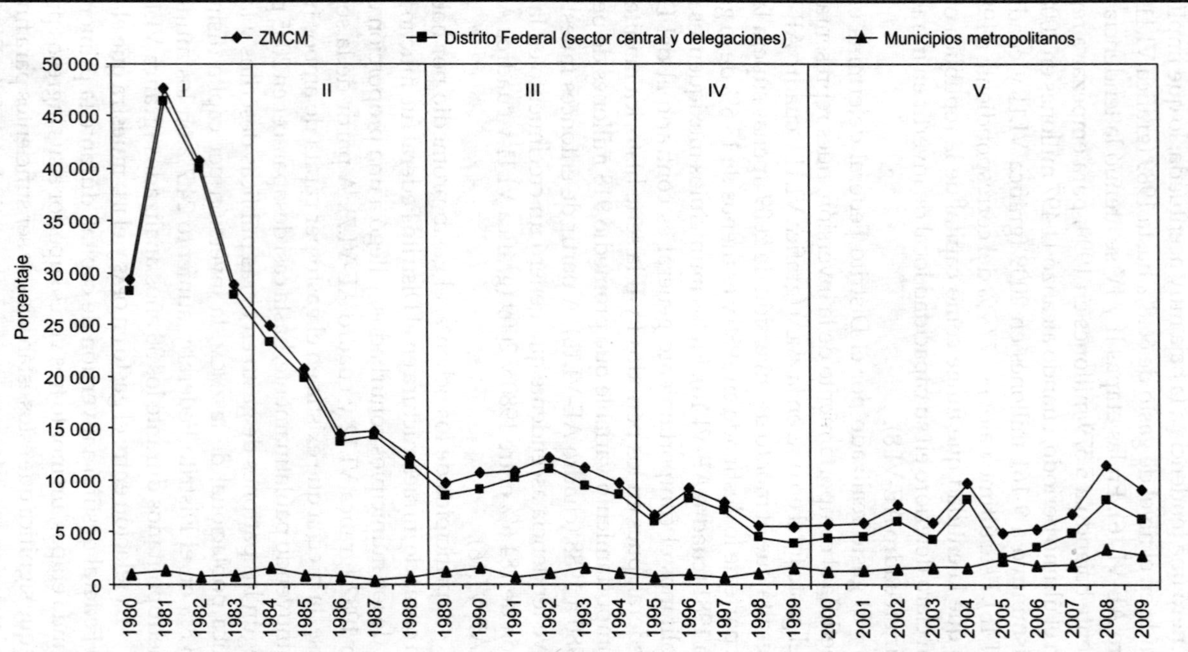

Fuente: elaboración propia con base en el cuadro AE-VI.8 del apéndice estadístico.

Gráfica VI.12

Distrito Federal: proporción que representa el gasto en obras públicas y acciones sociales per cápita respecto al de los municipios metropolitanos

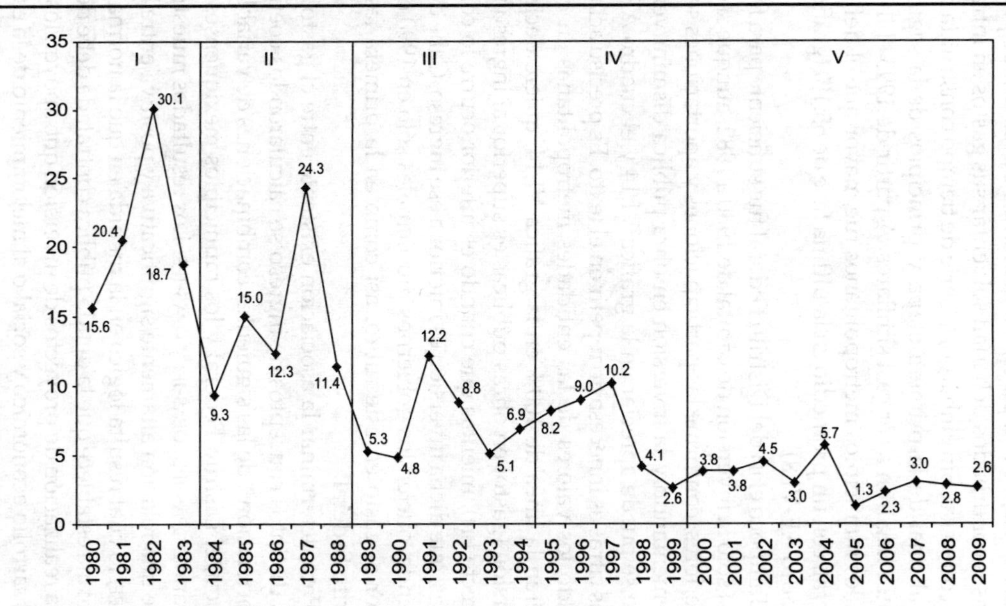

Fuente: elaboración propia con base en el cuadro AE-VI.8 del apéndice estadístico.

indicador cae súbitamente a 80.6%, y a partir de entonces comienza una tendencia decreciente que lo lleva a un nivel promedio de 17.4% durante el último periodo (cuadro AE-VI.8).

En teoría, por su parte, los gobiernos de los municipios mexiquenses conurbados deberían solventar sus gastos en infraestructura con su IPD. Sin embargo, la serie de tiempo construida muestra que al final de la primera etapa y principios de la segunda los montos llegaron a ser casi similares. A partir de 1993 el indicador para los municipios metropolitanos fue mayor que el del Distrito Federal, con un promedio en la última fase de 55.1% (gráfica VI.13 y cuadro AE-VI.8).

Tampoco el IPI del Distrito Federal fue suficiente para financiar por sí solo la inversión de capital de 1980 a 1982, aunque sí en años posteriores, conforme las participaciones y aportaciones se fueron incrementando y la inversión en obra pública disminuyendo, tal como se puede apreciar en la gráfica VI.14 y el cuadro AE-VI.8 y cuyas cifras es innecesario repetir en el texto. Es preciso aclarar que cuando los valores de las entidades metropolitanas en cuestión superan la línea de 100% en la gráfica VI.14, quiere decir que la inversión (gasto) en obras públicas es superior al ingreso público indirecto (IPI), mientas que cuando es inferior ocurre lo contrario, esto es, que dicha inversión es inferior a ese ingreso. Cabe destacar, por ende, que en los gobiernos municipales sólo en 1990 el IPI fue menor al gasto en este rubro, así como en la primera fase en el Distrito Federal.

Para determinar la asociación existente entre el gasto en OPAS y los distintos conceptos de ingreso se calcularon los coeficientes de correlación[29] de las siguientes combinaciones de variables para la ZMCM, el Distrito Federal y los municipios mexiquenses metropolitanos: OPAS-IPD, OPAS-IPI y OPAS-IPE. Los resultados muestran que existe una relación altamente significativa y positiva entre las OPAS y el IPE, lo cual resulta lógico en la medida en que la normatividad mexicana establece que la deuda pública contratada debe destinarse a la realización de proyectos de inversión que apoyen los planes de desarrollo económico y social o al mejoramiento de la estructu-

[29] Es conveniente recordar que la correlación significativa entre dos variables no implica causalidad.

Gráfica VI.13
Zona Metropolitana de la Ciudad de México: participación del gasto efectivo en obras públicas y acciones sociales en el ingreso propio directo (IPD)

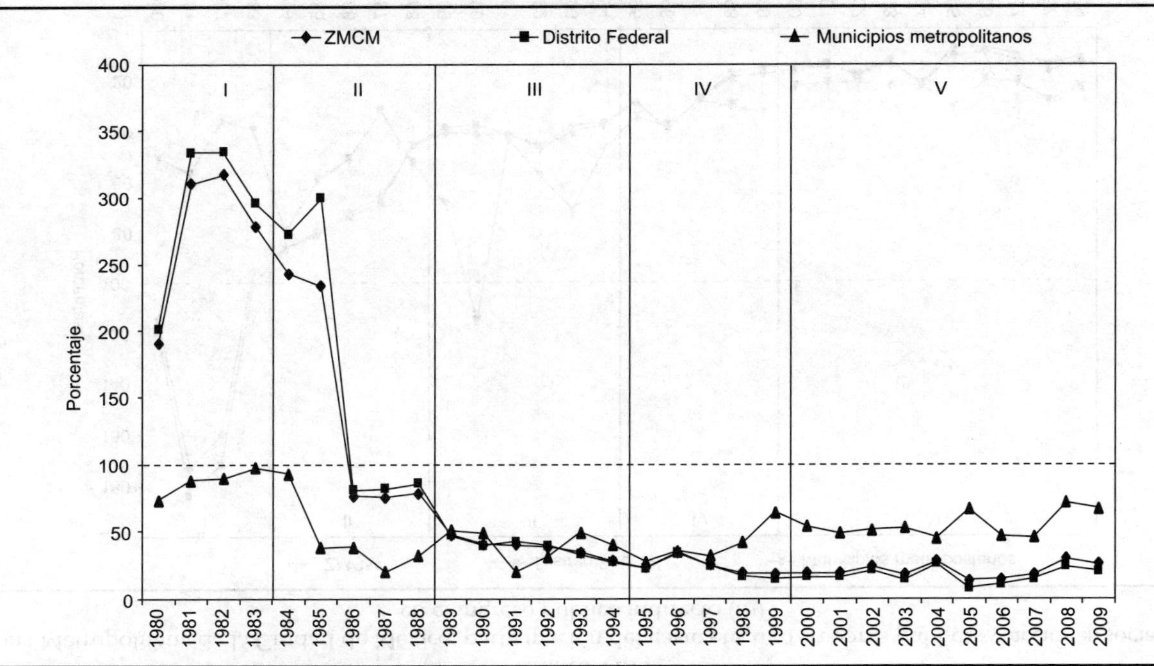

Fuente: elaboración propia con base en el cuadro AE-VI.8 del apéndice estadístico.

Gráfica VI.14
Zona Metropolitana de la Ciudad de México: participación del gasto efectivo en obras públicas y acciones sociales en el ingreso público indirecto (IPI)

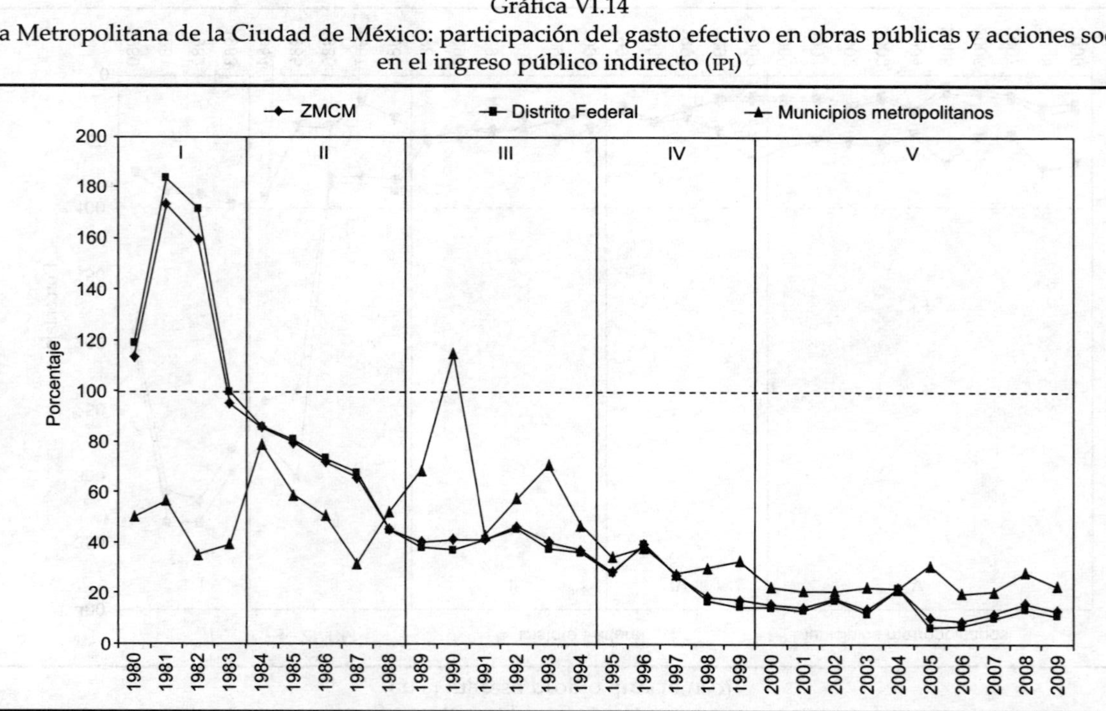

Fuente: elaboración propia con base en el cuadro AE-VI.8 del apéndice estadístico.

Cuadro VI.3
ZMCM: correlación entre los gastos en OPAS y los IPD, IPI e IPE

Concepto	*Coeficiente*
Ingreso público directo	
ZMCM	–0.74
Distrito Federal	–0.76
Municipios metropolitanos	0.71
Ingreso público indirecto	
ZMCM	–0.32
Distrito Federal	–0.35
Municipios metropolitanos	0.85
Ingreso público extraordinario	
ZMCM	0.84
Distrito Federal	0.85
Municipios metropolitanos	0.82

Fuente: elaboración propia con base en la información de los cuadros AE-VI.1 y AE-VI.2 del apéndice estadístico.

ra de los pasivos públicos.[30] Así, cuando el financiamiento crece el gasto en OPAS también lo hace, y viceversa, pero la relación no es perfecta, puesto que el primero no sólo se financia con el segundo. Este comportamiento se observa tanto en el Distrito Federal como en los municipios conurbados que muestran coeficientes de 0.85 y 0.82, esto es, altamente significativos (cuadro VI.3).

Los coeficientes de correlación entre las OPAS y el IPD e IPI arrojan resultados contrastantes en los dos componentes espaciales que constituyen la ZMCM. En el Distrito Federal la relación entre las variables ha sido divergente, pues mientras el gasto en OPAS ha bajado, los IPD e IPI han aumentado; la divergencia es mayor entre el primero y el segundo que entre el primero y el último, como se desprende de los coeficientes de –0.76 y de –0.35 (cuadro VI.3). Los

[30] "Ley General de Deuda Pública", *Diario Oficial de la Federación*, 21 de diciembre de 1995, artículo 4, fracción IV (http://www.diputados.gob.mx/LeyesBiblio/pdf/136.pdf).

municipios metropolitanos han mostrado un crecimiento más o menos continuo en el monto destinado a las OPAS, al igual que en su IPD, con el que muestran un coeficiente de 0.71 y sobre todo en el IPI, en el que aumenta a 0.85 (cuadro VI.3). Es claro que para los gobiernos municipales, tener acceso a créditos es mucho más complicado y por ello dependen en mayor medida de los ingresos indirectos y propios para financiar su inversión infraestructural.

El valor de las obras públicas en la Ciudad de México[31]

El valor de las obras de infraestructura construidas va disminuyendo por el desgaste a lo largo del tiempo, por lo que para estimar su cuantía actual es necesario calcular el monto de depreciación que ha sufrido la obra erigida en años anteriores. Ello no está libre de diversas complicaciones, desde aquellas que se presentan por el tipo de material utilizado (no tiene el mismo desgaste un eje vial asfaltado que uno en el que se utilizó concreto hidráulico) hasta las correspondientes a la calidad de los datos disponibles.

El desglose de la cuenta de egresos en OPAS para el Distrito Federal muestra claramente que el principal destino del gasto es la construcción de infraestructura, pues sólo se reportan egresos para acciones sociales en cinco años (1999 y de 2001 a 2004) por montos marginales. Por desgracia, el registro en el interior del rubro específico de obra pública es muy agregado en la mayoría de los años y no permite identificar los tipos de infraestructura financiada; consecuencia de ello es que 91.9% del monto total destinado entre 1989 y 2009 se registró como obras públicas diversas.[32]

[31] Las estimaciones realizadas en esta sección corresponden únicamente al gasto que el gobierno del Distrito Federal y el de los municipios mexiquenses metropolitanos realizaron en OPAS; en sentido estricto, para estimar el valor de la infraestructura de la Ciudad de México, habría necesidad de identificar, cuantificar y sumar los gastos en obras públicas ejercidos en la ZMCM por el gobierno federal y el Estado de México e Hidalgo, asunto que escapa al alcance del presente capítulo. La parte más importante es la del gobierno federal, análisis que se abordó en el capítulo V. La monumental tarea de estimar el valor de todo el andamiaje infraestructural de la ZMCM para cada uno de los renglones que lo constituyen se realizará en dos libros que se publicarán como continuación de la presente obra.

[32] La única excepción ocurre de 1998 a 2004, en los que se reporta que 10.7% del gasto en obras públicas de ese periodo se destinó a proyectos de urbanización

Algo similar ocurre en los municipios mexiquenses metropolitanos, ya que registran 72.3% del gasto en obras públicas "diversas" (cuadro VI.4).

Considerando las limitantes anteriores, se utilizó una tasa de depreciación de 5%[33] anual para *aproximar* el valor neto de la inversión en OPAS[34] realizada durante los 30 años transcurridos de 1980 a 2009 (cuadro AE-VI.9). Los cálculos muestran que en el Distrito Federal las OPAS alcanzaron su valor neto más alto en 1988 como resultado de la acumulación de toda la infraestructura creada durante la bonanza petrolera y a partir de entonces declinó hasta 2009, pues el gasto destinado a la infraestructura de la ciudad no logró superar el monto de depreciación de las obras previamente edificadas. De 1988 a 2009, el valor del *stock* de las OPAS sufrió una pérdida de 64.2% en el Distrito Federal (gráfica VI.15 y cuadro AE-VI.9).

En los municipios metropolitanos, el valor neto de las OPAS ha mantenido una tendencia creciente,[35] y a lo largo de los 30 años ha acumulado una variación de 1 805% (pasó de 998 a 19 021 millones de pesos). A pesar de dicho incremento, el monto representa 31.5% del valor neto estimado para el Distrito Federal, lo que refleja aún una gran disparidad en la inversión ejecutada por ambos ámbitos de gobierno (cuadro AE.VI.17).

El valor neto de las OPAS en la ZMCM fue superior al del total de los gobiernos municipales del país hasta 1998; durante la fase I, en promedio, llegó a ser casi cinco veces mayor; en la II, tres; en la III, dos, y en la IV la relación fue menor de uno. En la última etapa, aunque queda muy por debajo, representa 17.5% del valor neto de las OPAS ejecutadas por la totalidad de los gobiernos locales (cuadro AE-VI.16).

---

y 16.4% a la dotación de agua potable, pero el renglón de obras diversas concentra 69.5% del gasto total.

[33] Se seleccionó esta tasa considerando la convención contable sobre el porcentaje de depreciación de edificios.

[34] Se utilizó la información de OPAS para tener la serie completa, justificada en el bajo monto y definición de las acciones sociales, así como en la aclaración de que las cifras estimadas son una *aproximación*, muy cercana, al valor de las obras públicas financiadas por el gobierno del Distrito Federal y de los municipios conurbados.

[35] La estimación de una sencilla regresión lineal sobre los datos arroja la ecuación VNOPAS = 1 907 + 494.21X, con una R^2 de 0.96, donde la variable dependiente es el valor neto de las OPAS, y la independiente, los años.

Cuadro VI.4

Distrito Federal y municipios mexiquenses metropolitanos: desglose de la cuenta de egresos en obras públicas y acciones sociales, 1989-2009

(millones de pesos de 2003)

Concepto	*1989*	*1990*	*1991*	*1992*	*1993*	*1994*	*1995*	*1996*	*1997*	*1998*	*1999*
Distrito Federal (sector central y delegaciones)											
Obras públicas y acciones sociales	8 516	9 134	10 205	11 137	9 529	8 592	5 976	8 286	7 137	4 503	3 962
Obras públicas	8 516	9 134	10 205	11 137	9 529	8 592	5 976	8 286	7 137	4 503	3 961
Obras de urbanización	0	0	0	0	0	0	0	0	0	1 401	601
Hospitales	0	0	0	0	0	0	0	0	0	1	43
Agua potable	0	0	0	0	0	0	0	0	0	1 378	1 271
Ecología	0	0	0	0	0	0	0	0	0	496	171
Servicios relacionados con obras públicas	0	0	0	0	0	0	0	0	0	0	0
Obras públicas diversas	8 516	9 134	10 205	11 137	9 529	8 592	5 976	8 286	7 137	1 227	1 876
Acciones sociales	0	0	0	0	0	0	0	0	0	0	1
Municipios metropolitanos											
Obras públicas y acciones sociales	1 200	1 572	689	1 072	1 626	1 114	728	934	722	1 145	1 617
Obras públicas	1 059	1 404	625	855	1 410	862	728	934	722	1 145	1 617
Obras de urbanización	0	0	0	0	0	0	0	0	0	0	0
Edificios públicos	0	0	33	124	6	10	1	6	1	60	227
Carreteras y puentes	0	0	73	52	4	15	2	3	5	153	486

Agua potable	0	0	21	27	3	3	0	0	1	41	104
Ecología	0	0	0	0	0	0	0	0	0	0	0
Irrigación	0	0	0	0	0	0	0	0	0	0	0
Servicios relacionados con obras públicas	0	0	0	0	0	0	0	0	0	0	0
Obras públicas con recursos del FISM	0	0	0	0	0	0	0	0	0	0	0
Obras públicas diversas	1 059	1 404	498	652	1 396	834	724	925	714	891	799
Acciones sociales	141	168	64	217	217	253	0	0	0	0	0

Concepto	*2000*	*2001*	*2002*	*2003*	*2004*	*2005*	*2006*	*2007*	*2008*	*2009*
Distrito Federal (sector central y delegaciones)										
Obras públicas y acciones sociales	4 461	4 574	6 083	4 245	8 092	2 611	3 540	4 882	8 116	6 320
Obras públicas	4 461	4 574	6 081	4 238	8 092	2 611	3 540	4 882	8 116	6 320
Obras de urbanización	813	482	551	0	0	0	0	0	0	0
Hospitales	0	0	10	0	0	0	0	0	0	0
Agua potable	1 034	777	1 426	0	0	0	0	0	0	0
Ecología	216	102	124	3	44	0	0	0	0	0
Servicios relacionados con obras públicas	0	0	0	0	0	11	22	72	196	24
Obras públicas diversas	2 398	3 212	3 970	4 235	8 048	2 600	3 519	4 810	7 920	6 296
Acciones sociales	0	0	2	6	0	0	0	0	0	0
Municipios metropolitanos										
Obras públicas y acciones sociales	1 271	1 316	1 511	1 619	1 612	2 357	1 780	1 875	3 381	2 841
Obras públicas	1 271	1 298	1 404	1 585	1 596	2 323	1 743	1 869	3 331	2 824

Cuadro VI.4
(concluye)

Concepto	*2000*	*2001*	*2002*	*2003*	*2004*	*2005*	*2006*	*2007*	*2008*	*2009*
Obras de urbanización	0	0	52	268	259	106	173	358	436	15
Edificios públicos	133	242	39	115	82	12	48	163	159	1
Carreteras y puentes	444	533	57	81	87	27	54	77	169	0
Agua potable	13	2	11	34	16	5	6	33	29	0
Ecología	0	4	0	1	1	0	6	20	0	0
Irrigación	0	3	0	0	0	0	0	0	0	0
Servicios relacionados con obras públicas	4	2	6	9	2	6	57	11	41	13
Obras públicas con recursos del FISM	15	25	153	240	167	306	249	335	0	0
Obras públicas diversas	662	487	1 086	838	982	1 861	1 150	872	2 496	2 794
Acciones sociales	0	18	106	34	16	34	37	6	50	17

Fuente: elaboración propia con base en el cuadro AE-VI.2 del apéndice estadístico.

Durante los años 1980-1988, el *stock* de las OPAS de la ZMCM llegó a sumar un valor neto de 233 318 millones de pesos, algo menor que los 291 193 millones de los 31 gobiernos estatales; después esta proporción se redujo de manera constante hasta llegar a representar 13% durante la última fase (cuadro AE-VI.16).

El porcentaje de las OPAS de la ZMCM con respecto a la inversión en obras públicas[36] realizadas por el gobierno federal ha sido bastante estable; la proporción entre los valores netos ha oscilado entre un máximo de 43.8% (en 1982) y un mínimo de 17.4% (en 2006) (cálculos realizados con el cuadro AE-VI.16). Considerando que el gobierno federal ejecuta obras en todo el país, la proporción estimada indica una fuerte concentración del *stock* de capital en la Ciudad de México, aunque la urbe disminuye su participación de inversiones en OPAS respecto a la que se realiza en el país de 29.0% en 1980 a 19.3% en 2009 (gráfica VI.16 y cuadro AE-VI.17).

CONCLUSIONES: DECLIVE DEL VALOR NETO DE LAS OBRAS PÚBLICAS

La Zona Metropolitana de la Ciudad de México (ZMCM) concentró una gran proporción de las finanzas públicas del país en el periodo analizado, pero con dinámicas distintas del ingreso y gasto per cápita en el Distrito Federal y los municipios metropolitanos, sobre todo de 1980 a 1988.

Si bien los gobiernos locales podrían constituir uno de los principales actores en la creación de las condiciones generales de la producción (CGP) de la ZMCM, las cifras presentadas no permiten inferir en forma adecuada su grado de importancia. El porcentaje promedio en el periodo estudiado (1980-2009) del gasto que destinan a las obras públicas y acciones sociales (OPAS) fue de 19.9% en el Distrito Federal y 17.9% en los gobiernos municipales mexiquenses, cifras significativamente menores que el destinado a gasto corriente (46.6 y 62.1%, en ese orden). En parte, esto se debe a que en la práctica la gran mayoría de los ayuntamientos se limitan a la prestación de los servicios públicos enunciados en el artículo 115

[36] El monto de referencia corresponde únicamente a la inversión física en obras públicas ejecutada por el gobierno federal, es decir, no considera otro tipo de acciones sociales.

Gráfica VI.15

Zona Metropolitana de la Ciudad de México: valor neto de las obras públicas y acciones sociales (OPAS) (millones de pesos de 2003)

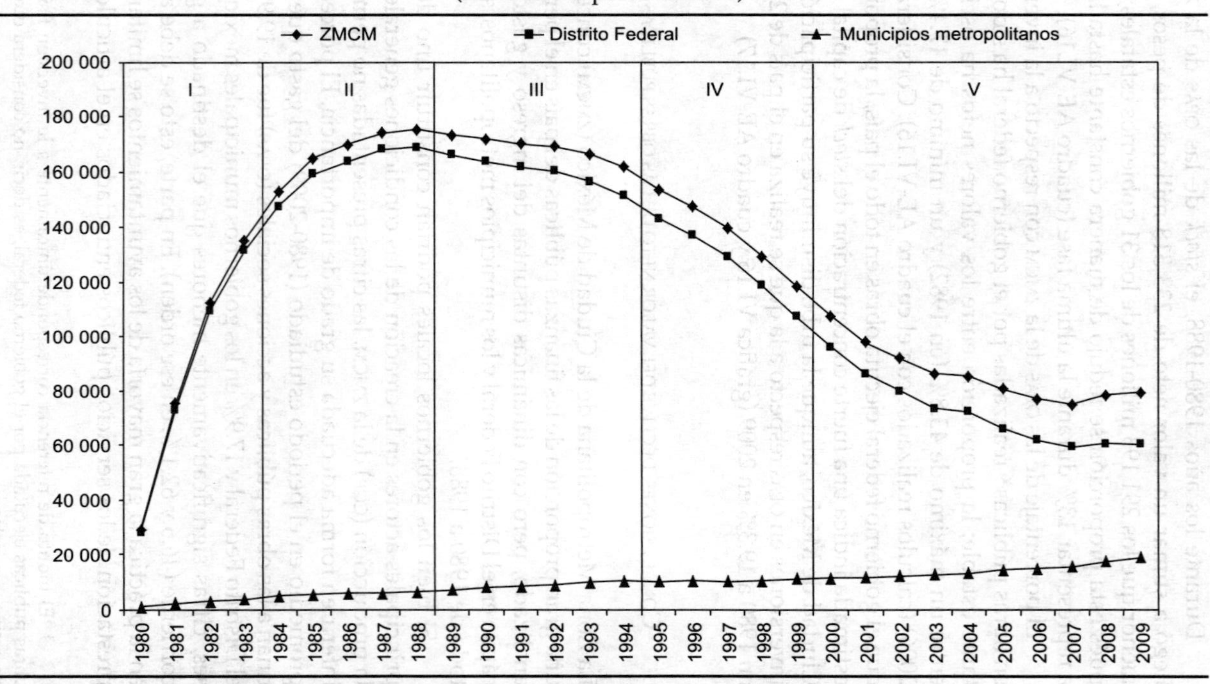

Fuente: elaboración propia con base en el cuadro AE-VI.17 del apéndice estadístico.

Gráfica VI.16

Zona Metropolitana de la Ciudad de México: participación del valor neto de las obras públicas y acciones sociales (OPAS) respecto a la magnitud correspondiente en otros niveles de gobierno

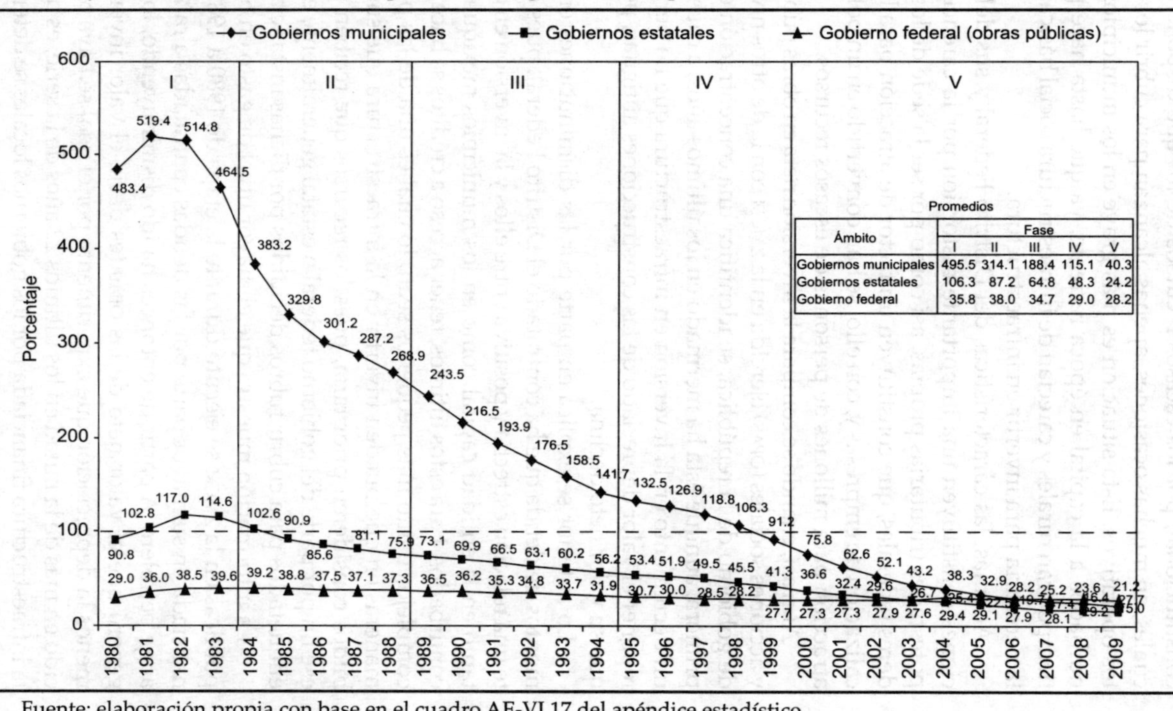

Ámbito	Fase				
	I	II	III	IV	V
Gobiernos municipales	495.5	314.1	188.4	115.1	40.3
Gobiernos estatales	106.3	87.2	64.8	48.3	24.2
Gobierno federal	35.8	38.0	34.7	29.0	28.2

Fuente: elaboración propia con base en el cuadro AE-VI.17 del apéndice estadístico.

constitucional, por los escasos recursos de los que disponen, los cuales, en muchas ocasiones, apenas alcanzan para cubrir los gastos operativos. Esta situación es más grave en los municipios conurbados a la capital en época reciente, ya que hasta hace poco tiempo eran rurales y carecían de infraestructura social básica y de la necesaria para invertir en infraestructura.

Además, las características del Distrito Federal y sus delegaciones constituyen una importante distorsión por la carencia de potestades tributarias propias, así como por ser la sede de los poderes federales, que constituyen un factor de atracción para la localización de empresas y, con ello, se han convertido en un polo de atracción para millones de personas de escasos recursos.

Aun así, cuando se compara la inversión neta en obras públicas y acciones sociales (OPAS) ejercida en la ZMCM con la de otros niveles de gobierno de la república, se identifica una concentración en la primera, aunque ésta ha mermado en los últimos años, a causa de un decremento en la inversión en infraestructura que no permite reponer el valor depreciado de las construcciones antiguas, por lo que su valor neto declina.

Lo anterior se explica en parte por las disminuciones en los montos de deuda que ha contratado el Distrito Federal, pues existe una relación estrecha y positiva entre ellos y la inversión en OPAS, tanto en la entidad capital como en los municipios mexiquenses conurbados. Para estos últimos, tener acceso a créditos se hace más complejo cuanto más pequeños sean, lo cual es una de las pocas maneras en que pueden invertir en la infraestructura que sus cabildos consideren prioritaria, pues los recursos que reciben para ese fin por parte del gobierno federal o estatal generalmente están etiquetados para cubrir rubros decididos por dichas instancias.

La información muestra que el mayor nivel de gasto en obras públicas en la ZMCM se ejecutó durante la etapa de 1980 a 1983, financiada en su mayor parte por las deudas contratadas a raíz del auge petrolero. A partir de entonces ha ido disminuyendo, lo que generó que el valor neto de las OPAS (es decir, el valor invertido menos la depreciación que experimenta por el uso) se haya reducido en más de la mitad en los últimos 22 años de la serie, es decir, la infraestructura financiada por los gobiernos locales se deteriora en vez de mejorarse.

Desafortunadamente, la información disponible no permite identificar el tipo de obra construida ni medir su impacto en el desarrollo económico de la urbe. Existen evidencias, sin embargo, de que los distintos ámbitos de gobierno no se coordinan para ejercer el gasto mediante una planeación urbana integral, y esto genera que las obras construidas terminen siendo grandes elefantes blancos o que su aporte al desarrollo sea casi nulo.[37] Es preciso que las decisiones de inversión en capital que tomen los distintos gobiernos que comparten el territorio de la Ciudad de México, esto es, el federal, los estatales, los delegacionales y municipales, sean bajo un enfoque de planeación integral en todo el ámbito metropolitano.

Bibliografía

Administración Pública del Distrito Federal (2001), "Circular Uno Bis del 2001 en la que la Oficialía Mayor expide la normatividad en materia de administración de recursos para las delegaciones del Distrito Federal", *Gaceta Oficial del Distrito Federal*, décima primera época, núm. 104, 30 de agosto.

Banco de México, Índice Nacional de Precios al Consumidor, http://www.banxico.org.mx/ (consulta 2/8/2011).

——— (1983), Informe Anual 1982, Sexagésima cuarta asamblea ordinaria de accionistas, México. Archivo PDF disponible en http://www.banxico.org.mx/dyn/publicaciones-y-discursos/publicaciones/informes-periodicos/anual/%7B8A2B469D-9164-8CFF-E619-F77828929FB3%7D.pdf (consulta 2/2/2012).

Cabrero, Enrique e Isela Orihuela Jurado (2002), "Finanzas en municipios urbanos de México: un análisis de los nuevos retos en la gestión de haciendas locales (1978-1998)", *Estudios Demográficos y Urbanos*, El Colegio de México, **17** (1): 175-208.

[37] La Evaluación del Fondo Metropolitano 2006-2009, realizado por encargo de la SHCP y el BID, menciona entre sus hallazgos que, "en general, no participan los municipios [...] en las decisiones de los proyectos" que son financiados con los recursos del Fondo. Además, cuando una zona metropolitana abarca más de una entidad, la coordinación se hace especialmente difícil y "las decisiones de proyectos a ser apoyados [...] no surgen de políticas integradas [...] por ello, predominan proyectos aislados y la mayor parte carece de un enfoque de largo plazo para atender los problemas estructurales que enfrentan las zonas metropolitanas" (El Colegio Mexiquense, 2010).

El Colegio Mexiquense (2010), "Informe final de la Evaluación del Fondo Metropolitano 2006-2009", SHCP-BID, archivo pdf disponible en http://www.hacienda.gob.mx/EGRESOS/sitio_pbr/evaluacion/evaluaciones_destacadas/general/evaluacion_fondo_met.pdf (consulta 26/2/2012).

Garza, Gustavo (2008), *Macroeconomía del sector servicios en la Ciudad de México, 1960-2003*, El Colegio de México, México.

Gobierno del Distrito Federal (2009), "Código Financiero del Distrito Federal 2009", archivo pdf disponible en http://www.finanzas.df.gob.mx/documentos/CodigoFinanciero_2009.pdf. (consulta 18/7/2011).

——— (2011), "Código Fiscal del Distrito Federal 2011", archivo PDF disponible en http://www.finanzas.df.gob.mx/codigo/ (consulta 18/7/2011).

Gobierno del Estado de México, "Ley de ingresos de los municipios del Estado de México para el Ejercicio Fiscal 2011", archivo pdf disponible en www.edomex.gob.mx/legistelfon/doc/pdf/ley/vig/leyvig 009.PDF (consulta 1/8/2011).

H. Asamblea Legislativa del Distrito Federal (2010), "Ley de ingresos del Distrito Federal para el ejercicio fiscal 2011", *Gaceta Oficial del Distrito Federal*, jueves 30 de diciembre de 2010. Archivo pdf disponible en http://www.tcadf.gob.mx/transparencia/gac_30_dic_2010.pdf (consulta 4/07/2011).

INEGI, *Censo General de Población y Vivienda 2010*, Principales resultados por localidad, Integración Territorial, ITER-2010.

———, *Finanzas públicas estatales y municipales de México*, 1975-1995.

———, Estadística de finanzas públicas estatales y municipales, consulta interactiva de datos, www.inegi.org.mx.

———, "Estadística de finanzas públicas estatales y municipales, Glosario", archivo htm disponible en http://www.inegi.org.mx/est/contenidos/espanol/rutinas/glogen/default.aspx?t=REMUN&s=est&c=10971 (consulta 6/7/2011).

———, Síntesis metodológica de la estadística de finanzas públicas estatales y municipales, 2009, archivo pdf disponible en: http://www.inegi.org.mx/est/contenidos/espanol/metodologias/registros/economicas/sm_efipem.pdf (consulta 18/7/2011).

———, Sistema Estatal y Municipal de Bases de Datos, http://sc.inegi.org.mx/sistemas/cobdem/.

Diario Oficial de la Federación (1995), "Ley General de Deuda Pública", *Diario Oficial de la Federación*, 21 de diciembre de 1995, http://www.diputados.gob.mx/LeyesBiblio/pdf/136.pdf.

——— (2010), "Ley de Ingresos de la Federación para el Ejercicio Fiscal de 2011", *Diario Oficial de la Federación*, 15 de noviembre de 2010, http://www.diputados.gob.mx/LeyesBiblio/pdf/LIF_2011.pdf.

Secretaría de Finanzas (2008), "Reglas para el control y manejo de los ingresos que se recauden por concepto de aprovechamientos y productos que se asignen a las dependencias, delegaciones y órganos desconcentrados que los generen, mediante el mecanismo de aplicación automática de recursos", *Gaceta Oficial del Distrito Federal*, 11 de febrero de 2008, pp. 21-43.

Cuadro AE-VI.1
Zona Metropolitana de la Ciudad de México: ingresos efectivos según conceptos constitutivos, 1980-2009
(millones de pesos de 2003)

Concepto	*1980*	*1981*	*1982*	*1983*	*1984*	*1985*	*1986*	*1987*	*1988*	*1989*	*1990*	*1991*	*1992*	*1993*	*1994*	*1995*
ZMCM	67 974	69 436	62 753	56 088	61 791	56 076	44 649	44 638	43 204	45 188	53 510	54 322	58 631	61 853	63 580	55 567
Impuestos	7 201	7 898	5 909	3 724	4 393	4 708	3 805	2 936	5 642	6 819	10 538	13 295	15 381	16 196	17 003	13 281
Derechos	3 475	3 880	4 096	2 421	2 922	2 609	3 481	2 920	2 656	3 126	4 686	5 381	5 862	6 170	6 813	5 212
Productos	826	1 044	900	3 334	2 048	1 087	1 874	3 759	5 373	9 411	9 189	7 164	8 368	7 865	7 287	6 584
Aprovechamientos	3 908	2 518	1 901	884	861	460	9 769	9 854	2 041	1 054	1 955	1 504	1 886	1 865	3 391	3 068
Contribuciones de mejoras	0	0	0	0	0	0	0	0	0	0	0	0	0	0	0	560
Participaciones	25 831	27 533	25 503	30 305	29 043	26 020	20 142	22 362	26 982	23 643	25 982	26 327	26 145	27 398	25 887	23 148
Aportaciones federales y estatales	n.d.	n.d.	n.d.	n.d.	n.d.	n.d.	n.d.	n.d.	n.d.	485	30	3	147	247	220	458
Otros ingresos	n.d.	n.d.	n.d.	n.d.	n.d.	n.d.	n.d.	n.d.	n.d.	0	0	0	0	0	0	0
Financiamiento	26 733	26 564	24 444	15 421	22 525	21 192	5 578	2 807	510	649	1 130	649	843	2 112	2 980	3 257
Distrito Federal (sector central)	64 625	65 703	59 663	52 862	58 132	52 377	41 244	41 344	39 587	40 552	48 432	48 978	53 215	55 764	57 610	50 406
Impuestos	6 944	7 602	5 765	3 630	3 434	3 382	2 872	2 021	4 728	5 781	8 964	11 871	13 533	14 253	15 137	11 731
Derechos	3 125	3 507	3 736	2 036	2 724	2 174	2 935	2 353	1 984	2 332	3 581	3 991	4 907	5 183	6 219	4 731
Productos	445	646	714	3 234	1 730	935	1 728	3 585	5 207	9 306	9 066	7 054	8 252	7 731	7 211	6 437
Aprovechamientos	3 533	2 122	1 724	533	654	135	9 463	9 498	1 556	642	1 539	1 065	1 437	1 645	3 131	2 717
Contribuciones de mejoras	0	0	0	0	0	0	0	0	0	0	0	0	0	0	0	461
Participaciones	23 845	25 262	23 280	28 008	27 064	24 561	18 669	21 081	25 601	22 380	24 614	24 720	24 423	25 341	23 706	21 268
Aportaciones federales y estatales	n.d.	n.d.	n.d.	n.d.	n.d.	n.d.	n.d.	n.d.	n.d.	2	30	3	9	7	27	214

Otros ingresos	n.d.	n.d.	n.d.	n.d.	n.d.	n.d.	n.d.	n.d.	n.d.	0	0	0	0	0	0	0
Financiamiento	26 733	26 564	24 444	15 421	22 525	21 192	5 578	2 807	510	109	638	275	654	1 603	2 179	2 846
Municipios mexiquenses metropolitanos	3 349	3 733	3 089	3 226	3 659	3 698	3 405	3 293	3 618	4 635	5 078	5 344	5 417	6 089	5 970	5 161
Impuestos	258	296	144	94	959	1 326	934	915	913	1 038	1 574	1 424	1 848	1 944	1 866	1 550
Derechos	349	372	360	384	198	436	547	567	672	794	1 105	1 390	955	986	594	481
Productos	381	398	186	100	318	152	146	174	166	105	122	110	116	133	77	147
Aprovechamientos	375	396	177	351	207	325	306	356	484	412	417	440	449	220	260	350
Contribuciones de mejoras	0	0	0	0	0	0	0	0	0	0	0	0	0	0	0	99
Participaciones	1 986	2 271	2 222	2 297	1 978	1 460	1 473	1 281	1 381	1 263	1 368	1 607	1 722	2 057	2 181	1 880
Aportaciones federales y estatales	n.d.	n.d.	n.d.	n.d.	n.d.	n.d.	n.d.	n.d.	n.d.	483	0	0	138	240	193	244
Otros ingresos	n.d.	n.d.	n.d.	n.d.	n.d.	n.d.	n.d.	n.d.	n.d.	0	0	0	0	0	0	0
Financiamiento	0	0	0	0	0	0	0	0	0	539	492	374	189	508	801	411

Concepto	*1996*	*1997*	*1998*	*1999*	*2000*	*2001*	*2002*	*2003*	*2004*	*2005*	*2006*	*2007*	*2008*	*2009*	*Acumulado 1980-2009*
ZMCM	60 417	66 644	69 628	63 698	72 600	77 112	81 971	81 352	83 090	86 876	97 538	101 991	114 411	111 203	2 067 791
Impuestos	12 950	15 863	13 367	13 184	14 800	16 168	16 318	16 507	15 999	17 517	17 989	18 516	19 096	18 154	365 158
Derechos	5 251	5 526	10 846	11 765	11 731	11 024	11 779	10 298	11 930	11 708	11 922	12 948	12 310	11 476	216 223
Productos	5 888	6 017	2 510	2 337	1 530	1 553	1 028	753	1 440	1 190	1 677	1 748	2 045	1 348	107 177
Aprovechamientos	2 341	3 262	1 974	1 950	1 657	1 532	2 115	4 363	5 029	5 109	4 272	2 960	4 607	3 649	91 736
Contribuciones de mejoras	360	389	373	158	126	96	98	91	119	128	92	130	158	100	2 976
Participaciones	23 081	27 386	26 355	27 927	30 908	31 715	31 970	31 527	32 274	36 064	43 833	41 726	48 287	40 934	886 237
Aportaciones federales y estatales	385	1 484	4 173	4 148	5 840	9 413	10 328	11 149	12 035	12 522	15 252	15 159	22 979	28 701	155 157
Otros ingresos	1	6	139	243	153	248	128	149	569	321	605	6 942	1 279	3 058	13 840
Financiamiento	10 159	6 711	9 891	1 986	5 855	5 364	8 207	6 516	3 694	2 317	1 897	1 863	3 652	3 783	229 288

Cuadro AE-VI.1
(concluye)

Concepto	1996	1997	1998	1999	2000	2001	2002	2003	2004	2005	2006	2007	2008	2009	Acumulado 1980-2009
Distrito Federal (sector central)	54 674	61 221	62 320	55 287	64 133	66 964	71 027	69 852	69 873	73 141	82 888	86 262	94 493	92 153	1 834 782
Impuestos	11 433	14 478	12 043	11 956	13 425	14 651	14 655	14 767	14 093	15 592	15 807	16 152	16 392	15 518	322 609
Derechos	4 547	5 083	9 992	10 922	11 201	10 367	11 050	9 460	11 003	10 888	11 006	11 990	11 405	10 675	195 109
Productos	5 723	5 892	2 364	2 216	1 448	1 406	934	675	1 244	1 061	1 571	1 574	1 610	1 141	102 142
Aprovechamientos	2 177	3 025	1 697	1 716	1 387	1 231	1 761	4 041	4 624	4 577	3 778	2 502	4 103	3 181	81 194
Contribuciones de mejoras	281	330	259	60	15	16	14	16	7	1	0	0	0	0	1 461
Participaciones	20 840	24 891	23 554	24 420	27 421	28 335	28 789	27 350	27 926	31 993	38 901	36 962	42 151	35 981	803 338
Aportaciones federales y estatales	169	1 376	3 180	2 747	3 656	6 549	6 309	8 160	8 997	9 029	11 347	10 934	17 213	21 261	111 220
Otros ingresos	0	0	0	0	0	0	0	0	277	0	0	6 148	82	2 892	9 399
Financiamiento	9 505	6 145	9 230	1 250	5 581	4 409	7 515	5 382	1 703	0	-477	0	1 536	1 502	208 310
Municipios mexiquenses metropolitanos	5 743	5 423	7 309	8 410	8 467	10 148	10 943	11 500	13 217	13 735	14 650	15 729	19 918	19 050	233 009
Impuestos	1 517	1 385	1 324	1 227	1 375	1 517	1 663	1 741	1 907	1 925	2 182	2 364	2 704	2 636	42 549
Derechos	705	443	854	843	530	656	729	837	927	821	916	958	904	801	21 114
Productos	164	125	146	121	82	147	94	78	197	129	106	174	435	207	5 035
Aprovechamientos	165	236	276	234	271	301	354	321	405	532	493	458	504	467	10 542
Contribuciones de mejoras	79	58	114	98	111	80	84	74	113	126	92	130	158	100	1 515
Participaciones	2 242	2 495	2 801	3 507	3 488	3 379	3 180	4 177	4 348	4 071	4 932	4 764	6 135	4 953	82 899
Aportaciones federales y estatales	216	108	993	1 401	2 184	2 865	4 019	2 988	3 038	3 493	3 905	4 224	5 766	7 439	43 937
Otros ingresos	1	6	139	243	153	248	128	149	292	321	605	794	1 196	166	4 441
Financiamiento	654	566	661	737	275	955	692	1 134	1 992	2 317	1 420	1 863	2 116	2 281	20 977

Fuente: elaboración propia con base en: 1975-1988, INEGI, Finanzas públicas estatales y municipales de México; 1989-2009, Estadística de finanzas públicas estatales y municipales (www.inegi.org.mx) y Banxico, INPC.

n.d.: no disponible.

Cuadro AE-VI.2

Zona Metropolitana de la Ciudad de México: egresos efectivos según conceptos constitutivos, 1980-2009
(millones de pesos de 2003)

Concepto	*1980*	*1981*	*1982*	*1983*	*1984*	*1985*	*1986*	*1987*	*1988*	*1989*	*1990*
ZMCM	66 845	74 769	90 865	55 878	62 130	60 557	44 653	43 380	39 651	41 792	51 371
Gastos administrativos	13 525	14 063	14 348	13 999	21 616	21 652	18 807	18 675	19 657	23 994	29 769
Servicios personales	n.d.	n.d.	n.d.	n.d.	n.d.	n.d.	n.d.	n.d.	n.d.	12 182	13 612
Materiales y suministros	n.d.	n.d.	n.d.	n.d.	n.d.	n.d.	n.d.	n.d.	n.d.	3 525	5 039
Servicios generales	n.d.	n.d.	n.d.	n.d.	n.d.	n.d.	n.d.	n.d.	n.d.	8 287	11 118
Subsidios, transferencias y ayudas	1 540	253	1 639	6 023	7 176	4 213	2 463	2 824	3 606	7 258	10 109
Adquisición de bienes muebles e inmuebles	n.d.	n.d.	n.d.	n.d.	n.d.	n.d.	n.d.	n.d.	n.d.	130	95
Obras públicas y acciones sociales	29 289	47 611	40 686	28 824	24 852	20 707	14 452	14 667	12 231	9 717	10 706
Obras públicas	n.d.	n.d.	n.d.	n.d.	n.d.	n.d.	n.d.	n.d.	n.d.	9 575	10 538
Acciones sociales	n.d.	n.d.	n.d.	n.d.	n.d.	n.d.	n.d.	n.d.	n.d.	141	168
Inversión financiera	2 668	1 021	1	0	0	0	3 655	3 696	2 025	0	0
Sector paraestatal del DF	0	0	0	0	0	0	0	0	0	0	0
Aplicación de recursos federales y estatales	0	0	0	0	0	0	0	0	0	0	0
Otros egresos	0	0	0	0	0	0	0	0	0	0	0
Deuda pública	19 824	11 821	34 191	7 032	8 485	13 985	5 276	3 519	2 132	694	692
Distrito Federal (sector central y delegaciones)	63 875	71 026	87 430	52 851	58 132	57 146	41 244	41 344	36 228	37 308	46 076
Gastos administrativos	11 688	11 767	11 874	11 992	19 294	19 228	16 294	17 153	17 137	21 246	26 635
Servicios personales	n.d.	n.d.	n.d.	n.d.	n.d.	n.d.	n.d.	n.d.	n.d.	11 827	13 343

Cuadro AE-VI.2
(continúa)

Concepto	*1980*	*1981*	*1982*	*1983*	*1984*	*1985*	*1986*	*1987*	*1988*	*1989*	*1990*
Materiales y suministros	n.d.	n.d.	n.d.	n.d.	n.d.	n.d.	n.d.	n.d.	n.d.	2 733	4 589
Servicios generales	n.d.	n.d.	n.d.	n.d.	n.d.	n.d.	n.d.	n.d.	n.d.	6 686	8 703
Subsidios, transferencias y ayudas	1 405	92	1 455	5 906	7 065	4 083	2 313	2 716	3 426	7 004	9 880
Adquisición de bienes muebles e inmuebles	n.d.	n.d.	n.d.	n.d.	n.d.	n.d.	n.d.	n.d.	n.d.	0	0
Obras públicas y acciones sociales	28 290	46 325	39 909	27 921	23 289	19 851	13 706	14 260	11 508	8 516	9 134
Obras públicas	n.d.	n.d.	n.d.	n.d.	n.d.	n.d.	n.d.	n.d.	n.d.	8 516	9 134
Acciones sociales	n.d.	n.d.	n.d.	n.d.	n.d.	n.d.	n.d.	n.d.	n.d.	0	0
Inversión financiera	2 668	1 021	1	0	0	0	3 655	3 696	2 025	0	0
Sector paraestatal	0	0	0	0	0	0	0	0	0	0	0
Deuda pública	19 824	11 821	34 191	7 032	8 485	13 985	5 276	3 519	2 132	542	427
Municipios metropolitanos	2 970	3 744	3 435	3 026	3 997	3 411	3 409	2 035	3 423	4 484	5 295
Gastos administrativos	1 837	2 296	2 474	2 007	2 323	2 424	2 513	1 521	2 520	2 748	3 134
Servicios personales	n.d.	n.d.	n.d.	n.d.	n.d.	n.d.	n.d.	n.d.	n.d.	355	268
Materiales y suministros	n.d.	n.d.	n.d.	n.d.	n.d.	n.d.	n.d.	n.d.	n.d.	792	451
Servicios generales	n.d.	n.d.	n.d.	n.d.	n.d.	n.d.	n.d.	n.d.	n.d.	1 601	2 415
Subsidios, transferencias y ayudas	134	161	184	117	112	130	151	107	180	255	229
Adquisición de bienes muebles e inmuebles	n.d.	n.d.	n.d.	n.d.	n.d.	n.d.	n.d.	n.d.	n.d.	130	95
Obras públicas y acciones sociales	998	1 287	777	903	1 563	856	745	407	723	1 200	1 572
Obras públicas	n.d.	n.d.	n.d.	n.d.	n.d.	n.d.	n.d.	n.d.	n.d.	1 059	1 404
Acciones sociales	n.d.	n.d.	n.d.	n.d.	n.d.	n.d.	n.d.	n.d.	n.d.	141	168

Inversión financiera	0	0	0	0	0	0	0	0	0	0	0
Aplicación de recursos federales y estatales	0	0	0	0	0	0	0	0	0	0	0
Otros egresos	0	0	0	0	0	0	0	0	0	0	0
Deuda pública	0	0	0	0	0	0	0	0	0	151	265

Concepto	*1991*	*1992*	*1993*	*1994*	*1995*	*1996*	*1997*	*1998*	*1999*	*2000*	*2001*
ZMCM	54 190	59 615	62 543	64 671	55 441	60 196	65 938	63 884	58 883	8 053	9 124
Gastos administrativos	32 741	35 499	37 454	40 539	35 499	36 445	43 830	41 117	41 967	4 890	5 734
Servicios personales	16 621	18 224	19 526	21 951	17 927	19 866	21 943	24 024	25 711	3 236	3 810
Materiales y suministros	4 988	4 668	4 557	4 423	4 750	4 221	4 447	4 227	3 757	488	533
Servicios generales	11 131	12 607	13 371	14 165	12 822	12 357	17 440	12 867	12 500	1 167	1 391
Subsidios, transferencias y ayudas	9 583	11 365	12 793	13 060	9 748	8 392	7 524	10 725	4 653	884	847
Adquisición de bienes muebles e inmuebles	190	0	0	0	1 235	3 497	2 949	2 793	2 573	290	556
Obras públicas y acciones sociales	10 894	12 209	11 156	9 706	6 703	9 220	7 859	5 648	5 579	1 271	1 316
Obras públicas	10 830	11 992	10 939	9 453	6 703	9 220	7 859	5 648	5 578	1 271	1 298
Acciones sociales	64	217	217	253	0	0	0	0	1	0	18
Inversión financiera	0	0	0	0	11	45	15	0	5	0	0
Sector paraestatal del DF	0	0	0	0	0	0	0	0	0	0	0
Aplicación de recursos federales y estatales	0	0	0	0	0	0	0	0	0	5	61
Otros egresos	0	0	0	0	0	0	0	1	1	0	56
Deuda pública	781	542	1 140	1 366	2 245	2 597	3 761	3 601	4 104	712	554

Cuadro AE-VI.2
(continúa)

Concepto	*1991*	*1992*	*1993*	*1994*	*1995*	*1996*	*1997*	*1998*	*1999*	*2000*	*2001*
Distrito Federal (sector central y delegaciones)	48 899	54 398	56 294	58 600	50 384	54 466	60 593	56 855	50 744	0	0
Gastos administrativos	28 942	31 971	33 712	36 208	32 129	32 987	40 401	36 813	37 204	0	0
Servicios personales	14 875	16 348	17 678	19 902	17 474	17 812	19 767	21 358	22 806	0	0
Materiales y suministros	4 696	4 320	4 169	3 962	4 007	3 719	4 069	3 794	3 263	0	0
Servicios generales	9 371	11 303	11 865	12 344	10 648	11 456	16 565	11 662	11 135	0	0
Subsidios, transferencias y ayudas	9 284	10 931	12 396	12 668	9 381	7 907	7 058	10 111	3 999	0	0
Adquisición de bienes muebles e inmuebles	0	0	0	0	1 124	3 089	2 615	2 418	2 135	0	0
Obras públicas y acciones sociales	10 205	11 137	9 529	8 592	5 976	8 286	7 137	4 503	3 962	0	0
Obras públicas	10 205	11 137	9 529	8 592	5 976	8 286	7 137	4 503	3 961	0	0
Acciones sociales	0	0	0	0	0	0	0	0	1	0	0
Inversión financiera	0	0	0	0	8	45	15	0	5	0	0
Sector paraestatal	0	0	0	0	0	0	0	0	0	0	0
Deuda pública	467	359	657	1 133	1 766	2 152	3 368	3 010	3 438	0	0
Municipios metropolitanos	5 291	5 217	6 249	6 071	5 057	5 731	5 345	7 029	8 139	8 053	9 124
Gastos administrativos	3 799	3 528	3 742	4 332	3 370	3 458	3 429	4 304	4 763	4 890	5 734
Servicios personales	1 746	1 876	1 848	2 050	453	2 055	2 176	2 666	2 905	3 236	3 810
Materiales y suministros	292	349	388	461	744	502	377	433	494	488	533
Servicios generales	1 761	1 304	1 506	1 821	2 174	901	876	1 205	1 364	1 167	1 391

Subsidios, transferencias y ayudas	299	434	398	392	367	484	466	614	654	884	847
Adquisición de bienes muebles e inmuebles	190	0	0	0	111	408	334	376	438	290	556
Obras públicas y acciones sociales	689	1 072	1 626	1 114	728	934	722	1 145	1 617	1 271	1 316
Obras públicas	625	855	1 410	862	728	934	722	1 145	1 617	1 271	1 298
Acciones sociales	64	217	217	253	0	0	0	0	0	0	18
Inversión financiera	0	0	0	0	2	0	0	0	0	0	0
Aplicación de recursos federales y estatales	0	0	0	0	0	0	0	0	0	5	61
Otros egresos	0	0	0	0	0	0	0	1	1	0	56
Deuda pública	314	183	482	234	479	446	393	591	667	712	554

Concepto	*2002*	*2003*	*2004*	*2005*	*2006*	*2007*	*2008*	*2009*	*Acumulado 1980-2009*
ZMCM	81 953	80 980	82 563	86 912	95 058	100 779	112 563	109 268	2 057 804
Gastos administrativos	47 038	41 018	37 795	39 328	41 291	44 962	49 297	46 992	993 942
Servicios personales	33 128	29 841	28 479	27 457	29 301	31 193	31 877	30 282	n.a.
Materiales y suministros	3 764	3 230	2 235	3 318	3 668	4 027	4 915	4 699	n.a.
Servicios generales	10 146	7 947	7 081	8 553	8 322	9 743	12 505	12 011	n.a.
Subsidios, transferencias y ayudas	21 686	26 557	27 737	21 618	23 489	25 604	27 623	29 820	353 732
Adquisición de bienes muebles e inmuebles	2 209	1 180	1 288	1 206	1 823	2 417	3 154	2 136	n.a.
Obras públicas y acciones sociales	7 594	5 863	9 705	4 968	5 320	6 757	11 497	9 161	405 203
Obras públicas	7 485	5 823	9 688	4 934	5 283	6 751	11 447	9 144	n.a.
Acciones sociales	108	40	16	34	37	6	50	17	n.a.
Inversión financiera	35	299	184	0	0	158	6	27	13 937

Cuadro AE-VI.2
(concluye)

Concepto	*2002*	*2003*	*2004*	*2005*	*2006*	*2007*	*2008*	*2009*	*Acumulado 1980-2009*
Sector paraestatal del DF	0	0	0	13 920	13 956	16 054	15 734	14 018	73 682
Aplicación de recursos federales y estatales	13	2	0	0	0	1	0	0	82
Otros egresos	15	179	56	20	21	566	6	0	922
Deuda pública	3 364	5 881	5 798	5 851	9 157	4 260	5 246	7 115	182 295
Distrito Federal (sector central y delegaciones)	71 502	69 656	69 577	73 141	81 103	85 469	93 943	91 405	1 832 988
Gastos administrativos	40 561	34 131	29 975	31 291	32 861	35 292	38 664	36 561	854 409
Servicios personales	28 801	25 064	23 086	21 824	23 181	24 320	24 490	23 035	n.a.
Materiales y suministros	3 203	2 664	1 558	2 635	2 993	3 281	4 005	3 798	n.a.
Servicios generales	8 557	6 403	5 330	6 832	6 687	7 691	10 169	9 728	n.a.
Subsidios, transferencias y ayudas	20 643	25 321	26 455	20 068	22 110	24 043	25 687	27 796	334 124
Adquisición de bienes muebles e inmuebles	1 858	877	648	856	1 366	1 965	2 615	1 668	n.a.
Obras públicas y acciones sociales	6 083	4 245	8 092	2 611	3 540	4 882	8 116	6 320	364 962
Obras públicas	6 081	4 238	8 092	2 611	3 540	4 882	8 116	6 320	n.a.
Acciones sociales	2	6	0	0	0	0	0	0	n.a.
Inversión financiera	35	299	184	0	0	158	0	27	13 928
Sector paraestatal	0	0	0	13 920	13 956	16 054	15 734	14 018	73 682
Deuda pública	2 322	4 782	4 223	4 395	7 269	3 074	3 127	5 015	164 361

Municipios metropolitanos	10 450	11 325	12 986	13 771	13 956	15 310	18 620	17 863	224 816
Gastos administrativos	6 477	6 887	7 820	8 038	8 430	9 670	10 633	10 431	139 533
Servicios personales	4 327	4 777	5 393	5 634	6 120	6 872	7 387	7 246	n.a.
Materiales y suministros	561	566	676	683	675	746	910	901	n.a.
Servicios generales	1 589	1 544	1 750	1 721	1 635	2 052	2 336	2 283	n.a.
Subsidios, transferencias y ayudas	1 043	1 236	1 282	1 549	1 380	1 560	1 937	2 024	19 608
Adquisición de bienes muebles e inmuebles	350	303	640	350	457	452	539	468	n.a.
Obras públicas y acciones sociales	1 511	1 619	1 612	2 357	1 780	1 875	3 381	2 841	40 241
Obras públicas	1 404	1 585	1 596	2 323	1 743	1 869	3 331	2 824	n.a.
Acciones sociales	106	34	16	34	37	6	50	17	n.a.
Inversión financiera	0	0	0	0	0	0	6	0	8
Aplicación de recursos federales y estatales	13	2	0	0	0	1	0	0	82
Otros egresos	15	179	56	20	21	566	6	0	922
Deuda pública	1 042	1 099	1 576	1 457	1 888	1 186	2 118	2 099	17 934

Fuente: elaboración propia con base en: 1975-1988, INEGI, Finanzas públicas estatales y municipales de México; 1989-2009, Estadística de finanzas públicas estatales y municipales (www.inegi.org.mx) y Banxico, INPC.

n.d.: no disponible.

n.a.: no se aplica.

Cuadro AE-VI.3
Distrito Federal: egresos efectivos, 1980-2009
(millones de pesos de 2003)

Concepto	*1980*	*1981*	*1982*	*1983*	*1984*	*1985*	*1986*	*1987*	*1988*	*1989*	*1990*	*1991*
Distrito Federal (sector central y delegaciones)	63 875	71 026	87 430	52 851	58 132	57 146	41 244	41 344	36 228	37 308	46 076	48 899
Gastos administrativos	11 688	11 767	11 874	11 992	19 294	19 228	16 294	17 153	17 137	21 246	26 635	28 942
Servicios personales	n.d.	n.d.	n.d.	n.d.	n.d.	n.d.	n.d.	n.d.	n.d.	11 827	13 343	14 875
Materiales y suministros	n.d.	n.d.	n.d.	n.d.	n.d.	n.d.	n.d.	n.d.	n.d.	2 733	4 589	4 696
Servicios generales	n.d.	n.d.	n.d.	n.d.	n.d.	n.d.	n.d.	n.d.	n.d.	6 686	8 703	9 371
Subsidios, transferencias y ayudas	1 405	92	1 455	5 906	7 065	4 083	2 313	2 716	3 426	7 004	9 880	9 284
Adquisición de bienes muebles e inmuebles	n.d.	n.d.	n.d.	n.d.	n.d.	n.d.	n.d.	n.d.	n.d.	0	0	0
Obras públicas y acciones sociales	28 290	46 325	39 909	27 921	23 289	19 851	13 706	14 260	11 508	8 516	9 134	10 205
Obras públicas	n.d.	n.d.	n.d.	n.d.	n.d.	n.d.	n.d.	n.d.	n.d.	8 516	9 134	10 205
Acciones sociales	n.d.	n.d.	n.d.	n.d.	n.d.	n.d.	n.d.	n.d.	n.d.	0	0	0
Inversión financiera	2 668	1 021	1	0	0	0	3 655	3 696	2 025	0	0	0
Sector paraestatal	0	0	0	0	0	0	0	0	0	0	0	0
Deuda pública	19 824	11 821	34 191	7 032	8 485	13 985	5 276	3 519	2 132	542	427	467
Distrito Federal (sector central)	63 875	71 026	87 430	52 851	58 132	57 146	41 244	41 344	36 228	37 308	46 076	48 899
Gastos administrativos	11 688	11 767	11 874	11 992	19 294	19 228	16 294	17 153	17 137	21 246	26 635	28 942
Servicios personales	n.d.	n.d.	n.d.	n.d.	n.d.	n.d.	n.d.	n.d.	n.d.	11 827	13 343	14 875
Materiales y suministros	n.d.	n.d.	n.d.	n.d.	n.d.	n.d.	n.d.	n.d.	n.d.	2 733	4 589	4 696

Servicios generales	n.d.	n.d.	n.d.	n.d.	n.d.	n.d.	n.d.	n.d.	n.d.	6 686	8 703	9 371
Subsidios, transferencias y ayudas	1 405	92	1 455	5 906	7 065	4 083	2 313	2 716	3 426	7 004	9 880	9 284
Adquisición de bienes muebles e inmuebles	n.d.	n.d.	n.d.	n.d.	n.d.	n.d.	n.d.	n.d.	n.d.	0	0	0
Obras públicas y acciones sociales	28 290	46 325	39 909	27 921	23 289	19 851	13 706	14 260	11 508	8 516	9 134	10 205
Obras públicas	n.d.	n.d.	n.d.	n.d.	n.d.	n.d.	n.d.	n.d.	n.d.	8 516	9 134	10 205
Acciones sociales	n.d.	n.d.	n.d.	n.d.	n.d.	n.d.	n.d.	n.d.	n.d.	0	0	0
Inversión financiera	2 668	1 021	1	0	0	0	3 655	3 696	2 025	0	0	0
Sector paraestatal	0	0	0	0	0	0	0	0	0	0	0	0
Deuda pública	19 824	11 821	34 191	7 032	8 485	13 985	5 276	3 519	2 132	542	427	467
Distrito Federal (delegaciones)[a]	0	0	0	0	0	0	0	0	0	0	0	0
Gastos administrativos	0	0	0	0	0	0	0	0	0	0	0	0
Servicios personales	0	0	0	0	0	0	0	0	0	0	0	0
Materiales y suministros	0	0	0	0	0	0	0	0	0	0	0	0
Servicios generales	0	0	0	0	0	0	0	0	0	0	0	0
Subsidios, transferencias y ayudas	0	0	0	0	0	0	0	0	0	0	0	0
Adquisición de bienes muebles e inmuebles	0	0	0	0	0	0	0	0	0	0	0	0
Obras públicas y acciones sociales	0	0	0	0	0	0	0	0	0	0	0	0
Obras públicas	0	0	0	0	0	0	0	0	0	0	0	0
Acciones sociales	0	0	0	0	0	0	0	0	0	0	0	0
Inversión financiera	0	0	0	0	0	0	0	0	0	0	0	0
Deuda pública	0	0	0	0	0	0	0	0	0	0	0	0

Cuadro AE-VI.3
(continúa)

Concepto	*1992*	*1993*	*1994*	*1995*	*1996*	*1997*	*1998*	*1999*	*2000*	*2001*	*2002*	*2003*
Distrito Federal (sector central y delegaciones)	54 398	56 294	58 600	50 384	54 466	60 593	56 855	50 744	56 362	56 936	71 502	69 656
Gastos administrativos	31 971	33 712	36 208	32 129	32 987	40 401	36 813	37 204	40 548	39 850	40 561	34 131
Servicios personales	16 348	17 678	19 902	17 474	17 812	19 767	21 358	22 806	24 159	24 807	28 801	25 064
Materiales y suministros	4 320	4 169	3 962	4 007	3 719	4 069	3 794	3 263	3 792	3 576	3 203	2 664
Servicios generales	11 303	11 865	12 344	10 648	11 456	16 565	11 662	11 135	12 598	11 467	8 557	6 403
Subsidios, transferencias y ayudas	10 931	12 396	12 668	9 381	7 907	7 058	10 111	3 999	5 732	7 189	20 643	25 321
Adquisición de bienes muebles e inmuebles	0	0	0	1 124	3 089	2 615	2 418	2 135	2 347	1 941	1 858	877
Obras públicas y acciones sociales	11 137	9 529	8 592	5 976	8 286	7 137	4 503	3 962	4 461	4 574	6 083	4 245
Obras públicas	11 137	9 529	8 592	5 976	8 286	7 137	4 503	3 961	4 461	4 574	6 081	4 238
Acciones sociales	0	0	0	0	0	0	0	1	0	0	2	6
Inversión financiera	0	0	0	8	45	15	0	5	0	85	35	299
Sector paraestatal	0	0	0	0	0	0	0	0	0	0	0	0
Deuda pública	359	657	1 133	1 766	2 152	3 368	3 010	3 438	3 274	3 298	2 322	4 782
Distrito Federal (sector central)	54 398	56 294	58 600	50 384	54 466	60 593	56 855	50 744	56 362	56 936	71 502	69 656
Gastos administrativos	31 971	33 712	36 208	32 129	32 987	40 401	36 813	37 204	40 548	39 850	40 561	34 131
Servicios personales	16 348	17 678	19 902	17 474	17 812	19 767	21 358	22 806	24 159	24 807	28 801	25 064
Materiales y suministros	4 320	4 169	3 962	4 007	3 719	4 069	3 794	3 263	3 792	3 576	3 203	2 664
Servicios generales	11 303	11 865	12 344	10 648	11 456	16 565	11 662	11 135	12 598	11 467	8 557	6 403

Subsidios, transferencias y ayudas	10 931	12 396	12 668	9 381	7 907	7 058	10 111	3 999	5 732	7 189	20 643	25 321
Adquisición de bienes muebles e inmuebles	0	0	0	1 124	3 089	2 615	2 418	2 135	2 347	1 941	1 858	877
Obras públicas y acciones sociales	11 137	9 529	8 592	5 976	8 286	7 137	4 503	3 962	4 461	4 574	6 083	4 245
Obras públicas	11 137	9 529	8 592	5 976	8 286	7 137	4 503	3 961	4 461	4 574	6 081	4 238
Acciones sociales	0	0	0	0	0	0	0	1	0	0	2	6
Inversión financiera	0	0	0	8	45	15	0	5	0	85	35	299
Sector paraestatal	0	0	0	0	0	0	0	0	0	0	0	0
Deuda pública	359	657	1 133	1 766	2 152	3 368	3 010	3 438	3 274	3 298	2 322	4 782
Distrito Federal (delegaciones) [a]	0	0	0	0	0	0	0	0	0	0	0	0
Gastos administrativos	0	0	0	0	0	0	0	0	0	0	0	0
Servicios personales	0	0	0	0	0	0	0	0	0	0	0	0
Materiales y suministros	0	0	0	0	0	0	0	0	0	0	0	0
Servicios generales	0	0	0	0	0	0	0	0	0	0	0	0
Subsidios, transferencias y ayudas	0	0	0	0	0	0	0	0	0	0	0	0
Adquisición de bienes muebles e inmuebles	0	0	0	0	0	0	0	0	0	0	0	0
Obras públicas y acciones sociales	0	0	0	0	0	0	0	0	0	0	0	0
Obras públicas	0	0	0	0	0	0	0	0	0	0	0	0
Acciones sociales	0	0	0	0	0	0	0	0	0	0	0	0
Inversión financiera	0	0	0	0	0	0	0	0	0	0	0	0
Deuda pública	0	0	0	0	0	0	0	0	0	0	0	0

Cuadro AE-VI.3
(concluye)

Concepto	*2004*	*2005*	*2006*	*2007*	*2008*	*2009*	*Acumulado 1980-2009*
Distrito Federal (sector central y delegaciones)	69 577	73 141	81 103	85 469	93 943	91 405	1 832 988
Gastos administrativos	29 975	31 291	32 861	35 292	38 664	36 561	854 409
Servicios personales	23 086	21 824	23 181	24 320	24 490	23 035	n.a.
Materiales y suministros	1 558	2 635	2 993	3 281	4 005	3 798	n.a.
Servicios generales	5 330	6 832	6 687	7 691	10 169	9 728	n.a.
Subsidios, transferencias y ayudas	26 455	20 068	22 110	24 043	25 687	27 796	334 124
Adquisición de bienes muebles e inmuebles	648	856	1 366	1 965	2 615	1 668	n.a.
Obras públicas y acciones sociales	8 092	2 611	3 540	4 882	8 116	6 320	364 962
Obras públicas	8 092	2 611	3 540	4 882	8 116	6 320	n.a.
Acciones sociales	0	0	0	0	0	0	n.a.
Inversión financiera	184	0	0	158	0	27	13 928
Sector paraestatal	0	13 920	13 956	16 054	15 734	14 018	73 682
Deuda pública	4 223	4 395	7 269	3 074	3 127	5 015	164 361
Distrito Federal (sector central)	69 577	57 889	65 232	68 530	76 283	75 977	1 751 839
Gastos administrativos	29 975	19 205	20 489	22 437	25 737	24 337	791 945
Servicios personales	23 086	14 132	15 150	16 059	16 319	15 402	n.a.
Materiales y suministros	1 558	1 465	1 753	1 901	2 462	2 372	n.a.
Servicios generales	5 330	3 608	3 587	4 478	6 957	6 562	n.a.
Subsidios, transferencias y ayudas	26 455	19 448	21 349	23 157	24 653	26 970	329 997

Adquisición de bienes muebles e inmuebles	648	220	769	1 172	1 992	1 401	n.a.
Obras públicas y acciones sociales	8 092	702	1 400	2 477	5 040	4 209	353 321
Obras públicas	8 092	702	1 400	2 477	5 040	4 209	n.a.
Acciones sociales	0	0	0	0	0	0	n.a.
Inversión financiera	184	0	0	158	0	27	13 928
Sector paraestatal	0	13 920	13 956	16 054	15 734	14 018	73 682
Deuda pública	4 223	4 395	7 269	3 074	3 127	5 015	164 361
Distrito Federal (delegaciones) [a]	0	15 251	15 870	16 939	17 660	15 428	81 149
Gastos administrativos	0	12 086	12 372	12 855	12 927	12 224	62 464
Servicios personales	0	7 692	8 031	8 262	8 171	7 633	39 789
Materiales y suministros	0	1 170	1 240	1 380	1 543	1 426	6 759
Servicios generales	0	3 224	3 100	3 213	3 213	3 166	15 916
Subsidios, transferencias y ayudas	0	621	761	887	1 034	825	4 128
Adquisición de bienes muebles e inmuebles	0	636	598	793	624	267	2 917
Obras públicas y acciones sociales	0	1 909	2 140	2 405	3 076	2 111	11 641
Obras públicas	0	1 909	2 140	2 405	3 076	2 111	11 641
Acciones sociales	0	0	0	0	0	0	0
Inversión financiera	0	0	0	0	0	0	0
Deuda pública	0	0	0	0	0	0	0

Fuente: elaboración propia con base en: 1975-1988, INEGI, Finanzas públicas estatales y municipales de México; 1989-2009, Estadística de finanzas públicas estatales y municipales (www.inegi.org.mx) y Banxico, INPC.

[a] Aunque el INEGI reporta egresos para las delegaciones desde 1999, sólo se indica como una cuenta diferente en el Sector Central del Distrito Federal (recursos asignados a las delegaciones políticas) a partir de 2005; por ello, para evitar duplicidades, sólo se considera el desglose por delegación en el periodo 2005-2009).

n.d.: no disponible.

n.a.: no se aplica.

Cuadro AE-VI.4
Zona Metropolitana de la Ciudad de México: ingresos efectivos, 1980-2009 (estructura porcentual por rubro)

Concepto	*1980*	*1981*	*1982*	*1983*	*1984*	*1985*	*1986*	*1987*	*1988*	*1989*	*1990*	*1991*	*1992*	*1993*	*1994*	*1995*
ZMCM	100.0	100.0	100.0	100.0	100.0	100.0	100.0	100.0	100.0	100.0	100.0	100.0	100.0	100.0	100.0	100.0
Impuestos	10.6	11.4	9.4	6.6	7.1	8.4	8.5	6.6	13.1	15.1	19.7	24.5	26.2	26.2	26.7	23.9
Derechos	5.1	5.6	6.5	4.3	4.7	4.7	7.8	6.5	6.1	6.9	8.8	9.9	10.0	10.0	10.7	9.4
Productos	1.2	1.5	1.4	5.9	3.3	1.9	4.2	8.4	12.4	20.8	17.2	13.2	14.3	12.7	11.5	11.8
Aprovechamientos	5.7	3.6	3.0	1.6	1.4	0.8	21.9	22.1	4.7	2.3	3.7	2.8	3.2	3.0	5.3	5.5
Contribuciones de mejoras	0.0	0.0	0.0	0.0	0.0	0.0	0.0	0.0	0.0	0.0	0.0	0.0	0.0	0.0	0.0	1.0
Participaciones	38.0	39.7	40.6	54.0	47.0	46.4	45.1	50.1	62.5	52.3	48.6	48.5	44.6	44.3	40.7	41.7
Aportaciones federales y estatales	n.d.	n.d.	n.d.	n.d.	n.d.	n.d.	n.d.	n.d.	n.d.	1.1	0.1	0.0	0.3	0.4	0.3	0.8
Otros ingresos	n.d.	n.d.	n.d.	n.d.	n.d.	n.d.	n.d.	n.d.	n.d.	0.0	0.0	0.0	0.0	0.0	0.0	0.0
Financiamiento	39.3	38.3	39.0	27.5	36.5	37.8	12.5	6.3	1.2	1.4	2.1	1.2	1.4	3.4	4.7	5.9
Distrito Federal (sector central)	100.0	100.0	100.0	100.0	100.0	100.0	100.0	100.0	100.0	100.0	100.0	100.0	100.0	100.0	100.0	100.0
Impuestos	10.7	11.6	9.7	6.9	5.9	6.5	7.0	4.9	11.9	14.3	18.5	24.2	25.4	25.6	26.3	23.3
Derechos	4.8	5.3	6.3	3.9	4.7	4.1	7.1	5.7	5.0	5.8	7.4	8.1	9.2	9.3	10.8	9.4
Productos	0.7	1.0	1.2	6.1	3.0	1.8	4.2	8.7	13.2	22.9	18.7	14.4	15.5	13.9	12.5	12.8
Aprovechamientos	5.5	3.2	2.9	1.0	1.1	0.3	22.9	23.0	3.9	1.6	3.2	2.2	2.7	3.0	5.4	5.4
Contribuciones de mejoras	0.0	0.0	0.0	0.0	0.0	0.0	0.0	0.0	0.0	0.0	0.0	0.0	0.0	0.0	0.0	0.9
Participaciones	36.9	38.4	39.0	53.0	46.6	46.9	45.3	51.0	64.7	55.2	50.8	50.5	45.9	45.4	41.1	42.2

Aportaciones federales y estatales	n.d.	n.d.	n.d.	n.d.	n.d.	n.d.	n.d.	n.d.	n.d.	0.0	0.1	0.0	0.0	0.0	0.0	0.4
Otros ingresos	n.d.	n.d.	n.d.	n.d.	n.d.	n.d.	n.d.	n.d.	n.d.	0.0	0.0	0.0	0.0	0.0	0.0	0.0
Financiamiento	41.4	40.4	41.0	29.2	38.7	40.5	13.5	6.8	1.3	0.3	1.3	0.6	1.2	2.9	3.8	5.6
Municipios metropolitanos	100.0	100.0	100.0	100.0	100.0	100.0	100.0	100.0	100.0	100.0	100.0	100.0	100.0	100.0	100.0	100.0
Impuestos	7.7	7.9	4.7	2.9	26.2	35.9	27.4	27.8	25.3	22.4	31.0	26.6	34.1	31.9	31.3	30.0
Derechos	10.4	10.0	11.6	11.9	5.4	11.8	16.1	17.2	18.6	17.1	21.8	26.0	17.6	16.2	10.0	9.3
Productos	11.4	10.6	6.0	3.1	8.7	4.1	4.3	5.3	4.6	2.3	2.4	2.0	2.1	2.2	1.3	2.8
Aprovechamientos	11.2	10.6	5.7	10.9	5.6	8.8	9.0	10.8	13.4	8.9	8.2	8.2	8.3	3.6	4.3	6.8
Contribuciones de mejoras	0.0	0.0	0.0	0.0	0.0	0.0	0.0	0.0	0.0	0.0	0.0	0.0	0.0	0.0	0.0	1.9
Participaciones	59.3	60.8	71.9	71.2	54.1	39.5	43.2	38.9	38.2	27.3	26.9	30.1	31.8	33.8	36.5	36.4
Aportaciones federales y estatales	n.d.	n.d.	n.d.	n.d.	n.d.	n.d.	n.d.	n.d.	n.d.	10.4	0.0	0.0	2.5	3.9	3.2	4.7
Otros ingresos	n.d.	n.d.	n.d.	n.d.	n.d.	n.d.	n.d.	n.d.	n.d.	0.0	0.0	0.0	0.0	0.0	0.0	0.0
Financiamiento	0.0	0.0	0.0	0.0	0.0	0.0	0.0	0.0	0.0	11.6	9.7	7.0	3.5	8.3	13.4	8.0

Concepto	*1996*	*1997*	*1998*	*1999*	*2000*	*2001*	*2002*	*2003*	*2004*	*2005*	*2006*	*2007*	*2008*	*2009*	*1980-2009*
ZMCM	100.0	100.0	100.0	100.0	100.0	100.0	100.0	100.0	100.0	100.0	100.0	100.0	100.0	100.0	100.0
Impuestos	21.4	23.8	19.2	20.7	20.4	21.0	19.9	20.3	19.3	20.2	18.4	18.2	16.7	16.3	17.7
Derechos	8.7	8.3	15.6	18.5	16.2	14.3	14.4	12.7	14.4	13.5	12.2	12.7	10.8	10.3	10.5
Productos	9.7	9.0	3.6	3.7	2.1	2.0	1.3	0.9	1.7	1.4	1.7	1.7	1.8	1.2	5.2
Aprovechamientos	3.9	4.9	2.8	3.1	2.3	2.0	2.6	5.4	6.1	5.9	4.4	2.9	4.0	3.3	4.4

Cuadro AE-VI.4
(concluye)

Concepto	*1996*	*1997*	*1998*	*1999*	*2000*	*2001*	*2002*	*2003*	*2004*	*2005*	*2006*	*2007*	*2008*	*2009*	*1980-2009*
Contribuciones de mejoras	0.6	0.6	0.5	0.2	0.2	0.1	0.1	0.1	0.1	0.1	0.1	0.1	0.1	0.1	0.1
Participaciones	38.2	41.1	37.9	43.8	42.6	41.1	39.0	38.8	38.8	41.5	44.9	40.9	42.2	36.8	42.9
Aportaciones federales y estatales	0.6	2.2	6.0	6.5	8.0	12.2	12.6	13.7	14.5	14.4	15.6	14.9	20.1	25.8	7.5
Otros ingresos	0.0	0.0	0.2	0.4	0.2	0.3	0.2	0.2	0.7	0.4	0.6	6.8	1.1	2.8	0.7
Financiamiento	16.8	10.1	14.2	3.1	8.1	7.0	10.0	8.0	4.4	2.7	1.9	1.8	3.2	3.4	11.1
Distrito Federal (sector central)	100.0	100.0	100.0	100.0	100.0	100.0	100.0	100.0	100.0	100.0	100.0	100.0	100.0	100.0	100.0
Impuestos	20.9	23.6	19.3	21.6	20.9	21.9	20.6	21.1	20.2	21.3	19.1	18.7	17.3	16.8	17.6
Derechos	8.3	8.3	16.0	19.8	17.5	15.5	15.6	13.5	15.7	14.9	13.3	13.9	12.1	11.6	10.6
Productos	10.5	9.6	3.8	4.0	2.3	2.1	1.3	1.0	1.8	1.5	1.9	1.8	1.7	1.2	5.6
Aprovechamientos	4.0	4.9	2.7	3.1	2.2	1.8	2.5	5.8	6.6	6.3	4.6	2.9	4.3	3.5	4.4
Contribuciones de mejoras	0.5	0.5	0.4	0.1	0.0	0.0	0.0	0.0	0.0	0.0	0.0	0.0	0.0	0.0	0.1
Participaciones	38.1	40.7	37.8	44.2	42.8	42.3	40.5	39.2	40.0	43.7	46.9	42.8	44.6	39.0	43.8
Aportaciones federales y estatales	0.3	2.2	5.1	5.0	5.7	9.8	8.9	11.7	12.9	12.3	13.7	12.7	18.2	23.1	6.1
Otros ingresos	0.0	0.0	0.0	0.0	0.0	0.0	0.0	0.0	0.4	0.0	0.0	7.1	0.1	3.1	0.5
Financiamiento	17.4	10.0	14.8	2.3	8.7	6.6	10.6	7.7	2.4	0.0	0.6	0.0	1.6	1.6	11.4
Municipios metropolitanos	100.0	100.0	100.0	100.0	100.0	100.0	100.0	100.0	100.0	100.0	100.0	100.0	100.0	100.0	100.0
Impuestos	26.4	25.5	18.1	14.6	16.2	15.0	15.2	15.1	14.4	14.0	14.9	15.0	13.6	13.8	18.3

Derechos	12.3	8.2	11.7	10.0	6.3	6.5	6.7	7.3	7.0	6.0	6.3	6.1	4.5	4.2	9.1
Productos	2.9	2.3	2.0	1.4	1.0	1.5	0.9	0.7	1.5	0.9	0.7	1.1	2.2	1.1	2.2
Aprovechamientos	2.9	4.4	3.8	2.8	3.2	3.0	3.2	2.8	3.1	3.9	3.4	2.9	2.5	2.5	4.5
Contribuciones de mejoras	1.4	1.1	1.6	1.2	1.3	0.8	0.8	0.6	0.9	0.9	0.6	0.8	0.8	0.5	0.7
Participaciones	39.0	46.0	38.3	41.7	41.2	33.3	29.1	36.3	32.9	29.6	33.7	30.3	30.8	26.0	35.6
Aportaciones federales y estatales	3.8	2.0	13.6	16.7	25.8	28.2	36.7	26.0	23.0	25.4	26.7	26.9	28.9	39.0	18.9
Otros ingresos	0.0	0.1	1.9	2.9	1.8	2.4	1.2	1.3	2.2	2.3	4.1	5.1	6.0	0.9	1.9
Financiamiento	11.4	10.4	9.0	8.8	3.2	9.4	6.3	9.9	15.1	16.9	9.7	11.8	10.6	12.0	9.0

Fuente: elaboración propia con base en el cuadro AE-VI.1.
n.d.: no disponible.

Cuadro AE-VI.5
Zona Metropolitana de la Ciudad de México: egresos efectivos, 1980-2009
(estructura porcentual por rubro)

Concepto	*1980*	*1981*	*1982*	*1983*	*1984*	*1985*	*1986*	*1987*	*1988*	*1989*	*1990*	*1991*
ZMCM	100.0	100.0	100.0	100.0	100.0	100.0	100.0	100.0	100.0	100.0	100.0	100.0
Gastos administrativos	20.2	18.8	15.8	25.1	34.8	35.8	42.1	43.0	49.6	57.4	57.9	60.4
Servicios personales	n.d.	n.d.	n.d.	n.d.	n.d.	n.d.	n.d.	n.d.	n.d.	29.2	26.5	30.7
Materiales y suministros	n.d.	n.d.	n.d.	n.d.	n.d.	n.d.	n.d.	n.d.	n.d.	8.4	9.8	9.2
Servicios generales	n.d.	n.d.	n.d.	n.d.	n.d.	n.d.	n.d.	n.d.	n.d.	19.8	21.6	20.5
Subsidios, transferencias y ayudas	2.3	0.3	1.8	10.8	11.6	7.0	5.5	6.5	9.1	17.4	19.7	17.7
Adquisición de bienes muebles e inmuebles	n.d.	n.d.	n.d.	n.d.	n.d.	n.d.	n.d.	n.d.	n.d.	0.3	0.2	0.4
Obras públicas y acciones sociales	43.8	63.7	44.8	51.6	40.0	34.2	32.4	33.8	30.8	23.2	20.8	20.1
Obras públicas	n.d.	n.d.	n.d.	n.d.	n.d.	n.d.	n.d.	n.d.	n.d.	22.9	20.5	20.0
Acciones sociales	n.d.	n.d.	n.d.	n.d.	n.d.	n.d.	n.d.	n.d.	n.d.	0.3	0.3	0.1
Inversión financiera	4.0	1.4	0.0	0.0	0.0	0.0	8.2	8.5	5.1	0.0	0.0	0.0
Sector paraestatal del DF	0.0	0.0	0.0	0.0	0.0	0.0	0.0	0.0	0.0	0.0	0.0	0.0
Aplicación de recursos federales y estatales	0.0	0.0	0.0	0.0	0.0	0.0	0.0	0.0	0.0	0.0	0.0	0.0
Otros egresos	0.0	0.0	0.0	0.0	0.0	0.0	0.0	0.0	0.0	0.0	0.0	0.0
Deuda pública	29.7	15.8	37.6	12.6	13.7	23.1	11.8	8.1	5.4	1.7	1.3	1.4

Distrito Federal (sector central y delegaciones)	100.0	100.0	100.0	100.0	100.0	100.0	100.0	100.0	100.0	100.0	100.0	100.0
Gastos administrativos	18.3	16.6	13.6	22.7	33.2	33.6	39.5	41.5	47.3	56.9	57.8	59.2
Servicios personales	n.d.	n.d.	n.d.	n.d.	n.d.	n.d.	n.d.	n.d.	n.d.	31.7	29.0	30.4
Materiales y suministros	n.d.	n.d.	n.d.	n.d.	n.d.	n.d.	n.d.	n.d.	n.d.	7.3	10.0	9.6
Servicios generales	n.d.	n.d.	n.d.	n.d.	n.d.	n.d.	n.d.	n.d.	n.d.	17.9	18.9	19.2
Subsidios, transferencias y ayudas	2.2	0.1	1.7	11.2	12.2	7.1	5.6	6.6	9.5	18.8	21.4	19.0
Adquisición de bienes muebles e inmuebles	n.d.	n.d.	n.d.	n.d.	n.d.	n.d.	n.d.	n.d.	n.d.	0.0	0.0	0.0
Obras públicas y acciones sociales	44.3	65.2	45.6	52.8	40.1	34.7	33.2	34.5	31.8	22.8	19.8	20.9
Obras públicas	n.d.	n.d.	n.d.	n.d.	n.d.	n.d.	n.d.	n.d.	n.d.	22.8	19.8	20.9
Acciones sociales	n.d.	n.d.	n.d.	n.d.	n.d.	n.d.	n.d.	n.d.	n.d.	0.0	0.0	0.0
Inversión financiera	4.2	1.4	0.0	0.0	0.0	0.0	8.9	8.9	5.6	0.0	0.0	0.0
Sector paraestatal	0.0	0.0	0.0	0.0	0.0	0.0	0.0	0.0	0.0	0.0	0.0	0.0
Deuda pública	31.0	16.6	39.1	13.3	14.6	24.5	12.8	8.5	5.9	1.5	0.9	1.0
Municipios metropolitanos	100.0	100.0	100.0	100.0	100.0	100.0	100.0	100.0	100.0	100.0	100.0	100.0
Gastos administrativos	61.9	61.3	72.0	66.3	58.1	71.1	73.7	74.7	73.6	61.3	59.2	71.8
Servicios personales	n.d.	n.d.	n.d.	n.d.	n.d.	n.d.	n.d.	n.d.	n.d.	7.9	5.1	33.0
Materiales y suministros	n.d.	n.d.	n.d.	n.d.	n.d.	n.d.	n.d.	n.d.	n.d.	17.7	8.5	5.5
Servicios generales	n.d.	n.d.	n.d.	n.d.	n.d.	n.d.	n.d.	n.d.	n.d.	35.7	45.6	33.3
Subsidios, transferencias y ayudas	4.5	4.3	5.3	3.9	2.8	3.8	4.4	5.3	5.3	5.7	4.3	5.6
Adquisición de bienes muebles e inmuebles	n.d.	n.d.	n.d.	n.d.	n.d.	n.d.	n.d.	n.d.	n.d.	2.9	1.8	3.6
Obras públicas y acciones sociales	33.6	34.4	22.6	29.8	39.1	25.1	21.9	20.0	21.1	26.8	29.7	13.0

Cuadro AE-VI.5
(continúa)

Concepto	*1980*	*1981*	*1982*	*1983*	*1984*	*1985*	*1986*	*1987*	*1988*	*1989*	*1990*	*1991*
Obras públicas	n.d.	n.d.	n.d.	n.d.	n.d.	n.d.	n.d.	n.d.	n.d.	23.6	26.5	11.8
Acciones sociales	n.d.	n.d.	n.d.	n.d.	n.d.	n.d.	n.d.	n.d.	n.d.	3.2	3.2	1.2
Inversión financiera	0.0	0.0	0.0	0.0	0.0	0.0	0.0	0.0	0.0	0.0	0.0	0.0
Aplicación de recursos federales y estatales	0.0	0.0	0.0	0.0	0.0	0.0	0.0	0.0	0.0	0.0	0.0	0.0
Otros egresos	0.0	0.0	0.0	0.0	0.0	0.0	0.0	0.0	0.0	0.0	0.0	0.0
Deuda pública	0.0	0.0	0.0	0.0	0.0	0.0	0.0	0.0	0.0	3.4	5.0	5.9

Concepto	*1992*	*1993*	*1994*	*1995*	*1996*	*1997*	*1998*	*1999*	*2000*	*2001*	*2002*	*2003*
ZMCM	100.0	100.0	100.0	100.0	100.0	100.0	100.0	100.0	100.0	100.0	100.0	100.0
Gastos administrativos	59.5	59.9	62.7	64.0	60.5	66.5	64.4	71.3	70.5	69.0	57.4	50.7
Servicios personales	30.6	31.2	33.9	32.3	33.0	33.3	37.6	43.7	42.5	43.3	40.4	36.9
Materiales y suministros	7.8	7.3	6.8	8.6	7.0	6.7	6.6	6.4	6.6	6.2	4.6	4.0
Servicios generales	21.1	21.4	21.9	23.1	20.5	26.4	20.1	21.2	21.4	19.5	12.4	9.8
Subsidios, transferencias y ayudas	19.1	20.5	20.2	17.6	13.9	11.4	16.8	7.9	10.3	12.2	26.5	32.8
Adquisición de bienes muebles e inmuebles	0.0	0.0	0.0	2.2	5.8	4.5	4.4	4.4	4.1	3.8	2.7	1.5
Obras públicas y acciones sociales	20.5	17.8	15.0	12.1	15.3	11.9	8.8	9.5	8.9	8.9	9.3	7.2
Obras públicas	20.1	17.5	14.6	12.1	15.3	11.9	8.8	9.5	8.9	8.9	9.1	7.2

Acciones sociales	0.4	0.3	0.4	0.0	0.0	0.0	0.0	0.0	0.0	0.0	0.1	0.0
Inversión financiera	0.0	0.0	0.0	0.0	0.1	0.0	0.0	0.0	0.0	0.1	0.0	0.4
Sector paraestatal del DF	0.0	0.0	0.0	0.0	0.0	0.0	0.0	0.0	0.0	0.0	0.0	0.0
Aplicación de recursos federales y estatales	0.0	0.0	0.0	0.0	0.0	0.0	0.0	0.0	0.0	0.1	0.0	0.0
Otros egresos	0.0	0.0	0.0	0.0	0.0	0.0	0.0	0.0	0.0	0.1	0.0	0.2
Deuda pública	0.9	1.8	2.1	4.0	4.3	5.7	5.6	7.0	6.2	5.8	4.1	7.3
Distrito Federal (sector central y delegaciones)	100.0	100.0	100.0	100.0	100.0	100.0	100.0	100.0	100.0	100.0	100.0	100.0
Gastos administrativos	58.8	59.9	61.8	63.8	60.6	66.7	64.7	73.3	71.9	70.0	56.7	49.0
Servicios personales	30.1	31.4	34.0	34.7	32.7	32.6	37.6	44.9	42.9	43.6	40.3	36.0
Materiales y suministros	7.9	7.4	6.8	8.0	6.8	6.7	6.7	6.4	6.7	6.3	4.5	3.8
Servicios generales	20.8	21.1	21.1	21.1	21.0	27.3	20.5	21.9	22.4	20.1	12.0	9.2
Subsidios, transferencias y ayudas	20.1	22.0	21.6	18.6	14.5	11.6	17.8	7.9	10.2	12.6	28.9	36.4
Adquisición de bienes muebles e inmuebles	0.0	0.0	0.0	2.2	5.7	4.3	4.3	4.2	4.2	3.4	2.6	1.3
Obras públicas y acciones sociales	20.5	16.9	14.7	11.9	15.2	11.8	7.9	7.8	7.9	8.0	8.5	6.1
Obras públicas	20.5	16.9	14.7	11.9	15.2	11.8	7.9	7.8	7.9	8.0	8.5	6.1
Acciones sociales	0.0	0.0	0.0	0.0	0.0	0.0	0.0	0.0	0.0	0.0	0.0	0.0
Inversión financiera	0.0	0.0	0.0	0.0	0.1	0.0	0.0	0.0	0.0	0.1	0.0	0.4
Sector paraestatal	0.0	0.0	0.0	0.0	0.0	0.0	0.0	0.0	0.0	0.0	0.0	0.0
Deuda pública	0.7	1.2	1.9	3.5	4.0	5.6	5.3	6.8	5.8	5.8	3.2	6.9
Municipios metropolitanos	100.0	100.0	100.0	100.0	100.0	100.0	100.0	100.0	100.0	100.0	100.0	100.0
Gastos administrativos	67.6	59.9	71.3	66.6	60.3	64.2	61.2	58.5	60.7	62.8	62.0	60.8

Cuadro AE-VI.5
(continúa)

Concepto	*1992*	*1993*	*1994*	*1995*	*1996*	*1997*	*1998*	*1999*	*2000*	*2001*	*2002*	*2003*
Servicios personales	36.0	29.6	33.8	9.0	35.9	40.7	37.9	35.7	40.2	41.8	41.4	42.2
Materiales y suministros	6.7	6.2	7.6	14.7	8.8	7.1	6.2	6.1	6.1	5.8	5.4	5.0
Servicios generales	25.0	24.1	30.0	43.0	15.7	16.4	17.1	16.8	14.5	15.2	15.2	13.6
Subsidios, transferencias y ayudas	8.3	6.4	6.5	7.2	8.4	8.7	8.7	8.0	11.0	9.3	10.0	10.9
Adquisición de bienes muebles e inmuebles	0.0	0.0	0.0	2.2	7.1	6.3	5.3	5.4	3.6	6.1	3.4	2.7
Obras públicas y acciones sociales	20.6	26.0	18.4	14.4	16.3	13.5	16.3	19.9	15.8	14.4	14.5	14.3
Obras públicas	16.4	22.6	14.2	14.4	16.3	13.5	16.3	19.9	15.8	14.2	13.4	14.0
Acciones sociales	4.2	3.5	4.2	0.0	0.0	0.0	0.0	0.0	0.0	0.2	1.0	0.3
Inversión financiera	0.0	0.0	0.0	0.0	0.0	0.0	0.0	0.0	0.0	0.0	0.0	0.0
Aplicación de recursos federales y estatales	0.0	0.0	0.0	0.0	0.0	0.0	0.0	0.0	0.1	0.7	0.1	0.0
Otros egresos	0.0	0.0	0.0	0.0	0.0	0.0	0.0	0.0	0.0	0.6	0.1	1.6
Deuda pública	3.5	7.7	3.8	9.5	7.8	7.4	8.4	8.2	8.8	6.1	10.0	9.7

Concepto	*2004*	*2005*	*2006*	*2007*	*2008*	*2009*	*Acumulado 1980-2009*
ZMCM	100.0	100.0	100.0	100.0	100.0	100.0	100.0
Gastos administrativos	45.8	45.3	43.4	44.6	43.8	43.0	48.3

Servicios personales	34.5	31.6	30.8	31.0	28.3	27.7	n.a.
Materiales y suministros	2.7	3.8	3.9	4.0	4.4	4.3	n.a.
Servicios generales	8.6	9.8	8.8	9.7	11.1	11.0	n.a.
Subsidios, transferencias y ayudas	33.6	24.9	24.7	25.4	24.5	27.3	17.2
Adquisición de bienes muebles e inmuebles	1.6	1.4	1.9	2.4	2.8	2.0	1.7
Obras públicas y acciones sociales	11.8	5.7	5.6	6.7	10.2	8.4	19.7
Obras públicas	11.7	5.7	5.6	6.7	10.2	8.4	n.a.
Acciones sociales	0.0	0.0	0.0	0.0	0.0	0.0	n.a.
Inversión financiera	0.2	0.0	0.0	0.2	0.0	0.0	0.7
Sector paraestatal del DF	0.0	16.0	14.7	15.9	14.0	12.8	3.6
Aplicación de recursos federales y estatales	0.0	0.0	0.0	0.0	0.0	0.0	0.0
Otros egresos	0.1	0.0	0.0	0.6	0.0	0.0	0.0
Deuda pública	7.0	6.7	9.6	4.2	4.7	6.5	8.9
Distrito Federal (sector central y delegaciones)	100.0	100.0	100.0	100.0	100.0	100.0	100.0
Gastos administrativos	43.1	42.8	40.5	41.3	41.2	40.0	46.6
Servicios personales	33.2	29.8	28.6	28.5	26.1	25.2	n.a.
Materiales y suministros	2.2	3.6	3.7	3.8	4.3	4.2	n.a.
Servicios generales	7.7	9.3	8.2	9.0	10.8	10.6	n.a.
Subsidios, transferencias y ayudas	38.0	27.4	27.3	28.1	27.3	30.4	18.2
Adquisición de bienes muebles e inmuebles	0.9	1.2	1.7	2.3	2.8	1.8	1.5

Obras públicas y acciones sociales	11.6	3.6	4.4	5.7	8.6	6.9	19.9

Cuadro AE-VI.5
(concluye)

Concepto	*2004*	*2005*	*2006*	*2007*	*2008*	*2009*	*Acumulado 1980-2009*
Obras públicas	11.6	3.6	4.4	5.7	8.6	6.9	n.a.
Acciones sociales	0.0	0.0	0.0	0.0	0.0	0.0	n.a.
Inversión financiera	0.3	0.0	0.0	0.2	0.0	0.0	0.8
Sector paraestatal	0.0	19.0	17.2	18.8	16.7	15.3	4.0
Deuda pública	6.1	6.0	9.0	3.6	3.3	5.5	9.0
Municipios metropolitanos	100.0	100.0	100.0	100.0	100.0	100.0	100.0
Gastos administrativos	60.2	58.4	60.4	63.2	57.1	58.4	62.1
Servicios personales	41.5	40.9	43.9	44.9	39.7	40.6	n.a.
Materiales y suministros	5.2	5.0	4.8	4.9	4.9	5.0	n.a.
Servicios generales	13.5	12.5	11.7	13.4	12.5	12.8	n.a.
Subsidios, transferencias y ayudas	9.9	11.3	9.9	10.2	10.4	11.3	8.7
Adquisición de bienes muebles e inmuebles	4.9	2.5	3.3	3.0	2.9	2.6	2.9
Obras públicas y acciones sociales	12.4	17.1	12.8	12.2	18.2	15.9	17.9
Obras públicas	12.3	16.9	12.5	12.2	17.9	15.8	n.a.

Acciones sociales	0.1	0.2	0.3	0.0	0.3	0.1	n.a.
Inversión financiera	0.0	0.0	0.0	0.0	0.0	0.0	0.0
Aplicación de recursos federales y estatales	0.0	0.0	0.0	0.0	0.0	0.0	0.0
Otros egresos	0.4	0.1	0.2	3.7	0.0	0.0	0.4
Deuda pública	12.1	10.6	13.5	7.7	11.4	11.8	8.0

Fuente: elaboración propia con base en el cuadro AE-VI.2.
n.d.: no disponible.
n.a.: no se aplica.

Cuadro AE-VI.6
Zona Metropolitana de la Ciudad de México: ingresos efectivos per cápita, 1980-2009
(pesos por habitante, a precios de 2003)

Concepto	*1980*	*1981*	*1982*	*1983*	*1984*	*1985*	*1986*	*1987*	*1988*	*1989*	*1990*	*1991*	*1992*	*1993*	*1994*	*1995*
ZMCM	5 245	5 309	4 750	4 199	4 572	4 097	3 219	3 171	3 022	3 110	3 503	3 557	3 782	3 927	3 969	3 284
Impuestos	556	604	447	279	325	344	274	209	395	469	690	871	992	1 028	1 061	785
Derechos	268	297	310	181	216	191	251	207	186	215	307	352	378	392	425	308
Productos	64	80	68	250	152	79	135	267	376	648	602	469	540	499	455	389
Aprovechamientos	302	192	144	66	64	34	704	700	143	73	128	99	122	118	212	181
Contribuciones de mejoras	0	0	0	0	0	0	0	0	0	0	0	0	0	0	0	33
Participaciones	1 993	2 105	1 930	2 269	2 149	1 901	1 452	1 589	1 888	1 627	1 701	1 724	1 686	1 739	1 616	1 368
Aportaciones federales y estatales	n.d.	n.d.	n.d.	n.d.	n.d.	n.d.	n.d.	n.d.	n.d.	33	2	0	10	16	14	27
Otros ingresos	n.d.	n.d.	n.d.	n.d.	n.d.	n.d.	n.d.	n.d.	n.d.	0	0	0	0	0	0	0
Financiamiento	2 063	2 031	1 850	1 155	1 667	1 548	402	199	36	45	74	42	54	134	186	193
Distrito Federal (sector central)	7 728	7 873	7 161	6 352	6 991	6 302	4 962	4 971	4 756	4 865	5 799	5 850	6 338	6 620	6 814	5 938
Impuestos	830	911	692	436	413	407	345	243	568	694	1 073	1 418	1 612	1 692	1 790	1 382
Derechos	374	420	448	245	328	262	353	283	238	280	429	477	584	615	736	557
Productos	53	77	86	389	208	112	208	431	626	1 116	1 086	843	983	918	853	758
Aprovechamientos	422	254	207	64	79	16	1 138	1 142	187	77	184	127	171	195	370	320
Contribuciones de mejoras	0	0	0	0	0	0	0	0	0	0	0	0	0	0	0	54
Participaciones	2 851	3 027	2 794	3 366	3 255	2 955	2 246	2 535	3 075	2 685	2 947	2 953	2 909	3 008	2 804	2 505
Aportaciones federales y estatales	n.d.	n.d.	n.d.	n.d.	n.d.	n.d.	n.d.	n.d.	n.d.	0	4	0	1	1	3	25

Otros ingresos	n.d.	n.d.	n.d.	n.d.	n.d.	n.d.	n.d.	n.d.	n.d.	0	0	0	0	0	0	0
Financiamiento	3 197	3 183	2 934	1 853	2 709	2 550	671	338	61	13	76	33	78	190	258	335
Municipios metropolitanos	729	789	633	641	704	688	612	572	606	748	733	775	762	831	789	612
Impuestos	56	63	29	19	184	247	168	159	153	168	227	206	260	265	247	184
Derechos	76	79	74	76	38	81	98	98	113	128	160	202	134	135	79	57
Productos	83	84	38	20	61	28	26	30	28	17	18	16	16	18	10	17
Aprovechamientos	82	84	36	70	40	60	55	62	81	67	60	64	63	30	34	42
Contribuciones de mejoras	0	0	0	0	0	0	0	0	0	0	0	0	0	0	0	12
Participaciones	432	480	455	456	380	272	265	222	231	204	198	233	242	281	288	223
Aportaciones federales y estatales	n.d.	n.d.	n.d.	n.d.	n.d.	n.d.	n.d.	n.d.	n.d.	78	0	0	19	33	25	29
Otros ingresos	n.d.	n.d.	n.d.	n.d.	n.d.	n.d.	n.d.	n.d.	n.d.	0	0	0	0	0	0	0
Financiamiento	0	0	0	0	0	0	0	0	0	87	71	54	27	69	106	49

Concepto	*1996*	*1997*	*1998*	*1999*	*2000*	*2001*	*2002*	*2003*	*2004*	*2005*	*2006*	*2007*	*2008*	*2009*	*Variación 2009/1980*
ZMCM	3 528	3 845	3 969	3 588	4 040	4 254	4 482	4 409	4 464	4 627	5 157	5 355	5 964	5 756	9.7
Impuestos	756	915	762	743	824	892	892	895	860	933	951	972	995	940	69.1
Derechos	307	319	618	663	653	608	644	558	641	624	630	680	642	594	121.5
Productos	344	347	143	132	85	86	56	41	77	63	89	92	107	70	9.5
Aprovechamientos	137	188	113	110	92	85	116	236	270	272	226	155	240	189	–37.4
Contribuciones de mejoras	21	22	21	9	7	5	5	5	6	7	5	7	8	5	n.a.
Participaciones	1 348	1 580	1 502	1 573	1 720	1 749	1 748	1 709	1 734	1 921	2 318	2 191	2 517	2 119	6.3
Aportaciones federales y estatales	22	86	238	234	325	519	565	604	647	667	806	796	1 198	1 485	n.a.

Cuadro AE-VI.6
(concluye)

Concepto	*1996*	*1997*	*1998*	*1999*	*2000*	*2001*	*2002*	*2003*	*2004*	*2005*	*2006*	*2007*	*2008*	*2009*	*Variación 2009/1980*
Otros ingresos	0	0	8	14	8	14	7	8	31	17	32	364	67	158	n.a.
Financiamiento	593	387	564	112	326	296	449	353	198	123	100	98	190	196	–90.5
Distrito Federal (sector central)	6 423	7 173	7 282	6 442	7 453	7 761	8 210	8 053	8 034	8 387	9 476	9 833	10 739	10 442	35.1
Impuestos	1 343	1 696	1 407	1 393	1 560	1 698	1 694	1 702	1 620	1 788	1 807	1 841	1 863	1 758	111.8
Derechos	534	595	1 168	1 273	1 302	1 202	1 277	1 091	1 265	1 248	1 258	1 367	1 296	1 210	223.7
Productos	672	690	276	258	168	163	108	78	143	122	180	179	183	129	143.0
Aprovechamientos	256	354	198	200	161	143	204	466	532	525	432	285	466	360	–14.7
Contribuciones de mejoras	33	39	30	7	2	2	2	2	1	0	0	0	0	0	n.a.
Participaciones	2 448	2 916	2 752	2 845	3 186	3 284	3 328	3 153	3 211	3 669	4 447	4 213	4 791	4 077	43.0
Aportaciones federales y estatales	20	161	372	320	425	759	729	941	1 034	1 035	1 297	1 246	1 956	2 409	n.a.
Otros ingresos	0	0	0	0	0	0	0	0	32	0	0	701	9	328	n.a.
Financiamiento	1 117	720	1 078	146	649	511	869	620	196	0	55	0	175	170	–94.7
Municipios metropolitanos	667	617	814	917	904	1 068	1 136	1 177	1 333	1 366	1 441	1 531	1 918	1 815	149.2
Impuestos	176	158	147	134	147	160	173	178	192	191	215	230	260	251	348.1
Derechos	82	50	95	92	57	69	76	86	93	82	90	93	87	76	0.4
Productos	19	14	16	13	9	16	10	8	20	13	10	17	42	20	–76.2
Aprovechamientos	19	27	31	26	29	32	37	33	41	53	49	45	48	45	–45.4

Contribuciones de mejoras	9	7	13	11	12	8	9	8	11	13	9	13	15	10	n.a.
Participaciones	260	284	312	382	372	356	330	427	439	405	485	464	591	472	9.2
Aportaciones federales y estatales	25	12	111	153	233	302	417	306	306	347	384	411	555	709	n.a.
Otros ingresos	0	1	16	26	16	26	13	15	29	32	59	77	115	16	n.a.
Financiamiento	76	64	74	80	29	101	72	116	201	230	140	181	204	217	n.a.

Fuente: elaboración propia con base en el cuadro AE-VI.1 e interpolaciones anuales de los Censos de Población.
n.d.: no disponible.
n.a.: no se aplica.

Cuadro AE-VI.7

Zona Metropolitana de la Ciudad de México: egresos efectivos per cápita, 1980-2009

(pesos por habitante, a precios de 2003)

Concepto	*1980*	*1981*	*1982*	*1983*	*1984*	*1985*	*1986*	*1987*	*1988*	*1989*	*1990*	*1991*
ZMCM	5 158	5 716	6 878	4 184	4 597	4 425	3 219	3 082	2 774	2 876	3 363	3 548
Gastos administrativos	1 044	1 075	1 086	1 048	1 600	1 582	1 356	1 327	1 375	1 651	1 949	2 144
Servicios personales	n.d.	n.d.	n.d.	n.d.	n.d.	n.d.	n.d.	n.d.	n.d.	838	891	1 088
Materiales y suministros	n.d.	n.d.	n.d.	n.d.	n.d.	n.d.	n.d.	n.d.	n.d.	243	330	327
Servicios generales	n.d.	n.d.	n.d.	n.d.	n.d.	n.d.	n.d.	n.d.	n.d.	570	728	729
Subsidios, transferencias y ayudas	119	19	124	451	531	308	178	201	252	499	662	628
Adquisición de bienes muebles e inmuebles	n.d.	n.d.	n.d.	n.d.	n.d.	n.d.	n.d.	n.d.	n.d.	9	6	12
Obras públicas y acciones sociales	2 260	3 640	3 079	2 158	1 839	1 513	1 042	1 042	856	669	701	713
Obras públicas	n.d.	n.d.	n.d.	n.d.	n.d.	n.d.	n.d.	n.d.	n.d.	659	690	709
Acciones sociales	n.d.	n.d.	n.d.	n.d.	n.d.	n.d.	n.d.	n.d.	n.d.	10	11	4
Inversión financiera	206	78	0	0	0	0	263	263	142	0	0	0
Sector paraestatal del DF	0	0	0	0	0	0	0	0	0	0	0	0
Aplicación de recursos federales y estatales	0	0	0	0	0	0	0	0	0	0	0	0
Otros egresos	0	0	0	0	0	0	0	0	0	0	0	0
Deuda pública	1 530	904	2 588	526	628	1 022	380	250	149	48	45	51

Distrito Federal (sector central y delegaciones)	7 638	8 511	10 494	6 351	6 991	6 875	4 962	4 971	4 352	4 476	5 517	5 841
Gastos administrativos	1 398	1 410	1 425	1 441	2 320	2 313	1 960	2 063	2 059	2 549	3 189	3 457
Servicios personales	n.d.	n.d.	n.d.	n.d.	n.d.	n.d.	n.d.	n.d.	n.d.	1 419	1 598	1 777
Materiales y suministros	n.d.	n.d.	n.d.	n.d.	n.d.	n.d.	n.d.	n.d.	n.d.	328	549	561
Servicios generales	n.d.	n.d.	n.d.	n.d.	n.d.	n.d.	n.d.	n.d.	n.d.	802	1 042	1 119
Subsidios, transferencias y ayudas	168	11	175	710	850	491	278	327	412	840	1 183	1 109
Adquisición de bienes muebles e inmuebles	n.d.	n.d.	n.d.	n.d.	n.d.	n.d.	n.d.	n.d.	n.d.	0	0	0
Obras públicas y acciones sociales	3 383	5 551	4 790	3 355	2 801	2 388	1 649	1 715	1 382	1 022	1 094	1 219
Obras públicas	n.d.	n.d.	n.d.	n.d.	n.d.	n.d.	n.d.	n.d.	n.d.	1 022	1 094	1 219
Acciones sociales	n.d.	n.d.	n.d.	n.d.	n.d.	n.d.	n.d.	n.d.	n.d.	0	0	0
Inversión financiera	319	122	0	0	0	0	440	444	243	0	0	0
Sector paraestatal	0	0	0	0	0	0	0	0	0	0	0	0
Deuda pública	2 370	1 416	4 104	845	1 020	1 683	635	423	256	65	51	56
Municipios metropolitanos	646	791	704	601	769	635	613	353	573	724	765	767
Gastos administrativos	400	485	507	399	447	451	452	264	422	444	453	551
Servicios personales	n.d.	n.d.	n.d.	n.d.	n.d.	n.d.	n.d.	n.d.	n.d.	57	39	253
Materiales y suministros	n.d.	n.d.	n.d.	n.d.	n.d.	n.d.	n.d.	n.d.	n.d.	128	65	42
Servicios generales	n.d.	n.d.	n.d.	n.d.	n.d.	n.d.	n.d.	n.d.	n.d.	258	349	255
Subsidios, transferencias y ayudas	29	34	38	23	21	24	27	19	30	41	33	43
Adquisición de bienes muebles e inmuebles	n.d.	n.d.	n.d.	n.d.	n.d.	n.d.	n.d.	n.d.	n.d.	21	14	28
Obras públicas y acciones sociales	217	272	159	179	301	159	134	71	121	194	227	100

Cuadro AE-VI.7
(continúa)

Concepto	*1980*	*1981*	*1982*	*1983*	*1984*	*1985*	*1986*	*1987*	*1988*	*1989*	*1990*	*1991*
Obras públicas	n.d.	n.d.	n.d.	n.d.	n.d.	n.d.	n.d.	n.d.	n.d.	171	203	91
Acciones sociales	n.d.	n.d.	n.d.	n.d.	n.d.	n.d.	n.d.	n.d.	n.d.	23	24	9
Inversión financiera	0	0	0	0	0	0	0	0	0	0	0	0
Aplicación de recursos federales y estatales	0	0	0	0	0	0	0	0	0	0	0	0
Otros egresos	0	0	0	0	0	0	0	0	0	0	0	0
Deuda pública	0	0	0	0	0	0	0	0	0	24	38	45

Concepto	*1992*	*1993*	*1994*	*1995*	*1996*	*1997*	*1998*	*1999*	*2000*	*2001*	*2002*	*2003*
ZMCM	3 845	3 970	4 037	3 277	3 515	3 804	3 642	3 317	3 585	3 644	4 481	4 389
Gastos administrativos	2 290	2 378	2 531	2 098	2 128	2 529	2 344	2 364	2 529	2 515	2 572	2 223
Servicios personales	1 175	1 240	1 370	1 059	1 160	1 266	1 369	1 448	1 525	1 579	1 811	1 617
Materiales y suministros	301	289	276	281	246	257	241	212	238	227	206	175
Servicios generales	813	849	884	758	722	1 006	733	704	766	709	555	431
Subsidios, transferencias y ayudas	733	812	815	576	490	434	611	262	368	443	1 186	1 439
Adquisición de bienes muebles e inmuebles	0	0	0	73	204	170	159	145	147	138	121	64
Obras públicas y acciones sociales	788	708	606	396	538	453	322	314	319	325	415	318
Obras públicas	773	694	590	396	538	453	322	314	319	324	409	316
Acciones sociales	14	14	16	0	0	0	0	0	0	1	6	2

Inversión financiera	0	0	0	1	3	1	0	0	0	5	2	16
Sector paraestatal del DF	0	0	0	0	0	0	0	0	0	0	0	0
Aplicación de recursos federales y estatales	0	0	0	0	0	0	0	0	0	3	1	0
Otros egresos	0	0	0	0	0	0	0	0	0	3	1	10
Deuda pública	35	72	85	133	152	217	205	231	222	212	184	319
Distrito Federal (sector central y delegaciones)	6 479	6 683	6 931	5 935	6 399	7 099	6 643	5 913	6 550	6 599	8 265	8 030
Gastos administrativos	3 808	4 002	4 283	3 785	3 875	4 733	4 301	4 335	4 712	4 619	4 688	3 935
Servicios personales	1 947	2 099	2 354	2 058	2 092	2 316	2 495	2 657	2 807	2 875	3 329	2 889
Materiales y suministros	514	495	469	472	437	477	443	380	441	414	370	307
Servicios generales	1 346	1 408	1 460	1 254	1 346	1 941	1 363	1 298	1 464	1 329	989	738
Subsidios, transferencias y ayudas	1 302	1 472	1 498	1 105	929	827	1 181	466	666	833	2 386	2 919
Adquisición de bienes muebles e inmuebles	0	0	0	132	363	306	282	249	273	225	215	101
Obras públicas y acciones sociales	1 326	1 131	1 016	704	973	836	526	462	518	530	703	489
Obras públicas	1 326	1 131	1 016	704	973	836	526	462	518	530	703	489
Acciones sociales	0	0	0	0	0	0	0	0	0	0	0	1
Inversión financiera	0	0	0	1	5	2	0	1	0	10	4	35
Sector paraestatal	0	0	0	0	0	0	0	0	0	0	0	0
Deuda pública	43	78	134	208	253	395	352	401	380	382	268	551
Municipios metropolitanos	734	853	803	600	666	608	783	888	860	961	1 085	1 159
Gastos administrativos	496	511	573	400	402	390	479	519	522	604	672	705

Cuadro AE-VI.7
(continúa)

Concepto	1992	1993	1994	1995	1996	1997	1998	1999	2000	2001	2002	2003
Servicios personales	264	252	271	54	239	248	297	317	346	401	449	489
Materiales y suministros	49	53	61	88	58	43	48	54	52	56	58	58
Servicios generales	183	206	241	258	105	100	134	149	125	146	165	158
Subsidios, transferencias y ayudas	61	54	52	43	56	53	68	71	94	89	108	126
Adquisición de bienes muebles e inmuebles	0	0	0	13	47	38	42	48	31	58	36	31
Obras públicas y acciones sociales	151	222	147	86	109	82	127	176	136	139	157	166
Obras públicas	120	192	114	86	109	82	127	176	136	137	146	162
Acciones sociales	31	30	33	0	0	0	0	0	0	2	11	3
Inversión financiera	0	0	0	0	0	0	0	0	0	0	0	0
Aplicación de recursos federales y estatales	0	0	0	0	0	0	0	0	1	6	1	0
Otros egresos	0	0	0	0	0	0	0	0	0	6	2	18
Deuda pública	26	66	31	57	52	45	66	73	76	58	108	112

Concepto	2004	2005	2006	2007	2008	2009	Variación 2009/1980
ZMCM	4 436	4 628	5 026	5 291	5 868	5 655	9.6
Gastos administrativos	2 031	2 094	2 183	2 361	2 570	2 432	133.1
Servicios personales	1 530	1 462	1 549	1 638	1 662	1 567	n.a.

Materiales y suministros	120	177	194	211	256	243	n.a.
Servicios generales	380	456	440	511	652	622	n.a.
Subsidios, transferencias y ayudas	1 490	1 151	1 242	1 344	1 440	1 543	1 198.9
Adquisición de bienes muebles e inmuebles	69	64	96	127	164	111	n.a.
Obras públicas y acciones sociales	521	265	281	355	599	474	–79.0
Obras públicas	521	263	279	354	597	473	n.a.
Acciones sociales	1	2	2	0	3	1	n.a.
Inversión financiera	10	0	0	8	0	1	–99.3
Sector paraestatal del DF	0	741	738	843	820	726	n.a.
Aplicación de recursos federales y estatales	0	0	0	0	0	0	n.a.
Otros egresos	3	1	1	30	0	0	n.a.
Deuda pública	312	312	484	224	273	368	–75.9
Distrito Federal (sector central y delegaciones)	8 000	8 387	9 272	9 743	10 677	10 358	35.6
Gastos administrativos	3 446	3 588	3 757	4 023	4 394	4 143	196.4
Servicios personales	2 654	2 502	2 650	2 772	2 783	2 610	n.a.
Materiales y suministros	179	302	342	374	455	430	n.a.
Servicios generales	613	783	765	877	1 156	1 102	n.a.
Subsidios, transferencias y ayudas	3 042	2 301	2 528	2 741	2 919	3 150	1 774.2
Adquisición de bienes muebles e inmuebles	74	98	156	224	297	189	n.a.
Obras públicas y acciones sociales	930	299	405	557	922	716	–78.8

Cuadro AE-VI.7
(concluye)

Concepto	*2004*	*2005*	*2006*	*2007*	*2008*	*2009*	*Variación 2009/1980*
Obras públicas	930	299	405	557	922	716	n.a.
Acciones sociales	0	0	0	0	0	0	n.a.
Inversión financiera	21	0	0	18	0	3	–99.0
Sector paraestatal	0	1 596	1 596	1 830	1 788	1 588	n.a.
Deuda pública	485	504	831	350	355	568	–76.0
Municipios metropolitanos	1 310	1 369	1 373	1 490	1 793	1 702	163.4
Gastos administrativos	789	799	829	941	1 024	994	148.7
Servicios personales	544	560	602	669	711	690	n.a.
Materiales y suministros	68	68	66	73	88	86	n.a.
Servicios generales	177	171	161	200	225	218	n.a.
Subsidios, transferencias y ayudas	129	154	136	152	187	193	559.2
Adquisición de bienes muebles e inmuebles	65	35	45	44	52	45	n.a.
Obras públicas y acciones sociales	163	234	175	183	326	271	24.7
Obras públicas	161	231	171	182	321	269	n.a.
Acciones sociales	2	3	4	1	5	2	n.a.
Inversión financiera	0	0	0	0	1	0	n.a.

Aplicación de recursos federales y estatales	0	0	0	0	0	0	n.a.
Otros egresos	6	2	2	55	1	0	n.a.
Deuda pública	159	145	186	115	204	200	n.a.

Fuente: elaboración propia con base en el cuadro AE-VI.2 e interpolaciones anuales de los Censos de Población.
n.d.: no disponible.
n.a.: no se aplica.

Cuadro AE-VI.8
Zona Metropolitana de la Ciudad de México: gasto en obras públicas y acciones sociales, 1980-2009

	Gasto (millones de pesos de 2003)			*Proporción al IPD (porcentaje)*			*Proporción al IPI (porcentaje)*		
Año	*ZMCM*	*Distrito Federal*	*Municipios metropolitanos*	*ZMCM*	*Distrito Federal*	*Municipios metropolitanos*	*ZMCM*	*Distrito Federal*	*Municipios metropolitanos*
Variación 2009/1980	–68.7	–77.7	184.6	n.a	n.a	n.a	n.a	n.a	n.a
1980	29 289	28 290	998	190.1	201.4	73.2	113.4	118.6	50.3
1981	47 611	46 325	1 287	310.4	333.8	88.0	172.9	183.4	56.6
1982	40 686	39 909	777	317.7	334.3	89.7	159.5	171.4	35.0
1983	28 824	27 921	903	278.2	296.0	97.2	95.1	99.7	39.3
1984	24 852	23 289	1 563	243.1	272.6	93.0	85.6	86.1	79.0
1985	20 707	19 851	856	233.6	299.6	38.3	79.6	80.8	58.7
1986	14 452	13 706	745	76.3	80.6	38.6	71.7	73.4	50.6
1987	14 667	14 260	407	75.3	81.7	20.2	65.6	67.6	31.8
1988	12 231	11 508	723	77.8	85.4	32.3	45.3	45.0	52.3
1989	9 717	8 516	1 200	47.6	47.2	51.1	40.3	38.1	68.7
1990	10 706	9 134	1 572	40.6	39.5	48.9	41.2	37.1	114.9
1991	10 894	10 205	689	39.8	42.6	20.5	41.4	41.3	42.9
1992	12 209	11 137	1 072	38.8	39.6	31.8	46.4	45.6	57.7

1993	11 156	9 529	1 626	34.8	33.1	49.5	40.4	37.6	70.8
1994	9 706	8 592	1 114	28.1	27.1	39.9	37.2	36.2	47.0
1995	6 703	5 976	728	23.4	22.9	27.7	28.4	27.8	34.3
1996	9 220	8 286	934	34.4	34.3	35.5	39.3	39.4	38.0
1997	7 859	7 137	722	25.3	24.8	32.1	27.2	27.2	27.7
1998	5 648	4 503	1 145	19.4	17.1	42.2	18.5	16.8	30.2
1999	5 579	3 962	1 617	19.0	14.7	64.1	17.4	14.6	32.9
2000	5 732	4 461	1 271	19.2	16.2	53.7	15.6	14.4	22.4
2001	5 891	4 574	1 316	19.4	16.5	48.7	14.3	13.1	21.1
2002	7 594	6 083	1 511	24.2	21.4	51.7	18.0	17.3	21.0
2003	5 863	4 245	1 619	18.3	14.7	53.0	13.7	12.0	22.6
2004	9 705	8 092	1 612	28.1	26.1	45.4	21.9	21.9	21.8
2005	4 968	2 611	2 357	13.9	8.1	66.7	10.2	6.4	31.2
2006	5 320	3 540	1 780	14.8	11.0	47.0	9.0	7.0	20.1
2007	6 757	4 882	1 875	18.6	15.2	45.9	11.9	10.2	20.9
2008	11 497	8 116	3 381	30.1	24.2	71.9	16.1	13.7	28.4
2009	9 161	6 320	2 841	26.4	20.7	67.5	13.2	11.0	22.9

Fuente: elaboración propia con base en: 1975-1988, INEGI, Finanzas públicas estatales y municipales de México; 1989-2009, Estadística de finanzas públicas estatales y municipales (www.inegi.org.mx) y Banxico, INPC.

n.a.: no se aplica.

Cuadro AE-VI.9
Zona Metropolitana de la Ciudad de México: estimación del gasto neto en obras públicas y acciones sociales, 1980-2009
(millones de pesos de 2003)

	Gasto anual			*Depreciación estimada anual*[a]			*Gasto anual neto*			*Gasto neto de la obra pública acumulado*		
Año	*ZMCM*	*Distrito Federal*	*Municipios metropolitanos*	*ZMCM*	*Distrito Federal*	*Municipios metropolitanos*	*ZMCM*	*Distrito Federal*	*Municipios metropolitanos*	*ZMCM*	*Distrito Federal*	*Municipios metropolitanos*
1980	29 289	28 290	998	0	0	0	29 289	28 290	998	29 289	28 290	998
1981	47 611	46 325	1 287	1 464	1 415	50	46 147	44 910	1 237	75 435	73 200	2 235
1982	40 686	39 909	777	3 845	3 731	114	36 841	36 178	663	112 276	109 378	2 898
1983	28 824	27 921	903	5 879	5 726	153	22 945	22 195	750	135 221	131 574	3 648
1984	24 852	23 289	1 563	7 320	7 122	198	17 532	16 167	1 365	152 753	147 741	5 012
1985	20 707	19 851	856	8 563	8 287	276	12 144	11 564	580	164 897	159 305	5 592
1986	14 452	13 706	745	9 598	9 279	319	4 853	4 427	426	169 750	163 731	6 019
1987	14 667	14 260	407	10 321	9 965	356	4 346	4 295	50	174 096	168 027	6 069
1988	12 231	11 508	723	11 054	10 678	377	1 176	831	346	175 272	168 858	6 415
1989	9 717	8 516	1 200	11 666	11 253	413	–1 949	–2 737	787	173 323	166 121	7 202
1990	10 706	9 134	1 572	12 152	11 679	473	–1 446	–2 545	1 099	171 877	163 576	8 301
1991	10 894	10 205	689	12 687	12 135	552	–1 793	–1 930	138	170 084	161 646	8 439
1992	12 209	11 137	1 072	13 232	12 646	586	–1 022	–1 509	486	169 062	160 137	8 925
1993	11 156	9 529	1 626	13 842	13 203	640	–2 686	–3 673	987	166 375	156 464	9 912

1994	9 706	8 592	1 114	14 400	13 679	721	–4 694	–5 087	393	161 681	151 376	10 305
1995	6 703	5 976	728	14 885	14 109	777	–8 182	–8 133	– 49	153 499	143 243	10 256
1996	9 220	8 286	934	15 220	14 407	813	–6 000	–6 121	121	147 499	137 122	10 377
1997	7 859	7 137	722	15 681	14 822	860	–7 823	–7 685	– 138	139 676	129 437	10 239
1998	5 648	4 503	1 145	16 074	15 179	896	–10 426	–10 675	249	129 250	118 762	10 488
1999	5 579	3 962	1 617	16 357	15 404	953	–10 778	–11 441	664	118 472	107 321	11 152
2000	5 732	4 461	1 271	16 636	15 602	1 034	–10 903	–11 141	237	107 569	96 180	11 389
2001	5 891	4 574	1 316	15 458	14 410	1 048	–9 567	–9 836	269	98 001	86 344	11 658
2002	7 594	6 083	1 511	13 372	12 323	1 049	–5 778	–6 240	462	92 223	80 104	12 119
2003	5 863	4 245	1 619	11 717	10 632	1 086	–5 854	–6 387	533	86 369	73 717	12 652
2004	9 705	8 092	1 612	10 569	9 448	1 122	– 865	–1 355	491	85 504	72 361	13 143
2005	4 968	2 611	2 357	9 812	8 688	1 124	–4 844	–6 077	1 233	80 660	66 284	14 376
2006	5 320	3 540	1 780	9 025	7 826	1 199	–3 705	–4 286	581	76 955	61 999	14 956
2007	6 757	4 882	1 875	8 568	7 318	1 251	–1 811	–2 436	624	75 144	59 563	15 581
2008	11 497	8 116	3 381	8 173	6 849	1 324	3 324	1 267	2 057	78 468	60 831	17 637
2009	9 161	6 320	2 841	8 136	6 679	1 457	1 025	– 359	1 384	79 493	60 472	19 021

Fuente: elaboración propia con base en el cuadro AE-VI.8.

[a] Corresponde a 5% del gasto del año corriente.

Cuadro AE-VI.10
Municipios del país: ingresos efectivos, 1980-2009
(millones de pesos de 2003)

Año	*Total*	*Impuestos*	*Derechos*	*Productos*	*Aprovechamientos*	*Contribuciones de mejoras*	*Participaciones*	*Aportaciones federales y estatales*	*Otros ingresos*	*Financiamiento*
Acumulado 1980-2009	2 361 245	289 693	148 935	61 049	133 598	9 259	1 026 495	507 911	54 360	129 945
1980	19 223	3 192	2 832	2 072	3 640	0	6 861	n.d.	n.d.	626
1981	23 276	3 106	2 748	2 287	5 206	0	8 990	n.d.	n.d.	938
1982	26 608	2 454	2 399	2 038	5 603	0	13 226	n.d.	n.d.	887
1983	27 314	1 694	1 863	1 739	3 287	0	17 930	n.d.	n.d.	800
1984	34 400	3 892	1 837	2 078	3 383	0	21 657	n.d.	n.d.	1 552
1985	35 892	4 538	2 110	1 967	4 230	0	21 364	n.d.	n.d.	1 683
1986	31 375	3 678	2 082	1 733	3 066	0	19 114	n.d.	n.d.	1 704
1987	29 181	3 301	1 976	1 459	3 322	0	17 439	n.d.	n.d.	1 685
1988	30 180	3 562	2 273	1 325	3 093	0	18 711	n.d.	n.d.	1 215
1989	37 617	5 166	3 195	1 903	3 004	0	20 344	1 443	0	2 562
1990	42 985	7 888	4 171	1 829	3 326	0	22 518	463	0	2 789
1991	48 517	9 282	4 859	2 006	4 172	0	24 777	699	0	2 722
1992	52 800	11 542	5 186	1 945	3 454	0	27 105	1 020	0	2 549
1993	58 077	12 467	5 249	2 233	3 665	0	28 131	1 235	0	5 097

1994	63 564	12 306	4 792	2 311	4 971	0	32 240	1 223	0	5 721
1995	52 987	9 764	3 394	2 148	3 997	366	27 708	1 843	11	3 756
1996	53 887	8 182	3 759	1 690	2 902	377	29 518	2 874	1 018	3 566
1997	56 364	8 117	3 827	1 702	3 058	405	32 872	2 640	1 246	2 497
1998	71 849	8 417	4 414	2 038	4 294	390	38 712	8 198	2 839	2 548
1999	85 521	8 420	4 775	2 015	4 495	410	43 138	16 331	3 206	2 732
2000	94 169	9 363	5 289	1 765	4 055	472	43 743	24 762	2 570	2 151
2001	106 138	10 491	5 854	1 808	5 056	433	42 933	33 600	2 733	3 230
2002	122 487	12 235	6 678	1 818	4 836	505	43 974	43 114	3 683	5 644
2003	129 105	13 283	7 428	1 903	4 551	519	49 661	42 641	3 112	6 006
2004	138 498	14 847	8 147	2 125	5 740	733	52 528	41 717	3 560	9 102
2005	148 491	16 305	8 687	2 329	5 614	809	55 667	45 006	4 750	9 323
2006	165 302	18 683	9 425	2 455	6 347	952	63 555	48 414	5 692	9 779
2007	168 749	20 749	10 048	2 786	6 198	806	60 272	52 124	5 728	10 039
2008	203 483	21 710	10 136	3 236	7 461	1 192	73 780	66 772	6 323	12 873
2009	203 206	21 060	9 501	2 305	7 571	889	68 029	71 790	7 890	14 170

Fuente: elaboración propia con base en: 1975-1988, INEGI, Finanzas públicas estatales y municipales de México; 1989-2009, Estadística de finanzas públicas estatales y municipales (www.inegi.org.mx) y Banxico, INPC.

n.d.: no disponible.

Cuadro AE-VI.11
Municipios del país: egresos efectivos, 1980-2009
(millones de pesos de 2003)

Concepto	*1980*	*1981*	*1982*	*1983*	*1984*	*1985*	*1986*	*1987*	*1988*	*1989*	*1990*	*1991*	*1992*	*1993*	*1994*	*1995*
Total	*23 983*	*28 794*	*27 516*	*26 435*	*33 647*	*36 081*	*31 002*	*27 459*	*29 630*	*36 699*	*43 678*	*48 764*	*51 908*	*58 813*	*62 821*	*52 201*
Gastos administrativos	15 269	17 444	17 566	16 011	18 668	20 424	19 256	17 258	18 173	21 720	24 962	28 445	30 820	35 851	38 311	32 410
Servicios personales	n.d.	n.d.	n.d.	n.d.	n.d.	n.d.	n.d.	n.d.	n.d.	11 921	12 939	16 696	18 912	22 859	24 322	17 718
Materiales y suministros	n.d.	n.d.	n.d.	n.d.	n.d.	n.d.	n.d.	n.d.	n.d.	4 858	4 826	4 614	5 002	5 920	6 637	7 051
Servicios generales	n.d.	n.d.	n.d.	n.d.	n.d.	n.d.	n.d.	n.d.	n.d.	4 941	7 197	7 135	6 906	7 072	7 353	7 642
Subsidios, transferencias y ayudas	950	1 074	1 030	829	1 227	1 716	1 416	1 416	1 819	2 895	3 438	4 333	4 748	4 542	4 836	4 533
Adquisición de bienes muebles e inmuebles	n.d.	n.d.	n.d.	n.d.	n.d.	n.d.	n.d.	n.d.	n.d.	513	832	538	328	1	1	1 442
Obras públicas y acciones sociales	6 059	8 768	8 025	8 443	12 320	12 323	9 150	7 512	8 191	10 045	12 755	13 487	13 931	15 765	16 407	9 965
Obras públicas	n.d.	n.d.	n.d.	n.d.	n.d.	n.d.	n.d.	n.d.	n.d.	8 649	11 258	11 679	11 530	13 270	13 797	9 741
Acciones sociales	n.d.	n.d.	n.d.	n.d.	n.d.	n.d.	n.d.	n.d.	n.d.	1 396	1 497	1 808	2 401	2 494	2 610	224
Inversión financiera	0	0	0	0	0	0	0	0	0	0	0	0	0	0	0	305
Aplicación de recursos federales y estatales	0	0	0	0	0	0	0	0	0	0	0	0	0	0	0	0
Otros egresos	0	0	0	0	0	0	0	0	0	0	0	0	0	0	0	0
Deuda pública	1 705	1 509	893	1 153	1 432	1 619	1 180	1 274	1 447	1 527	1 691	1 961	2 082	2 655	3 265	3 545

Concepto	1996	1997	1998	1999	2000	2001	2002	2003	2004	2005	2006	2007	2008	2009	Acumulado 1980-2009
Total	*51 678*	*54 250*	*67 700*	*82 091*	*92 126*	*103 281*	*118 668*	*127 658*	*136 050*	*143 210*	*161 099*	*165 123*	*191 685*	*199 621*	2 313 674
Gastos administrativos	32 823	34 413	38 525	43 255	49 128	51 526	60 239	65 158	70 920	77 017	83 357	89 430	98 121	98 947	1 265 447
Servicios personales	19 725	20 621	23 023	25 629	30 307	32 701	39 553	42 984	47 059	50 970	55 371	59 540	64 018	65 289	n.a.
Materiales y suministros	4 258	4 285	4 435	5 544	5 908	6 029	6 124	7 146	7 778	8 280	8 729	8 837	10 265	10 510	n.a.
Servicios generales	8 840	9 507	11 067	12 082	12 914	12 796	14 562	15 027	16 083	17 767	19 257	21 053	23 838	23 149	n.a.
Subsidios, transferencias y ayudas	4 339	4 256	8 537	12 457	10 497	9 807	9 399	11 266	12 385	12 850	13 279	14 637	18 581	18 181	201 270
Adquisición de bienes muebles e inmuebles	1 801	1 945	2 666	3 073	2 717	4 110	3 013	2 635	3 240	3 933	3 614	3 510	5 694	3 997	n.a.
Obras públicas y acciones sociales	8 993	10 478	13 659	18 577	23 303	26 618	33 446	37 483	38 851	38 623	46 091	45 371	57 421	66 516	638 577
Obras públicas	8 726	9 952	13 659	18 577	23 303	26 118	30 626	32 885	34 510	33 232	40 358	40 236	49 892	56 294	n.a.
Acciones sociales	267	526	0	0	0	500	2 820	4 598	4 341	5 392	5 733	5 136	7 529	10 221	n.a.
Inversión financiera	598	147	97	203	257	161	80	100	102	99	86	92	134	87	2 549
Aplicación de recursos federales y estatales	0	0	0	0	1 198	5 799	6 358	1 991	1 226	1 053	1 132	685	4	0	19 445
Otros egresos	0	0	995	1 553	1 810	2 413	1 577	3 325	3 094	2 276	2 512	2 344	2 363	2 244	26 506
Deuda pública	3 124	3 012	3 221	2 973	3 215	2 849	4 556	5 701	6 231	7 359	11 029	9 055	9 367	9 650	110 278

Fuente: elaboración propia con base en: 1975-1988, INEGI, Finanzas públicas estatales y municipales de México; 1989-2009, Estadística de finanzas públicas estatales y municipales (www.inegi.org.mx) y Banxico, INPC.

n.d.: no disponible.

n.a.: no se aplica.

Cuadro AE-VI.12

Entidades del país: ingresos efectivos, 1980-2009

(millones de pesos de 2003)

Año	*Total*	*Impuestos*	*Derechos*	*Productos*	*Aprovechamientos*	*Contribuciones de mejoras*	*Participaciones*	*Aportaciones federales y estatales*	*Otros ingresos*	*Financiamiento*
Acumulado 1980-2009	10 136 294	298 911	239 109	179 097	238 784	8 345	4 349 974	4 188 539	160 851	472 685
1980	123 450	14 634	4 390	1 672	18 523	0	69 991	0	0	14 241
1981	153 354	10 565	3 262	2 429	19 194	0	92 437	0	0	25 467
1982	130 381	9 541	4 301	3 606	18 773	0	79 967	0	0	14 194
1983	124 392	7 116	1 749	6 100	12 718	0	87 583	0	0	9 125
1984	139 902	3 611	3 110	8 548	12 625	0	96 144	0	0	15 863
1985	130 102	3 055	1 895	10 197	13 038	0	87 721	0	0	14 195
1986	113 198	2 884	3 270	10 433	10 048	0	75 826	0	0	10 736
1987	109 274	2 675	2 259	10 399	6 573	0	78 900	0	0	8 469
1988	111 581	2 723	2 257	7 493	2 894	0	87 634	0	0	8 579
1989	117 906	3 525	2 971	5 604	2 359	0	87 643	1 233	0	14 571
1990	131 002	4 573	3 950	5 800	4 207	0	98 841	1 681	0	11 951
1991	151 353	5 899	5 316	4 140	3 290	0	105 329	4 981	0	22 399
1992	177 732	7 034	7 568	8 420	3 958	0	112 172	12 840	0	25 740

1993	213 004	7 329	7 833	4 651	5 144	0	120 830	37 911	0	29 306
1994	266 534	7 674	8 579	3 799	5 132	0	130 529	76 399	0	34 423
1995	282 356	6 684	6 533	7 036	3 712	203	116 735	107 718	0	33 735
1996	275 391	6 755	6 065	5 254	2 678	219	128 821	95 158	6 391	24 051
1997	304 272	7 461	6 305	8 758	2 846	196	136 525	129 299	3 728	9 155
1998	357 763	8 262	7 343	7 786	2 937	76	147 387	175 776	5 486	2 710
1999	389 052	9 086	7 864	8 053	3 150	134	155 310	198 340	3 024	4 088
2000	443 020	10 502	8 847	5 820	4 249	79	179 893	228 950	1 102	3 578
2001	485 162	11 904	10 655	4 754	4 319	235	187 694	256 101	1 656	7 844
2002	505 577	13 231	11 927	3 333	4 675	547	188 984	265 015	2 888	14 977
2003	551 597	13 721	12 823	2 973	6 109	718	203 820	290 646	5 479	15 308
2004	582 015	14 304	14 532	3 239	7 931	1 049	207 395	311 817	5 610	16 138
2005	630 883	16 554	15 395	5 213	6 847	1 093	225 288	335 887	12 629	11 977
2006	699 727	19 111	16 036	8 564	12 100	378	250 622	373 387	7 730	11 799
2007	741 361	22 150	17 173	4 828	10 276	1 518	249 257	375 483	42 939	17 738
2008	835 737	23 407	18 028	6 105	14 384	1 081	299 194	429 236	35 582	8 721
2009	859 213	22 940	16 872	4 089	14 095	819	261 502	480 684	26 607	31 606

Fuente: elaboración propia con base en: 1975-1988, INEGI, Finanzas públicas estatales y municipales de México; 1989-2009, Estadística de finanzas públicas estatales y municipales (www.inegi.org.mx) y Banxico, INPC.

Cuadro AE-VI.13
Entidades del país: egresos efectivos, 1980-2009
(millones de pesos de 2003)

Concepto	*1980*	*1981*	*1982*	*1983*	*1984*	*1985*	*1986*	*1987*	*1988*	*1989*	*1990*	*1991*	*1992*	*1993*	*1994*	*1995*
Total	*133 963*	*165 871*	*146 120*	*146 690*	*135 630*	*133 373*	*108 332*	*107 653*	*108 516*	*120 391*	*129 367*	*149 456*	*186 411*	*228 032*	*286 738*	*269 221*
Gastos administrativos	54 228	64 862	64 073	51 539	50 408	51 413	46 411	43 425	42 735	47 791	52 311	58 783	74 930	86 019	104 835	102 124
Servicios personales	n.d.	n.d.	n.d.	n.d.	n.d.	n.d.	n.d.	n.d.	n.d.	36 575	39 029	46 004	58 505	63 900	81 575	85 855
Materiales y suministros	n.d.	n.d.	n.d.	n.d.	n.d.	n.d.	n.d.	n.d.	n.d.	8 379	10 238	8 751	11 682	15 956	16 696	10 302
Servicios generales	n.d.	n.d.	n.d.	n.d.	n.d.	n.d.	n.d.	n.d.	n.d.	2 837	3 044	4 029	4 743	6 163	6 564	5 968
Subsidios, transferencias y ayudas	34 612	43 640	41 930	59 775	33 649	27 654	25 096	27 678	29 457	23 840	22 036	26 793	31 716	57 451	78 066	48 725
Adquisición de bienes muebles e inmuebles	n.d.	n.d.	n.d.	n.d.	n.d.	n.d.	n.d.	n.d.	n.d.	833	352	320	31	0	0	2 275
Obras públicas y acciones sociales	32 267	42 700	26 331	27 135	37 357	40 718	27 312	27 869	29 503	20 692	24 391	26 504	30 430	27 955	32 752	22 555
Obras públicas	30 876	41 011	25 578	21 069	31 271	33 080	22 291	23 447	24 597	20 692	24 391	26 504	30 430	27 955	32 752	22 555
Acciones sociales*	1 391	1 689	753	6 066	6 087	7 638	5 021	4 422	4 907	0	0	0	0	0	0	0
Inversión financiera	0	0	0	0	0	0	0	0	0	0	0	0	0	0	0	10 194
Aplicación de recursos federales y estatales	0	0	0	0	0	0	0	0	0	19 356	23 222	30 152	31 219	39 011	50 993	46 045
Otros egresos	0	0	0	0	0	0	0	0	0	0	0	0	0	0	416	290
Deuda pública	12 855	14 670	13 785	8 241	14 216	13 588	9 513	8 680	6 821	7 879	7 054	6 903	18 086	17 597	19 676	37 013

Concepto	*1996*	*1997*	*1998*	*1999*	*2000*	*2001*	*2002*	*2003*	*2004*	*2005*	*2006*	*2007*	*2008*	*2009*	*Acumulado 1980-2009*
Total	*265 751*	*298 445*	*353 501*	*385 111*	*438 560*	*482 531*	*504 843*	*546 078*	*571 561*	*622 225*	*691 854*	*731 557*	*824 069*	*847 095*	*10 118 945*
Gastos administrativos	114 720	120 401	119 137	124 404	138 094	139 785	151 023	163 220	169 714	183 571	192 961	196 962	216 462	219 838	3 246 179
Servicios personales	99 323	103 155	103 988	109 177	121 007	120 443	130 380	141 877	147 743	160 580	168 026	171 300	187 588	189 867	n.a.
Materiales y suministros	5 409	5 849	5 007	4 784	5 155	6 281	6 634	6 489	6 409	6 886	7 270	6 779	7 332	7 452	n.a.
Servicios generales	9 988	11 396	10 141	10 443	11 931	13 061	14 009	14 854	15 562	16 105	17 664	18 883	21 543	22 519	n.a.
Subsidios, transferencias y ayudas	54 333	83 774	133 039	144 072	173 156	203 704	208 714	218 238	233 187	255 738	288 928	316 863	363 510	375 487	3 664 860
Adquisición de bienes muebles e inmuebles	2 444	3 571	2 606	2 188	1 977	2 177	2 784	3 581	2 506	4 141	5 655	3 978	5 010	5 950	n.a.
Obras públicas y acciones sociales	20 355	22 880	27 750	30 374	35 543	37 458	37 979	41 587	42 732	52 710	63 750	74 621	79 913	91 463	1 135 586
Obras públicas	20 355	22 880	24 397	26 987	29 430	29 896	31 611	35 886	30 532	38 413	46 963	56 538	59 450	70 606	n.a.
Acciones sociales*	0	0	3 353	3 386	6 113	7 562	6 367	5 701	12 200	14 297	16 787	18 082	20 462	20 856	n.a.
Inversión financiera	1 730	1 867	0	1 180	2 368	2 056	2 583	6 516	5 721	5 411	4 605	4 141	5 233	2 836	56 442
Aplicación de recursos federales y estatales	37 462	47 491	57 202	70 908	77 314	85 607	86 100	91 248	93 597	100 336	110 945	113 796	133 343	128 770	1 474 117
Otros egresos	5 020	3 110	3 857	2 829	991	2 470	1 855	2 277	4 276	1 443	646	1 444	3 022	6 272	40 217
Deuda pública	29 686	15 353	9 910	9 157	9 118	9 273	13 805	19 412	19 827	18 876	24 364	19 753	17 576	16 478	449 166

Fuente: elaboración propia con base en: 1975-1988, INEGI, Finanzas públicas estatales y municipales de México; 1989-2009, Estadística de finanzas públicas estatales y municipales (www.inegi.org.mx) y Banxico, INPC.

n.d.: no disponible.

n.a.: no se aplica.

Cuadro AE-VI.14
Gobierno federal: ingresos fiscales, 1980-2009
(millones de pesos de 2003)

Concepto	*1980*	*1981*	*1982*	*1983*	*1984*	*1985*	*1986*	*1987*	*1988*	*1989*	*1990*
Total	*647 577*	*689 765*	*705 874*	*783 820*	*709 779*	*726 598*	*622 452*	*714 382*	*683 508*	*767 094*	*746 543*
Ingresos tributarios	618 821	654 236	447 431	420 569	412 289	412 846	413 692	427 746	454 069	504 659	498 998
Renta	233 048	245 608	216 052	165 173	164 101	167 932	158 755	159 598	192 226	217 403	207 433
Valor agregado	116 028	129 020	100 759	125 645	126 249	120 702	108 802	126 323	129 798	139 294	167 569
Producción y servicios	47 360	45 506	82 126	100 147	93 320	88 183	104 149	100 086	101 694	101 264	70 477
Otros	222 385	234 102	48 493	29 606	28 619	36 028	41 986	41 739	30 351	46 698	53 519
No tributarios	28 755	35 529	258 443	363 250	297 491	313 752	208 759	286 636	229 439	262 435	247 545
Derechos	9 223	9 409	222 667	279 810	252 693	261 438	154 643	222 626	150 234	161 977	184 614
Productos	9 763	15 007	11 320	65 995	34 868	30 918	21 544	18 893	28 358	27 827	12 120
Aprovechamientos	7 682	10 635	20 497	14 676	7 294	18 956	27 222	35 446	44 995	64 393	43 076
Accesorios	2 086	479	3 960	2 769	2 636	2 440	5 341	9 662	5 852	8 212	7 727
Contribución de mejoras	0	0	0	0	0	0	9	8	0	26	8

Concepto	*1991*	*1992*	*1993*	*1994*	*1995*	*1996*	*1997*	*1998*	*1999*	*2000*	*2001*
Total	*920 779*	*937 324*	*788 885*	*832 488*	*784 881*	*818 475*	*879 330*	*812 830*	*862 387*	*1 014 124*	*1 031 208*
Ingresos tributarios	521 305	562 864	579 166	606 365	477 146	471 208	539 471	602 679	667 151	679 421	719 090
Renta	220 491	257 290	280 050	275 729	206 501	202 576	233 513	252 681	276 388	302 221	313 523
Valor agregado	166 855	135 213	134 014	145 757	145 086	150 344	168 940	178 722	193 340	221 457	228 845
Producción y servicios	66 039	80 767	78 152	105 696	69 230	61 913	78 386	114 204	136 458	95 242	121 543
Otros	67 920	89 594	86 949	79 182	56 328	56 375	58 632	57 072	60 965	60 501	55 178

No tributarios	399 474	374 460	209 719	226 123	307 736	347 267	339 860	210 150	195 236	334 703	312 118
Derechos	180 273	171 282	159 456	133 421	194 656	236 221	228 312	156 557	136 035	246 393	223 732
Productos	15 064	16 894	7 135	12 943	24 669	14 902	14 592	17 912	10 044	8 481	7 270
Aprovechamientos	193 491	186 284	43 128	79 758	88 381	96 132	96 905	35 654	49 128	79 801	81 087
Accesorios	10 646	0	0	0	0	0	0	0	0	0	0
Contribución de mejoras	0	0	0	1	30	12	51	28	29	28	29

Concepto	*2002*	*2003*	*2004*	*2005*	*2006*	*2007*	*2008*	*2009*	*Acumulado 1980-2009*
Total	*1 034 338*	*1 132 985*	*1 213 326*	*1 297 501*	*1 381 743*	*1 458 968*	*1 662 548*	*1 540 791*	*28 202 303*
Ingresos tributarios	761 398	766 582	735 630	744 521	788 974	854 866	806 606	870 007	18 019 805
Renta	332 857	337 015	329 757	353 215	397 200	449 471	508 114	458 126	8 114 048
Valor agregado	228 374	254 433	272 258	292 506	337 347	348 720	370 840	314 093	5 677 332
Producción y servicios	142 453	117 758	81 427	45 586	– 4 646	– 5 791	– 136 516	38 948	2 221 164
Otros	57 715	57 375	52 188	53 213	59 074	62 466	64 169	58 840	2 007 262
No tributarios	272 940	366 403	477 695	552 981	592 769	604 102	855 942	670 784	10 182 497
Derechos	166 332	271 446	353 658	449 245	530 123	489 403	757 922	398 834	7 392 635
Productos	5 475	5 154	5 164	6 736	6 154	5 757	5 568	5 130	471 658
Aprovechamientos	101 104	89 775	118 844	96 971	56 463	108 915	92 423	266 791	2 255 905
Accesorios	0	0	0	0	0	0	0	0	61 809
Contribución de mejoras	30	29	29	28	29	28	28	29	491

Fuente: elaboración propia con base en: 1975-1988, INEGI, Finanzas públicas estatales y municipales de México; 1989-2009, Estadística de finanzas públicas estatales y municipales (www.inegi.org.mx) y Banxico, INPC.

Cuadro AE-VI.15
Gobierno federal: egresos ejercidos, 1980-2009
(millones de pesos de 2003)

Concepto	*1980*	*1981*	*1982*	*1983*	*1984*	*1985*	*1986*	*1987*	*1988*	*1989*	*1990*
Total	*809 366*	*1 058 184*	*1 430 122*	*1 174 276*	*1 031 384*	*1 120 031*	*1 114 746*	*1 250 598*	*1 071 400*	*984 389*	*920 780*
Gasto corriente	498 981	681 974	1 005 261	803 934	703 109	752 719	849 067	1 009 612	859 672	754 488	651 608
Servicios personales	127 102	196 255	200 309	128 254	136 976	139 416	113 812	118 501	108 875	116 054	120 140
Materiales y suministros	5 385	8 689	8 317	7 811	9 908	9 559	7 768	6 843	6 316	7 014	7 971
Servicios generales	10 301	16 424	16 130	13 082	15 069	13 519	17 655	18 407	18 014	18 320	22 164
Servicio de la deuda	74 253	133 382	517 644	396 046	325 588	393 821	559 163	740 276	622 467	501 030	390 579
Ayudas, subsidios y transferencias	273 125	310 304	252 587	254 769	213 771	194 455	148 824	123 759	100 060	107 602	107 046
Aportaciones federales para entidades y municipios	0	0	0	0	0	0	0	0	0	0	0
Otras erogaciones	8 815	16 920	10 274	3 972	1 797	1 948	1 845	1 827	3 938	4 468	3 708
Gastos de capital	274 325	327 304	381 944	328 184	303 076	335 061	145 403	127 246	85 807	94 052	106 450
Inversión física	109 136	125 490	100 404	69 267	74 389	64 879	57 318	48 476	33 525	41 927	38 670
Obras públicas	100 868	113 619	92 731	65 715	66 270	57 501	53 047	43 277	30 353	35 745	33 067
Otros	8 269	11 872	7 673	3 552	8 120	7 377	4 271	5 199	3 172	6 181	5 604
Inversiones financieras	76 385	145 926	137 512	104 950	81 101	130 105	78 706	65 879	45 575	50 404	33 063
Ayudas, subsidios y transferencias	77 946	55 887	144 028	153 968	147 586	140 077	9 378	12 891	6 707	1 720	34 717
Aportaciones federales para entidades y municipios	0	0	0	0	0	0	0	0	0	0	0

Otras erogaciones	10 858	0	0	0	0	0	0	0	0	0	0
Adeudos de ejercicios fiscales anteriores	36 059	48 907	42 917	42 158	25 199	32 251	25 054	10 960	10 580	19 892	32 132
Participaciones de ingresos	0	0	0	0	0	0	0	0	0	0	0
Participaciones a estados y municipios	0	0	0	0	0	0	95 223	102 780	115 341	115 957	130 589

Concepto	*1991*	*1992*	*1993*	*1994*	*1995*	*1996*	*1997*	*1998*	*1999*	*2000*	*2001*
Total	*800 894*	*761 897*	*783 395*	*877 985*	*896 107*	*878 151*	*974 338*	*937 616*	*1 009 777*	*1 137 646*	*1 126 319*
Gasto corriente	537 790	501 417	497 815	567 593	641 270	619 358	685 630	661 093	728 643	819 635	795 066
Servicios personales	137 478	94 396	96 899	112 226	96 307	97 005	82 333	85 058	89 124	98 549	102 514
Materiales y suministros	8 189	9 074	9 902	10 449	8 905	10 059	9 145	8 853	8 073	8 393	8 941
Servicios generales	30 414	30 927	34 850	44 985	34 670	32 425	31 834	18 787	17 918	19 153	17 053
Servicio de la deuda	240 026	172 151	124 839	121 180	197 992	177 626	137 068	148 753	177 957	157 156	153 952
Ayudas, subsidios y transferencias	109 021	190 523	227 160	275 323	259 609	258 396	354 594	384 573	405 145	452 565	264 217
Aportaciones federales para entidades y municipios	0	0	0	0	0	0	0	0	0	0	204 019
Otras erogaciones	12 663	4 347	4 163	3 431	43 788	43 848	70 656	15 069	30 426	83 819	44 368
Gastos de capital	102 114	100 097	112 229	130 229	96 847	100 747	106 642	86 093	92 306	99 801	109 538
Inversión física	49 412	48 310	52 805	61 717	43 313	44 904	52 848	26 118	27 596	25 287	21 856
Obras públicas	41 834	41 344	46 730	53 607	37 611	37 453	44 746	19 291	19 369	17 766	12 528
Otros	7 578	6 967	6 075	8 110	5 701	7 452	8 102	6 827	8 227	7 522	9 328
Inversiones financieras	28 267	0	202	30 799	29 556	29 751	27 091	14 784	9 239	7 984	12 853

Cuadro AE-VI.15
(concluye)

Concepto	1991	1992	1993	1994	1995	1996	1997	1998	1999	2000	2001
Ayudas, subsidios y transferencias	24 434	51 786	59 221	37 713	23 979	26 092	26 703	45 190	55 471	66 530	32 487
Aportaciones federales para entidades y municipios	0	0	0	0	0	0	0	0	0	0	42 185
Otras erogaciones	0	0	0	0	0	0	0	0	0	0	158
Adeudos de ejercicios fiscales anteriores	27 399	19 057	25 659	23 310	20 384	10 348	18 680	11 054	8 931	10 149	5 471
Participaciones de ingresos	0	0	0	0	0	0	0	0	0	0	216 243
Participaciones a estados y municipios	133 590	141 327	147 693	156 853	137 606	147 698	163 386	179 377	179 896	208 061	0

Concepto	2002	2003	2004	2005	2006	2007	2008	2009	Acumulado 1980-2009
Total	*1 208 282*	*1 260 498*	*1 329 562*	*1 417 833*	*1 568 095*	*1 674 287*	*2 089 760*	*1 768 498*	*34 466 214*
Gasto corriente	836 801	887 089	898 823	931 386	1 008 337	1 091 313	1 327 172	1 219 990	23 826 648
Servicios personales	106 759	125 522	111 539	103 471	108 276	116 178	148 131	196 539	3 613 997
Materiales y suministros	8 953	8 245	6 967	7 766	8 542	8 400	14 130	23 687	272 256
Servicios generales	20 116	21 031	23 095	21 254	25 787	48 510	48 279	77 663	777 838
Servicio de la deuda	127 106	134 138	131 880	140 988	148 980	152 010	154 688	162 257	7 614 998
Ayudas, subsidios y transferencias	315 421	337 816	355 980	394 782	436 913	473 398	656 238	451 994	8 689 971
Aportaciones federales para entidades y municipios	209 865	224 583	222 769	231 893	230 759	252 765	264 816	263 157	2 104 625

Otras erogaciones	48 581	35 754	46 593	31 232	49 080	40 052	40 889	44 693	752 962
Gastos de capital	134 137	135 220	173 950	217 988	250 118	285 675	406 922	246 855	5 496 357
Inversión física	20 186	24 377	17 902	23 187	34 843	27 159	41 142	60 204	1 466 648
Obras públicas	14 789	20 885	13 877	19 754	30 659	22 452	31 374	47 577	1 265 837
Otros	5 397	3 492	4 025	3 433	4 184	4 706	9 768	12 627	200 811
Inversiones financieras	39 276	30 894	18 066	29 553	79 299	85 086	193 515	45 401	1 661 222
Ayudas, subsidios y transferencias	31 172	38 499	95 407	116 412	87 917	105 926	94 827	65 066	1 869 739
Aportaciones federales para entidades y municipios	42 970	40 838	40 676	44 847	45 771	65 053	74 064	73 495	469 899
Otras erogaciones	533	612	1 898	3 988	2 288	2 451	3 374	2 689	28 850
Adeudos de ejercicios fiscales anteriores	12 662	12 962	27 642	12 274	17 712	13 593	12 234	12 266	627 896
Participaciones de ingresos	224 682	225 228	229 147	256 186	291 928	283 706	343 432	289 386	2 359 937
Participaciones a estados y municipios	0	0	0	0	0	0	0	0	2 155 377

Fuente: elaboración propia con base en: 1975-1988, INEGI, Finanzas públicas estatales y municipales de México; 1989-2009, Estadística de finanzas públicas estatales y municipales (www.inegi.org.mx) y Banxico, INPC.

Cuadro AE-VI.16

Ámbitos de gobierno: gasto en OPAS, 1980-2009

(millones de pesos de 2003)

	ZMCM			Gobiernos			
Años	*Distrito Federal*	*Municipios metropolitanos*	*Total*	*Municipales*	*Estatales*	*Federal*	*Total*
1980	28 290	998	*29 289*	6 059	32 267	100 868	*139 194*
1981	46 325	1 287	*47 611*	8 768	42 700	113 619	*165 086*
1982	39 909	777	*40 686*	8 025	26 331	92 731	*127 087*
1983	27 921	903	*28 824*	8 443	27 135	65 715	*101 293*
1984	23 289	1 563	*24 852*	12 320	37 357	66 270	*115 947*
1985	19 851	856	*20 707*	12 323	40 718	57 501	*110 542*
1986	13 706	745	*14 452*	9 150	27 312	53 047	*89 510*
1987	14 260	407	*14 667*	7 512	27 869	43 277	*78 658*
1988	11 508	723	*12 231*	8 191	29 503	30 353	*68 047*
1989	8 516	1 200	*9 717*	10 045	20 692	35 745	*66 482*
1990	9 134	1 572	*10 706*	12 755	24 391	33 067	*70 212*
1991	10 205	689	*10 894*	13 487	26 504	41 834	*81 825*
1992	11 137	1 072	*12 209*	13 931	30 430	41 344	*85 704*
1993	9 529	1 626	*11 156*	15 765	27 955	46 730	*90 450*

1994	8 592	1 114	*9 706*	16 407	32 752	53 607	*102 765*
1995	5 976	728	*6 703*	9 965	22 555	37 611	*70 131*
1996	8 286	934	*9 220*	8 993	20 355	37 453	*66 800*
1997	7 137	722	*7 859*	10 478	22 880	44 746	*78 104*
1998	4 503	1 145	*5 648*	13 659	27 750	19 291	*60 700*
1999	3 962	1 617	*5 579*	18 577	30 374	19 369	*68 320*
2000	4 461	1 271	*5 732*	23 303	35 543	17 766	*76 612*
2001	4 574	1 316	*5 891*	26 618	37 458	12 528	*76 604*
2002	6 083	1 511	*7 594*	33 446	37 979	14 789	*86 213*
2003	4 245	1 619	*5 863*	37 483	41 587	20 885	*99 955*
2004	8 092	1 612	*9 705*	38 851	42 732	13 877	*95 460*
2005	2 611	2 357	*4 968*	38 623	52 710	19 754	*111 088*
2006	3 540	1 780	*5 320*	46 091	63 750	30 659	*140 500*
2007	4 882	1 875	*6 757*	45 371	74 621	22 452	*142 444*
2008	8 116	3 381	*11 497*	57 421	79 913	31 374	*168 707*
2009	6 320	2 841	*9 161*	66 516	91 463	47 577	*205 555*

Fuente: elaboración propia con base en: 1975-1988, INEGI, Finanzas públicas estatales y municipales de México; 1989-2009, Estadística de finanzas públicas estatales y municipales (www.inegi.org.mx) y Banxico, INPC.

Cuadro AE-VI.17
Ámbitos de gobierno: estimación del gasto neto en OPAS, 1980-2009
(millones de pesos de 2003)

	ZMCM			Gobiernos			
Años	*Distrito Federal*	*Municipios metropolitanos*	*Total*	*Municipales*	*Estatales*	*Federal*	*Total*
1980	28 290	998	*29 289*	6 059	32 267	100 868	*139 194*
1981	73 200	2 235	*75 435*	14 524	73 354	209 443	*297 321*
1982	109 378	2 898	*112 276*	21 808	95 937	291 449	*409 194*
1983	131 574	3 648	*135 221*	29 108	118 007	341 803	*488 919*
1984	147 741	5 012	*152 753*	39 864	148 942	389 427	*578 233*
1985	159 305	5 592	*164 897*	50 006	181 371	424 968	*656 345*
1986	163 731	6 019	*169 750*	56 359	198 358	453 180	*707 897*
1987	168 027	6 069	*174 096*	60 617	214 536	468 969	*744 122*
1988	168 858	6 415	*175 272*	65 178	230 955	469 671	*765 804*
1989	166 121	7 202	*173 323*	71 184	237 087	474 247	*782 518*
1990	163 576	8 301	*171 877*	79 397	245 883	474 357	*799 638*
1991	161 646	8 439	*170 084*	87 705	255 574	481 582	*824 860*
1992	160 137	8 925	*169 062*	95 781	267 865	486 224	*849 870*
1993	156 464	9 912	*166 375*	104 996	276 159	494 186	*875 340*

1994	151 376	10 305	*161 681*	114 064	287 853	506 687	*908 604*
1995	143 243	10 256	*153 499*	115 870	287 712	500 513	*904 095*
1996	137 122	10 377	*147 499*	116 205	284 243	492 300	*892 748*
1997	129 437	10 239	*139 676*	117 576	282 282	489 508	*889 365*
1998	118 762	10 488	*129 250*	121 604	284 047	459 023	*864 674*
1999	107 321	11 152	*118 472*	129 867	287 048	427 652	*844 566*
2000	96 180	11 389	*107 569*	141 928	293 699	393 708	*829 335*
2001	86 344	11 658	*98 001*	156 440	302 102	358 682	*817 225*
2002	80 104	12 119	*92 223*	176 889	311 288	330 972	*819 149*
2003	73 717	12 652	*86 369*	200 104	323 499	313 255	*836 857*
2004	72 361	13 143	*85 504*	223 235	336 133	290 771	*850 139*
2005	66 284	14 376	*80 660*	244 811	358 476	276 785	*880 071*
2006	61 999	14 956	*76 955*	272 540	391 259	275 590	*939 389*
2007	59 563	15 581	*75 144*	297 702	433 091	267 309	*998 102*
2008	60 831	17 637	*78 468*	333 021	477 878	268 989	*1 079 888*
2009	60 472	19 021	*79 493*	374 974	531 694	286 822	*1 193 489*

Fuente: elaboración propia con base en: 1975-1988, INEGI, Finanzas públicas estatales y municipales de México; 1989-2009, Estadística de finanzas públicas estatales y municipales (www.inegi.org.mx) y Banxico, INPC.

Cuadro AE-VI.18

Zona Metropolitana de la Ciudad de México: Sistema de Transporte Colectivo Metro, inaguraciones y ampliaciones

					Longitud (km)		
Línea	*Estaciones inauguradas*	*Estaciones acumuladas a la red*	*Tramo inaugurado*	*Fecha de inauguración*	*Inaugurada*	*Acumulada (Línea)*	*Acumulada (Red)*
1	16	16	Zaragoza-Chapultepec	4 de septiembre de 1969	12.66	12.66	12.66
1	1	17	Chapultepec-Juanacatlán	11 de abril de 1970	1.05	13.71	13.71
2	11	28	Pino Suárez-Taxqueña	01 de agosto de 1970	11.32	11.32	25.03
2	11	39	Tacuba-Pino Suárez	14 de septiembre de 1970	8.10	19.42	33.13
1	1	40	Juanacatlán-Tacubaya	20 de noviembre de 1970	1.14	14.85	34.27
3	7	47	Tlatelolco-Hospital General	20 de noviembre de 1970	5.44	5.44	39.71
1	1	48	Tacubaya-Observatorio	10 de junio de 1972	1.71	16.55	41.41
3	1	49	La Raza-Tlatelolco	25 de agosto de 1978	1.39	6.83	42.80
3	3	52	Indios Verdes-La Raza	01 de diciembre de 1979	4.90	11.73	47.70
3	1	53	Hospital General-Centro Médico	07 de junio de 1980	0.82	12.55	48.53
3	4	57	Centro Médico-Zapata	25 de agosto de 1980	4.50	17.06	53.03
4	7	64	Candelaria-Martín Carrera	29 de agosto de 1981	7.50	7.50	60.53
5	7	71	Consulado-Pantitlán	19 de diciembre de 1981	9.15	9.15	69.68
4	3	74	Santa Anita-Candelaria	26 de mayo de 1982	3.25	10.75	72.93

5	3	77	La Raza-Consulado	01 de julio de 1982	3.09	12.24	76.02
5	3	80	Politécnico-La Raza	30 de agosto de 1982	3.43	15.68	79.45
3	5	85	Zapata-Universidad	30 de agosto de 1983	6.55	23.61	86.00
6	7	92	El Rosario-Instituto del Petróleo	21 de diciembre de 1983	9.26	9.26	95.27
1	1	93	Pantitlán-Zaragoza	22 de agosto de 1984	2.28	18.83	97.55
2	2	95	Cuatro Caminos-Tacuba	22 de agosto de 1984	4.01	23.43	101.55
7	4	99	Tacuba-Auditorio	20 de diciembre de 1984	5.42	5.42	106.98
7	2	101	Auditorio-Tacubaya	23 de agosto de 1985	2.73	8.15	109.71
7	4	105	Tacubaya-Barranca del Muerto	19 de diciembre de 1985	5.04	13.19	114.75
6	4	109	Instituto del Petróleo-Martín Carrera	08 de julio de 1986	4.68	13.95	119.43
9	9	118	Pantitlán-Centro Médico	26 de agosto de 1987	11.67	11.67	131.10
9	3	121	Centro Médico-Tacubaya	29 de agosto de 1988	3.71	15.38	134.81
7	4	125	El Rosario-Tacuba	29 de noviembre de 1988	5.59	18.78	140.40
A	10	135	Pantitlán-La Paz	12 de agosto de 1991	17.19	17.19	157.59
8	19	154	Garibaldi-Constitución de 1917	20 de julio de 1994	20.08	20.08	177.67
B	13	167	Villa de Aragón-Buena Vista	15 de diciembre de 1999	12.14	12.14	189.81
B	8	175	Ciudad Azteca-Nezahualcóyotl	30 de noviembre de 2000	11.58	23.72	213.53

Fuente: Sistema de Transporte Colectivo Metro de la Ciudad de México.

VII. DIALÉCTICA DE LAS CONDICIONES GENERALES DE LA PRODUCCIÓN (CONCLUSIONES)

*Gustavo Garza**

La tierra, el trabajo y el capital constituyen los factores de la producción cuya expansión histórica determina el progreso material de las civilizaciones. En el presente libro se indaga el origen de las condiciones generales de la producción (CGP) para demostrar que durante su evolución temporal experimentan una transformación dialéctica al remplazar paulatinamente a la tierra cultivable y subordinar a la fuerza de trabajo y al capital. A partir de esta tesis fundamental, se formula el imperativo metodológico de incorporar las CGP dentro de las categorías constitutivas de la teoría marxista del capital. También se pueden introducir como variable independiente dentro de la función de producción neoclásica, pues tienen una presencia objetiva en el proceso productivo, independientemente de los vocablos utilizados por las diferentes escuelas del pensamiento económico (condiciones generales de la producción, obra pública, infraestructura, capital social, trama urbana, economías de urbanización, entre otras).

El movimiento dialéctico de las CGP se plasma desde su génesis en el neolítico temprano, pero a partir de la Revolución Industrial surge una serie de contradicciones en la determinación de la fuente de financiamiento y el monto de los recursos destinados a su construcción, así como por el control de la gestión de aquellas que pueden ser redituables económica o políticamente. El proceso se continúa hasta los siglos XX y XXI, cuando emergen los grandes

* Profesor-investigador del Centro de Estudios Demográficos, Urbanos y Ambientales, El Colegio de México.

ensambles infraestructurales en un conjunto creciente de megaurbes que anuncian la emergencia del antropoceno como nueva época geológica del planeta. Se redimensiona exponencialmente la perspectiva de los autores clásicos que visualizaban las CGP como elementos complementarios, pero marginales, del proceso productivo. Esto demanda avanzar en la teorización de dicha categoría. Tal es el ambicioso propósito que se plantea la presente obra, y en este capítulo de conclusiones se obtendrán las principales inferencias sobre la naturaleza de las CGP, así como se plantearán algunas líneas de investigación para continuar avanzando en su comprensión y perspectivas, tanto en su teorización como categoría histórica como en las implicaciones que tiene para la praxis de las políticas urbanas. La estructura del capítulo sigue la del libro en sus dos partes y capitulado.

Primera Parte: evolución de una categoría espacio-sectorial

Las obras de infraestructura conceptualizadas como condiciones generales de la producción nacen con la civilización misma, esto es, con el surgimiento de las ciudades hace alrededor de diez mil años. Su mayor desarrollo en el mundo antiguo cristaliza en las más notables ciudades esclavistas: Atenas y Roma. No obstante, es hasta la ciudad industrial capitalista cuando se inicia el notable crecimiento en magnitud de los renglones infraestructurales existentes, así como el aumento de su número. En esta primera parte de las conclusiones se verán las implicaciones más significativas de su evolución, los alcances teóricos que reviste su dinámica de crecimiento, así como la complejidad que observan en la actualidad.

Condiciones generales de la producción y teoría unificada espacio-sectorial

Las inferencias hermenéuticas de la obra de Aristóteles, Adam Smith, Friedrich List y Carlos Marx permitieron rastrear el origen y la evolución de las CGP con el fin de indagar su naturaleza y grado de interrelación con los elementos que integran los medios de producción, a partir de lo cual se podría decidir si deben ser incorporadas en la teoría del capital.

En la sociedad esclavista la agricultura era la actividad económica fundamental. El sector primario absorbía 80% de la población y el resto se distribuía básicamente en actividades terciarias, como las de políticos, intelectuales, comerciantes y, dentro del sector secundario, en unos cuantos artesanos. La base de tal economía era la tierra cultivable y el trabajo esclavo. La tierra se constituía como condición natural de la producción y las mejoras de irrigación y caminos como condiciones generales construidas, esto es, desde la génesis de la sociedad esclavista emergen ambas categorías como elementos indispensables del proceso productivo.

El pensamiento sistemático sobre las CGP se inicia con el avance científico experimentado durante la consolidación de la sociedad esclavista en Grecia, y es Aristóteles quien mejor las conceptualiza. El filósofo estagirita introduce varios de sus elementos más característicos, empezando con su importante diferenciación entre condiciones generales de la producción *naturales* y *construidas*. Agrega el concepto de capital comercial, pero sin relacionarlo con las obras públicas, expresión en uso hasta la actualidad para referirse a la infraestructura, o a las CGP, en la terminología de este escrito. Es Aristóteles quien establece los fundamentos de la categoría de capital comercial y las concomitantes condiciones generales de la ciudad esclavista, las cuales se potenciarían revolucionariamente con el advenimiento de las urbes capitalistas. Ello ocurre dentro de un proceso dialéctico milenario en que las CGP construidas van teniendo una creciente participación cuantitativa en el proceso de producción, hasta llegar el momento en que experimentan un cambio cualitativo de gran relevancia en la evolución del sistema capitalista, como se demostrará en estas conclusiones.

En los albores de la Revolución Industrial inglesa, Adam Smith observa que la infraestructura se orientaba esencialmente a facilitar el comercio, esto es, la circulación geográfica de los productos, por lo que en sus orígenes capitalistas emerge como condición general de la circulación de mercancías, tal como se clasificó en el capítulo III de este libro. Smith hace notar que para la construcción de la infraestructura se requiere un "*capital cuantioso*", asignándole además un carácter de *"utilidad pública y general"*, peculiaridad que Marx concretaría al bautizarla como *condición general de la producción.* Smith no teoriza sobre la función de los servicios públicos dentro de su modelo general de la economía, aunque menciona que el abastecimiento de agua y la educación deben ser proporcionados, al menos en parte, por el Estado. A este respecto, Smith, el santo patrón de los economistas neoliberales, reconoce claramente que ciertas mercancías o servicios deben ser proporcionados por el gobierno, en especial aquellos que son de *"utilidad pública y general"* y que requieren un *"capital cuantioso"* para su construcción, esto es, las condiciones generales de la producción.

Friedrich List fue un economista alemán que dedicó su libro, *Sistema nacional de economía política,* a debatir y criticar las posturas de Smith en su obra *Investigación sobre la naturaleza y causas de la riqueza de las naciones.* List logra en verdad un avance significativo al superar la convencional visión aristotélica y smithiana de considerar la infraestructura como "obra pública", proponiendo conceptualizarla como una nueva *fuerza productiva.* Este autor visualizó nítidamente cómo el desarrollo de los transportes en Inglaterra, especialmente el naval y el ferroviario, fue uno de los factores determinantes que le permitió su supremacía industrial en el mundo del siglo XIX, esto es, por representar una verdadera fuerza productiva que le permitía dominar un mercado de consumidores que se extendía a escala global. Criticando directamente la tesis principal de Smith, List concluye que la riqueza nacional está determinada por el desarrollo de las fuerzas productivas promovidas por el avance de la ciencia y las innovaciones tecnológicas, y no por la división social del trabajo, que constituye meramente una de sus consecuencias más superficiales. Entre dichas fuerzas productivas incluye explícitamente los medios de transporte conformados por caminos, puertos, canales y el ferrocarril. Igualmente, agrega las energías naturales del territorio, su extensión y posición geográfica, su número de habitantes y el poder político, esto es, acepta la visión aristotélica de las CGP naturales, pero le agrega lo que podría denominarse *condiciones sociopolíticas de la producción.* Éstas, como se expuso en el capítulo IV del libro, son ampliamente utilizadas en los enfoques conceptuales sobre la competitividad de naciones, regiones y ciudades.

Cabe resaltar un dato de gran relevancia que presenta List: las CGP representaban únicamente 2.7% del capital nacional total de Inglaterra en la primera mitad del siglo XIX. Esta cifra será el punto de referencia que permitirá determinar hasta dónde se ha incrementado a medida que se agreguen estadísticas de algunos países del mundo en diferentes momentos de la segunda mitad del siglo XIX, así como del XX y del XXI, para identificar el momento de su transformación cualitativa a fuerza productiva dominante. Además, la función marginal de dichas condiciones cuando List publicó su libro, en 1841, puede explicar que Marx, cuyo tomo I de *El capital* apareció en 1867, aunque le concedió importancia a la infraestructura del transporte en su análisis de la circulación del capital, sólo mencione tangencialmente las condiciones generales de la producción, pero las bautiza y define, aunque, como se explica en el capítulo III, haya sido de manera indirecta.

Marx critica las concepciones de capital de los economistas políticos conocidos en su época, y desentraña su carácter esencial: constituye una relación social entre la exclusiva clase de los poseedores de los medios de producción y los amplios estratos de población que venden su fuerza de trabajo. Clasifica los elementos integrantes del capital en constante y variable. El primero es a su vez dividido en constante fijo y constante circulante. Desde una posición marxista ortodoxa, solamente el capital variable crea valor en el proceso de producción de mercancías, posición que no se acepta dentro del enfoque de la economía neoclásica, además de que es debatible dentro de la economía política y no es esencial a las tesis marxistas sobre las leyes económicas del capitalismo.

El proceso de producción requiere ciertas condiciones generales, de acuerdo con Marx, pero éstas son "momentos abstractos" que ocultan las etapas históricas concretas de la producción. Además, señala que dichas condiciones entran en la categoría de capital fijo, por lo que no constituyen un caso especial. Una de las conclusiones trascendentales de este trabajo es que dichas condiciones generales de la producción *sí* se deben incorporar al análisis del capitalismo en cualquier estadio de su desarrollo, o aún antes, como se analizó al revisar la sociedad esclavista. Constituyen, además, un caso particular diferente al del capital fijo privado dentro de los elementos que conforman el capital.

Efectivamente, la evolución de las CGP desde la ciudad esclavista hasta la urbe industrial, junto con las concepciones sobre el capital de Smith, List y Marx, permiten proponer la existencia de una categoría histórica que vincula el capital fijo privado con el capital fijo socializado, representado por los diversos sistemas infraestructurales: el *coeficiente composición interna del capital constante fijo*. Este coeficiente medido en valor aumenta con el avance del capitalismo hasta que el capital constante fijo socializado alcanza niveles equiparables al capital privado, e incluso llega a superarlo. Se plantea la hipótesis de la existencia de una ley tendencial según la cual el valor de las CGP tenderá a superar al valor correspondiente del capital fijo de las empresas capitalistas, lo cual se podría verificar para el caso de México en el libro que seguirá a la presente obra.

Como corolario, se establece metodológicamente la pertinencia de introducir la nueva categoría dentro de la teoría del valor, pues tiene implicaciones importantes para ella al existir una transferencia de valor de las CGP al proceso de valorización de mercancías. De igual o mayor trascendencia conceptual es que las CGP y el *coeficiente composición interna del capital constante fijo* constituyen categorías fundamentales dentro de las teorías del crecimiento económico y de la distribución territorial del proceso productivo.

Las CGP están constituidas por un enjambre de sistemas infraestructurales interconectados que imprimen a las ciudades funciones de verdaderas fuerzas productivas; en este caso, el tejido urbano sustituye a la tierra dentro de los tres factores de producción más importantes. Ello permite, heurísticamente, concebir una teoría sistémica que explique la dinámica y la distribución espacial del desarrollo económico de manera simultánea. En el capítulo I se describió la teoría unificada propuesta para vincular ambos procesos, y se establece que el desarrollo económico depende tanto del ritmo de acumulación del capital fijo socializado como del correspondiente al capital fijo privado. Paralelamente, se concluye que la distribución espacial de las actividades económicas en el sistema de ciudades está relacionada con el monto y la dinámica de acumulación de su participación en ambos tipos de capital. En el capítulo I se analiza tanto el surgimiento histórico de las CGP como su situación dentro de los elementos constitutivos del capital, reforzando metodológicamente tal teoría unificada.

Las conclusiones cardinales del primer capítulo pueden sintetizarse en dos: *1)* el capital social constituido por las condiciones generales de la producción debe agregarse como un nuevo componente del capital constante, el cual quedará conformado por el capital constante fijo privado y el capital constante fijo socializado; *2)* el aumento histórico de la magnitud del *coeficiente composición interna del capital constante fijo* reviste una gran importancia, tanto como articulador del desarrollo económico en el espacio, como en la metamorfosis del capital.

Metodológicamente hablando, por ende, es perfectamente justificable incorporar las condiciones generales de la producción dentro de la teoría del capital, lo cual se constituye en el eje articulador para formular una teoría unificada del desarrollo económico y la distribución territorial del aparato productivo.

Historia y perspectivas de las condiciones generales de la producción

El objetivo general del capítulo II consistió en sintetizar, lo más incluyentemente posible, todos los renglones principales de las condiciones generales de la producción que se han construido en el mundo. Para ello se planteó, en primer lugar, empezar con la obra más antigua conocida en los albores mas remotos de la civilización, el templo de Göbekli Tepe, para continuar con las siete maravillas de la antigüedad (las pirámides de Guiza, los jardines colgantes de Babilonia, el templo de Artemisa, la estatua de Zeus, el mausoleo de Halicarnaso, el Coloso de Rodas y el faro de Alejandría) y las del mundo actual que constituyen edificaciones existentes (el Coliseo de Roma, la Gran Muralla China, Chichén Itzá, Machu Picchu, el Taj Mahal, Petra y el Cristo Redentor en Río de Janeiro). En segundo, hacer un inventario cuantitativo exhaustivo de las colosales obras que caracterizan a los países contemporáneos que tienen como nodos sus sistemas de ciudades: ferrocarriles, canales, carreteras, puentes, túneles, presas, canales de navegación, refinerías, sistemas de ductos de hidrocarburos, aeródromos, puertos marítimos y redes de fibra óptica en la revolución telemática en curso.

Cubrir los anteriores propósitos ha permitido vislumbrar la evolución de las CGP desde la limitada gama de tipos de infraestructura que tenían los autores clásicos en el siglo XIX, según se analizó en el capítulo I, hasta los renglones más sofisticados de la actualidad. En conclusión, la revolucionaria evolución de las condiciones generales de la producción ha permitido concebir su carácter dialéctico en la medida en que se van articulando y subordinando al aparato productivo y crean nuevas categorías económicas.

De esta suerte, una segunda conclusión es que la creciente construcción de ciudades y megaurbes, con los renglones infraestructurales anteriormente enlistados, tiene significativas consecuencias económicas, políticas, sociales y ambientales que se deben incorporar dentro de la ciencia urbana en general y, particularmente, en la economía política de la urbanización. Además, ello reviste tal magnitud que puede transformar la faz del planeta y, con ello, su desarrollo geológico, con el peligro de que dicho fenómeno acelere su calentamiento global y ponga en riesgo la vida de millones de sus habitantes.

De las siete maravillas del mundo antiguo, por su magnificencia, cinco son de tipo religioso (templos, estatuas de dioses o tumbas de reyes), mientras que otra es un palacio real. Únicamente el faro de Alejandría tiene una función utilitaria. De ello surge como tercera conclusión que a pesar de que en la antigüedad predomina el ejemplo primigenio del templo de Göbekli Tepe y se otorga una gran prioridad a la realización de grandes iconos místico-religiosos, con el faro de Alejandría se inicia la construcción de obras para facilitar la transportación marítima de bienes y personas, hecho que anuncia un cambio revolucionario en sus propósitos fundamentales.

La Revolución Industrial transforma la prioridad espiritual de las obras del mundo antiguo por la construcción de grandes ensambles infraestructurales dirigidos a impulsar el desarrollo de las fuerzas productivas y la acumulación de capital. Se puede concluir, en cuarto lugar, que las grandes obras del pasado erigidas como iconos para la dominación y trascendencia histórica de la clase hegemónica, a partir de la Revolución Industrial son en buena medida subordinadas a las edificaciones para cubrir la demanda de insumos, energéticos y medios de comunicación y de transporte de los crecientes establecimientos industriales, comerciales y de servicios.

La expansión incesante de las condiciones generales de la producción capitalista ha representado un proceso indispensable para aumentar la productividad de las empresas y extender su mercado a escala mundial. Esta quinta conclusión se puede ampliar concretando los sistemas infraestructurales que han sido determinantes para el desarrollo del proceso productivo y la acumulación de capital.

Las innovaciones más trascendentales han sido, en primer lugar, la invención del ferrocarril y la acelerada construcción de vías férreas desde inicios del siglo XIX, las cuales alcanzan 1.1 millones de kilómetros en la actualidad. En segundo lugar, se tiene la emergencia de la electricidad hacia finales de ese siglo, lo cual implica la subsiguiente multiplicación del andamiaje necesario para su generación y traslado, esto es, alrededor de un millón de presas hidroeléctricas y cientos de miles de kilómetros de líneas de transmisión.

Con la producción en serie del automóvil en el siglo XX, a las anteriores dos innovaciones pronto se les agregaría, en tercer lugar, una febril construcción de carreteras, que alcanza un total de 33.5 millones de kilómetros hacia 2008. Paralelamente, en cuarto sitio, se ha desarrollado en el mundo un sistema de 700 refinerías y 1.5 millones de kilómetros de ductos para abastecer de hidrocarburos a los vehículos, así como de insumos derivados del petróleo a las nacientes industrias químicas y como materiales auxiliares para toda clase de plantas fabriles.

Con el nacimiento de la aviación comercial en 1919, en quinto lugar, se inicia una acelerada construcción de aeropuertos, los cuales totalizan alrededor de 44 mil en 2010, lo que agrega un significativo renglón al vasto andamiaje mundial de condiciones generales de la producción, con lo cual se abatió revolucionariamente el tiempo de traslado de personas y mercancías.

Finalmente, en sexto sitio, el más moderno sistema de infraestructura lo conforma la red telemática de internet que cubre rápidamente la faz del planeta y anuncia el advenimiento de la sociedad del conocimiento, en la cual billones de usuarios tienen acceso a una cantidad inimaginable de información en línea, tanto científica como de cualquier otro tipo. Ello es posible por el diseño de la World Wide Web, conjunto de protocolos que hace posible la consulta remota de archivos de hipertexto, esto es, vínculos de contenidos en el monitor de la computadora que se pueden intercambiar pulsando el ratón en determinados iconos. Ello ha sido posible por el descubrimiento de la fibra óptica y, gracias a inversiones multimillonarias, su despliegue en el mundo en una extensión de más de 800 millones de kilómetros.

La asombrosa y monumental construcción y articulación social del conjunto anterior de condiciones generales de la producción permite extraer, finalmente, dos conclusiones cardinales: *1)* la transformación a la faz del planeta que implica, en forma paralela con el elevado crecimiento demográfico y la emergencia de un número creciente de megaciudades, el advenimiento de la época antropocena como la nueva etapa geológica en la evolución de la Tierra; *2)* la trascendencia de lo anterior exige continuar teorizando sobre la naturaleza de las condiciones generales de la producción y, al mismo tiempo, elaborar una tipología comprensiva que abarque su diversidad actual y permita avanzar en la elaboración de los diferentes escenarios que presentarán en el futuro.

El conjunto de conclusiones esbozadas en este y el anterior inciso confiere a la disciplina urbano-regional una dimensión sistémica que debe continuar desarrollándose en el futuro en la forma científica más rigurosa posible. Ello permitiría, finalmente, desentrañar las leyes que explican la metamorfosis experimentada por el sistema capitalista hasta llegar a su gran crisis en la segunda década del siglo XXI, a partir de lo cual sería viable elaborar los escenarios posibles que seguirá en el futuro, probablemente dentro de nuevos paradigmas sociales.

Emergencia del binomio condiciones y servicios generales de la producción

La construcción de las condiciones generales de la producción (CGP) convierte a la ciudad en una poderosa fuerza productiva que forma parte de los medios de producción como capital social y, paulatinamente, subsume al capital privado, y de este modo establece las bases históricas para una transformación sistémica. Una primera conclusión del capítulo III, de corte metodológico, establece que la investigación de las CGP se debe centrar en aquellas que se orientan al productor, esto es, que son indispensables para el proceso de producción, por lo que conforman un vigoroso motor de la economía. No obstante, en forma paralela deberán producirse los medios de consumo colectivo, lo cual permitiría consolidar el capital humano y, en conjunto con los otros factores de la producción, fortalecer la cohesión social y el progreso económico de la nación.

Una segunda conclusión muy significativa es la necesidad de agregar a la categoría tradicional de CGP, que representa únicamente el capital fijo en la prestación de un servicio complejo, la parte adicional que hace posible la producción y dotación de ese servicio. A las CGP se requiere agregarles todo el aparato de gestión administrativo y distributivo, esto es, al conjunto de sus empleados, trabajadores, cuadros técnicos especializados, así como los gerenciales que dirigen estratégicamente a la empresa.

De esta suerte, se propuso la existencia de una categoría dual denominada binomio CGP-SGP, la cual está orgánicamente articulada y constituye una unidad indivisible. En el capítulo III se consideró con cierto detalle la composición del gasto anual de la Comisión Federal de Electricidad en 2010, y se concluyó que un tercio del binomio CGP-SGP corresponde al rubro del capital físico y dos tercios a la parte que conforman los servicios generales de la producción. En rubros como la electricidad, la educación, la salud, entre otros, la parte del servicio general tenderá a ser mayor, como el caso de la proporción anterior, mientras que en carreteras, puentes, puertos, etc., sería al contrario. Cualquiera que sea el rubro de la CGP, no obstante, siempre tendrá un componente de SGP, en mayor o en menor proporción.

Con objeto de conceptualizar rigurosamente la naturaleza de las CGP-SGP se propuso, como tercera conclusión cardinal, la siguiente definición de naturaleza positiva:

> El binomio condiciones y servicios generales de la producción está conformado por medios de producción naturales y construidos (infraestructura), así como por trabajadores e insumos. Todo ello es requerido para la realización del proceso general de producción y reproducción de la fuerza de trabajo, siendo dicho binomio externo a las empresas individuales, pero indispensable para realizar sus operaciones.

El binomio CGP-SGP es un concepto central de la economía política urbana, pues constituye el principal determinante de la distribución espacial de las actividades económicas y de la reproducción de la fuerza de trabajo, así como un elemento fundamental de las fuerzas productivas de la sociedad. Para concretar el planteamiento del anterior teorema, como cuarta conclusión de significación teórica, se propone que el binomio CGP-SGP se pueda desagregar en tres componentes principales: *naturales, construidos* y *de gestión pública o privada (o ambas).* Además, el elemento construido se puede clasificar en medios de trabajo socializados, que sirven al aparato productivo, y medios de consumo colectivo, orientados a la reproducción de la fuerza de trabajo. A su vez, los medios de trabajo se pueden subdividir en aquellos utilizados para la circulación de mercancías y los orientados directamente a la producción. Los componentes y la tipología sistematizada del binomio en cuestión pueden verse en las gráficas III.1 y III.2 del capítulo III, las cuales presentan la concepción más avanzada sobre el tema, a reserva de que el lector de estas líneas tenga otra opinión al respecto.

La quinta conclusión destacable es la necesidad de incorporar dentro del binomio CGP-SGP las acciones del Estado en sus diferentes ámbitos de gobierno, en el caso mexicano del gobierno federal, de las entidades federativas y de los municipios. La gestión del grueso de los servicios públicos les corresponde a los tres, pero es la instancia federal la encargada de su componente infraestructural de envergadura nacional, así como de otorgar las concesiones para su producción privada, como telecomunicaciones, aeropuertos, ferrocarriles, servicios bancarios, entre otros. El proceso de gestión, independientemente de las modalidades público-privadas que existan en los diferentes países, le imprime al binomio CGP-SGP un carácter orgánico entre sus tres principales componentes constitutivos.

La sexta conclusión se puede formular aglutinando los rasgos que caracterizan al binomio CGP-SGP: constituye una necesidad general para el funcionamiento adecuado de las ciudades y regiones; es altamente recomendable que se preste por organismos gubernamentales, ante el riesgo que supondría su dotación privada por los inevitables conflictos de intereses entre las firmas que los proporcionen y los requerimientos generales de la estructura económica y social; la intervención pública es aún más necesaria considerando que su construcción comprende inversiones financieras de gran envergadura; finalmente, suelen ser de baja rentabilidad, indivisibles y de lenta rotación del capital. Por añadidura, en muchos casos es indispensable proporcionarlos de manera desvalorizada, esto es, que se prestan o venden a menos de su costo total de producción, lo que exige la participación del Estado, que puede cubrir el déficit con los impuestos.

Como corolario normativo de las anteriores conclusiones, puede afirmarse que cualquier gobierno que aspire a diseñar e implantar un modelo de desarrollo con tasas de crecimiento del PIB significativas y en el largo plazo, debe tener la capacidad de planear, financiar y operar estratégicamente un conjunto de elementos infraestructurales del binomio CGP-SGP que sea competitivo a escala internacional. Ello permitiría reorientar de manera sistémica la evolución de la estructura económica y establecer un nuevo contrato social sobre la participación del Estado en la producción de las CGP-SGP, pues de ello dependerá el éxito o el fracaso de la inserción de los países en el mercado global, como lo está evidenciando nítidamente la Republica Popular China.

SEGUNDA PARTE: COMPETITIVIDAD Y FINANCIAMIENTO DE LA CIUDAD DE MÉXICO

Una característica fundamental del binomio condiciones y servicios generales de la producción (CGP-SGP) es la cuantiosa y creciente inversión requerida para la construcción de la monumental base infraestructural que constituye su quintaesencia. El financiamiento para edificarla suele ser público, privado o mixto, dependiendo del modelo de acumulación de capital adoptado por los diferentes países y su visión científica de la función del Estado en impulsar el desarrollo económico. Si las acciones del Estado se determinan por consideraciones ideológicas y políticas, existe el gran riesgo de un desajuste entre la estrategia sectorial y la del crecimiento urbano y regional, lo cual llevaría al fracaso de la política general de desarrollo. Financiamiento y articulación espacio-sectorial del binomio CGP-SGP constituyen la meta-síntesis que debe orientar el progreso de los países con base en la fuerza productiva que representa la competitividad de sus grandes ciudades. Éstos son los temas que tratan los capítulos IV, V y VI de esta obra, cuyas conclusiones y lineamientos de investigación futura se presentan a continuación.

Infraestructura y competitividad urbana

En las ciencias sociales, en general, y en la disciplina urbana y regional, en particular, surgen periódicamente conceptos que, si no tienen una pertinencia real a lo largo del tiempo, pronto caen en desuso y quedan meramente como términos pasajeros (*v. g.*, "polos de desarrollo", "colonialismo interno", "interacciones gravitatorias", "enclave", entre otros). En la era de la mundialización de la economía, se ha propuesto con cierto éxito el concepto de "competitividad" para medir los diferentes niveles de eficiencia existentes entre empresas, países, regiones y ciudades. En el capítulo IV se menciona la inexistencia de un claro significado del concepto de competitividad territorial por las características que lo diferencian de las empresas, donde los costos y las tasas de ganancia miden su desempeño. Se puede agregar que, aun en esos casos, el criterio es relativo, pues una maximización de utilidades en el corto plazo no necesariamente significa que se mantendrá en el largo plazo; por ejemplo, si se sacrifica la inversión en actividades de ciencia y tecnología. Sea como fuere, la competitividad sólo reflejaría el viejo concepto de *productividad técnica y gerencial*, esto es, cuanto mayor sea la productividad, más elevada será la competitividad, *ceteris paribus*. El tiempo dirá si se trata de una expresión de novedad pasajera, o si capta un fenómeno de la realidad urbana y su utilización quedará metodológicamente demostrada.

La aplicación del concepto de competitividad a las ciudades es más debatible, pero en términos generales mantiene su validez. No obstante, el desafío cognoscitivo es desentrañar por qué algunas urbes tienen mayor productividad que otras. Para avanzar en la respuesta a esta pregunta, en el capítulo IV se establece la relación conceptual entre competitividad urbana e infraestructura, además de evidenciar estadísticamente su validez en un conjunto de ciudades de México.

El primer inciso del capítulo presenta una revisión teórica del concepto de competitividad y la función de la infraestructura dentro de las ventajas competitivas, y concluye:

> Una ciudad competitiva es, en síntesis, aquella que comparte seis atributos: *1)* generación de empleos calificados y bien remunerados, *2)* producción de bienes y servicios bajo una lógica de sustentabilidad, *3)* oferta de bienes y servicios con alta elasticidad-ingreso de la demanda, *4)* apropiada tasa de crecimiento que asegura condiciones para el pleno empleo, *5)* especialización productiva basada en oportunidades a futuro, y *6)* potencial para ascender en la jerarquía del sistema urbano nacional o de la red global de metrópolis.

El desarrollo económico de un país o una ciudad, como se ha mencionado con cierta insistencia en los capítulos I y III, depende del incremento continuo de la productividad de la tierra, el trabajo y el capital, lo cual determina un patrón de acumulación de capital constante que imprime una dinámica de crecimiento de ciclos ascendentes. Para ello es necesario que el grueso de la acumulación de capital se reinvierta en la urbe, pues si esto no sucede y se remite a otros lugares, el proceso se detiene y la ciudad no crece o, más aún, declina. Esto último puede ocurrir cumpliendo con los seis atributos de la competitividad de las ciudades anteriormente presentados, por lo que es preciso introducir un elemento estructural no comprendido en dichos atributos. Se debe contar con un proceso de acumulación de capital autónomo que garantice su continuidad, por lo que deben existir grupos empresariales y corporativos que aseguren la permanencia del capital acumulado no sólo para servir al mercado local, sino para ser competitivos en una escala nacional e internacional.

Como ejemplo de la argumentación anterior podría mencionarse la ciudad de Silao, Guanajuato, donde se instaló en 1996 una planta automotriz de 330 hectáreas de la General Motors, en la cual se ensamblan vehículos que se exportan, en 99% de su producción, a Estados Unidos, Canadá, Europa y Japón, como los modelos: Chevrolet Avalanche, Silverado, Cheyenne, Sierra, Cadillac Escalade, además de Chevrolet Sierra y Silverado híbridos (www.gm.com.mx/planta_silao.html). La fábrica cuenta con casi cuatro mil trabajadores directos y 500 empleados de confianza, pero la mayoría proceden de Irapuato, León, Guanajuato y Salamanca (http://www.uaq.mx/investigacion/ revista_ciencia@uaq/ArchivosPDF/v2-n2/Trayectoria.pdf). El complejo General Motors-Silao está integrado principalmente por 13 empresas, las cuales le proporcionan diversas autopartes como ejes, tableros y asientos, así como servicios de logística, transporte y limpieza. En abril de 2012 produjo 16 989 vehículos, cifra que sería de 203 868 anualizada, por lo que se trata de un enclave altamente productivo, además de interrelacionado local e internacionalmente (http://www.gm.com/content/gmcom/home/company/investors/sales-production.content_pages_news_us_en_2012_may_gmsales.~content~gmcom~home~company~investors~sales-production.html).

Lo anterior convierte a Silao en una localidad que cumple con al menos cinco de los seis atributos de una ciudad competitiva: *1)* genera empleos calificados y relativamente bien remunerados; *2)* existe una lógica de sustentabilidad en el complejo automotriz;[1] *3)* los autos constituyen, incuestionablemente, una mercancía de alta elasticidad-ingreso; *4)* la producción automotriz continúa siendo una actividad con potencial de crecimiento en el futuro, a pesar de ser una industria madura, por los cambios tecnológicos como el sistema de propulsión múltiple *flex-fuel*, ya

[1] Dentro de las políticas ambientales de la empresa, se ha logrado reducir los residuos y elementos contaminantes, reciclando el agua y muchos materiales, se ahorra luz durante el día utilizando lámparas de alta eficiencia, y todas las plantas de manufactura están certificadas como industria limpia por la Profepa. Como resultado, se ha reducido el consumo de agua en 70% por unidad producida y 99.9% en reciclaje de residuos en las operaciones de manufactura en los últimos 15 años (www.gm.com.mx/planta_silao.html).

existente, o el auto con celdas de combustible impulsadas por hidrógeno, que anuncia la General Motors para comercializarse en el largo plazo, y *5)* finalmente, tiene potencial de ascenso dentro del sistema de ciudades, pues el municipio de Silao creció de 131 mil habitantes en 1995 a 173 en 2010, periodo en que se integró a la Zona Metropolitana de León (ZML). Esta última urbe alcanzó 1.6 millones de habitantes en 2010, con lo que se constituye como la séptima ciudad más grande del país. El único requisito que no cumple es el de que "asegure condiciones para el pleno empleo", pero esto actualmente no lo hace ninguna ciudad europea, ni de Estados Unidos, para no hablar de América Latina en general o de México en particular.

Los cuatro estudios reportados que cuantifican el nivel de competitividad de las 20 principales ciudades de México en el capítulo IV excluyen la ZML, no digamos a Silao. Siguiendo la argumentación anterior, se podría decir que no calificó como tal porque la principal empresa del complejo automotriz de la urbe es trasnacional y el proceso de acumulación de las ganancias para futuras inversiones se realiza principalmente en Estados Unidos, país sede de la General Motors.

Sin embargo, la ZML ocupó el lugar 28 según rango de competitividad entre las ciudades de América Latina en 2007, mientras que Ciudad Juárez estaba en el 38 (Garza, 2010: 548). Sorprende que la metrópoli fronteriza esté en los rangos de competitividad 14, 5 y 13 en tres de las cuantificaciones mencionadas en el capítulo IV, mientas que la ZML está ausente. Abundan este tipo de inconsistencias en los estudios que cuantifican los niveles de competitividad de las ciudades; por ejemplo, los cuatro estudios mencionados ubican a Monterrey en primer lugar y a la Ciudad de México entre el tercer y séptimo nivel, pero en un ordenamiento según competitividad de las ciudades en el mundo, la primera está en el lugar 143 y la segunda en el 74 (cuadros IV.3 y IV.4 del capítulo IV).[2]

La principal limitación metodológica de los estudios de competitividad es su apoyo teórico en la denominada "nueva geografía económica" y en los enfoques neoclásicos en general, los cuales

[2] Una crítica más sistemática de estos ejercicios puede verse en Garza, 2010 y 2010a.

utilizan las distintas variedades de economías externas como variable central, pero ello es un postulado de corte tautológico, tanto en la explicación de la concentración espacial de las actividades económicas como de la competitividad de las ciudades, al explicar un fenómeno por una de sus características. A este respecto, se afirma: "Ya se ha mencionado lo falaz de esta lógica que es equivalente a explicar la productividad de una empresa por las economías que surgen de la organización interna *(lay out)*, esto es, demostrar la ocurrencia de un proceso por una de sus peculiaridades intrínsecas" (Garza, 2010a: 68).

En los capítulos I y III de este libro se propuso un modelo alternativo al de las "economías externas" en la disciplina urbana y regional neoclásica, pero es necesario recordar su planteamiento central: "las condiciones generales de la producción forman un monumental capital social indispensable para la producción de mercancías en las empresas, lo cual transforma a la ciudad en una fuerza productiva" (Garza, 2010a: 93).

Por la naturaleza dual del capítulo de establecer conclusiones generales y recomendaciones de líneas de investigación futuras, quede como propuesta continuar investigando esta importante polémica metodológica. Ello sería útil para avanzar en el conocimiento de los determinantes del crecimiento de las ciudades y de sus niveles de competitividad, lo cual es una condición necesaria, aunque insuficiente, para diseñar una estrategia efectiva de desarrollo económico de México fundamentada en elevar la productividad de sus ciudades.

Un intento interesante de avanzar en esta dirección es, precisamente, el capítulo IV de este libro. Considerando en términos prácticos que la infraestructura es equivalente a las condiciones generales de la producción, Jaime Sobrino establece que la primera es la base material sobre la que se apoyan el resto de las variables que determinan las ventajas competitivas y divide la infraestructura en cuatro categorías: *1)* básica, *2)* complementaria, *3)* especializada, y *4)* no material. Dejando de lado la discusión de la lógica interna de esta división y su relación con el binomio CGP-SGP, interesa resaltar su afirmación de que "El usufructo de la infraestructura permite la realización de economías de aglomeración", lo cual se acerca mucho a la consideración de las CGP como capital social.

Interesa resaltar que después de un análisis estadístico de las anteriores categorías de infraestructura dentro de un ejercicio para cuantificar la competitividad de 150 ciudades con 105 variables distribuidas en siete subfactores, "se puede concluir que la cantidad y usufructo de los diversos tipos de infraestructura impactan de manera diferencial en el comportamiento económico-productivo y sociodemográfico de las ciudades". Específicamente, "La infraestructura básica, para el acceso a insumos y energía, y la especializada, vinculada con flujos de información, se constituyen en la principal base material para el éxito competitivo de las urbes". En términos de la tipología de las CGP, se puede traducir a la relevancia de los medios de producción socializados y las condiciones generales de la circulación para el proceso productivo, pero la categoría de CGP en su conjunto permite incluir las condiciones naturales y los medios de consumo colectivos, los cuales se van construyendo históricamente para conformar la ciudad como fuerza productiva. Dejando de lado las diferencias en terminología y alcance conceptual de ambos enfoques, se puede concluir que es recomendable continuar profundizando en el análisis del andamiaje infraestructural de las ciudades, independientemente de los paradigmas utilizados.

Tocará a otros investigadores reflexionar sobre las coincidencias y desacuerdos entre las dos vertientes y determinar cuál de ellas, si fuera el caso, puede considerarse metodológicamente más veraz para descubrir las leyes de la estructuración de las actividades económicas en el espacio, su vínculo con el proceso global de cambio social, así como su pertinencia para visualizar los escenarios que depara el futuro.

En el presente, no obstante, los dos abordajes conceptuales se plantean la importante cuestión del financiamiento requerido para la construcción de la infraestructura o las condiciones generales de la producción, sobre lo cual Sobrino recomienda "avanzar en la construcción de series de tiempo de largo plazo sobre montos de inversión pública comparables, así como destacar el impacto de la inversión privada en infraestructura productiva y equipamiento social". Tal es precisamente el tema de los dos capítulos siguientes del libro: en el V se analiza la inversión publica federal en la Ciudad de México, y en el VI las finanzas de los gobiernos locales de la urbe, cuantificando el monto que se dedica a la inversión en infraestructura para obras públicas. Ello conecta esta obra con dos libros que la continuarán, en los que se estima el valor de todo el andamiaje infraestructural de la gran zona metropolitana que la comprende.

Grave declive de la inversión pública federal en la Ciudad de México

La construcción de la monumental base infraestructural del binomio condiciones y servicios generales de la producción (CGP-SGP) precisa de elevados niveles de inversión. El financiamiento correspondiente puede ser gubernamental, de la iniciativa privada o mixto, dependiendo de las características políticas e ideológicas de cada país. En general, las naciones que siguen el modelo neoliberal ortodoxo promueven al máximo la participación privada, mientras que en países como la República Popular China el Estado es, prácticamente, el único agente que interviene. México tiene uno de los menores niveles en el mundo de participación gubernamental en el aparato productivo, pero aun en este contexto tan desfavorable para la promoción del crecimiento, la inversión pública federal es crucial para el financiamiento de las grandes obras de infraestructura que requieren las regiones y ciudades del país.

El propósito general del capítulo V fue, precisamente, analizar los montos reales y la estructura sectorial de la inversión pública federal (IPF) en México y, con base en ello, investigar la tendencia de su asignación a la Zona Metropolitana de la Ciudad de México (ZMCM) entre 1959 y 2010. La adecuación de la inversión a los requerimientos de la megaurbe se considera crucial para que sea factible que compita exitosamente dentro del proceso de mundialización de la economía.

Evolución de la inversión pública federal en los últimos cincuenta años

La inversión federal fue de 68 462 millones de pesos anuales entre 1959 y 1962, el nivel más bajo durante los nueve sexenios analizados, pero se elevó a 414 085 millones entre 1977 y 1982, el mayor monto registrado en la historia del país. A partir de entonces observa un decrecimiento constante hasta el sexenio que concluye en 2000, cuando es de 174 261 millones anuales. Posteriormente reinicia su crecimiento y alcanza su mayor magnitud en el gobierno de Felipe Calderón con 336 239 millones de pesos, cifra menor en casi 20% del máximo histórico alcanzado al inicio de los ochenta. Una primera conclusión cardinal, por ende, es que la magnitud de la IPF se encuentra rezagada más de 30 años respecto al país mismo, además de estarlo también de los niveles relativos que existen en otros países en relación con el PIB, lo cual explica en buena medida el bajo crecimiento económico experimentado en las últimas tres décadas.

En la inversión federal nacional por sectores, destaca un par de ellos en dos periodos bien definidos. De 1959 a 1988, en primer lugar, se observa el predominio de la inversión industrial asociada al sector paraestatal. En segundo lugar, la inversión dirigida a la población es la principal entre 1989 y 2010, la cual consiste esencialmente en infraestructura de salud, educación y equipamiento urbano. A esta situación se agrega que la inversión agrícola mantiene una tendencia descendente en este último periodo, quedando incluso por debajo de la correspondiente a la administración pública, que por su naturaleza ha sido el rubro cuantitativamente menos significativo.

No obstante, la inversión en la industria continúa siendo importante al permanecer en el segundo lugar, con excepción del gobierno de Calderón, en el que se redujo considerablemente. Otra tendencia notable, asociada a la inversión en industria, es la correspondiente a las comunicaciones, principalmente mediante la expansión de la infraestructura de transporte multimodal (carretera, ferrocarril, marítimo y aéreo), cuya tendencia es a ubicarse en una segunda posición en el periodo en que predomina la inversión publica en la actividad industrial. De la misma manera, a partir de 1989 presenta una trayectoria descendente, repuntando en el último gobierno analizado.

Finalmente, es de mencionar el incremento de la inversión en administración pública hasta el sexenio de 2001 a 2006, cuando ocupa el tercer sitio en importancia dentro de la inversión sectorial del gobierno federal, superando incluso a la inversión en comunicaciones. Aunque se reduce en el periodo de Calderón, continúa superando a la inversión agrícola.

De acuerdo con las anteriores tendencias de la IPF sectorial nacional, se puede concluir que los cambios observados tienen implicaciones espaciales en la medida en que se favorece a ciertas zonas urbanas, lo cual significa acentuar las desigualdades económicas y sociales entre ellas. Las urbes dependen de la inversión en infraestructura que apuntale su base económica y proporcione el equipamiento requerido para su expansión urbanística y para la formación del capital humano. ¿Cuál es la tendencia de la inversión federal asignada a la Ciudad de México?

Participación de la Ciudad de México en la inversión pública federal

Las políticas de asignación de la IPF a la ZMCM tienen elementos subjetivos y partidistas. Un punto de referencia objetivo puede ser que su porcentaje debe estar relacionado con su importancia en la economía del país, esto es, la parte de la IPF debería ser en torno a su contribución al PIB nacional.

En 1960 la ZMCM absorbió 33.3% de la economía y el gobierno de López Mateos (1959-1964) le asignó 22% de la IPF, magnitud que fue 11.3 unidades porcentuales menor a su importancia económica. Por lo tanto, se puede concluir que al inicio de los sesenta la ciudad se vio desfavorecida, muy probablemente por el programa de desconcentración de la capital del país, pues su elevada contribución macroeconómica se consideraba un freno al crecimiento del resto de la república. Dicha política de desconcentración industrial distó mucho de ser exitosa y la metrópoli elevó su participación en la economía a 37.5% del PIB en 1970. La IPF fue un factor que contribuyó a este incremento, pues el gobierno de Díaz Ordaz la elevó a 25% del total nacional, además de que casi duplicó el valor absoluto del sexenio anterior.

La Ciudad de México concentró 37.7% del PIB nacional en 1980, máximo valor alcanzado en toda su historia. El gobierno de Luis Echeverría (1971-1976) incrementó ligeramente la inversión federal en la urbe a 25.3% del monto nacional, magnitud que volvió a duplicar a la de la administración anterior en términos absolutos.

No obstante, representa 12.4 unidades porcentuales menos que su importancia económica, con lo que aumenta el diferencial respecto al inicio de los sesenta, lo que permite concluir que el grado en que es desfavorecida se eleva. La administración de López Portillo (1977-1982) mantiene casi constante la participación de la urbe en 25.2% de la IPF nacional, pero la cifra absoluta experimenta una gran expansión a 104 534 millones de pesos, magnitud 123% superior al gobierno anterior y mayor que la de todos los sexenios analizados. El diferencial entre la importancia económica y su participación en la inversión pública permanece en 12.4 unidades, por lo que la ciudad contribuye a la economía del país en mayor cuantía de lo que recibe. Se descarta, por ende, que pueda ser considerada una ciudad "párasita", como peyorativamente algunas veces se le ha calificado.

En el sexenio de Miguel de la Madrid (1983-1988) la participación de la urbe en la economía baja a 31.9%, magnitud muy cercana al 29.8% que absorbe de la IPF nacional, en buena medida por los requerimientos de la reconstrucción después de los sismos de septiembre de 1985. En plena "década perdida" el diferencial entre la participación en el PIB nacional de la metrópoli y la correspondiente a la IPF fue de únicamente 2.1 unidades porcentuales, la aproximación más equitativa entre ambas magnitudes en el medio siglo analizado.

Dentro de la vorágine neoliberal de la administración de Carlos Salinas (1989-1994), destaca que el porcentaje de la IPF asignado a la ZMCM se incrementa hasta un máximo histórico de 37.2%, superando su contribución de 31.1% a la economía del país. Este fenómeno ocurrió por única vez en todo el periodo analizado, al parecer por razones políticas, pues la ciudad dependía directamente del presidente de la República, quien designaba al regente de la Ciudad de México, y consideró necesario tratar de legitimar su fraudulento triunfo electoral y la derrota en la capital del país.

En el sexenio de Ernesto Zedillo (1995-2000) el valor anual de la IPF en la ZMCM se contrajo 52.2% en relación con el gobierno anterior: representó 21.0% del total nacional, mientras que su contribución al PIB fue de 28.1%, quedando 7.9 unidades porcentuales rezagada. Ello puede haber sido la respuesta al triunfo electoral de Cuauhtémoc Cárdenas en 1997 como jefe de Gobierno del Distrito

Federal por el PRD, partido de centro-izquierda, en competencia con el PRI, bajo cuyas siglas Zedillo ganó la presidencia.

En el periodo de Vicente Fox (2001-2006), la ZMCM tiene 4.5 unidades porcentuales menos en su participación en la IPF en 2006, en comparación con la del PIB nacional. La magnitud es inferior que en el sexenio precedente, por lo que podría considerarse menos desfavorable para la urbe, a pesar de la gran animadversión de Fox en contra de Andrés Manuel López Obrador, entonces jefe de Gobierno del Distrito Federal. Finalmente, en los cuatro primeros años del gobierno de Felipe Calderón (2007-2010), la participación de la metrópoli en la economía del país fue de 24.6% en 2008, lo que representa 8.2 unidades porcentuales más que el 16.4% que absorbió de la inversión federal. Este notable deterioro relativo de la inversión infraestructural en la ZMCM es verdaderamente alarmante, pues evidencia que dejó de ser una prioridad en la asignación de la inversión pública federal, lo cual pone en riesgo su funcionamiento adecuado y su gobernabilidad en el futuro inmediato.

Como conclusión cardinal sobre la participación de la Ciudad de México en la inversión federal, se puede afirmar que existen dos periodos que marcan su evolución: *1)* una tendencia creciente desde 1959 hasta 1994; *2)* una significativa pérdida de participación de 1995 a 2010. Sobre esta última etapa, se infiere que la perspectiva política del gobierno federal de afectar a los gobernantes locales de partidos políticos rivales prevalece sobre la necesidad estratégica de reforzar infraestructuralmente a la Ciudad de México. Con ello se impedirá que aspire, con posibilidades de éxito, a ser internacionalmente competitiva en la economía internacional.

Prioridad de la infraestructura para la población de la Ciudad de México

En términos sectoriales, se observa que la mayor parte de la IPF en la ZMCM, en los sexenios de 1959 a 1988, fue en infraestructura para la población, lo que implicó la expansión de sus servicios urbanos. En forma paralela se tiene una evolución ascendente en infraestructura del transportes muy asociada a los múltiples requerimientos de los elevados flujos de personas y mercancías dentro de la gran metrópoli. Ello tiene como corolario el descenso de su inversión agrícola.

A pesar de la disminución de la participación de la ZMCM en la inversión del gobierno federal en los últimos tres sexenios, destaca que se mantiene la prioridad de la infraestructura para la población y las comunicaciones, incluso en los periodos de crisis económica. En contraste, la inversión en la infraestructura industrial de la metrópoli presenta una tendencia similar a la del país, ya que empieza a decrecer entre 1983 y 1988 y, posteriormente, de 1995 a 2000, hasta colapsarse en el gobierno de Calderón.

La administración pública dentro de la estructura de la IPF en la ZMCM observa un incremento sistemático hasta el gobierno de 2001 a 2006, cuando ocupa el segundo sitio, después de la inversión en infraestructura para la población. Posteriormente, en 2007-2010 queda en tercer lugar, por arriba de la inversión industrial y agrícola. Estas tendencias permiten inferir que la IPF en la urbe prioriza la infraestructura del sistema de transporte metropolitano, el drenaje profundo y el abastecimiento de agua, las cuales se orientan directamente a favorecer este tipo de necesidades vitales de la población.

Las características de la inversión sectorial del país y de la ZMCM difieren. Mientras que en el primero prevalece la infraestructura industrial y, en segunda instancia, la orientada a la población, en la ZMCM la prioridad corresponde a esta última infraestructura y a las comunicaciones. Lo anterior es perfectamente lógico, pues mientras que en una gran metrópoli de calibre mundial la importancia de la agricultura es por definición muy reducida, son muy elevados sus requerimientos de servicios de transporte y comunicaciones. Cabe agregar que a partir de 1995 surge la administración pública como el tercer sector más importante, lo cual se deriva de su posición como capital de la república, sede de casi todas las dependencias del gobierno federal y organismos descentralizados.

Inversión pública federal, población y crecimiento económico

Existe una notable asociación entre el aumento en la proporción de la IPF en el PIB y los efectos que se generan en el bienestar de la población, medido a partir del IPF per cápita. De acuerdo con los resultados del análisis de dichas relaciones, se puede establecer que existe un vínculo directo y positivo entre el aumento de la inversión pública y el del confort de la población, tanto para el país como para la ZMCM. No obstante, el bienestar de la población de la metrópoli es mayor que el nacional, a pesar de la disminución relativa de la inversión federal que experimenta a partir de 2001.

La IPF per cápita en México crece 2.5 veces en términos reales de 1959 a 1982, lo que significa un aumento en el estándar de vida de la población en lo que respecta a más infraestructura y equipamiento urbano. No obstante, a partir de 1983-1988 se reduce a menos de la mitad, descenso que continúa hasta el sexenio 2001-2006. En el último cuatrienio analizado se reinicia su crecimiento, pero sólo alcanza la mitad de lo observado en 1982, por lo que el país se encuentra rezagado, en cuanto a dotación de infraestructura para sus habitantes, tres décadas de sí mismo. Tales son el drama y la raíz de las patologías socioeconómicas que aquejan a la nación, entre las que sobresalen con mucho la inseguridad y la escalofriante violencia que desencadenó la "guerra contra el narcotráfico" del gobierno de Calderón a partir de 2007.

La evolución de la IPF per cápita en la ZMCM, antes y después de 1982, es muy semejante a la del país, pero en los dos casos se observa una reducción muy alarmante: entre 1983-1988 y 2001-2006, el valor absoluto de la IPF per cápita de la urbe cayó de 5 605 a 2 287 pesos, mientras que en México se redujo de 3 588 a 1 954 pesos. En ambos periodos, lo cual puede consolar a los habitantes de la capital, su monto absoluto es superior y, con ello, la calidad de vida metropolitana, aunque la diferencia es claramente decreciente.

Ello conduce, sorpresivamente, a que en la administración de Calderón, por primera vez en el periodo de largo plazo analizado, el valor de la IPF per cápita en la ZMCM es menor que en el país. Sería muy lamentable que, de persistir la actitud de dañar a la capital nacional por rivalidades entre partidos políticos, se continúe deteriorando su andamiaje infraestructural y, con ello, su nivel de competitividad internacional como principal núcleo económico de México.

En general, del análisis del capítulo V se deriva una clara diferencia en los requerimientos y prioridades sectoriales de inversión en infraestructura entre el ámbito nacional y el urbano, principalmente en las grandes metrópolis representadas por la ZMCM. Sus diferentes necesidades ilustran la especificidad espacial de la inversión pública, lo cual implica la pertinencia de elaborar e implantar una estrategia nacional de asignación de la inversión en infraestructura, medio de producción indispensable para que las empresas privadas eleven su productividad y puedan ser internacionalmente competitivas. La inversión pública federal es incuestionablemente uno de los determinantes fundamentales del desarrollo económico y social de las regiones y ciudades de los países en general, como quedó de manifiesto al comparar las tasas elevadas de crecimiento del PIB durante el denominado "milagro económico mexicano", con las muy modestas de la etapa neoliberal de crisis recurrentes.

La dimensión espacial del desarrollo económico y social se plasma en la construcción de un monumental conjunto de condiciones y servicios generales de la producción que se derivan de la inversión en infraestructura. Existe una ley tendencial en todos los países del mundo hacia la concentración de los ensambles de transportación multimodal, redes energéticas, sistemas telemáticos, infraestructura hidráulica, entre los más representativos, en sus principales metrópolis y, en especial, en su megaurbe de mayor rango. Ello precisa que la inversión pública indefectiblemente priorice los requerimientos de las urbes más competitivas para impulsar su dinámica de crecimiento y que puedan incorporarse dentro de la mundialización de la economía. Es incuestionable, por ende, la relevancia de diseñar en México una política deliberada de desarrollo metropolitano que permita la complementariedad virtuosa entre la inversión pública y la privada.

Se establece como conclusión central la necesidad de revertir la grave reducción de la inversión pública en la Ciudad de México, a la cual se le debe asignar alrededor de 25% del total de dicha inversión en el país, magnitud que representa su aportación a la producción nacional.

Se requiere, en síntesis, una política financiera congruente con la importancia macroeconómica de la Ciudad de México, que permita formular una estrategia que promueva su transformación en una metrópoli competitiva dentro de la jerarquía mundial de ciudades. Ello exige que pueda estar a la vanguardia en una vasta gama de renglones infraestructurales, donde destacan con mucho el sistema energético, la transportación multimodal y el moderno andamiaje telemático.

Finanzas de los gobiernos locales en la Ciudad de México

El propósito del capítulo VI fue analizar las características principales de las finanzas públicas de los gobiernos locales de la ZMCM de 1980 a 2009, con el fin de determinar las tendencias que presentan y los montos de financiamiento de las condiciones generales de la producción (CGP), los cuales deben complementar la inversión infraestructural del gobierno federal en la urbe. Las entidades administrativas locales son el gobierno del sector central del Distrito Federal y los de las 16 delegaciones que lo constituyen, más el gobierno del Estado de México y los de sus 40 municipios conurbados en la zona metropolitana.

El periodo analizado se desagregó en cinco etapas: *1)* de 1980 a 1983, cuando los municipios eran totalmente dependientes de las participaciones de la entidad; *2)* entre 1984 y 1988, etapa en que se incrementan sus ingresos propios directos (IPD) por la traslación del impuesto predial del ámbito estatal al municipal en 1984; *3)* de 1989 a 1994, etapa caracterizada por la consolidación de la reforma fiscal, mediante la cual los gobiernos municipales consolidan sus ingresos por la vía de los impuestos y derechos; *4)* etapa de 1995 a 1999, en la que aparecen nuevas transferencias de los ramos 26 y 33, pero los municipios frenan los avances logrados respecto a sus ingresos propios; *5)* de 2000 a 2009, cuando el ingreso presenta una tendencia creciente en todos sus rubros mediante el fortalecimiento de la recaudación propia y el aumento de los ingresos propios indirectos (IPI) canalizados por la federación y los estados de la república.

Ingresos crecientes de los gobiernos locales

La variación en los ingresos de la ZMCM durante los 30 años analizados, a precios constantes de 2003, fue de 63.6%, al elevarse de

67 974 millones en 1980 a 111 203 millones en 2009. Si se considera como término de referencia el aumento de la población, que pasa de 14.5 millones en 1980 a 20.1 millones en 2010, esto es, un incremento de 39.1%, podría concluirse que los ingresos de los gobiernos locales de la urbe tuvieron un incremento satisfactorio. Sin embargo, teniendo en cuenta que el PIB nacional se elevó 117.2% entre 1980 y 2009, se podría inferir que los ingresos de los gobiernos locales de la ZMCM se han quedado rezagados de la marcha general de la economía y que es necesario pensar en la necesidad de una reforma en las finanzas municipales, de tal suerte que se actualicen sus fuentes de ingresos propios. En el Distrito Federal, desde 2010 se ha estado actualizando la base del impuesto predial y éste se ha elevado significativamente, pero la derogación parcial del pago de la tenencia de automóviles en 2012 les significará, a las finanzas de la capital del país y del Estado de México, pérdidas considerables. Se podría pensar en la introducción de un impuesto compensatorio, como pago por la contaminación atmosférica de los vehículos, un sistema de parquímetros centralizado o un pequeño impuesto a la compra de gasolina.

El Distrito Federal experimentó una fuerte caída de sus ingresos de 1980 a 1988 durante la "década perdida" de la economía nacional, cuando se detuvieron los créditos externos y el país entró en una etapa de gran austeridad. A partir de 1989, con algunos altibajos, los ingresos de la capital del país muestran una tendencia ascendente. Paralelamente, el Distrito Federal absorbe una gran porción de los ingresos locales de la ZMCM, concentrando 95.1% en 1980, magnitud que se reduce a 82.2% en 2009. Considerando que la participación del Distrito Federal en la población total de la urbe fue de 63.8% en 1980 y se reduce a 45.2% en 2010, mantiene una posición en las finanzas locales muy superior a su importancia demográfica. De esta suerte, el mayor dinamismo demográfico de los municipios mexiquenses no se ha traducido en proporcionalmente más elevadas participaciones y aportaciones federales, pues en 2009 el Distrito Federal representa 87.9% de las primeras y 74.1% de las segundas, notablemente más que su participación demográfica. Como corolario, los ingresos del Gobierno del Distrito Federal per cápita superan con mucho los de los municipios mexiquenses, por lo que se mantiene el desequilibrio en la dotación de servicios e infraestructura para sus poblaciones respectivas.

Lo anterior obedece a que la fórmula para asignar las participaciones incluye, además de la población, los ingresos de impuestos considerados como criterio para el reparto, tales como el de gasolina, bebidas alcohólicas y automóviles nuevos. Como el Distrito Federal tiene una mayor concentración en estos últimos, sigue observando una considerable participación de los ingresos locales de la metrópoli.

La concentración territorial de las finanzas públicas es doble, esto es, en el interior de la ZMCM y respecto al país. Sobre esto último, se puede mencionar que los ingresos fiscales de la urbe de 1980 a 2009 absorbieron 87.6% de todo lo que recibieron los municipios del país, 20.4% de los ingresos de los 31 estados y 7.3% de lo correspondiente al gobierno federal (cuadros AE-VI.10, AE-VI.12 y AE-VI.14). Los anteriores niveles de concentración, no obstante, han disminuido sistemáticamente de 1980 a 2009: bajaron de más de 300% a 54.7%, de porcentajes mayores a 45% a 12.9 y de 10.5 a 7.2%, en el orden anterior.

Los insuficientes y desiguales ingresos fiscales de los gobiernos locales se explica, en parte, porque la federación sólo les asigna 20% de la recaudación federal participable, que constituye de 12 a 13% de sus ingresos totales (http://www.juridicas. unam.mx/publica/librev/rev/gac/cont/48/pr/pr11.pdf). Ésta es la raíz de la penuria de las finanzas municipales, y en el futuro será necesario investigar la viabilidad de nuevos esquemas de coordinación fiscal que permitan destinar mayores recursos a los gobiernos de las grandes ciudades, que son las que concentran el grueso de la población y de las actividades económicas de la nación, por lo que requieren cuantiosas inversiones en medios de producción socializados y medios de consumo colectivos.

Incremento de los gastos administrativos en los egresos públicos

Los egresos públicos comprenden cuatro rubros principales: gastos administrativos (GA), obras públicas y acciones sociales (OPAS), subsidios y transferencias (SYT), y pago de la deuda pública (PDP).

Los GA constituyen el primer renglón de los egresos en la ZMCM, que promedian 48.3% del gasto total de 1980 a 2009. En segundo término se encuentran las OPAS, con un promedio de 19.7% en ese lapso y, en tercer sitio, los SYT, con 17.2%. Estos tres rubros suman 85.2% del total de los gastos totales de los gobiernos locales de la urbe, mientras el resto está formado por PDP, con 8.9%, y el restante en otros conceptos (cuadro AE-VI.5). El Distrito Federal y los municipios mexiquenses se apartan de manera significativa del anterior patrón, pues mientras que en el primero los GA promedian 46.6% en todo el periodo, en los segundos es de 62.1%. Esta significativa diferencia se salda con 18.2% de gastos de SYT en la entidad capital contra 8.7% de los segundos (cuadro AE-VI.5). En los dos ámbitos el PDP es muy similar, al representar 9.0 y 8.0%, respectivamente.

En términos absolutos los egresos totales de la ZMCM aumentan de 66 845 millones de pesos en 1980 a 109 268 millones en 2009, en valores constantes. Sin embargo, como la población de la urbe creció en alrededor de 190 mil habitantes anuales, el gasto per cápita se deterioró: observó un máximo de 6 878 pesos por habitante en 1982, para bajar a menos de la mitad en 1999, con 3 317 pesos, y a partir de entonces repuntó hasta alcanzar 5 655 pesos en 2009. En este ultimo año es aún 18% menor que el de 1982, por lo que la metrópoli observa un retroceso de casi 30 años respecto a sí misma. Si se agrega que el GA metropolitano aumentó de 20.2% en 1980 a 43.0% en 2009, se puede concluir que esto último, más la reducción del gasto per cápita, es la causa estructural que explica la problemática urbanística de la ciudad: deterioro e insuficiente vialidad, déficits en servicios públicos, como dotación de agua, alumbrado, recolección de basura, vigilancia, entre otros, además de las carencias de mobiliario y equipamiento, tales como paradas de autobús, señalamiento vial, oficinas de correos y administrativas, bibliotecas, parques y jardines, así como estaciones de policía y de bomberos.

La problemática enunciada se acentúa mucho más en los municipios mexiquenses por la desigualdad que existe en el gasto per cápita en relación con el Distrito Federal, pues mientras que en este último se erogaron en promedio 7 165 pesos anuales por habitante de 1980 a 2009, en los primeros sólo se gastaron 899 pesos. Tal desigualdad es la raíz de la dualidad existente entre ambas entidades en lo que respecta al grado de urbanismo que presentan, y el Distrito Federal es la parte relativamente más próspera y equipada. Al igual que los ingresos fiscales, en los egresos se observa una significativa concentración en la ZMCM respecto al resto de los municipios del país, los 31 estados y la nación, la cual sigue los niveles y la misma tendencia decreciente que en el caso de los ingresos. Puesto que la metrópoli representa alrededor de 25% del PIB de México, en cierta medida es explicable que sea el principal polo fiscal del país.

En cuanto al indicador denominado *balance financiero*, que mide la capacidad de cubrir los gastos públicos sin recurrir al endeudamiento, en 23 de 30 años analizados la ZMCM tuvo un balance financiero negativo. En magnitudes relativas, no obstante, se reduce notablemente de –62.1% en 1980 a –1.7% en 2009, lo que permite concluir que en la actualidad la urbe mantiene una política financiera prudente y básicamente equilibrada.

No obstante lo anterior, según el coeficiente denominado *dependencia financiera*, el cual mide la proporción del gasto público cubierto por las participaciones federales y estatales, para los municipios conurbados fue de 66.9% en 1980 y se elevó ligeramente a 69.4% en 2009, mientras que en el Distrito Federal lo hizo de 37.3 a 62.6%, respectivamente. Por ende, a pesar del razonable equilibrio de las finanzas de la ZMCM, el grado de dependencia financiera de las dos entidades que la constituyen se incrementa, pero de manera más significativa en el Distrito Federal. En general, dos terceras partes de los egresos de la metrópoli dependen de sus participaciones y asignaciones federales, por lo que cabe reiterar que se precisan investigaciones que profundicen en ubicar nuevas fuentes propias de financiamiento para las unidades políticas y administrativas de la urbe.

La inversión en infraestructura de los gobiernos locales

La inversión en obras públicas o infraestructura en la ZMCM fue de 29 289 millones de pesos en 1980, y alcanzó su nivel máximo en 1981 con 47 661 millones de pesos, pero a partir de entonces, ante la grave crisis económica que estalló en 1982, comenzó una notable disminución hasta 1989. Posteriormente se atenuó la caída: bajó a 5 579 millones en 1999, para empezar a repuntar hasta alcanzar 9 161 millones en 2009, valor mucho menor que el correspondiente a 1980 (cuadro AE-VI.16). De esta suerte, la urbe evidencia un claro deterioro en su capacidad local de invertir en infraestructura y, por lo tanto, disminuyen sus posibilidades de avanzar en el rango de competitividad alcanzado en el ámbito nacional, latinoamericano y mundial. Esta tendencia a reducir la inversión en obras públicas se refleja en su disminución respecto a las participaciones federales, puesto que se dedican en forma creciente al pago de la deuda pública (cuadro AE-VI.2). Lo anterior se refuerza agregando la drástica reducción de la inversión pública federal en la urbe, como ya se mencionó. Ambas tendencias implicarán un deterioro paulatino de la infraestructura de la ZMCM, con el consiguiente decaimiento competitivo y, con ello, del país en su conjunto, considerando que se trata de la principal ciudad de México y una de las cinco más grandes del mundo.

Inversión acumulada en obras públicas

El valor neto acumulado de la inversión en infraestructura realizada por los gobiernos locales en la ZMCM durante los 30 años trascurridos de 1980 a 2009 es de 79 493 millones de pesos constantes de 2003 (cuadro AE-6.9).[3] El Distrito Federal absorbe 76.1% de ese total y alcanza el valor neto imputado más alto en 1988, con 168 858 millones, resultado de la acumulación de la inversión realizada durante el *"boom"* petrolero. A partir de entonces empieza un inexorable declive, hasta caer a 60 472 millones en 2009, lo cual implica que el gasto destinado a la infraestructura fue menor que el monto de la depreciación de las obras previamente edificadas. El caso de los municipios mexiquenses es diferente, pues aunque representan 31.5% del valor de las obras de la metrópoli al final del periodo, su magnitud se elevó sistemáticamente desde la reducida cifra de 998 millones en 1980, hasta 19 021 millones en 2009. A pe-

[3] Esta magnitud no constituye el valor total histórico de la infraestructura financiada por los gobiernos locales de la ZMCM, sino la acumulada entre 1980 y 2009. Para tener una estimación de la total habría que sumar el valor neto acumulado hasta 1979, dato que no se conoce.

sar de ello persiste una gran disparidad en la inversión efectuada por ambos gobiernos, lo que es grave si se considera que en la zona mexiquense, en 2010, vivían 10.8 millones de personas, en comparación con los 8.8 millones que tenía el Distrito Federal. Ello implica, lógicamente, como corolario de lo anterior, una gran dualidad en la calidad urbanística de las dos áreas en favor de la que funge como capital de la república.

En conclusión, la ZMCM, en general, y en especial el Distrito Federal, enfrentan una drástica desvalorización del andamiaje infraestructural construido con recursos de las dos entidades federales que la gobiernan. Queda la inversión pública federal como único recurso de financiamiento del binomio condiciones y servicios generales de la producción, pero ésta también ha disminuido considerablemente, según se ha evidenciado en el capítulo VI de este libro.

No obstante que la ZMCM reduce muy significativamente su participación en las finanzas públicas nacionales, aún representa la urbe más importante desde el punto de vista fiscal, lo cual está correlacionado lógicamente con su relevancia económica y política. Existe el riesgo, sin embargo, de que sus finanzas locales se contraigan más que su nivel de concentración económica y continúe la tendencia a incrementar la participación relativa de sus gastos administrativos, paralelamente a que prosiga la disminución de sus participaciones y asignaciones del gobierno federal. Es indispensable, por ende, que los gobiernos del Distrito Federal y del Estado de México diseñen e implanten una reforma tributaria que actualice sus bases catastrales y eleve el impuesto predial, considere la viabilidad de aumentar la tasa del impuesto sobre nóminas, así como evalúe la posibilidad de establecer un pago a los propietarios de vehículos automotores por el derecho de vialidad y la necesidad de preservar el ecosistema, que sustituya a la derogada tenencia vehicular.

Construcción histórica del espacio urbano

La evolución histórica de la concentración espacial de las CGP desde sus orígenes neolíticos pasa por Atenas y Roma como su máxima cristalización en el modo de producción esclavista, sigue con las ciudades mercantiles feudales, con Constantinopla y Venecia como indisputables centros comerciales y financieros, y alcanza su máxima expresión en la ciudad global capitalista. Dentro de este modo de producción, en la cúspide del sistema mundial de ciudades destacan las megaurbes globales cuyos iconos más conocidos son Nueva York, Londres, París y Tokio. Con ellas empiezan a competir urbes del sureste asiático, dentro de las cuales sobresalen Taipéi, Singapur, Hong Kong y, recientemente, Shanghái. Esta última ciudad experimenta una sorprendente dinámica, caracterizada por la construcción de la más sofisticada infraestructura urbanística, cuyo elemento más emblemático es el tren de levitación magnética o *maglev*, único en el mundo, además de la construcción de 60 kilómetros anuales del Metro, sistema de trasportación masiva subterránea. Lo que es más importante, la urbe es gobernada y planificada por el gobierno central dentro de un modo de producción denominado *socialismo de mercado*. Shanghái empieza a ser un serio competidor de las megaurbes tradicionales para constituir el principal nodo del sistema mundial de ciudades en el siglo XXI, además de que permite vislumbrar los escenarios posibles de la evolución del binomio CGP-SGP en un mundo urbano poscapitalista.

Nuevas categorías empiezan a emerger en la conformación del socialismo de mercado (socialismo democrático del siglo XXI en el contexto latinoamericano) relacionadas con las condiciones generales de la producción que sufren una metamorfosis dialéctica al transformarse, de elementos complementarios de la producción capitalista, en una fuerza de producción autónoma o capital socializado que subsume al capital privado. En la frontera de este proceso dialéctico milenario se encuentran las ciudades chinas de Shanghái, Beijing y la nueva estrella, Shenzhen, la principal ciudad en la provincia sureña de Guangdong, entre otras. Si bien es cierto que en ellas el capital socializado del binomio CGP-SGP alcanza su máximo desarrollo histórico hasta la actualidad, también en las urbes capitalistas tiende a ser hegemónico, lo que imprime a la ciudad un carácter de fuerza productiva.

En la presente investigación se propuso la existencia de una relación entre el capital social y el privado, la cual fue denominada *coeficiente composición interna del capital constante fijo*. Esta categoría espacial imprime una visión holística al estudio de los conceptos centrales que definen al capitalismo, al conseguir vincular las características estructurales del sistema con su dimensión espacial. El binomio CGP-SGP constituye la categoría central de la teoría unificada del desarrollo de las fuerzas productivas y la distribución territorial de la actividad económica. Ello permite vislumbrar que dicho binomio será un elemento central en el análisis de las características del capitalismo contemporáneo en un periodo de crisis sistémica, así como otear las perspectivas futuras de la estructuración espacial del socialismo de mercado.

Bibliografía

Garza, Gustavo (2010), "Competitividad de las metrópolis mexicanas en el ámbito nacional, latinoamericano y mundial", *Estudios Demográficos y Urbanos*, **25** (3): 513-588.

——— (2010a), "La ciudad como fuerza productiva: desarrollo económico y competitividad", en Jaime Sobrino (coord.), *Competitividad urbana: una perspectiva global y para México*, El Colegio de México, México, pp. 51-93.

Teoría de las condiciones y los servicios generales de la producción
se terminó de imprimir en mayo de 2013
en los talleres de Tipos Futura, S.A. de C.V.
Francisco González Bocanegra 47-B.
Col. Peralvillo, 06220 México, D.F.
Portada: Pablo Reyna.
Tipografía y formación: Sans Serif Editores, S.A. de C.V.
Cuidó la edición la Dirección de Publicaciones de
El Colegio de México.